임마누엘 칸트

임마누엘 칸트

오트프리트 회페 지음 | 이상헌 옮김

문예출판사

차례

5장 철학적 미학과 유기체의 철학

6장 칸트 철학의 영향

약어표

Anfang	*Mutmaßlicher Anfang der Menschengeschichte*(추측해본 인류 역사의 시초), VIII 107~123
Fak.	*Der Streit der Fakultäten*(학부 간의 논쟁) VII 1~116
Frieden	*Zum ewigen Frieden*(영구평화론) VIII 341~386
Gemeinspruch	*Über den Gemeinspruch*：*Das mag in der Theorie richtig sein, taugt aber nicht für die Praxis*(이론적으로 옳지만 실천을 위해서는 쓸모가 없다는 통설에 관해) VIII 273~313
GMS	*Grundlegung zur Metaphysik der Sitten*(도덕형이상학 원론) IV 385~463
Idee	*Idee zu einer allgemeinen Geschichte in weltbürgerlicher Absicht*(세계 시민적 관점에서 본 보편사의 이념) VIII 15~31
KpV	*Kritik der praktischen Vernunft*(실천이성비판) V 1~163
KrV	*Kritik der reinen Vernunft*(순수이성비판) A：IV 1~252, B：III 1~552
KU	*Kritik der Urteilskraft*(판단력비판) V 165~485
Log.	*Logik. Ein Handbuch zu Vorlesungen*, hrsg. V.G.B. Jäsche(논리학 강의록) V.G.B. Jäsche 편, IX 1~150
MAN	*Metaphysische Anfangsgründe der Naturwissenschaft*(자연과학의 형이상학적 시초) IV 465~565
MS	*Die Metaphysik der Sitten*(도덕형이상학) VI 203~493
Prol.	*Prolegomena zu einer jeden künftigen Metaphysik*(미래의 모든 형이상학에 대한 프롤레고메나) IV 253~383
Refl.	*Reflexionen*(단상들) XIV 이하
Rel.	*Dei Religion innerhalb der Grenzen der bloßen Vernunft*(순수한 이상의 한계 내에서의 종교) VI 1~202
RL	*Metaphysische Anfangsgründe der Rechtslehre*(법론의 형이상학적 기초), *MS* 1부, VI 203~372
TL	*Metaphysische Anfangsgründe der Tugendlehre*(덕론의 형이상학적 기초), *MS* 2부, VI 373~493

도판 출처

도판 1, 3
베를린 소재 미술 및 역사박물관

도판 2, 5~8
베를린 소재 프로이센 문화유적 사진박물관

도판 4
뮌헨 소재 남부독일 출판사

일러두기

- 칸트의 저술은 일반적으로 베를린 학술원에서 편집한 전집(*Akademieausgabe*)에서 인용했으며, 전집의 권수와 면수를 표기했다. 예를 들어, VII 216은 베를린 학술원 판 VII권 216면을 표시한다. 단, 《순수이성비판》만은 관례에 따라서 초판(A)과 재판(B)을 구분하고 면수를 표기한다. 예를 들어, A 413은 초판 413면을 표시한다.
- 서신(예를 들어, *Briefe* 744/406)의 경우, 앞의 숫자(744)는 베를린 학술원 판(X~XIII권)의 서신 번호를 나타내고 뒤의 번호(406)는 칸트의 서신들 가운데 필로조피쉔 비블리오테크에서 선별 출간한 편집본(O. Schöndörffer 편, 2판 1972)의 서신 번호를 나타낸다.
- 부록에 장별로 알파벳 순으로 소개된 참고문헌을 인용할 때는 저자의 이름과 그 책의 면수를 표기했고, 필요한 경우는 출판 연도를 표기했다.

1. 서론

칸트 철학은 단지 철학의 한 역사적 형태일 뿐인가, 아니면 오늘날에도 여전히 우리의 관심을 끄는가? 임마누엘 칸트(Immanuel Kant)는 서양의 가장 위대한 사상가 가운데 한 사람으로 꼽히며, 다른 어떤 사상가 못지않게 근대철학의 형성에 큰 영향을 끼쳤다. 갈릴레이와 뉴턴 역시 그들의 분야에서 대단히 뛰어난 학자로 불렸으나, 그들의 사상은 오늘날에 와서는 결국 상대성이론과 양자역학에 의해 극복되어 물리학의 한 역사적 형태로 취급된다. 이런 상황이 철학자들에게도 해당하는가? 칸트는 뛰어나지만, 결국은 극복되어버린 인간 사유의 한 형태를 대표하는가?

정신사적으로 칸트는 유럽 계몽주의 시대에 속한다. 그가 지닌 관점은 많은 점에서 깨지기 쉬웠다. 이를테면 모든 사물은 지배될 수 있다는 생각, 인류의 영속적인 진보에 대한 믿음, 한마디로 말해 그의 이성낙관주의는 유지되기 어려운 것이었다. 계몽주의는 역사적 운동으로 지나가버렸다. 그렇다고 계몽주의를 이끈 지도이념(Leitidee)이 무가치한 것일까? 아니면 이성과 자유, 비판과 성숙(Mündigkeit)이 오히려 올바로 이해된다면 17, 18세기를 지나서도 타당한 인간의 근본적 태도와 과제를 특징짓는가?

칸트는 계몽의 이념에 관한 이해를 증진했다. 계몽의 이념은 기존의 모든 것을 훌륭하고 아름다운 것으로 보는 반계몽적 태도뿐만 아니라 소박한 계몽과도 거리가 있다. 임마누엘 칸트의 철학은 유럽 계몽주의 시대의 지성적 정점을 표현할 뿐만 아니라 유럽 계몽주의의 변혁을 표현한다. "Sapere aude!(너 자신의 지성을 스스로 사용할 용기를 가져라!)" 칸트는 계몽주의 시대의 이러한 표어를 받아들여 계몽의 원리로 삼았다.(〈계몽이란 무엇인가?〉 VIII 35) 과정으로서의 계몽, 즉 스스로 생각하려는 결단을 통해 오류와 편견의 계속된 제거, 개인적 관심들에서 점차 거리를 두는 것과 '보편적 인간 이성'의 점진적 해방. 이것이 계몽주의 시대의 공통적인 근본 사상이었다. 이런 사상이 칸트에게서는 모든 독단적 철학에 대한 비판과 이성의 궁극적 근거의 발견으로 귀착된다. 이런 비판과 발견의 원리는 이율배반과 자기입법(Selbstgesetzgebung)으로서의 자유에 있다. 동시에 칸트는 루소의 《제1강의(Ersten Diskurs)》(1750)에 의해서 그리고 리스본(1755)의 '어처구니없는' 지진에 의해서 한때 동요되었던 순수한 낙관주의를 이미 원칙적으로 회복했다. 내성철학적 문제들을 시작할 때 칸트는 순수이성의 원천들뿐만 아니라 순수이성의 한계를 먼저 제시한다. 이때 순수이성은 이론이성뿐만 아니라 실천이성도 포함한다.

칸트는 자연과학이 이룩한 근대의 진보(갈릴레이, 뉴턴)와 그보다 훨씬 이전의 논리학과 수학의 발전에서 깊은 인상을 받았다. 그는 전통적으로 형이상학이라 불린 제1철학에서 신, 자유, 불멸성에 대한 물음들과의 중단될 수 없는 싸움이 기승을 부린다는 사실을 견딜 수 없었다. 칸트는 여러 학문 중에서 철학이 진지하게 자신의 자리를 주장하려 한다면 이러한 근본적인 싸움을 반드시 제거해야 하는 모욕으로 여긴다.

형이상학을 학의 안전한 길로 옮겨놓기 위해서 칸트는 신, 자유,

불멸성에 대한 탐구를 일단 뒤로 미뤄놓는다. 그는 한 단계 깊이 침잠해서 제1철학, 즉 형이상학이 과연 학으로서 가능할지를 묻는다. 철학은 우리의 자연적 세계와 사회적 세계를 원칙에 따라 탐구하는 과제에 앞서서 이런 세계들 자체의 가능성을 탐구하는 일을 떠맡고 있다. 철학은 더는 형이상학에서 시작하지 않는다. 오히려 철학은 철학의 이론으로서, 학문적 형이상학의 이론으로서 시작한다.

학으로서의 형이상학에 대한 물음은 그때까지 알려지지 않았던 근본성(Radikalität)을 철학적으로 논의하게 한다. 철저한 근본성은 새롭고 근본적인 사고방식을 통해서만 가능하다. 칸트는 초월적 이성비판(transzendentale Vernunftkritik)에서 그런 사고방식을 발견한다. 그는 초월적 이성비판에 의해서 이성의 실행능력을 규명하고, 자율적인 학문적 철학 활동(Philosophieren)의 근거를 마련하며, 이것의 원리적 한계도 근거짓는다. 그러므로 칸트에게서 단지 새로운 형이상학의 원천만을 보는 사람은 멘델스존(Moses Mendelssohn)이 그랬듯이 단순히 '형이상학의 파괴자'로 여겨서 칸트를 일면적으로만 이해한다.

자율적인 학문적 철학에 대한 물음은 추상적으로 대답할 수 없으며, 사태에 관한 핵심적인 문제를 고찰함으로써 비로소 대답할 수 있다. 왜냐하면 자율적 철학, 즉 이성 학문으로서의 철학은 법, 역사, 종교에서 인간의 인식과 행위, 미적 판단과 목적론적 판단에 모든 경험적인 것과 독립적으로 타당한 요소들이 있다는 것을 전제한다. 왜냐하면 그래야만 철학이 경험적 학문으로 인식되지 않으며, 철학은 철학적으로 인식돼야 하기 때문이다. 따라서 자율적인 학문적 철학에 대한 칸트의 근본 물음들은 여타의 학문적 물음에 앞선 물음(Vor-Frage)이 아니다. 오히려 그것은 실체적 물음들의 규명 한가운데로 인

도판 1 칸트(1798년 푸트리히의 그림)

도한다. 칸트는 모범적인 독창성이나 개념적 면밀성을 가진 탐구들에 의해 다양한 사태영역이 경험독립적 요소들을 통해 실제로 어떻게 구성되는지를 보여주려고 한다. 그렇게 함으로써 칸트는 인간의 유한성(수용성과 감성)에도 불구하고 참된 앎, 도덕적 행위 등이 어떻게 보편적 타당성과 필연성으로 이어지는지를 설명한다.

학으로서의 철학은 경험독립적 요소들이 방법적으로 발견될 수 있고 체계적으로 제시될 수 있는 곳에서만 가능하다. 칸트의 경우 이는 초월적 이성비판에서 나타난다. 경험독립적 요소들의 발견과 이 요소들을 드러내는 이성비판의 발견은 진실로 학으로서 철학의 신기원을 이루었다. 이것은 종래의 사고방식을 변혁시켰으며, 칸트가 그렇게 믿었듯이 드디어 철학을 실제로 확실한 토대 위에 세웠다. 철학적 근거설정 문제에 대해 여전히 회의적인 사람도 칸트가 인식이론과 대상이론, 윤리학, 역사철학, 종교철학 그리고 예술철학에서도 철학의 장을 근본적으로 변화시켰다는 사실에 이론(異論)을 제기할 수 없을 것이다. 우리가 선험적 인식과 후험적 인식, 종합적 판단과 분석적 판단, 초월적 논증, 규제적 이념과 구성적 이념, 정언명법 혹은 의지의 자율 등에 대해 생각하든 하지 않든, 오늘날 논의되고 있는 개념과 문제 중에서 칸트에게로 소급되는 것이 놀랄 정도로 많다. 극도로 상이한 방향들에서 칸트가 연관점으로 채택되며, 이 연관점에서 한편으로는 비판적인 방향으로, 다른 한편으로는 긍정적인 방향으로 칸트의 고유한 사고가 이해되고 있다. 비판철학의 열쇠가 되는 개념들, 이를테면 비판, 이성, 자유는 '프랑스 혁명의 시대'(대략 1770~1815년)에 중요한 역할을 한 표어였다. 칸트는 철학의 탁월한 대가의 한 사람일 뿐만 아니라 현대의 중요한 대화 상대자다. 동시에 야스퍼스의 '중추적 시대(Achsenzeit)'라는 제목에 걸맞은, 오늘날까지 우리의 사고와 사회-정치적 세계를 본질적으로 함께 규정하고 있는 그 시대를 대표하는 가장 중요한 인물 중의 한 사람이다.

그럼에도 우리는 칸트를 현대의 선구자로 칭송할 수 없다. 왜냐하면 한편으로 칸트에 대한 현대철학의 많은 비판이 소홀히 넘길 수 있는 것이 아니기 때문이며, 다른 한편으로 칸트는 현대의 자연과학, 정신과학, 사회과학의 조상이 아니며 현대적 과학철학의 창시자도 아니기 때문이다. 또한 칸트는 법치국가적 민주주의에서 사회적 민주주의로 이행하는 것을 목격한 주요 증인으로 적합하지 않다. 논리적 실증주의와 분석철학은 경험독립적 요소에 대해 강하게 이의를 제기하며, 구조주의와 마찬가지로 궁극적으로 근거짓는다는 생각을 포기하라고 요구한다. 윤리학에서 칸트는 공리주의와 싸우고, 담론윤리학(Diskursethik)과 다툰다. 그의 자유의 철학은 결정론, 그리고 행동주의와 싸우고, 그의 법철학은 실증주의와 대결한다. 간단히 말해서 칸트는 철학, 과학, 정치학 등에서 현대의 주요 경향들과 대립한다.

칸트가 우리 시대의 의식과 일치하지 않기 때문에 우리는 그의 저술들을 읽을 때 쉽게 내적 저항에 부딪힌다. 하지만 칸트의 생애, 철학적 발전과 영향 그리고 무엇보다 그의 작품에 대한 소개는 칸트에 대한 저항감을 약화시키고, 독자로 하여금 칸트의 사상을 받아들이지는 못하더라도 관심을 두게 하며, 칸트의 철학이 탄생한 이래 오늘날까지 미치고 있는 끊임없는 영향을 이해하게 할 것이다.

칸트 사상에 입문하는 길잡이로서 발전사나 영향사를 선택할 수 있다. 이 두 가지 길에 대해 각각을 지지하는 좋은 이유를 댈 수 있다. 그래서 이 책에서는 먼저 칸트 사상의 발전(2~3장) 그리고 끝에 가서 그것의 영향(14장)을 간략히 묘사하고 있으며, 저작을 소개할 때도 그때그때 약간의 역사적 언급을 가미하고 있다. 이 책은 주요 저작을 중심으로 꾸며져 있다. 왜냐하면 칸트의 사상은 십여 년의 준비작업 끝에 주요 저작들에서 철학자 자신이 결정적인 것으로 여기는 그런 형태에 도달했기 때문이다. 의심할 여지 없이 칸트의 유고(Nachlaß)는 칸트 사상의 역사적 뿌리와 실질적 뿌리를 드러낸다. 이런 뿌리 없이는 칸트 사상의 많은 이론적 부분들이 불명확하게 남거나 삶과 괴리된 것으로 느껴질 것이다. 확실히 강의록(Vorlesungen)은 칸트 철학의 중요한 전제들을 밝혀주고, 문제 있는 부분들에 대한 중요한 보충을 해주며, 후기의 유고, 소위 유작(Opus postumum)은 포괄적인 칸트 서술이 넘어서면 안 될 변화들과 연장선을 지적한다. 그러나 실제적 우위는 마땅히 비판적 저작에 두어져야 할 것이다. 이를테면 비판적 저작들이 포함하는 주도적 물음들과 근본 개념들, 해결책들과 논변구조들에 두어져야 할 것이다.

이 입문서는 내용적 난점들을 한가운데 가득 모아놓고 개별적으로 문제를 다루는 주석의 형태를 띠지 않는다. 이 책은 많은 불명확한 점들과 모순들이 있는데도 우리가 칸트 사상의 윤곽에서 발견할 수 있는 계속적인 일관성, 높은 반성수준과 분화된 개념성에 초점을 맞추고 있다. 다른 한편으로 비판적 초월철학에는 때때로 학문적 선입견과 정치적 선입견, 예컨대 유클리드적 기하학만이 존재한다는 견해 혹은 경제적 비자립상태에 비해 자립상태가 정치적으로 우월하다는 확신 같은 선입견이 혼합되어 있다. 그러한 요소들을 지적함과 동시에 그것들이 초월적 원리반성의 요구에 복종한다는 사정을 지적하는 것이 이러한 기본적인 저술의 과제다. 물론 그것은 다른 관점에서 칸트에 대한 원칙적 비판이 제거된다는 것을 배제하지 않는다. 전체적으로 보아서 칸트의 삶, 작품과 그의 영향에 대한 입문은 준칙에 따라 수행되어야 할 것이다. 왜냐하면 칸트를 역동적으로 그리고 그의 선판단에 따라 해석하는 것이 어떤 의미가 있는지 더는 말할 수 없기 때문이다.

칸트에 따르면 인간의 근본적 문제들에 이성적 관심이 표현되는 한 진정한 철학(ernsthafte Philosophie)은 인간의 근본적인 문제들로 향한다. 그러한 관심은 유명한 세 가지 물음으로 통합된다. (1) 나는 무엇을 할 수 있는가? (2) 나는 무엇을 해야 하는가? (3) 나는 무엇을 희망해도 좋은가?(*KrV* B 833) 이 입문서는 세 부분으로 나뉜다. 먼저 순수이성비판, 그다음에 도덕철학과 법철학, 세 번째로 역사철학과 종교철학을 소개한다. 그렇지만 이러한 삼분법을 절대시하는 사람은 《판단력비판》이 갖는 중요한 매개과제를 은폐하는 결과를 낳을 것이다. 《판단력비판》은 그것이 갖는 고도의 체계적 의미와 사태적 의미 (Sachbedeutung)를 감안해 독자적인 부분으로 다뤄질 것이다.

우정 어린 비판을 해준 동료 뒤니거 비트너, 노르베르트 힌스케, 카를 슈만, 끈기있게 원고를 정리해준 비라 폴락 부인과 에리트 치케르트 부인 그리고 교정과 색인 작업에 도움을 준 로타르 잠존, 루카스 K. 조죄와 베른하르트 슈베글러 등 이 책이 나오기까지 애쓴 모든 사람에게 특별히 감사의 마음을 표하고 싶다.

1장

생애와
철학적 발전

칸트에 대해서 흥미진진한 전기를 쓴다는 것은 쉬운 일이 아니다. 겉으로 드러난 그의 삶은 규칙적이고 한결같았기 때문이다. 우리는 그에게서 그 당시 사람들의 주목을 끌었을 사건들이나 후세 사람들의 호기심을 자극할 만한 모험적인 일들을 발견하지 못한다. 칸트는 루소처럼 끊임없는 방랑생활을 한 적이 없었고, 라이프니츠처럼 당대의 위대한 사람들과 서신을 교환한 일도 없었다. 그는 플라톤이나 홉스처럼 정치적인 일에 개입하지 않았으며, 셸링처럼 여성 편력이 있는 것도 아니었다. 그의 생활 방식에는 일상을 벗어나는 것이 전혀 없었다. 그는 질풍노도의 시대를 살았지만 요란한 옷차림이나 머리모양을 하지 않았고, 열정적인 몸짓도 보이지 않았다. 칸트는 남다르게 조심성이 있었다. 비판철학도 아마 아우구스티누스나 데카르트 혹은 파스칼의 철학과 마찬가지로 갑작스러운 깨달음에 힘입었을 것으로 생각한다.(*Refl.* 5037 참조) 하지만 칸트는 자신의 저작 어디에서도 이전까지 자신의 사유를 섬광처럼 변화시킨 철학적 체험에 대해 전혀 언급하지 않았다. 그래서 겉으로 드러난 것만 본다면 우리는 천재의 표상에 대응하는 어떤 것도 칸트에게서 찾아보지 못했다. 그러면 칸트의 인격과 생애는 실망스러운 것이었던가? 하이네(240)의 주장처럼 칸트는 천재가 아니었던가?

칸트는 그의 작품을 통해서만 이해될 수 있다. 작품 속에서 그는 현혹되지 않는 엄격함과 엄청난 독점력을 지니고 나타난다. 그 작품이란 학문, 특히 이성의 학문이다. 그것은 자연과 도덕, 법, 종교, 역사 그리고 예술 등에 대한 선험적 원리에서의 인식이다. 더욱이 현실적인 사건들이 사고 속에서 일어난다는 말은 다른 어떤 철학자보다 칸트에게 적절한 말이다. 칸트의 전기는 다름 아니라 그의 철학 함의 역사이다.

위대한 근대철학자들 가운데서 칸트는 (아마도 볼프 이래) 철학을 가르치는 일을 생업으로 삼은 최초의 사람이었다. 영국이나 프랑스의 대표적인 계몽주의 사상가들과 달리 칸트는 시민 학자로서 많은 업적을 남겼지만 평범한 삶을 살았다. 그리고 이것은 칸트에게서 대학의 강단철학이 독창적인 발전을 할 수 있는 획기적인 전기가 마련되었다는 것을 의미한다. 이러한 전통은 피히테, 셸링, 헤겔에 이르기까지 계속되었고, 그 후에 단절되었다. 쇼펜하우어, 키르케고르, 마르크스 등은 아카데미 사상가들과는 상당히 거리가 있었으며, 심지어 콩트, 밀, 니체 등도 아카데미 사상가들에 대해 부정적인 태도를 보였다.

칸트는 그가 태어난 고향인 쾨니히스베르크 근방을 벗어나본 적이 없다. 그럼에도 우리는 사변적 성격을 띠지 않은 칸트의 수많은 저작에서 환상과 풍자로 묘사된 세상에 대한 남다른 지식을 엿볼 수 있다. 칸트는 독서와 대화 그리고 남달리 비범한 생산적 상상력으로 그러한 지식을 얻었다.

우리는 이 철학자의 생애, 인격, 철학적 발전 등에 대한 지식을 대부분 그의 편지들에서 얻는다. 편지들은 칸트의 저작을 보충해주는 중요한 자료이다. 우리는 여러 사람과 주고받은 편지를 통해 칸트의 학문적 발전 과정과 작품의 진행 과정을 가늠할 수 있다. 칸트가 친구, 가족, 동료 그리고 학생들과 어떤 관계를 맺고 있었는지도 그의 편지를 통해 발견할 수 있다. 또한 편지는 당대의 명사들과 칸트의 관계, 문화적 조류와 사건에 대한 칸트의 관련성을 알려주는 정보의 창고이며, 칸트 철학의 직접적 충격을 엿보게 한다. 그러나 칸트는 편지에서조차 "우연하게 그리고 어쩔 수 없을 때만 자신의 개인적인 정서와 관심에 공간"(카시러, 4)을 할애했다. 칸트와 같은 시대 사람인 보로프스키(Borowski)와 야흐만(Jachmann), 바지안스키(Wasianski), 하세(Hasse) 그리고 링크(Rink) 등이 쓴 전기들 역시 칸트의 편지들과 더불어 중요한 의미를 갖는다. 이들은 예외 없이 쾨니히스베르크에서 살았으며 칸트와 오랫동안 개인적으로 교제했다.

이러한 자료들에만 의존해 칸트를 묘사하는 것은 자칫 균형을 잃을 수 있다. 이를테면 칸트를 그의 노년기에 비추어 지나치게 묘사하게 되고, 그의 성격을 완고하고 지나치게 꼼꼼한 것으로 묘사할 위험이 있다. 왜냐하면 칸트가 주고받은 편지들은 대부분 칸트의 나이 46세였던 1770년 이후의 것으로 추정되기 때문이고, 더욱이 동시대인들이 쓴 전기들은 특히 노년의 칸트를 보여주고 있기 때문이다. 또한 칸트의 매력적인 성격을 보여주는 일화들이 이 시기에 주로 이야기된다는 것도 한 가지 이유이다. 실제로 칸트는 사교적이었으며 여성에게 호의적이었다. 하지만 칸트의 다른 모든 것을 지배했던 필생의 과제는 그 스스로 사고의 혁명이라고 인정했고 실제로 유럽 철학사에서 일대 전환점이 입증된 비판적 초월철학이었다.

2. 비판 이전기

2.1 가족 관계와 학창시절

임마누엘 칸트는 1724년 4월 22일, 쾨니히스베르크 교외의 어느 가난한 마구 기술자의 아홉 아이 가운데 넷째로 태어났다. 그는 다음 날 임마누엘('신이 우리와 함께')이라는 이름으로 세례를 받았다. 독일의 다른 계몽주의 학자들처럼 칸트도 검소한, 아니 오히려 궁핍한 환경에서 태어났다. 그의 고향 쾨니히스베르크는 경제적으로 번창한 동프로이센의 수도였다. 특히 이 도시에는 영국 상인들이 식민지에서 포도주와 향료를 가져와 러시아의 곡식이나 가축과 교역하던 국제적인 무역항이 있었다. 독일어권의 북동쪽 경계 지점에 위치한 이 도시는 칸트가 태어나던 해에 세 개의 도시(알크슈타트, 뢰베니히트, 크나이포프)가 하나로 통합되었다. 칸트와 쾨니히스베르크, 오늘날의 칼리닌그라드는 동갑이었다.

칸트는 자신의 조부가 스코틀랜드에서 이주해왔다고 믿었으나 (*Briefe* 744/406) 그 믿음을 입증할 만한 문헌자료는 없다. 더욱이 칸트는 증조부 리하르트 칸트(Richard Kant)가 쿠를란드(라트비아 남부지방) 태생이었으며(그런데 두 딸은 스코틀랜드인과 결혼했다), 어머니 안나 레기나(Anna Regina) 가족이 뉘른베르크와 튀빙겐 출신이라고 믿었다.

유년기의 칸트는 교외 거주자 병원학교(Vorstadter Hospitalschule)에 다녔고(1730~1732), 여섯 살부터 어른이 될 때까지 프리드릭스 신학원(Friedrichskollegium)에 다녔다.(1732~1740) 칸트는 집안이 가난했기 때문에 친구들의 지원, 특히 신학원 교사이자 신학교 교수인 프란츠

알베르트 슐츠(Franz Albert Schultz, 1692~1763)의 지원에 의지했다. 슐츠는 독일의 위대한 계몽주의 철학자 크리스티안 볼프(Christian Wolff, 1697~1754)의 제자였고, 칸트의 재능을 일찌감치 발견해냈다.

주민이 '경건주의자들의 피난처'라고 격하해 불렀던 프리드릭스 김나지움은 엄격한 종교적 규율을 고수하고 있었다. 이곳의 강의는 대부분 종교강의(교리문답서 학습)와 미사성제에 할애되었다. 구약과 신약성서의 입문서를 히브리어와 그리스어로 강의했다. 수학과 자연과학은 아주 적은 부분을 차지했다. 이 시절의 강의 가운데서 칸트가 나중까지 관심을 잃지 않았던 라틴어 강의만이 실제로 그에게 유익했던 것 같다. 1740년 가을, 칸트는 학급에서 2등으로 프리드릭스 김나지움을 졸업했다. 그는 노년에도 프리드릭스 김나지움에서 겪었던 예속 상태를 생각할 때면 "두려움과 불안을 느낀다"고 회고한 바 있다.

칸트의 가정은 경건주의에 감화를 받았다. 경건주의는 독일 신교 중 17세기에 발생한 종교운동으로, 생활을 경건하게 혁신함으로써 교회의 개혁을 이루려는 운동이다. 칸트는 경건주의의 예배양식에 거리를 두고 있었음에도 흔들리지 않는 생활의 평온과 마음의 평온으로 스토아적 경향을 떠올리게 하는 경건주의의 바탕에 깔린 생활태도를 존중했다. 타고난 분별력과 신실한 종교심 때문에 칸트가 평생존경했던 그의 어머니는 일찍이 칸트가 열세 살 되던 해인 1737년에 사망했다. 그의 어머니는 크리스마스 전날 저녁 땅에 묻혔다.

16세 때, 칸트는 대학 입학시험을 치르고 알베르티나에 있는 쾨니히스베르크 대학에 입학했다. 1740~1746년 칸트는 친구들의 도움과 가정교사를 해서 번 돈으로 수학, 자연과학, 신학, 철학, 고전 라틴문학 등을 공부했다. 그는 논리학과 형이상학 교수였던 마르틴 크누첸

도판 2 쾨니히스베르크 전경(동시대 동판화에서, 1766년경)

(Martin Knutzen, 1713~1751)에게서 특히 큰 영향을 받았다. 볼프의 제
자였던 크누첸은 젊은 나이에 죽지 않았다면 아마 철학자로서 크게
이름을 떨쳤을 것이다.

칸트는 다재다능한 이 학자의 영향을 받아서 특히 자연과학에 지
대한 관심을 갖게 되었다. 이후 아이작 뉴턴(Isaac Newton, 1643~1725)
의 물리학은 대학시절부터 칸트에게는 엄밀한 학의 모범으로 생각되
었다.

2.2 가정교사, 최초의 저작들

칸트는 1746년 부친이 사망한 후 대학을 떠나 그 당시 가난한 학
자들이 일반적으로 그랬듯이 '가정교사' 일을 하며 생계를 유지했다.

그는 처음에 성직자 안더쉬(Andersch)의 집에서, 그다음은 영주 마요르 폰 휠젠(Major von Hülsen)의 집에서 그리고 마지막으로 카이저링(Keyserling) 백작 집에서(1753년경까지) 가정교사로 있었다.

이 시기에 칸트는 사회적인 노련함을 습득했을 뿐만 아니라 철학과 자연과학에 대한 지식을 넓혀나갔다. 칸트는《활력의 올바른 측정에 관한 사상들(Gedanken von der wahren Schätzung der lebendigen Kräfte)》(1746년 작, 1749년 출판)이라는 처녀작으로 연륜에 비해 매우 높은 평가를 받았다. 이 글에서 그는 "인간지성의 자유"(I 8)에 호소함으로써 화해를 통해 "유럽 기하학자들 사이에서 벌어지고 있는 분열"을 해소하려고 했다.

칸트는 질량(m)과 속도(v)에서 힘(K)——오늘날 운동에너지라고 하는 것——을 계산하는 것에 관한 논쟁에서 '활력(살아 있는 힘)', 즉 이른바 자유운동을 주장했던 라이프니츠주의자들의 편($K=m \cdot v^2$)을 들었다.

이와는 달리 데카르트와 그의 추종자들($K=m \cdot v$)은 '사력(죽은 힘)', 즉 비자유운동을 주장하였다. 오늘날에 올바른 해석으로 인정받고 있는 달랑베르(d'Alembert)의 1743년 해석($K=1/2m \cdot v^2$)은 주목받지 못했다.

우리는 다음과 같은 인용문을 통해서 겨우 22세였던 한 젊은이의 돋보이는 높은 자기의식을 확인할 수 있다. "나는 내가 견지하려고 하는 나의 행로를 이미 그려놓고 있다. 나는 내 행로를 밟아나갈 것이고, 어떤 것도 내가 그것을 수행하는 데 방해가 되지 못할 것이다." (I 10)

칸트는 당시 국제적인 학술어로 통용되던 라틴어 대신 명료한 독일어로 저술했다. 이미 라이프니츠, 토마지우스, 볼프 등이 부분적으로 독일어로 글을 썼다. 비록 성과는 적었지만, 칸트 이전의 선구적 철학자들의 건설적이고 비판적인 노력이 분명히 있었으며, 그것이 나중에 칸트의 초월적 이성비판(transzendentale Vernunftkritik)의 기초가 되었다. 또한 칸트는 자연과학에 대해 커다란 관심을 갖고 있었는데, 이것은 향후 10년 동안 칸트의 연구를 지배했다. 칸트는 힘의 계산에 관한 논쟁을 더욱 포괄적인 문제에 포함함으로써 철학자로서 이름을 떨치게 된다. 칸트는 당대 최고의 대학자들도 첨예한 문제에 관해서는 의견일치를 보지 못한다는 것을 경험했다. 칸트는 이러한 경험으로 말미암아 계몽주의에서 주창하는 보편적 인간 이성의 이념을 문제 삼게 되었다. 인간 이성에 대한 회의와 더불어 믿음은 비판적 초월철학을 완성하기까지 줄곧 칸트를 따라다녔다.

쾨니히스베르크 대학으로 돌아온 후 칸트는 엄청난 생산력을 발휘한다. 1755년 3월, 칸트는 익명으로 '뉴턴의 원리들에 따라 다뤄진' 《일반 자연사와 천체 이론(Allgemeine Naturgeschichte und Theorie des Himmels)》을 출간했다. 이 글에서 칸트는 태양계와 전체 우주의 생성에 관한 이론을 간략히 제시했다. 칸트는 신학적 고려 없이 오로지 '자연적 근거들'에 의존해 이론을 세웠다. 이 이론의 중요한 부분, 특히 토성의 띠와 성운에 관한 이론은 후에 천문학자 허셜(Herschel, 1738~1822)의 관측에 의해 입증되었다. 그럼에도 우주의 형성에 관한 칸트의 순수 역학적 설명은 별로 알려지지 않았다. 그러다가 19세기 중엽에 비로소 자연과학에서 그 중요성이 인정되었다. 라플라스(Laplace)는 칸트와는 독립적으로 우주의 생성에 관한 가설(1796)을 약간 다르게 제시했다. 후에 그것은 '칸트-라플라스 이론'이라는 이름으로 불리며 오랫동안 천문학적 논의에서 중요한 기초가 되었다.

칸트는 1755년에 〈불에 관한 성찰의 간략한 서술(Meditationum quarundum de igne succincta delineatio)〉로 쾨니히스베르크 대학에서 철학박사 학위를 받는다. "쉽고 기초적인 철학 강연에 관해"라는 제목으로 6월 12일 실시한 공개강연에는 그 도시의 명망 있고 학식 있는 사람들이 많이 모였다. 같은 해에 그는 〈형이상학적 인식의 제1원리들에 관한 새로운 해명(Principiorum primorum conitionis metaphysicae nova dilucidatio)〉이라는 글로 교수 자격을 취득했다. 칸트는 마기스테르 레겐스(magister legens), 오늘날로 하면 사강사가 되었다. 그 당시 사강사는 국가에서 주는 급여 없이 강의료와 학생들을 개인적으로 가르쳐 받는 돈으로 생계를 유지했다.

칸트는 〈새로운 해명(Nova dilucidatio)〉에서 라이프니츠 철학의 체계적 완성인 볼프의 강단 형이상학(Schulmetaphysik)과 대립하는 방향을 취했다. 그는 라이프니츠가 주장한 충분이유의 실질원리와 논리적 모순율과의 관계를 논의한다. 독자적인 라이프니츠 학도이자 볼프 비판자인 크루지우스(Christian August Crusius, 1715~1775)와 더불어 칸트는 충분이유의 실질원리를 논리적 원리에 따라 종속시키려는 시도를 실패한 것으로 여겼다. 그렇게 함으로써 칸트는 인식의 모든 원칙을 궁극적으로 공통의 유일한 원리로 환원할 수 있다는 볼프적 이성주의의 기본적 가정을 반박했다. 물론 칸트가 여기서 한 주장은 실재에 대한 모든 인식이 성격을 갖는다는 훨씬 이후의 주장과 상당한 거리가 있다.

칸트는 자연과학적 물음들을 계속해 다루었다. 경험적 자연인식과 철학적 자연인식의 엄밀한 구분은 그 시대에는 볼 수 없었다. 칸트는 수세기 동안 관찰된 지진 기록을 기술했다. 특히 1755년 11월 1일, 리스본이라는 도시 3분의 2를 파괴한 대지진은 변신론(Theodizee)의 물음, 즉 세상에 존재하는 고통과 관련해서 신을 정당화하는 문제를 제기하게 해 전 유럽을 동요시켰던 것으로 기억된다. 나중에 칸트가 주장하는 이론이성에 대한 실천이성의 핵심적인 우위성이 여기서도 두드러지게 나타났다.(I 460)

물질의 가장 작은 부분을 "공간을 채우는 힘"으로 정의한 것은 아주 현대적인 느낌이 든다. 이런 생각은 〈불에 관해(De igne)〉와 〈새로운 해명〉 다음에 발표한 세 번째 논문인 〈물리적 단자론(Monadologie physica)〉(1756)에서 제시되었다. 이 논문은 원외 교수들을 위한 공개 토론에 부쳐졌다. 계절풍과 무역풍의 발생에 대한 칸트의 설명(〈바람에 대한 이론의 해명에 관한 새로운 주석(Neue Anmerkungen zur Erläuterung der Theorie des Winde)〉(1756))은 자연과학에서 중요성을 인정받고 있다.

2.3 성공한 교사와 품위 있는 학자

칸트는 1755년 가을, 처음으로 대학 강단에 섰다. 칸트의 강사생활은 평균 주당 16시간의 고된 노동이었다.(*Briefe* Bd. XIII 13/8 참조) 경제적 이유 때문에 한때는 강의 시간이 주당 20시간을 넘은 때도 있었다. 이런 사정 때문에 칸트가 대학 강단에 선 처음 몇 년 동안은 대외적으로는 침묵을 지키는 시기가 되었다. 그래서 1757~1761년에 칸트는 의미 있는 저술을 하나도 남기지 못했다.

칸트는 1756년과 1758년 두 번에 걸쳐서 논리학과 형이상학의 원외 교수직에 응모했다. 그 자리는 크누첸이 사망한 후 이미 5년 동안이나 공석이었지만 6년 전쟁의 갑작스러운 발발로 말미암아 보충되지 않고 남아 있었다. 불행히도 논리학과 형이상학 정규 강의를 얻으려는 칸트의 노력은 수포로 돌아갔으며, 그 강의는 그보다 나이 많은 동료인 부크(F. J. Buck)에게 돌아갔다. 1764년 여름, 칸트는 시학(Dichtkunst) 교수직을 제안받았으나 거절했다. 시학 교수의 임무는 왕에게 보낼 문안 서신을 작성하는 것이었다. 1766년에 비로소 칸트는 처음으로 정규급 직책을 얻었다. 왕립 궁정도서관의 부사서직으로 보수는 얼마 되지 않지만 명예로운 직위였다. 칸트는 커다란 학문적 성과와 교육적 성과를 올렸음에도 바라던 논리학과 형이상학의 교수직을 얻기 위해 그의 나이 46세 되던 해인 1770년까지 기다려야 했다. 물론 그는 이보다 앞서서 그해 가을에 에어랑겐 대학과 예나 대학의 초빙 제안을 고향에 대한 애착과, 고향에 살고 있는 많은 친근한 사람들과 친구들에 대한 애정과, 좋지 않은 건강상태 등을 이유로 거절했다.

칸트는 당시 관례에 따라 자기 철학을 강단에서 강의하지 않았다. 그는 비판 이전 시기는 물론 비판 이후에도 교과서를 토대로 강의했다. 논리학은 할레(Halle) 대학의 볼프 추종자 마이어(G. F. Meier)의 《이성이론(Vernunftlehre)》, 윤리학과 형이상학은 대개 볼프의 제자인 바움가르텐의 책, 자연법은 괴팅겐의 법학자 아헨발(Achenwall)의 《자연법(Jus naturale)》을 교재로 강의했다. 그럼에도 그의 강의는 학교 교사들이 하듯이 기성의 사고에 대해 판에 박힌 해설을 하는 것이 아니었다. 그의 강의는 "재치와 유머로 가득 찬 자유로운 토론이었다. 종종 그가 읽었던 저술들을 인용하고 참조했으며, 가끔은 일화들을 소개했는데 언제나 상황에 적절했다."(Groß 중에서 Borowski 86) 칸트는 다른 철학자들과는 달리 철학을 가르친다고 생각하지 않고 철학 함 (Philosophieren), 즉 편견 없이 비판적으로 사고하는 것을 가르친다고 생각했다. 칸트는 왕성하면서도 매우 정확한 표상능력을 지니고 있었다. 칸트는 언젠가 웨스트민스트 다리를 대단히 정밀하게 묘사함으로써 영국인들을 놀라게 한 적도 있다. 이 철학자는 지적 호기심이 대단히 많았기 때문에 집에 있으면서도 상상외로 많은 연구분야에 관심을 가졌다. 그는 단순히 예리한 분석가가 아니었다. 그는 '세계라는 책(das Buch der Welt)'을 대상으로 연구했다.

칸트의 강의는 수강자들에게 스스로 함께 생각하라고 요구함으로써 처음부터 활발한 관심을 불러왔다. 프로이센과 외국에서 온 청중, 특히 발트해 국가들, 러시아, 폴란드 등지에서 온 사람들로 다양하게 구성된 청중은 몇십 년 동안이나 칸트를 "대단히 숭배했다." (Groß 중 Jachmann, 135 이하) 이 젊은 사강사는 우리가 그에게서 발견할 수 있으리라고 믿을 수 없는 따뜻함과 자상함을 개인적인 교제에서 보여주었다. 그의 제자 가운데는 시인이자 철학자인 헤르더 (Johann Gottfried Herder, 1744~1803)가 있었는데, 칸트는 처음부터 그를 주목했다.(《언어의 원천에 대한 논의(Abhandlung über den Ursprung der Sprache)》(1772)에서 헤르더는 이미 현대적 학문과 철학에 대한 중요한 인식에 도달해 있었다. 즉 세계 개방성, 인간 신체기관의 결함과 본능상 결함, 언어와 사고의 불완전성에 대한 언어능력의 의존성과 언어와 사고의 밀착성 등을 이미 내다보았다. 그는 또한 이후의 칸트 비판을 위한 초석을 놓았다. 14.1 참조)

칸트는 자신의 정신적 지평이 얼마나 광대한지를 강의를 통해 보여주었다. 그는 논리학과 형이상학만 강의한 것이 아니라 수학적 물리학과 물리학적 지리학(매우 자랑스럽게도 그가 처음으로 도입한 학술적

분야)에 대해서도 강의했으며, 인간학(1772/73 겨울 학기부터)과 교육학
(1776/77 겨울 학기부터), 철학적 종교론(자연신학), 도덕, 자연법(1766/67
겨울 학기부터)과 철학적 백과(1767/68부터)에 대해 강의했고, 심지어
요새 구축과 불꽃 제조술에 대한 강의도 했다. 칸트는 여러 차례 소
속 학부의 학장을 지냈고, 1786년과 1788년 두 차례에 걸쳐 여름 학
기 동안에 그 대학의 총장직을 맡은 바 있다.

칸트는 강의와 학문 연구에 전념했다. 그러나 이런 활동은 그의
생활의 절반만 차지했고, 나머지 절반은 사회적 활동으로 채워졌다.
칸트는 친구들이나 교분 있는 사람들과 점심식사를 함께하는 것을
좋아했고, 당구와 카드놀이를 즐겼으며, 극장이나 그 도시에서 가장
유명한 살롱에서 시간을 보내기도 했다. 칸트는 정신적 소양이 풍부
했으므로 누구나 그와 이야기를 나누고 싶어 했다. 그와 친분이 있는
은행가이자 쾨니히스베르크의 상업 고문관의 부인인 마리아 샤로타
야코비(Maria Charotta Jacobi)는 이 '위대한 철학자'에게 칼집에 매는 끈
을 만들어주었고 "연민의 정을 담은 키스"를 선사했다.(*Briefe* 24/14) 이
부인은 논쟁의 여지는 있지만 쾨니히스베르크에서 가장 많은 구애를
받은 여인 가운데 한 사람으로 알려졌다. 카이저링 백작부인의 살롱
에는 칸트를 위해 항상 상석이 준비되어 있었다. 쾨니히스베르크의
철학자 하만(Johann Georg Hamann, 1730~1788)은 사교적 오락에 휩싸
여 칸트가 자신의 학문적 계획들에서 마음을 빼앗기지 않을까 염려
하기도 했다. "실제로 그 당시 칸트 선생은 여성들 사이에서 세상에
서 가장 사교적인 인물로 통했으며, 사랑의 사도(postillion d'amour)가
입는 가장자리가 접힌 옷을 입었고, 모든 사교모임에 참석했다."
(Böttiger, I 133)

도판 3 칸트와 그의 동시대인들(되르슈틀링의 그림을 토대로 제작한 석판화)

    1758~1762년 러시아가 쾨니히스베르크를 일차로 점령했다. 아마 이 사건에 대해서는 칸트와 같이 삶을 즐기는 생활태도에도 일부 책임이 있을 것으로 짐작된다. 자유주의가 이 도시를 점령함으로써 "고풍스러운 이 낡은 도시로 동구적 생활양식이 전폭적이고 편견 없이" 유입되었다.(Stavenhagen, 21) 신분 질서가 느슨해지고, 자유로운 태도로 말미암아 경건주의적 진지함이 흔들리고, 프로이센적 검소함이 매우 사치스러운 생활태도 앞에서 동요되었다. 칸트 역시 "개인 저택과 고관들의 모임 장소에서 벌어지는 고급 관리들의 방탕한 소동에 참여했다."(Stavenhagen, 19)

    칸트가 독일에서 제일가는 저술가로서 명성을 얻게 된 저작의 문체는 사교가로서의 노련한 생활방식에서 비롯되었다. 하이네(Heine, 75)는 《순수이성비판》의 "색깔 없고 무미건조하게 포장된 문체"를 조

34

롱했고, 이전에 출판된 칸트의 전기 작품들의 우아한 문체를 매우 칭찬했다. 하이네는 그 작품들에 대해 "프랑스 소설들에서 느낄 수 있는 만족할 만한 좋은 기분"을 느끼게 한다고 평했다. 그런데《순수이성비판》에서 칸트는 색깔 없는 무미건조한 문체로 "대중적인 명료성을 추구하는 그 당시의 통속 철학에서 자기 자신을 명백하게 구분"하려고 했다.

3. 비판적 초월철학

3.1 '순수이성비판'으로 이행하는 과정

1761년 이후 칸트는 다시 놀라운 생산력을 과시한다. 그는 이론철학에서는 흄(David Hume, 1711~1776), 실천철학에서는 루소(Jean Jacques Rousseau, 1712~1778)에게서 큰 영향을 받았다. 칸트의 연구실 벽에 루소의 초상이 걸려 있었는데, 그것이 유일한 장식물이었다. 칸트는 이를테면 신 존재 증명과 도덕의 기초 같은 형이상학의 전통적인 문제들을 다루었지만, 전통적인 사고 수단으로는 이런 문제들을 해결하기 어렵다는 것을 점점 더 분명히 인식하게 되었다. 마침내 그는 형이상학을 유보해두고 무엇보다 먼저 형이상학의 영토를 탐색하는 "예비적 학문"(II 395)을 전개하는 작업이 필요하다는 것을 깨달았다. 처음에 칸트는 절정에 이른 독일 계몽주의 운동을 전적으로 지지했다. 그리고 계몽주의에서처럼 볼프의 종합적 방법에 맞서서 철학을 분석으로 이해했다. 칸트는 계몽주의를 주도하는 대표적인 인물들과 서신 교환을 통해 친분을 쌓기도 했다. 가령 1765년 이후 철학자이자 수학자인 람베르트(Johann Heinrich Lambert, 1728~1777) 그리고 1766년 이후 독일에서 유태교 해방의 개척자인 멘델스존(Moses Mendelssohn, 1729~1786)과 서신을 교환했다. 멘델스존은 레싱(Lessing)의 친구이며 출판인 니콜라이(Nicolai)의 친구이기도 했다. 그러나 결국 칸트의 '형이상학의 예비학'이 혁신적인 철학으로서 모습을 드러냈다. 이 혁신적인 철학은 독일 계몽주의와는 간과할 수 없는 현저한 차이를 보이고 있었다. 칸트는《순수이성비판》을 분석과 의식적으로 대립시켜 종합 철학으로 이해했다.

논문《유일하게 가능한 신 존재 증명(Der einzig mögliche Beweisgrund zu einer Demonstration des Daseins Gottes)》(1762년 말 발표, 출판은 1763년에 이뤄짐)에서 칸트는 사변적 신 존재 증명을 검토하면서 아직 《순수이성비판》에서처럼 그렇게 무제한적으로 부정적인 결론을 내리지 않았다. 그러나 칸트는 여기서 나중에 신 존재 증명에 대한 자신의 주장의 핵심 내용을 이미 제시하고 있었다. 즉 "현존성(Dasein)은 결코 술어가 아니다."(II 72) 그는 전통적인 세 가지 신 존재 증명을 배척하고, 데카르트의 네 번째 신 존재 증명이라 할 수 있는 존재론적 신 존재 증명방식도 거부한다. 그러나 데카르트의 또 다른 신 존재 증명방식에 대해서는 "사람들이 수학적 증명에서 요구하는"(II 161) 것과 같은 명료함을 인정했다. 물론 칸트는 그 증명 전체를 제시하지 않고, 증명을 위한 근거만 개진했다.

《자연신학과 도덕 원칙들의 판명성에 관한 연구(Untersuchung über die Deutlichkeit der Grundsätze der natürlichen Theologie und der Moral)》(1762년에 이미 완성되었으나, 1764년에야 출판됨)은 베를린 학술아카데미가 공

모한 논문상에서 2등을 수상했다. 1등상은 멘델스존에게 돌아갔다. 칸트의 수상작은 아직 전적으로 분석의 지반 위에 서 있었다. 칸트는 오늘날 분석철학과 비슷하게 "뒤엉킨 인식들을 풀어주는 것이 실제로 형이상학의 일"이므로 우리는 철학에서, 특히 "형이상학에서는 전적으로 분석적인 과정을 밟아야만 한다"(II 289)고 확신했다. 칸트는 자연신학의 원리들에 대해서뿐만 아니라 도덕성의 원리들에 대해서도 최대한의 철학적 명료성을 요구한다. 물론 이성론의 윤리학이 옳은지 아니면 경험론의 윤리학이 옳은지, 즉 "오로지 이성능력만이 윤리학의 제1원리들을 결정하는지 아니면 감정(das Gefühl, 욕구능력의 첫 번째 내적 근거)만이 윤리학의 제1원리를 결정하는지"가 "최우선적으로 결정되어야" 한다.(II 300) 칸트는 베를린 아카데미 공모전 수상논문과 신의 존재에 대한 논문으로 독일 전체에 알려졌고, 많은 비판의 대상이 되기도 했다.

칸트는 〈부정량 개념을 철학에 도입하는 시도(Versuch den Begriff der negativen Größen in die Weltweisheit einzuführen)〉(1763)에서 분석으로서의 철학에 반대함으로써 처음으로 자기비판을 감행한다. 칸트는 수학적 인식에 대한 형이상학적 인식의 종별적 차이를 부각하고 실질적 대립과 논리적 모순 사이의 차이를 중시한다. 왜냐하면 분석적 인식에서는 실질적 근거(결과의 원인)와 마찬가지로 실질적 대립이 허용되지 않기 때문이다.

〈형이상학의 꿈으로 해명된 시령자의 꿈(Träume eines Geistersehers, erläugtert durch Träume der Metaphysik)〉(1766)이라는 논문에서 칸트는 스웨덴의 심령술사 스베덴보리(Emanuel Swedenborg)를 예로 들면서 경험의 확실한 지반만 인정하는 범위 내에서 어떻게 우리가 가장 기이한 명제들과 체계들에 엄밀하고도 논리적으로 도달할 수 있는지를 보여준다. 칸트는 마침내 여기서 라이프니츠와 볼프의 이성론적 강단 형이상학과 결별한다. 또한 그들의 독자적인 '후계자'인 바움가르텐(A. G. Baumgarten)과 크루지우스(C. A. Crusius)와도 결별한다. 칸트는 더는 형이상학을 이성의 체계로 규정하지 않는 대신에 "인간 이성의 한계에 관한 학문"으로 규정한다.(II 368) 물론 이 한계는 아직 명확하게 제시되지 못했다. 형이상학을 명확하게 규정하는 것은 계속해서 그의 주요한 과제였다. 칸트는 이러한 맥락에서 영국에서 새롭게 등장한 인식이론, 특히 회의론자이자 경험론인 흄의 철학을 접하게 된다. 칸트는 나중에 흄에 대해 "그는 처음으로 독단의 선잠을 깨우고 사변 철학의 영역에서 나의 연구에 완전히 다른 방향을 제시해주었다"(Prol. IV 260)고 말한다. 칸트는 독단적 형이상학에 대한 흄의 비판(《인간지성론(Enquiry concerning Human Understading)》(1748))에 설복당했으나, 경험적·회의적 결론들은 인정하지 않았다. 흄은 인과원리가 습관에서 비롯된다고 주장하지만, 칸트는 순수지성에서 비롯된다고 본다.

칸트가 교수 취임을 위해 쓴 논문인 〈감성계와 지성계의 형식과 원리들에 관해(De mundi sensibilis atque intelligibilis forma et principiis)〉(1770)는 비판철학으로 이행하는 과정에서 특별한 의미를 갖는다. 칸트는 여기서 형이상학을 위한 '사전연습(예비학)'을 시험한다. 이 사전연습은 순수 철학으로서 경험적 원칙들을 포함하고 있지 않기 때문에(§§8, 23) 두 가지 인식 방식 사이, 즉 현상하는 대로의 사물들(현상체)에 대한 감성적 인식과 그 자체로 존재하는 바의 사물들(가상체)에 대한 지성적 인식 사이를 예리하게 구분하는 것이 필수이다. 칸트는 후에 범주라고 부른 순수한 지성개념들을 토대로 하여 《순수이성비판》이 근본적으로 배척하는 것을 여기서는 아직 가능한 것으로 간주한다. 그것은 수학과 경험을 넘어서 모든 감성과 독립적으로 존재하는 물자체에 대한 인식이다.

그렇지만 칸트는 이때 벌써 초월적 이성비판의 몇 가지 중요한 전제들을 다루고 있었다. 그는 "현상들의 인식은 전적으로 참되다.(§11) 직관은 혼동된 인식이 아니며(§7) 고유한 인식 원천이다. 공간과 시간의 표상들은 감관에서 발생하지 않는다. 공간과 시간의 표상들은 감관에 이미 전제된 순수한 직관들이며, 모든 감성적인 것(alles Sensible)을 차례로 배열하는 데 필요한 보편적이며 주관적인 조건들이다.(§§ 13~15) 순수 수학이 있으며, 이것은 우리의 모든 감성적 인식의 형식을 구명한다"고 말했다. 칸트는 윤리학과 관련해 도덕적 개념들이 순수지성을 통해 인식되므로 그것은 순수 철학에 속한다고 주장한다.(§ 7과 §9 ; *Briefe* 54/33 참조) 그렇지만 그는 나중에 원리라고 해서 배척한 완전성을 이때는 도덕적 개념의 척도라고 말하고 있다.(§9)

순수 철학, 즉 형이상학이 학으로서 가능하고, "시시포스의 돌을 영원히 굴리지" 않기 위해서는 방법이 선행되어야 한다.(§23) 이 방법에 대한 가장 중요한 규정에 따르면 우리는 "감성적 인식의 고유한 원칙들이 그것의 한계를 넘어서서 지성자를 촉발하지 않도록 세심하게 경계"해야 한다.(§24) 나중의 초월적 변증론의 의미에서 보면 교수 취임 논문은 형이상학이 굴복하고 있는 가상들을 원칙들에서 해명하려는 시도로 끝을 맺는다. 여기서는 아직 순수한 지성인식과 감성적 요소들이 뒤섞여 있다.(§§24~30)

처음에 칸트는 교수 취임 논문을 마무리하며 '두 장' 정도를 보충하려고 의도했을 뿐이다. 그렇지만 이런 시도를 하는 도중에 그는 반성 과정에 빠져들었고, 이 반성 과정은 그의 친구들과 철학적 신봉자들의 기대를 저버린 채 그들의 긴장된, 때에 따라서는 비난에 가득 찬 조바심이 있었음에도 10년 이상 이어졌다. 특히 그의 애제자이며 나중에 친구가 된 헤르츠(Marcus Herz, 1747~1803)와의 서신 교환은 칸트가 끊임없이 추월하고 교차하는 풍부한 계획들과 구상들을 어떻게 그리고 있는지를 실증적으로 보여준다. 비판철학으로 향하는 길은 결코 직선적으로 전개되지 않았다. 칸트는 《일반현상학(Phaenomenologia generalis)》을 구상하기도 했는데, 물론 그것은 헤겔의 《정신현상학(Phänomenologie des Geites)》이 보여주고 있는 "의식 현상의 학"이 아니라 "현상들에 대한 의식 의학"으로서 람베르트에 더 가까웠다. 칸트는 《감성과 이성의 한계(Die Grenzen der Sinnlichkeit und der Vernunft)》에 준거해 더 확장된 구상을 했으나, 이것 역시 다시 배척했다. 여기서 칸트는 "나의 지성이 어떻게 사태와 필연적으로 일치하는 대상의 개념을 그 스스로 전적으로 선험적으로 형성하는지"를 다룬다.(Briefe 65/42) 이에 대한 대답으로 《순수이성비판》의 "순수 지성개념의 초월적 연역"은 1770년 교수 취임논문의 기본적인 관점을 수정하고 있다. 《순수이성비판》에서 칸트는 지성은 사물 자체를 인식할 수 없다고 말한다. 범주는 지성계의 실질적 인식을 가능케 하는 것이 아니며, 오히려 그것은 모든 가능한 경험의 선 파악(Vorgriff) 외에 다름이 아니다. 또한 그 발단을 1750년대로 소급할 수 있는 이율배반 문제도 새로운 국면을 맞이한다.(《물리적 단자론(Monadologia physica)》(1756) 참조) 이성이 필연적으로 빠져 있는 모순의 뿌리로 생각되는 것은 더는 감성과 지성의 혼동이 아니라 현상과 물자체의 혼동이다. 개별적 이율배반들은 간과될 수는 있지만 폐기되지는 않는다. 변증론은 인간 이성의 구조적 표징, 다시 말해 인간 이성의 유한성의 기호이다.

칸트는 '침묵의' 10년 동안 주요 문제들에 일일이 수정을 가하고 개념들을 철저하게 재정립하는 작업을 수행한다.(*Briefe* 101/66 참조) 칸트는 새로운 용어를 도입하는 것을 좋아하지 않았으므로 기존의 전통적인 용어들을 빌려왔다. '지각', '직관', '순수한'이라는 표현들을 로크의 《인간지성론》과 라이프니츠의 《신인간지성론》에서 이어받았다. '범주', '초월적', '분석론', '변증론' 등은 독일의 아리스토텔레스 전통에서 비롯되었다. '이율배반', '오류추리', '모호성' 등의 표현들은 17세기 사전에서 발견할 수 있다. 드디어 제1비판의 주축을 이루는 어휘들이 비판 전기에 비해 상당히 바뀌게 되었다.(토넬리, 1964 참조)

3.2 비판적 초월철학의 성취

칸트는 10년 이상 오랜 기간 해결책을 숙고하고, 기획하고, 다시 폐기하는 과정을 반복한 후에 "약 4~5개월 동안 마치 날아가듯이" 써내려갔다.(*Briefe* 188/115, 187/114 참조) 양적으로 그렇게 방대한 저작이 그처럼 성급하게 저술되었다는 사실을 통해 우리는 칸트가 저술을 위해 광범위한 예비작업을 해왔다고 가정하지 않을 수 없다. "마무리로 각 부분을 다듬고, 매끄럽게 하고, 쉽게 이해할 수 있게 할" (같은 곳) 시간이 부족한 이런 상황은 "한편으로 서술방법의 소홀함과 성급함, 다른 한편으로는 약간의 불투명함"(*Briefe* 155/99)이 남아 있는 것에 대한 설명이 될 것이다.

그 당시 '질풍노도' 운동으로 표현력이 전례 없이 팽창되고 있던 시기에 11년 동안이나 침묵을 지키고 있다가 마침내 1781년 5월 친구들과 동료가 간절히 기대하던 첫 번째 주저가 출판되었다. 이 저작에 대해서 쇼펜하우어는 "일찍이 유럽에서 쓰여진 가장 중요한 책"이라고 말했다.(*Ges. Briefe*, A. 휘브셔 편집) 많은 사람에게는 존경받았지만, 괴팅겐 사람 등 그 밖의 다른 사람들에게는 학술 애호가 정도로 취급되었던 철학자이자 저술가인 이 유능한 대학교수는 57세의 나이에 비로소 철학적 천재임이 입증되었다.

그러나 책이 출간되고 처음에는 별로 반응이 없었다. 칸트는 이 사실을 당혹스러운 심정으로 기록했다. 칸트는 멘델스존의 평가에 대해서 긴장하고 있었는데, 멘델스존은 "신경을 쇠약하게 만드는 작품"(*Briefe* 174/108)이라고 흥분하며 제쳐놓았다.(153/97) 당시 높은 평가를 받고 있던 〈학술 문제에 관한 괴팅겐 비평〉 지(1782년 1월 19일)에 악의에 찬 풍자가 들어 있는 익명의 비방 글이 실렸다. 그 글은 통속 철학자 크리스티안 가르베(Christian Garve, 1742~1798)가 쓴 것을 편집자 페더(J. G. H. Feder)가 극단적으로 요약한 것이었다. 칸트와 가장 가까운 동료인 쾨니히스베르크 대학의 수학 교수 요한 슐츠(Johann Schultz)는 이에 대해 상당한 동조를 표시했다. 그는 《칸트 교수의 순수이성비판에 대한 해명》(1784)에서 직업적인 철학자들조차 이 작품의 극복할 수 없는 불명료함과 불가해함에 대해서 불만을 토로하며, 더욱이 "이 학술적 출판물의 대부분은 마치 순전히 상형문자로 이뤄져 있는 것과 마찬가지"(포어랜더, I 286)라고 유감을 표시했다.

그럼에도 칸트는 "일군의 전혀 익숙지 않은 개념들과 더욱 진기한 …… 새로운 단어들로 말미암아 틀림없이 야기될 처음의 무감각함은 곧 사라질 것"(*Briefe* 187/114)이라고 확신했다. 실제로 몇 년 후에는 분위기가 바뀌었다. 《순수이성비판》이 오늘날까지 영향을 미치고 있는 그것의 세기적인 의미를 드러내게 된 것이다. 헤겔, 마르크스, 밀, 니체의 작품들은 물론 프레게, 후설, 하이데거, 러셀 또는 비트겐슈타인의 작품들을 포함해 그 누구도 근현대 철학사에서 《순수이성비판》보다 더 깊은 자국을 새겨 넣은 것을 부인하지 못할 것이다.

처음에는 독일의 독자들, 그다음에는 가까운 외국의 독자들도 "비판의 가시밭길"(B XLIII)을 용감히 걸어가는 비판의 철학적 파괴력을 발견했다. 칸트는 모든 곳에서 토론 주제가 되었으며, 독일 밖에서까지 빠른 속도로 유명해졌다. 철학자 칸트는 수많은 사람에게 존경받았다. 그는 1786년 베를린 학술원 회원이 되었고, 1794년에는 피터즈버그 학술원 회원, 1798년에는 시에나(Siena) 학술원 회원이 되었다.

제1비판 후 많은 저작이 뒤를 이어서 출판되었다. 《학으로 등장할 수 있는 미래의 모든 형이상학에 대한 프롤레고메나("예비적 진술들")(Prolegomena zu einer jeden künftigen Metaphysik, die als Wissenschaft wird auftreten können)》(1783)로 칸트는 '종합적 교수법'과 구분되는 '분석적 방법'으로 초월적 이성비판의 개괄적인 입문을 도와준다. 이 저작은 《순수이성비판》의 수용 속도가 완만하고, 《순수이성비판》에 대해 근본적 오해가 있다는 사실에 고무되어 쓴 것이다. 《프롤레고메나》에 이어 역사철학의 기본 저작인 《세계 시민적 관점에서 본 보편사의 이념(Idee zur einer allgemeinen Geschichte in weltbürgerlicher Absicht)》(1784), 논문 《'계몽이란 무엇인가?'라는 물음에 대한 답변(Beantwortung der Frage: Was ist Aufklärung?)》(1784)과 도덕철학의 주요 저작인 《도덕형이상학 정초(Grundlegung zur Metaphysik der Sitten)》(1785)이 출판되었다.

자연과학의 신기원을 이룬 뉴턴의 저작 《자연철학의 수학적 원리(Philosophiae Naturalis Principia Mathematica)》가 출판되고 정확하게 100

년이 지난 후, 칸트는 그 유명한 제목에 넌지시 빗대어《자연과학의 형이상학적 기초원리(Metaphysische Anfangsgründe der Naturwissenschaft)》(1786)을 통해 물리학에서 선험적 원칙들의 영역을 상세히 규정하는 시도를 했다. 칸트는 초판의 몇 군데 중요한 부분을 전면적으로 다시 쓴《순수이성비판》재판(1787)을 발행한 후에《실천이성비판(Kritik der praktischen Vernunft)》(1788),《판단력비판(Kritik der Urteilskraft)》(1790),《순수한 이성의 한계 내에서의 종교(Die Religion innerhalb der Grenzen der bloßen Vernunft)》(1793)를 발간했다. 그러나 칸트는《순수한 이성의 한계 내에서의 종교》로 말미암아 프로이센 검열 당국과 마찰을 빚게 되었다.

3.3 검열 당국과의 갈등

칸트는 프로이센 왕 중에서 '군대왕'이라 불리는 프리드리히 빌헬름 I세(Friedrich Wilhelm I, 1713~1740)와 '프리드리히 대왕'이라 불리는 프리드리히 II세(Friedrich II, 1740~1786)가 통치하던 시기에 살았다. 이 두 왕은 계몽된 절대군주의 전형적인 인물이었다. 국가권력의 측면에서 보면 슐레지엔(Schlesien)과 서프로이센을 점령함으로써 유럽의 거대강국으로 부상한 프로이센 왕권에 모든 지배권력이 집중되어 있었다. 그렇지만 현실적인 제도에서는 신분상의 중간권력이 중요한 역할을 담당했다. 특히 군대왕 시대에는 강력한 통치력을 기반으로 국가의 규모에 비해 훨씬 강한 군대를 지니고 있었으며, 군대는 물론 낙후된 지방의 발전에도 기여하는 중상주의 정책을 수행했고, 근대적 관료주의, 엄격한 조세체제와 정돈된 법제를 갖춤으로써 정부 주도의 복지국가가 형성되었다. 왕의 칙령에 따른 재판을 폐지해 독립된 재판권을 원칙적으로 인정하고, 형사재판을 완화하고, 고문을 폐지하고, 국가시험을 통해 법관을 선발하고, 국가에서 급여를 지급하고, 통일적인 심급제도, 소송절차, 형집행절차와 수감절차를 확립함으로써 프로이센은 야경국가에서 권력분립을 이룬 법치국가로 변모했으며, 그 시대에 가장 진보적인 사회가 되었다.

무엇보다 종교적 관용에서 프로이센은 모범적이었다. 이미 프리드리히 빌헬름 I세가 종교적 관용에 마음을 썼고, 프랑스 문학과 철학 애호가인 프리드리히 II세는 종교적 관용을 프로이센의 국가적인 가치 가운데 하나로 만들었다. 프로이센은 종교적 망명자들, 가령 프랑스의 위그노교도들 혹은 체코의 보헤미아와 모라비아의 구교도들과 잘츠부르크 지방의 구교도들을 언제나 기꺼이 받아주었다. 또한 유대인들도 국가적 차원의 종교개혁에서 배제되지 않았다. 프리드리히 II세 때 제정에 착수되어 그의 후계자에 의해 의결된 '프로이센 국가들의 보편국법'에 따르면, 누구도 자신의 종교적 견해 때문에 불안해할 필요가 없으며, 변명을 요구받지 않을 것이며, 조롱받거나 박해받지 않을 것이다. 그러한 법률적 규정으로 프로이센은 종교적 자유에 관한 한 새로이 설립된 아메리카합중국과 별로 다르지 않은 수준에 이르렀다. 대영제국은 19세기경에야 비로소 이런 정도에 도달한다. 물론 칸트가 비판하고 있듯이 귀족의 특권과 농민의 토지예속은 여전히 유지되고 있었다. 동부에 거주하는 자유로운 농민들조차 자신들의 토지에 대해 상속권을 보장받지 못했으며 농노로 취급되어 노예 상태나 다름없었다. 이들의 강제노동이 없으면 귀족들은 그들의 거대한 토지를 경작할 수 없었기 때문이다.

프리드리히 대왕의 후계자인 프리드리히 빌헬름 II세(1786~1797)는 계몽된 법치국가로의 발전을 부분적으로만 계승했다. 그는 1794년 '보편 국가법'을 발효시켰으나, 문교장관 뵐너(J. Chr. Wöllner)의 종교 칙령(1788)에 따라 선왕의 계몽적 관용에 종말을 고했다. 이 칙령으로 인해 칸트는 비록 그럴 의무가 있었던 것은 아니었지만 악명 높은 베를린 직접심사위원회(Berliner Immediat-Examinations-Kommission)에 자신의 종교 관련 저작을 제출했으며, 검열 당국과 마찰을 빚게 되었다. 왜냐하면 그것이 예나, 즉 외지에서 발행되는 〈베를린 월보(Berlinische Monatschrift)〉에 실렸기 때문이다. 검열 당국은 이 저작의 1부는 이의 없이 통과시켰지만, 2부는 인쇄를 허가하지 않았다. 칸트는 종교 관련 저작 4부를 모아 한 권의 책으로 출판하기로 했다. 칸트는 인쇄 허가 때문에 자신의 저작이 "왜 신학의 권한 영역에 속해 있는가?" 하는 선결문제를 밝혀주도록 쾨니히스베르크 대학 신학부에 답변을 의뢰했다.(Briefe 494/293) 자신의 저작이 신학의 권한 영역에 속하지 않는다는 신학부 결정이 나오자, 칸트는 그 책을 출판한 곳인 예나 대학 철학부 학장에게 그 문제를 의뢰했다. 그리하여 칸트는 마침내 인쇄 허가를 받아냈다. 그렇지만 그 사건은 거기서 끝나지 않고 베를린에서 계속 심사되었다. 왕이 개인적으로 칸트에게 반감을 품고 있었기 때문이다. 독일 내에서는 칸트에 대한 종교재판이 있을 것이고 칸트는 파문되어 추방당하거나 망명할 것이라는 소문이 이미 나돌고 있었으나, 그러는 동안에도 이 철학자는 그해 6월에 두 번째 종교철학적 논문 《만물의 종말(Das Ende aller Dinge)》(1794)을 출판했다. 이것은 우수로 채색된 철학적 풍자의 대작이었다. 칸트는 프로이센의 종교정책을 공공연히 풍자해 "도덕적인 애호" 대신에 "강압적인 권위로

도판 4 칸트 저택(쾨니히스베르크, 1844년경)

무장된" 기독교를 "반그리스도(Antichrist)"의 지배라고 표현했다. 반그리스도는 바로 이런 강압적인 권위에 의해서 "비록 짧은 기간이지만 (아마도 공포와 개인적 욕심에 근거한) 그의 지배를 시작"할 것이다.(Ⅶ 339) 칸트는 이미 모든 것을 각오했기 때문에 이러한 발언이 불러올지도 모를 위험을 무릅쓰면서 분명하고 단호한 어조로 자신의 생각을 밝혔다. "언제나 양심적이고 합법적으로 행동해왔다는 것을 확신한다. 나는 이러한 별난 일의 종말을 편안한 마음으로 기대하고 있다"(*Briefe* 590/345)고 적었다.

1794년 10월 1일, 뵐너 자신이 서명한 프리드리히 빌헬름 Ⅱ세의 칙령이 선포되었다. 이 칙령에 따르면 칸트는 자신의 철학을 "성서와 기독교의 많은 주요 이론들과 기본 주장들을 왜곡하고 비방하는 데

오용했으며" "젊은 교사로서의 의무"를 저버렸다. 칙령은 70세 노인으로 명성이 절정에 달해 있던 칸트에게 "우리 시대 최고의 무자비함을 모면함으로써" 미래에는 그와 같은 죄를 절대 범하지 않게 되기를 요구했다. "왕 폐하의 지극히 자비로운 특명"에서 뷜너는 "그렇지 않으면 당신은 계속된 반항으로 말미암아 틀림없이 불유쾌한 처분을 각오해야 할 것입니다"라고 협박 조로 끝맺었다.(*Fak.* VII 6)

칸트는 상세한 답신을 통해 자신에 대한 탄핵을 부정했다. 칸트는 종교 관련 저작이 "독자들에게 난해하고, 속뜻을 알 수 없는 책을 연상시키며, 전문학자들 사이의 논의만을 불러일으키기" 때문에 "국민적 교사"로서 자신이 "공공연하게 국가적 종교"를 손상할 수 없으며, 더욱이 그 작품은 "결코 기독교에 대한 평가"를 담고 있지 않으며, "기독교를 비방하는 죄를 범하지 않았다. 그것은 본래 자연종교에 대한 평가만을 담고 있기 때문이다"(*Fak.* VII 8 ; *Briefe* 607/356 참조)라고 주장했다. 그럼에도 칸트는 《학부논쟁》에서 현재의 왕이 살아 있는 한 종교철학의 영역에서 더는 발언하는 것을 포기하겠다고(*Fak.* VII 10) 하며 끝을 맺음으로써 친구들은 물론 반대자들까지도 놀라게 했다.

3.4 노후 저작

《순수이성비판》에 대한 오랜 예비작업을 하는 동안에 이미 칸트의 생활양식은 변화되고 있었다. 사교적인 교사의 모습에서 절제된, 더욱이 세심한 삶을 사는 은퇴한 철학자가 되었다. 그의 이런 삶은 초기 전기에서는 우호적으로 묘사되었지만, 하이네는 신랄한 풍자조로 묘사했다. 학문적 작업과 사고를 확고히 구분하는 정확히 자로 잰 듯한 일과생활을 하지 않았다면, 또한 남의 이목을 피하고 모든 각광을 피하려는 평생의 노력이 없었다면(*Briefe* 70/48, 121/79) 태어날 때부터 몸이 약했고, 더욱이 작고 약간 곱사등이로 성장한 칸트는 과중한 강의 일정, 특히 방대한 연구작업을 이겨내지 못했을 것이다. 상대방에게 개인적인 정감을 표현하지 않는 편지 유형은 노후의 칸트의 성격을 보여준다. 그의 편지에서는 병약함에 대한 반복적인 언질 말고는 일상적 삶의 '평범한 일들'이나 날씨, 자연 혹은 그때그때의 감정상태에 관한 언급이 발견되지 않는다. 그 때문에 우리는 노후에 칸트가 사람을 기피하게 되었다는 인상을 받는다. 하지만 칸트는 자신을 작품 속에 침강시킴으로써 초월적 비판철학을 한 부분 한 부분 완성할 수 있었고, 그로써 유럽적 사고에 새로운 척도를 정립하는 데 성공할 수 있었다고 보는 것이 옳을 것이다.

칸트는 검열 당국과의 마찰이 있고 나서 첫 번째 저작으로 법철학 및 역사철학에 관한 논문인《영구평화론(Zum ewigen Frieden)》(1795)을 출간했다. 법철학에 대한 체계적인 서술은《도덕형이상학》(1797) 1부 '법론의 형이상학적 기초들'에서 처음으로 나타난다.《도덕형이상학》 2부 '덕론의 형이상학적 기초들'은 칸트의 도덕철학을 체계적으로 서술하고 있다.

말년에 칸트는 교사로서 활동하는 시간을 점차 단축하다가 73세가 되던 1796년 7월 생애 마지막 강의를 했다. 2년 후 그는《실용적 관점에서의 인간학》(1798)과《학부 간의 논쟁》(1798)을 발표했다. 여기서 그는 프리드리히 빌헬름 II세가 사망한 이후에 다시금 종교문제를 끄집어낸다. 1799년부터 그의 건강은 쇠약의 기미가 눈에 띄게 나타나기 시작했다. 1801년, 칸트는 전기작가이자 성직자인 바지안스키(Wasianski)에게 자신의 일에 대한 모든 처리를 위탁했다. 그래서 지금은《유작(Opus postumum)》으로 알려진 칸트의 최후 저작은 결국 완결되지 못했다. 칸트가 여기서 착수하려고 생각한 중요한 변화들은 그의 전체 철학적 전개와 마찬가지로 그가 자신의 사유를 완성된 이론으로서 이해하지 않고 언제나 새로운 통찰들과 새로운 물음들로 이뤄진 끊임없는 과정으로 이해하고 있다는 것을 입증한다.

《유작》에서 칸트는 초월적 이성비판과 현실적 경험 사이의 간극을 극복하기 위해서 선험적 사고를 점차 경험적인 영역으로 몰고가려고 한다. 《자연과학의 형이상학적 원리들》에서 물리학으로 '이행'하기 위한 계획들(Briefe 781/426)은 1790년대 초반으로 소급된다. 이와 관련된 최초의 기획은 1796년경에 나타난다. 여기서 중요한 역할을 하는 것은 선험적인 신체성 이론(apriorische Theorie der Leiblichkeit)이었다. 왜냐하면 자기 자신을 의식하는 힘들의 체계로서 신체는 단지 경험 대상 역할만 하는 것이 아니라 그 안에서 이성의 운동이 실행되는 주관적 체계이기도 하기 때문이다.(XXII 357 참조)

칸트는 새로운 저작에 특별한 의미를 부여했기 때문에 작품을 완성하지 못하는 것에 대해 더욱더 상심했다.(같은 곳) 말년에 칸트는 자신의 육체적 힘과 정신적 힘이 얼마나 급속하게 쇠퇴해가고 있는지를 분명하게 기록하고 있다. 1803년 10월 8일 그는 생애 처음으로 중병에 걸렸으며, 넉 달 후인 1804년 2월 12일 일요일 오전 11시경에 죽음이 그의 늙고 병든 생명에 종지부를 찍었다. 1804년 2월 28일 임마누엘 칸트는 "전 도시의 모든 종이 울리는 가운데" 군중 몇천이 따르는 장례 행렬의 추모를 받으며 고향의 주교구 성당인 쾨니히스베르

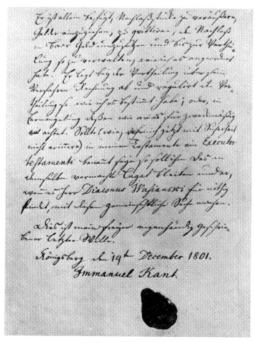

도판 5 칸트의 유언장 마지막 면

크 대학성당으로 인도되어 그곳의 교수 묘역에 묻혔다.(바지안스키, Groß 중 306) 나중에 그의 묘 위에 시민이 《실천이성비판》의 유명한 구절(V 161)을 새긴 묘석을 세웠다. "더욱 빈번하고 지속적으로 다루어 생각하면 할수록 그 두 가지 것은 나의 심정을 경탄과 경외심으로 가득 채운다. 즉 내 머리 위에 별이 빛나는 하늘과 내 마음속의 도덕법칙."

　칸트의 강의록들 가운데 몇 가지, 예컨대 《논리학(Logik)》(1800), 《물리적 지리학》(1802), 《교육학에 관해》(1802)는 그의 생전에 출간되었다. 몇몇 강의록들, 예컨대 《철학적 종교론에 관해》(1817), 《형이상학》(1821), 《인간학 혹은 철학적 인간학》(1831)과 《윤리학》(1924년에 최초로 출간)은 그의 사후에 출간되었다. 칸트가 희망한 대로 초기 그의 전기들은 그의 사후에 비로소 출간되었다.

2장

나는 무엇을 알 수 있는가?
순수이성비판

4. 초월적 이성비판의 프로그램

4.1 형이상학의 싸움터(초판 '서문')

칸트는 자신이 기획한 철학적인 근본 학문을 '초월철학(Transzen-dentalphilosophie)'이라고 부른다. 더욱이 중세의 초월철학과 구분해 '비판적(kritisch) 초월철학'이라 한다. 칸트는 자신의 초월철학을 먼저 인식능력으로서의 이성과 관련해 전개한다. 그는 인식능력으로서의 이성을 의욕하는 능력(das Vermögen zu wollen)인 실천이성과 구분해 '이론이성' 혹은 '사변이성'이라고 부른다. 따라서 '순수이성비판'은 더 정확히 말하면 '순수한 사변이성 비판'(B XXII)이 될 것이다. 칸트는 인식능력으로서의 이성비판을 순수이성비판이라고만 하고 '사변적'이라는 말을 덧붙여 순수한 사변이성비판이라고 하지 않았는데, 그 사실은 《순수이성비판》을 쓸 당시 칸트가 유일한 이성의 비판만을 생각하고 있었다는 점을 시사해준다.

《순수이성비판》은 세부적으로 보면 논변이 얽혀 있는 것 같지만 전체적으로 보아 훌륭하게 구성된 작품이다. 초판 서문에서 칸트는 인간 이성의 비극적 상황을 극적인 긴장감을 갖고 묘사한다. 인간 이성의 비극적 상황으로 말미암아 이성비판은 필연적이다. 인간 이성의 비극적 상황은 이어지는 탐구들을 인도하며, 크게 우회해 《순수이성비판》 2부 '변증론'에서 그 해결책을 발견한다.

칸트는 자세한 설명 없이 필연적임과 동시에 불가능한 것으로 보이는 그 당시 형이상학이 처한 상황으로 넘어간다. 형이상학의 다음과 같은 상황은 불가피하다. 인간 이성에게는 피할 수 없으나 그렇다고 대답할 수도 없는 어떤 물음이 달라붙어 있다.(A Ⅶ) 인간 이성은 관찰과 경험의 다양성을 대할 때 이 다양들이 혼돈이 아니라 구조화된 전체, 즉 연관된 통일체로서 현상하게 하는 보편적인 원칙들을 추구하기 때문에 형이상학의 그런 상황은 불가피하다. 자연과학조차 보편적 이론들로 총괄될 수 있는 그런 원칙들에 대해 묻고 있다. 형이상학은 다름 아니라 우리가 물음을 중도에서 중단하지 않고 완전히 종국까지 몰고 가기를 바란다. 그 물음은 그 이상의 원칙들에 의해서 더는 제약되지 않는 그런 원칙들에 이르렀을 때 비로소 종결된다. 가장 최후의 원칙들은 무제약적이다. 경험에 의지하는 한 이성은 우리에게서 더욱 먼 제약자들은 발견하겠지만 무제약자는 결코 발견하지 못한다. 그럼에도 이성은 물음을 종결짓기 위해서 "모든 가능한 경험적 사용을 뛰어넘으면서도 상식이 그것과 일치할 정도로 확실해 보이는 원칙들에서 피난처"(A Ⅷ)를 찾는다. 그래서 경험의 궁극적 토대는 모든 경험의 저편에 놓여 있는 듯이 보인다. 그렇기에 이런 탐구를 형이상학이라고 하는 것이다. 다시 말해서 문자 그대로 물리학 저편, 즉 자연적 경험 저편에 있는 탐구다.

경험과 독립적으로 인식을 획득하려는 시도는 이성을 "혼미와 모순"(같은 곳)에 빠뜨린다. 칸트가 나중에 지적한 바에 따르면, 한편으로 세계가 시초를 가진다, 신이 존재한다, 의지가 자유롭다. 영혼이 불멸한다는 것을 지지하는 좋은 이유가 거론되고 다른 한편으로 이에 대립하는 주장들을 지지하는 좋은 이유도 발견된다. 그래서 양쪽 주장 가운데 도대체 무엇이 옳으냐는 물음에는 대답할 수 없다. 주장된 원칙들이 경험의 기초를 형성해야 하기 때문에 사람들은 그것들을 경험에서 제공하려고 시도한다. 그렇지만 형이상학적 원칙들은 정의상 모든 경험의 저편에 놓여 있기 때문에 경험을 척도로 해서는 안 된다. 형이상학을 구성하는 것, 즉 경험을 초월하는 것은 동시에 형이상학을 학문으로서 불가능하게 하는 근거다. 외적인 장애가 형이상학에 맞서 있는 것이 아니다. 형이상학에 방해가 되는 경험독립적 이성인식 혹은 순수한 이성인식은 형이상학 자체의 본질이다. 즉 형이상학이 원칙적으로 끝없는 투쟁의 싸움터가 되는 것은 형이상학 자체의 본질이다.

형이상학에서 서로 싸우는 상대 가운데 하나가 이성주의 형이상학이다. 근대에서는 데카르트, 스피노자, 말브랑슈, 라이프니츠 등이 이성주의 형이상학을 형성했다. 물론 칸트는 처음에는 그 당시 강단을 지배하던 볼프학파의 강단 형이상학을 염두에 두고 있었다. 볼프는 경험을 인식의 진정한 원천으로 보기는 했지만 순수한 사고(순수이성)를 통해서 현실에 무엇인가를 구성할 수 있다고 믿었다. 칸트는 합리주의자들을 독단적이고 전제적이라고 본다. 왜냐하면 그들은 이성비판을 선행시키지 않고 특정한 근본적 가정, 가령 "영혼은 단순한 본성을 가지며 불멸한다, 세계는 시초가 있다, 신은 현존한다"는 등의 근본적 가정을 인간에게 강요하기 때문이다.

독단론자들 사이의 싸움으로 인해서 형이상학은 무정부상태에 빠졌고 두 번째 주요 당파로 회의론자들이 등장한다. 이들은 "인위적인 ……무지로 인식의 기초"(B 451)를 묻어버리고 "전체 형이상학을 가볍게" 처리한다.(B XXXVI) 물론 회의론자들은 언제나 되풀이되는 독단론자들의 발언을 막을 수 없다. 칸트는 존 로크에게서 "인간 지성"

(1632~1704)의 "생리학"(문자 그대로는 자연학)을 통해서 모든 싸움을 종결지으려는 시도를 본다. 로크는《인간지성론(An Essay Concerning Human Understanding)》에서 데카르트가 주장한 본유 관념과 원칙에 관한 이론을 배척하고 경험론을 옹호한다. 경험론은 모든 인식을 궁극적으로 내적인 경험이나 외적인 경험으로 소급하기 때문에 엄밀하게 경험독립적인 인식의 토대를 논박한다. 칸트를 "독단의 선잠"에서 비로소 일깨운(I장 3.1 참조) 회의주의 철학자 흄 역시 경험주의자이므로 칸트는 '초월적 변증론'에서 형이상학의 전쟁을 이성론과 경험론 사이의 싸움이라고 묘사한다.

독단론자, 회의론자, 경험론자 사이의 싸움이 형이상학의 물음들을 절대 배척하지 않지만, 적어도 학문으로 이해되는 철학의 연구분야에서 형이상학의 물음들을 제외하는 무관심주의로 귀착한다. 이것은 예전에는 '만학의 여왕'이었던 형이상학을 경멸하는 천박한 계몽주의 철학의 태도이다.(A VIII 이하) 그러나 칸트는 "자칭 무관심주의자들은 …… 하여튼 그들이 무엇을 생각하는 한 형이상학적 주장에 불가피하게"(A X) 떨어지기 때문에 형이상학에 대한 무관심은 지지받을 수 없다고 말한다. 이를테면 그들은 궁극적 원칙들, 인식의 경험적 기초와 초경험적 기초에 관해 언급하며, 상대방과 논쟁해 형이상학의 전쟁터를 새롭게 조성한다. 이것은 자기모순이다.

칸트는 형이상학의 물음들을 회피하지 않으며, 서로 다투는 양편 가운데 어느 한쪽을 편들지도 않는다. 그는 형이상학을 현재 상황에서 실제로 해방할 수 있는 지금까지 발견되지 않았던 유일한 길을 잡아나간다. 즉 법정을 설립한다. 순수이성의 가능성을 불편부당하게 검토하고, 합법적 주장들을 확실하게 하고, 근거 없는 월권은 거부하

도판 6 《순수이성비판》 초판 표지

는 재판(Prozeß)으로 전쟁을 대신한다. 그러한 검토, 구분 그리고 정
당화를 근원적인 의미에서 비판(그리스어로 krinein : 구분하다, 판단하다,
법정에 세우다)이라고 한다. 칸트의 표제개념 '비판'은 순수이성에 대
한 유죄판결을 의미하지 않고, 오히려 "형이상학의 원천과 범위 그리
고 한계를 원리로부터 규정하는 것"을 의미한다. (A XII : 우리는 "인간
의 인식능력으로 도대체 무엇을 할 수 있는가?"라는 로크와 흄의 물음에서 비
판의 최초의 싸움을 발견한다.)

이성은 자기비판 속에서 자신의 힘을 표명함과 아울러 자기의 한
계를 설정하는 데 그 힘을 사용한다. 《순수이성비판》 첫 번째 부분인

'감성론'과 '분석론'에서 형이상학에서의 논쟁에 대한 최초의 평가를 포함하는 규준이 발견된다. 이것에 따르면 경험론에서와 달리 경험독립적 기초가 있기 때문에 엄밀하게 보편적이고 필연적인 인식이 있다. 그러나 이런 인식은 가능한 인식의 영역에 제한된다는 점에서 이성론과 대립한다. 이어서 두 번째 부분인 변증론에서 형식적으로 재판이 완전히 진행되고 최종적으로 판결이 내려진다. 모든 경험 저편의 대상과 관련해 이성은 아무런 발판도 없음이 증명된다. 이성이 자기가 가지고 있는 개념들 속에서만 움직이자마자 모순에 빠진다. 칸트는 경험론을 거부하고 이성론도 거부한다. 순수한 이성적 이념들이 존재하지만 그것들은 단지 규제적 원리로서만 경험에 봉사한다.

자기검증 과정에서 이성은 순수한 사고를 통해서는 현실성이 인식될 수 없기 때문에 이성론을 거부한다. 그러나 이성은 경험론도 배척한다. 칸트는 모든 인식이 경험과 더불어 시작한다는 것은 인정하지만, 경험론이 주장하듯이 인식이 오로지 경험에서 유래한다고 결론내리지 않는다. 반대로 경험적 인식조차 경험독립적 원천 없이는 불가능하다는 것을 입증한다.

경험적 인식의 근본 형식은 원인과 결과라는 두 가지 사건의 결합 속에 포함되어 있다. 로크는 원인과 결과라는 개념을 경험에서 이끌어내며, 이 개념에 대한 인식으로서 경험을 넘어서려고 한다. 칸트는 이것을 "도취"(B 128)라고 한다. 인과성의 원리("모든 변화는 원인과 결과의 원칙에 따라 일어난다") 같은 경험의 근본적 전제들은 경험에서 비롯되지 않으며 경험을 넘어서서 인식을 가능하게 하지도 않는다. 근본적 전제들은 흄이 생각한 것처럼 (심리적) 습관에서 비롯되지도 않는다.(같은 곳) 그것은 보편적으로 타당하다. 그래서 칸트는 결국 회의론과 반대로 객관적 인식을 가능한 것으로 본다. 칸트는 경험의 비경험적이며 보편적으로 타당한 조건들을 증명함으로써 형이상학이 가능함을 보여준다. 물론 이런 형이상학은 경험의 이론으로서만 가능하고 경험의 영역을 넘어선 학문으로서는 가능하지 않다는 점에서는 이성론과 다르다. 그리고 경험론과 달리 경험에 대한 경험적 이론으로서가 아니라 경험에 대한 초월적 이론으로서 가능하다.(4, 5장 참조)

칸트는 자신의 이성비판이 갖는 역사적 의미에 대한 자부심에서 "모든 오류를 제거"(A XII)한다. 그는 물음들을 "원리에 준해서 완전하게 상술"했다고 믿는다.(같은 곳) 그래서 칸트는 "여기서 해결되지 않거나 해결을 위한 단서조차 제공되지 않은 어떤 형이상학적 과제도 없음이 틀림없다"고 대담하게 주장한다.(A XIII) 하지만 칸트의 이런 주장은 너무 지나치다. 칸트 이후의 철학사와 《유작(Opus postumum)》에 이르기까지 칸트 자신의 발전은 "미래에는 교수법적 방식으로 모든 것을 정돈하는 일만 남는다"(A XX)는 생각을 반박하고 있다. 이성비판 프로그램과 이성비판의 주요 요소, 이를테면 초월적 주관으로서의 코페르니쿠스적 전환, 인식이론과 대상이론의 결합, 모든 인식에 포함되는 선험적 요소의 증명, 현상과 물자체의 분리 등을 통해서 전통적으로 형이상학이라고 하는 제1철학에 대해 심층적인 개혁을 단행한 것은 칸트가 옳았다고 하겠다.

4.2 코페르니쿠스적 혁명(재판 '서문')

칸트는 초판 서문에서 독자의 주의를 끌려고 애쓰지만 재판 서문에서는 형이상학적 통찰을 확신하는 느긋함을 드러낸다. 칸트는 《프롤레고메나》에서 자기 사상을 세련되게 다듬고 많은 부분을 명확하게 했다. 문제들이 일반적으로 재판에서 더 분명하게 서술되어 있기에 여기선 재판을 기초로 《순수이성비판》을 논할 것이다. 재판 서문의 주요 사상은 사고방식의 코페르니쿠스적 혁명 속에 이뤄진다.

칸트는 형이상학을 "학문의 안전한 길"로 이끌려고 한다.(B Ⅶ) 그러므로 형이상학은 끊임없이 새롭게 시작해서는 안 되고, 진보를 이뤄야 한다. 진보는 계획과 목적에 따라 일이 진행되고 그러한 진행방식에 관해 그 분야를 대표하는 이들의 의견이 일치할 때만 가능하다. 그러나 형이상학에는 모든 면에서 누구나 인정할 수 있는 방법이 결여되어 있다. 그래서 2,000년 동안의 노력이 있었음에도 형이상학은 아무런 진보도 기대할 수 없었다. 《순수이성비판》에서 칸트는 형이상학에 결여되어 있는 그러한 방법을 근거짓고자 한다. 하지만 《순수이성비판》은 학으로서의 형이상학을 포함하고 있지 않다. 대신에 그것은 형이상학의 필연적인 전제를 포함하고 있다. 그래서 《순수이성비판》을 "방법에 관한 탐구(ein Tractat von Methode)"라고 한다.(B ⅩⅫ)

칸트는 논리학, 수학, 자연과학이라는 오늘날까지 의심할 여지 없이 학문으로서 여겨지는 세 학문 분야를 실례로 들어 학의 안전한 길이 어떻게 발견되었는지를 보여준다. 논리학은 "모든 사고의 형식적 규칙들 외에는 어떤 것도" 탐구하지 않기 때문에(B Ⅸ) "고대로부터"(B Ⅷ), 다시 말해 아리스토텔레스 이래 학의 안전한 길을 걸어왔다. 여기서 "지성은 자신의 형식에 따라 스스로 행동했을 따름이므로" 논리학은 "학문의 현관"(B Ⅸ)일 뿐이며, 이성비판 과정에서는 본래 실제 학문을 위한 소극적 대응물의 역할만 한다.

학문은 대상들과 관계한다. 그것들은 맹목적인 "암중모색"의 국면 이후에 "어떤 사람의 우연한 착상"으로 인해 학의 안전한 길을 발견한다. 학문의 토대를 마련하는 착상은 "사고방식의 혁명"(B XI)에서 성립한다. 수학의 경우 사고방식의 혁명은 이미 고대에 발생했으며, 우리가 기하학적 명제를 증명할 때마다 하는 통찰에 놓여 있다. 즉 학문을 목적으로 한다면 기하학적 도형을 단순히 보거나 개념만을 탐색해서는 안 된다. 기하학적 도형을 그것의 개념에 준거해서 선험적으로 구성해야 한다.(B XI 이하) 이러한 통찰은 중대한 결과를 낳는 의미를 갖는다. 말하자면 우리는 사태에 대해 우리 자신이 그것에 집어 넣어 생각하고 구성함으로써 비로소 학문적 인식이 가능하다. 물론 우리가 사태 속으로 집어넣은 것은 개인적 선입견에서 나와선 안된다. 그런 경우 우리는 임의적 착상을 가질 수 있으나 결코 객관적 인식을 가질 수 없기 때문이다. 학문으로서 수학은 겉보기에 불가능한 조건, 즉 주관적이면서도 객관적으로 타당한 전제에 의존한다.

칸트는 자연과학에서 이러한 근본적인 모형을 발견한다. 물리학역시 학문이 되기 위해서 "사고방식의 혁명"(B XIII)을 이용한다. 이것은 영국 철학자 베이컨(1561~1626)에 의해 먼저 제시됐으나, 갈릴레이와 토리첼리의 실험에서는 현실화된 통찰에서 성립한다. 즉 이성은 "이성 자신이 자신의 기획에 따라 산출한 것"만을 자연에 대해 인식한다는 통찰이다. 현대 과학자들이 실천과 이론에서 증명하듯 그들은 "교사의 뜻에 따라 그가 지시하는 모든 것을 그 앞에서 말하도록 강요받는 학생 위치가 아니라 물음을 던지고 증인들에게 그 물음에 답할 것을 강요하는 임명된 판관"(같은 곳) 위치에서 자연을 대한다.

형이상학도 결국 학문의 지위에 이르게 하기 위해서 칸트는 수학과 자연과학의 경우처럼 인식하는 주관을 대상과 창조적 관계로 가져가는 사고방식의 혁명을 제안한다. 칸트는 자신의 제안을 가설로, 결과를 통해 정당성이 입증되는 이성의 실험으로 이해한다. 통상적으로 반박되듯 그의 초월철학은 오늘날 과학론에서 인정되는 최소 조건과 상치되는 그 자체의 오류 불가능성을 절대 주장하지 않는다. 초월적 이론에 대한 반박은 경험적 학문을 수단으로 해서 발생하지 않는다. 초월적 이론은 이성의 사고실험과 관계하므로 오직 이성에서 확증되거나 좌절된다.

이성의 실험은 두 단계로 입증된다. 첫째 단계로 칸트는 자신의 제안이 수학과 (수학적) 자연과학의 객관성을 근거짓는 것을 허용한다고 생각한다. 이런 일은 '초월적 감성론'과 '초월적 분석론'에서 일어난다. 《순수이성비판》은 이 두 부분에서 수학과 수학적 자연과학에 대한 철학적 이론을 포함한다. 신칸트주의는 제1이성비판을 "경험의 이론"(코헨, 1924)으로 축소했지만 《순수이성비판》은 또 하나의 부분, 즉 '초월적 변증론'을 갖고 있다. 여기서 칸트는 전통적인 방식에서는 형이상학의 대상인 무제약자(das Unbedingte)가 "모순 없이 사고될 수 없다"(B XX)는 것을 보여준다. 반면 새로운 사고방식에서는 그 모순(이율배반)이 해소된다. 여기서 앞서 제안한 사고방식의 혁명에 대한 실험이 이뤄진다. 이성은 자기 자신과 화해하게 되므로 실험은 성공적인 것으로 여겨질 수 있으며, 제안은 참되고 근거짓는 것으로 여겨질 수 있다. 그래서 그것은 타당한 이론으로서 지위를 얻는다.

칸트는 자신의 제안을 코페르니쿠스의 업적과 비교한다. 그래서 이성의 실험에는 '코페르니쿠스적 혁명(전환)'이라는 유명한 이름이 붙었다. 칸트는 코페르니쿠스의 세계사적 의미를 전통적인 천문학이론의 반박에서 찾지 않는다. 코페르니쿠스는 자연적 의식의 관점을 원칙적으로 극복한다. 태양이 지구 주위를 돈다는 생각이 가상임을 폭로하고 더는 대상에 대한 주관의 자연적 관점이 아닌 새로운 관점, 즉 태양운동과 지구운동에 대한 새로운 관점에서 진리를 파악한다. 이와 유사하게 칸트는 《순수이성비판》에서 형이상학적 이론을 논박하는 데 머물지 않고 그 이상의 것을 주장한다. 그는 이성론, 경험론, 회의론을 단순히 극복한 것이 아니다. 그는 무엇보다 먼저 객관성에 대한 주관의 새로운 태도를 근거짓는다. 인식은 더는 대상에 준거해서는 안 되며, 오히려 대상이 우리의 인식에 준거해야 한다.

이러한 요구는 자연적 의식에서는 불합리한 것으로 보인다. 왜냐하면 거기에서는 오로지 주관적 인식에 대립하는 객관적 인식, 즉 사물 그 자체로 존재하므로 주관과 독립해 있는 것으로 볼 때의 객관에 대한 인식에 대해서 말하기 때문이다. 칸트의 사고방식 혁명은 인간 이성이 자연적 관점, 즉 인식론적 실재론에 사로잡혀 있는 상태에서 해방되라고 요구한다. 칸트는 객관적 인식에 속하는 필연성과 보편성은 우리가 습관적으로 받아들이듯이 대상들에서 발생하지 않으며, 반대로 인식하는 주관에 힘입는다고 주장한다. 물론 칸트도 객관적 인식이 주관의 경험적 구성에 의존한다거나, 인간의 종족사에 의존한다거나, 사회적 경험들에 의존한다고 말하지 않는다. 그러한 주장들은 사실상 불합리하다. 칸트는 객관적 인식의 경험독립적 조건들, 경험에 선행하는 주관의 구성에 포함된 조건들을 탐구한다.

칸트의 코페르니쿠스적 혁명이 의미하는 바는 객관적 인식의 대상들이 그 자체에 의해서 현상하지 않고 (초월적) 주관에 의해서 현상해야 한다는 것이다. 따라서 객관적 인식의 대상은 더는 그 자체로 존립하는 사물로서 간주해서는 안 되고 현상으로 여겨야 한다. 객관성의 기초가 변화하고 대상이론, 즉 존재론이 주관에 대한 이론에 의존하기 때문에 자율적인 존재론은 더는 존재하지 않는다. 이러한 사정은 인식론에도 타당하다. 《순수이성비판》의 요점은 두 측면이 교차하는 데 있다. 다시 말해 존재자, 즉 (객관적) 대상의 본성에 대한 철학적 이론은 존재자에 대한 인식의 이론으로서만 달성되며 인식의 이론은 객관적 대상에 대한 개념의 규정으로서만 성취될 수 있다.

4.3 학으로서의 형이상학 또는 선험적 종합판단의 가능성('서론')

칸트는 형이상학의 특수한 앎의 방식, 즉 순수한 이성인식을 설명한 후 수학과 순수 자연과학에서의 앎의 특성을 선택적 문장으로 표현한 다음과 같은 구분을 통해 설명한다. (1) 인식은 선험적으로 타당하거나 후험적으로 타당하다. (2) 판단은 종합적이거나 분석적이다. 이 두 구분의 인식론적 의미와 과학론적 의미는 오늘날까지 경감되지 않았다. 하지만 칸트의 정의는 더는 충분히 정확한 것으로 여겨지지 않는다. 그리고 M. G. 화이트나 콰인 같은 실용주의자들은 그러한 개념 사용과 칸트의 정의에 대한 정밀한 개념적 추구를 의심한다.

선험적·후험적

칸트는 처음에는 분명히 경험론의 바탕 위에서 데카르트의 생득관념 도입에 대한 로크의 비판을 받아들여 적어도 시간상으로 "우리의 모든 인식은 경험과 더불어 시작된다"(B 1)고 주장한다. 물론 라이프니츠와 볼프 같은 이성론자들도 "우리의 감관을 자극해 한편으로는 자기 자신에게서 표상들을 야기하고 다른 한편으로는 우리의 표상능력을 움직이게 하는 대상들"(같은 곳) 없이는 어떠한 인식도 가능하지 않다는 것을 의심치 않을 것이다. 그러나 로크(XVIII 14 참조)는 시간적 시초는 사태의 근원을 의미하지 않는다는 것을 간과했다. 왜냐하면 시간적 우선성에서 경험 외의 어떤 다른 인식 원천이 존재하지 않는다는 결론이 나오지 않기 때문이다. 따라서 인식 원천으로서 경험의 배타성을 주장하는 경험론은 허용되지 않는 일반화하는 오류를 범한다. 칸트에 따르면 "우리의 경험적 인식조차 우리가 인상을 통해서 받아들인 것과 (감각적 인상을 통해서 유발되는) 우리 자신의 인식 능력이 우리 자신에게서 제공하는 것의 결합(ein Zusammengesetztes)이다" (B 1)라는 가정은 경험의 시간적 우선성과 양립될 수 있고 더 상세히 탐구할 가치가 있다. 칸트는 이러한 가정을 세워 로크의 경험론과 데카르트의 이성론 사이에서 중용을 취한다.

칸트는 경험에 원천을 둔 인식을 후험적(a posteriori : 감각 인상에 근거하므로 '나중의 것에서')이라 하고, 감관의 모든 인상과 독립해 있는 인식을/선험적(a priori : 모든 경험에서 자유롭게 근거짓게 되기에 '앞선 것에서부터')이라 한다. 경험론 비판과 순수이성 인식의 프로그램에 따르면 칸트는 "경험적인 것이 전혀 섞여 있지 않기" 때문에 순수하게 선험적인 그리고 "이런저런 경험에서 독립해서가 아니라 모든 경험에서 단적으로 독립해서 발생하는"(B 3) 인식에 관심을 갖고 있다.

칸트는 모든 경험적 인식에서 순수하게 선험적인 인식을 구분하기 위해 플라톤과 아리스토텔레스(예컨대 제2분석론 I, 2)가 이미 참된 앎(episteme, 학문)을 단순한 억견(doxa)과 구분하기 위해 도입한 두 가지 표징을 인용한다. 어떤 것이 그것 외의 다른 것일 수 없는 엄밀한 필연성과 "어떠한 예외도 가능한 것으로 인정하지 않는"(B 4) 제한 없는 보편성이 바로 그것이다. 경험은 달리 있을 수 없는 가능성을 증명할 수 없고 예외의 불가능성을 증명할 수도 없으며, 단지 사실만을 증명하므로 제한 없는 보편성과 엄밀한 필연성은 실제로 순수한 선험성의 표징이다.

분석적 · 종합적

첫 번째 개념쌍 '선험적 · 후험적'은 인식을 원천에 따라 이성의 인식과 경험의 인식으로 구분한다. 두 번째 개념쌍 '분석적 · 종합적'의 바탕에는 "판단의 진리가 무엇에 근거해 결정되는가?"라는 물음이 있다. "주어와 술어의 결합에서 권리근거는 주어 속에 있는가 아니면 다른 곳에 있는가?" 비록 칸트의 많은 설명이 심리학적으로 오해의 소지를 제공하기는 하지만, 칸트는 결코 판단을—심리적으로 발생하는—판단수행(Urteilsvollzüge)으로 보지 않고, 오히려—논리적으로 발생하는—언명 또는 주장, 즉 객관적 타당성을 주장하는 표상들의 결합(종합, Synthesis)으로 보았다. 칸트는 언어적으로 판단이 주술 문장으로 형성되어 있는 것으로 보았다. 이것에서부터 분석적 판단과 종합적 판단의 정의가 출발한다. 그런데 주술 구조를 갖지 않는 판단이 있으므로 칸트의 정의는 확장되어야 할 것이다.

칸트는 술어가 주어의 개념 속에 숨어 이미 포함되어 있는 모든 판단을 '분석적'이라고 이름한다.(B 10) 그래서 그는 모든 물체는 연장되어 있다는 주장을 우리가 모든 경험과 독립하여 '물체'라는 주어의 단순한 분석을 통해서 주어가 '연장적'이라는 술어를 자신 속에 포함하고 있다는 것을 확정할 수 있으므로 분석적으로 참이라고 여긴다. 분석적 판단의 진리성에 대해서는 오로지 주어개념과 술어개념

그리고 칸트가 모든 형식논리학의 원리로 본(B 189 이하 참조) 모순율 (B 12)에 의해서 결정된다. 라이프니츠에 따르면 분석적 명제는 모든 가능한 세계에서 참이다. 칸트의 관점에서 분석명제는 그 부정이 모순을 포함하는 명제이다. 그러나 M.G. 화이트나 W.V.O. 콰인은 이러한 설명은 더는 도움이 되지 않는다고 한다. 왜냐하면 가능한 세계의 개념과 자기 모순성의 개념은 더 많은 설명을 요구하기 때문이다. 물론 이러한 비판은 반박의 여지가 없지 않다.

"분석적으로 참이다"라는 것과 "정의에 의해서 참이다"라는 것은 칸트에게는 같은 의미를 갖지 않는다. 칸트는 정확하고 완전한 정의를 더 엄밀한 조건으로 여기기 때문이다. 분석적 판단은 아직 정확하고 완전한 정의를 알지 못하는 개념들로 이뤄질 수도 있다. 분석적 판단은 경험세계에 속하는 대상들에 대해서 다룰 수 있으며, 그것들에 대해서 예컨대 "백마는 희다, 총각은 결혼하지 않았다 또는——칸트가 예로 들듯이(B 192)——무식한 사람은 배우지 않았다"고 주장할 수도 있다. 그러나 이렇게 주장된 사태의 진리는 경험에 의존해 결정되지 않고, 오히려 언어의 의미규칙들이라는 전제하에서 논리적 법칙들에 의해서만 기본적으로 결정된다. 비록 의미규칙들이 경험적 사실들을 표현할 수 있고 변화될 수도 있지만, 칸트에 따르면 분석적 판단은 필연적으로 참이다. 왜냐하면 분석성은 의미규칙들에 관계하지 않고 오히려——의미규칙들이 먼저 주어진 상태에서——주어개념과 술어개념 사이의 관련성에만 의존하기 때문이다. 의미규칙들이 변화하고 그래서 가령 '백마'가 더는 '흰 말'을 의미하지 않는다면 같은 단어일지라도 다른 것을 의미할 것이며, 더는 분석적 판단으로 성립하지 않을 것이기 때문이다.

모든 비분석적인 판단, 즉—언어적 의미규칙의 전제하에서—모순율, 일반적으로 말해 논리적 법칙의 도움만으로 진리성이 결정될 수 없는 모든 주장은 종합적이다. 분석적 판단에서 주어는 술어만을 통해서 설명될 수 있다. 반면에 종합적 판단은 주어를 넘어서서 인식을 확장한다.

분석적·종합적, 선험적·후험적이라는 두 구분은 통틀어 네 가지 가능한 조합을 제공한다. (1) 선험적·분석적 판단, (2) 후험적·분석적 판단, (3) 선험적·종합적 판단 그리고 (4) 후험적·종합적 판단. 이중 두 가지, 즉 (1)과 (4)는 문제가 없다. 분석적 판단은 그것의 개념에서 선험적으로 타당하므로 (1), 후험적인 분석적 판단 (2)은 있을 수 없다. 우리는 인간 인식의 확장('종합적')은 경험을 통해 발생한다고 믿고 있으며, 그것은 어떤 문제도 야기치 않는다. 경험적 판단 (4)는 모두 종합적이다. (B 11) 경험이 경험적 판단의 권리근거를 형성한다.

후험적인 분석적 판단과 달리 선험적인 종합적 판단 (3)은 개념적으로 가능하다. 개념적 가능성이 실현될 수 있을까? 또는 선험적인 종합적 판단, 즉 모든 경험에 앞선 인식 확장이 실제로 있을까? 이 물음은 학으로서 형이상학의 가능성에 대해 결정적이다. 왜냐하면 형이상학은 논리학과는 달리 인간의 인식을 확장해야 하기 때문이다. 다시 말해 형이상학의 언명은 종합적이어야 한다. 형이상학은 순수한 이성 인식에서 성립하므로 형이상학에는 그것의 권리근거에 대한 경험이 없다. 왜냐하면 형이상학의 판단은 선험적으로 타당하기 때문이다. 그래서 《순수이성비판》의 근본 물음은 "어떻게 선험적 종합판단이 가능한가?" 하는 것이다. 그것은 동시에 철학의 '운명적 물음'이다. 철학이 다른 것과 구분되는 고유한 대상을 갖는지 그리고 분석적인 학문, 경험적인 학문과 구분되는 진정한 철학적 인식이 있을 수 있는지는 전적으로 이 물음에 대한 대답에 달렸다.

일견 경험독립적이면서도 종합적인 인식은 세상에 존재하지 않는 것으로 보이기 때문에 자율적인 철학(autonome Philosophie)의 가망성은 희박한 것처럼 보인다. 그러나 단지 형이상학에서가 아니라, 칸트가 말하듯 모든 이론적 학문에서 선험적·종합적 판단이 발견된다면 그 가망성은 훨씬 높아질 것이다. 그런데 형이상학의 인식은 제 학문과의 연속선상에서 도출되지 않는다. 이전에 논리적 경험론(슐리크, 카르납, 라이헨바흐)은 논리학과 경험이 인식의 유일한 원천이므로 선험적인 종합적 판단은 모순이라고 주장했으나, 나중에는 경험적 학문이 어떤 명제들, 즉 기껏해야 경험에 의해서 증명되거나 반증될 수는 있으나 근거짓는 것은 불가능한 법칙명제들을 포함한다는 것을 인정했다.

칸트에 따르면 기하학, 일반적으로 말해서 수학의 선험적·종합적 특성은, 예컨대 "직선이 두 점 사이의 최단거리다"(B 16)라는 기본 명제에서 일차적으로 도출된다. 수학적 정리들이 기본 명제들에서 순전히 논리적으로 연역될 수 있고 그런 범위 내에서 분석적으로 보일지라도 그것들은 종합적 기본 명제들의 전제하에서만 타당하다. 그래서 칸트는 "수학적 판단들은 모두 종합적이다"(B 14)라고 말한다. 자연과학(물리학)의 경우에는 기본 명제들만 선험적·종합적 특성을 갖는다. 칸트는 고전물리학의 요소를 예로 든다. 즉 질량보존의 원리와 뉴턴의 제3공리인 작용과 반작용의 등가원리 등이 그것이다.

수학과 자연과학은 객관적 타당성을 경험독립적 요소들에 의존하기 때문에 선험적 종합판단의 가능성에 대한《순수이성비판》의 근본 물음은 먼저 두 가지 부분적 물음으로 구분된다. (1) 어떻게 순수 수학이 가능한가? (2) 어떻게 순수 자연과학이 가능한가? 여기에다 (3) 어떻게 형이상학이 학으로서 가능한가? 하는 것이 주도적 물음으로 제시된다. 칸트는 앞의 두 가지 물음에 대해서 초월적 감성론과 초월적 분석론에서 대답한다. 따라서《순수이성비판》의 첫 번째 부분은 수학과 자연과학의 과학이론을 제공하되, 물론 경험적·분석적 이론이 아니라 이성비판적 이론을 제시한다. 게다가《순수이성비판》은 유독 수학과 수학적 자연과학을 위해서만, 즉 철학 아닌 학문 이론을 전개한다. 왜냐하면 칸트에 따르면 수학과 수학적 자연과학만이 객관적 인식의 명백한 실례이기 때문이다. 역사학, 문학, 사회학은 고려되지 않는다. 그것은 이런 학문이 칸트의 시대에는 거의 발전하지 않았기 때문만은 아니다. 칸트는 학문 개념이 매우 엄격했다. 그래서 그것은 오늘날 우리가 학문으로 부르는 것을 모두 포함하지 않는다. 그것의 확실성이 필증적인(필연적인) 것만 "진정한 학문"에 속한다. "경험적 확실성만을 포함하는 인식은 비유적으로 그렇게 불리는 앎"(*MAN* IV 468)이다. 칸트는《순수이성비판》에서 모든 가상의 세계 또는 주관적인 세계에 대립시켜 우리가 객관적이라고 부르는 실재적인 세계는 수학의 세계와 수학적 자연과학의 세계와 일치한다고 주장한다.

《순수이성비판》의 압승과 지속적 성공의 본질적 이유가 다음 두 가지 상황에 있다는 것은 의심할 여지가 없다. 첫째, 칸트는 수학과 수학적 자연과학의 지식으로서 우선성(Wissensprimat)을 인정했을 뿐만 아니라 그것을 철학적으로 근거짓는다. 둘째, 그는 수학과 자연과학을 위한 근거 설정의 측면에서 개별과학적인 탐구에서 유래하지 않고 오히려 언제나 이런 탐구에 의해 이미 전제된 요소들과 전제들을 발견한다. 수학적 자연과학의 출현으로 철학에 부여된 세속적 과제는 다음의 두 측면을 모두 만족시키는 해결책을 발견한다. 그 두 측면은 모든 철학적 확정을 거절하는 자율적인 개별 자연과학의 탐구 열정과 '영원한 진리' 주장에 의해 그리스 이래 서양의 정신사를 규정하는 철학의 형이상학적 유산이다.

물론 자율적인 학문적 탐구를 철학적으로 근거짓는 것은 칸트에게서는 목적 그 자체가 아니다. 《순수이성비판》을 접한 수학자, 자연과학자, 과학론자들은 칸트가 진정으로 알고 싶어 한 것은 학으로서의 형이상학이 어떻게 가능한가—세 번째 부분적인 물음이자 주도적인 물음—라는 것을 쉽게 간과한다. 수학과 순수 자연과학의 선험적인 종합적 요소의 탐구는 이 물음에 대한 기초를 제공한다. 유일하게 의심할 여지가 없는 객관성, 이를테면 수학과 자연과학의 객관성을 가능하게 하는 조건들이 모든 경험 밖에 객관적 인식이 있는지, 학으로서의 형이상학이 있을 수 있는지에 대해 결정을 내린다.

칸트는 《순수이성비판》 두 번째 부분인 '초월적 변증론'에서 이 물음을 다시 끄집어낸다. 여기서 그는 형이상학의 현실성, 즉 "자연적 소실로서의 형이상학"을 대하게 된다. 물론 이러한 형이상학은 인식 영역에서는 자기기만으로 이끄는 경향이 있다. 인간 이성은 모든 경험 저편의 대상들을 객관적으로 인식할 수 있다고 믿는다. 그러나 이러한 모든 시도들, 이를테면 세계의 시초, 신의 존재 등에 대한 '자연적 물음들'은 이성을 모순에 빠뜨린다. 우리는 코페르니쿠스적 혁명의 결과, 즉 현상과 물자체의 구분을 인정하고 객관적 인식을 가능한 경험에 제한시킬 때 비로소 이러한 모순에서 벗어날 수 있게 된다.

4.4 수학 일반은 선험적 종합판단을 포함하는가?

과거에 라이프니츠는 이미 수학이 정의들과 모순율만으로 근거 짓는 것이 가능하므로(《신인간지성론(Nouveaux essais sur l'entendement humain)》 4권 7장) 수학은 분석적이라고 생각했다. 현대의 연구에서는 수학의 선험적·종합적 성격에 대한 비판이 일반적으로 옳은 것으로 여겨진다. 특히 수학자이자 철학자인 G. 프레게(1848~1925)와 수학자 D. 힐버트(1862~1943)는 수학의 분석적 성격을 지지한다. 프레게는 수의 개념과 산술의 기본 개념들이 순전히 논리적인 수단만으로 문제없이 정의될 수 있다고 증명하고(《산술의 기초》(1884)) 힐버트는 공리화를 통해서 산술과 기하학의 기본 개념들이 정의될 수 있다고 주장했다. 철학자이자 수학자인 A. N. 화이트헤드(1861~1947)와 B. 러셀(1872~1970)의 《수학원리》를 거쳐 철학자 R. 카르납(1891~1970)에서 수학의 분석적 성격이 분석철학으로 전해졌고, 그 이후 수학의 분석적 성격은 논쟁의 여지가 없는 것처럼 여겨졌다.

한편 A. 아인슈타인(1879~1955)은 비유클리드 기하학의 발전과 일반상대성이론에 그것의 응용이라는 관점에서 기하학의 공리들 자체가 경험적 명제라고 주장한다. 반면 앙리 푸앵카레(1854~1912)는 기하학의 공리들을 규약으로 여긴다. 두 경우에서 모두 기하학의 공리들은 선험적 성격을 상실한다. 수학자와 철학자들에 의해서 수학의 종합적 성격이 논박되고, 자연과학자들에 의해서 수학의 선험적 성격이 논박된다.

그런데 이 두 방향은 서로 결합할 수 있다. 우리는 수학적 기하학(순수 기하학)과 물리학적 기하학(응용 기하학)을 구분해야 한다. 그러면 수학적 기하학은 분석적이라는 바로 그 이유 때문에 선험적으로 타당할 수 있다. 반면 물리학적 기하학은 물리적 공간의 속성에 대해서 경험적으로 재차 증명될 수 있는 가설체계(Hypothesensystem)가 된다. 물리학적 기하학은 경험에 의존하고, 선험적 주장을 포기하기 때문에 종합적이라 여겨진다. 수학적 기하학과 물리학적 기하학은 선험적인 종합적 인식의 성격을 상실하므로 이와 반대되는 칸트의 견해는 오늘날 '근거 없는 것으로' 여겨진다.

칸트는 순수 수학을 고찰의 대상으로 삼기 때문에 응용 기하학의 경험적 성격에 관한 주장은 그에게 아무런 해도 입히지 못한다. 그리고 순수 수학의 분석적 성격에 관한 주장도 분석철학이 오랫동안 받아들여 왔듯이 그렇게 확실한 것도 아니다. 오히려 그와 반대로 두 가지 영향력 있는 수학적 방향이 이미 제시되어 있다. 이를테면 네덜란드 수학자인 브로우웨르(L.E.J. Brouwer)의 직관주의 학파와 로렌첸(P. Lorenzen)(《조작적 논리학과 수학 입문(Einführung in die operative Logik und Mathematik)》(1955)) 혹은 비숍(E. Bishop)(《구성적 수학의 기초(The Foundations of Constructive Mathematics)》(1967))의 구성적(조작적) 견해가 그것이다. 분석적 사고에 결합해 있다고 느끼는 철학자 중에서도 예컨대 힌티카(J. Hintikka), 그 이전의 베스(E.W. Beth) 그리고 이 둘과 관련 있는 브리탄(Brittan, 2~3장 참조)은 수학의 분석적 성격을 회의적으로 본다.

힌티카의 주요 논변은 다음과 같다. 직관과 개별적 서술(individuelle Darstellungen)은 수학에 속하며, 양자는 논리학에 속하지 않는다. 그래서 수학은 전적으로 분석적이지 않다. 람베르트(K. Lambert)와 파슨스(C. Parsons, 브리탄, 56면 이하 참조)에 따르면 기하학의 공리 중에는 존재진술들(예컨대, "최소한 두 점이 존재한다")이 있다. 그러나 어떤 존재진술도 라이프니츠가 모든 가능한 세계에서 참이라고 한 논리적 진리에 속하지 않는다. 수학의 존재진술들은 "모든 가능한" 세계에서가 아니라, 모든 "현실적으로 가능한" 세계에서 타당하다.

브리탄에 따르면(69면 이하) 순수 기하학의 분석성은 세 가지 관점에서 이해될 수 있다. 그러나 순수 기하학의 분석성이 이 세 가지 관점에서 모두 증명될 수 있지는 않다. 첫 번째 의미에서 우리는 기하학적 진술의 역은 자기 모순적이기 때문에 순수 기하학을 분석적으로 간주할 수 있다. 그렇지만 이것은 사실과 다르다. 예컨대 평행선 공리는 논박될 수 있기 때문이다. 평행선 공리는 유클리드 기하학의 진술과 관련이 있으나 모든 기하학의 진술들과 관계가 있지는 않다. 그리고 오히려 새로운 비유클리드적 기하학이 확립되어 있다. (그에 따라 각기 독자적으로 무모순적인 두 개의 상이한 이론군이 존재한다.) 두 번째 의미에서, 기하학의 진술들은 정의들과 논리학의 도움만으로 도출될 수 있기 때문에 순수 기하학은 분석적이다. 이 경우에 기하학은 순수 논리적인 진리이며 모든 가능한 세계에서 참이어야 할 것이다. 그러나 실제로 이것은 유클리드 기하학에는 들어맞지 않는다. 기하학의 명제가 순수 논리적으로 참이라면 모든 해석에서 참이어야 한다. 그러나 현실적으로 비논리적 상수에 대한 많은 해석에서 기하학적 명제는 참으로 나타나지만, 다른 해석들에서는 거짓으로 나타난다. 결론적으로 우리는 기하학을 해석되지 않은 명제들의 집합으로 생각할 수 있다. 그래서 점, 선, 면에 대해서가 아니라 P들, S들, B들, 즉 (힐버트가 사용한 의미에서) 공리화된 명제들의 요소개념들에 대해서 이렇게 말할 수 있다. 여기서 어떤 명제는 해석되지 않으므로 "공허"

하고 "내용이 없기" 때문에 분석적이라고 여겨지며, 수학적 기하학은 결코 실제 사태에 관해 주장하지 않으므로 분석적 학문이 된다. 이에 대해 브리탄은 이를테면 해석되지 않은 명제들과 해석된 명제들 사이의 구분이 논변으로 잘못 취급되고 있다고 반대 의견을 제시한다. 해석되지 않은 명제는 공간적 개념들과 관계들을 다루지 않기 때문에 결코 기하학을 성립시킬 수 없다는 반론은 더욱 중요하다. 먼저 공리의 공간적 해석(제1단계의 해석)은 일군의 해석되지 않은 명제들로 기하학을 구성한다. 반면 수학적 기하학의 해석(제2단계의 해석)은 물리적 기하학으로 인도한다.

이러한 논변들을 개관해보면 프레게, 힐버트, 러셀에게도 그렇듯이 여전히 수학을 비분석적 학문으로 보고 순수수학을 선험적·종합적 인식으로 생각할 수 있는 훌륭한 근거가 있다. (칸트 자신의 논변은 다음 장에서 다뤄진다.)

그럼에도 수학을 분석적인 것으로 간주한다면, 그것은 《순수이성비판》에 대해서 어떠한 함축을 갖는가? 칸트에게 수학의 선험적·종합적 성격에 대한 논제는 이중적 의미를 갖는다. 한편으로 그것은 형이상학 이론으로서 이성비판에서 문제성 있는 학문을 공인된 학문에 관련시킨다. 칸트는 형이상학에 대한 의심을 완화하기 위해 최소한 학문적 형이상학의 전형적 진술형식, 즉 선험적 종합판단은 모든 회의에서 면제된다는 것을 보여준다. 이러한 진술형식은 이를테면 고대 이래 어느 누구도 학문성을 진지하게 문제시하지 않은 수학에서 발견된다. 이러한 지적은 학문적 형이상학의 가능성에 대한 의심을 완화할 수 있지만, 형이상학의 학문성을 확실하게 하지는 못한다. 반대로 학문으로서 형이상학은 다른 어떤 곳, 즉 선험적·종합적 인식이 발견되지 않을 때도 가능하다. 그러므로 학문으로서 형이상학이 가능하냐는 제1비판의 주요한 물음에 대한 대답은 수학의 선험적·종합적 성격에 의존하지 않는다.

다른 한편으로, 객관적 인식의 이론인 이성비판에서 수학의 선험적·종합적 성격에 대한 논제는 모든 인식의 선험적 전제들을 찾는 근거가 된다. 객관적 인식이 선험적·종합적이라면 우선 그 전제들이 정당해야 한다. 그러나 전제들은 인식 자체보다 더 깊은 수준에 서 있으므로 그의 과학론적 가정이 수학의 인식성격과 일치하지 않을 때조차 칸트는 종합적 전제들을 주장할 권리를 가질 수 있다.

4.5 초월의 개념

칸트는 선험적 종합판단의 가능성에 대한 삼중의 물음에 답하는 탐구를 '초월적(transzendental)'이라고 부른다. 이성비판에서 핵심이 되는 이 개념은 "일부 가공할 오해들"(Vaihinger, I 467)에 노출되어 있다. '초재적(transzendent)'과 '초재(transzendenz)', '초월적(transzendental)'도 말 그대로 '한계를 넘어가다'를 의미하는 라틴어 동사 'transcendere'에 속한다. '초재적/초재'가 우리의 경험세계 저편의 어떤 세계를 가리킬 수 있는 반면에 칸트는 피안, 즉 초감성적 세계가 이론적인 영역 안에서 그것에 대한 타당한 인식이 가능한 객관적 대상이라는 생각을 거부한다. 칸트의 초월적 탐구에서도 경험을 넘어선다. 하지만 넘어서는 방향이 정반대다. 칸트는—적어도 처음에는—전방으로 향하는 것이 아니라 배후로 향한다. 그는 이론적인 영역에서 경험의 뒤에 "저 먼 곳에서" 혹은 "공중의 높은 곳에서", 니체가 전통 철학의 대상이라고 비웃은 "배후 세계"를 찾지 않는다. 칸트는 모든 경험 이전에 놓인 경험의 조건들을 발견하려 한다. 세계와 객관적 인식에 대한 우리의 근원적 인식이 다른 세계의 인식을 대신한다. 칸트는——코페르니쿠스적 혁명이라는 이성실험에 준거해서——그가 주관 속에 있다고 가정한, 경험에 앞서서 타당한 선경험의 심층구조를 탐구한다. 이성비판은 반성적인 '역상승(Rückstieg)'에서 이론적 주관성을 구성하는 선험적 요소들을 찾아낸다.

초월의 개념은 칸트를 통해 유래에 대한 물음을 배제하고 자명성을 얻었다. 18세기 말에 이미 칸트에 의해 초월의 개념이 도입되었다고 주장한다. 사실상 중세기의 철학은 이미 그 개념을 알고 있었다. 중세의 철학은 초월자를 'transcendentia'라고도 했는데, 유와 종의 구분 한계를 넘어서며 존재하는 모든 것에 대해서 제한 없이 타당한, 존재의 최종 근거 규정으로 이해한다. 우리가 존재자를 생각할 때 언제나 미리 전제하는 것이 바로 초월적 성격이다. 이를테면 존재자의 존재성(ens, Seiendheit des Seienden), 무엇(res, Washeit) 또는 실체성(Sachlichkeit), 단일성과 내적 불가분성(unum), 인식 가능성과 정신 관련성(verum, Geistbezogenheit), 가치성과 추구 가능성(bonum, Werthaftigheit und Erstrebbarkeit) 등이다.

칸트 이전에 이미 "고대의 초월철학"(B 113)이 있었으며 17, 18세기 형이상학, 특히 볼프와 바움가르텐 역시 '초월적(transcendental)'에 대해서 언급하고 있다. 볼프는 자신이 창안한 '초월적 우주론(cosmologia transcendentalis)' 범위 안에서 원초적으로 존재론적인 고대적 의미에서뿐만 아니라 오히려 인식론적인 새로운 의미에서 '초월적'이라는 표현을 사용한다. 칸트는 바움가르텐의 형이상학을 자기 강의에서 계속 다뤘는데, 바움가르텐에게 '초월적'은 '필연적' 혹은 '본질적'과 마찬가지 의미였다. 그의 경우에는 어떤 성질을 가진 초월에 대해서도 우리는 이야기할 수 있었다.(Hinske 1968, 107) 물론 어려운 해명 과정 끝에 심하게 홈이 파여 있는 개념에서 다시 초월의 차원을 되찾음과 동시에 고유한 문제 설정에서 그것에 새로운 이해를 준 것은 바로 칸트의 업적이다. 그처럼 전통을 짊어진 개념에서는 놀랄 일이 아닌 모든 불안정성인데도 함축성이 없어진 '초월적'은 칸트로 인해 다시 철학적 개념의 예리함을 얻게 된다. 코페르니쿠스적 전회에 의거해서 존재론적 의미와 인식론적 의미가 그 개념 속에서 서로 짜맞추어진다.

《순수이성비판》서론에서 칸트는 "대상들을 다루는 것이 아니라, 대상들에 대한 우리의 인식방식을——그것이 선험적으로 가능한 범위에서——(대상들에 대한 우리의 선험적 개념들은 A 11 이하) 일반적으로 다루는 모든 인식을 초월적"(B 29)이라고 부른다. 초월적 인식은 선험적 인식 가능성의 이론이다. 간단히 말해서 "선험의 이론"(Vaihinger, I 467)이다. 그것은 칸트가 나중에 다른 데서 상세하게 언급하고 있듯이 모든 선험적 인식이 초월적이라는 것을 의미하지는 않는다. 칸트에 따르면 수학과 자연과학도 선험적 인식이다. 혹은 그러한 요소를 포함한다.《순수이성비판》에서는 "그것을 통해서 우리는 어떤 표상들(직관이건 개념이건)이 선험적으로만 적용되는지 또는 어떻게 선험적으로만 가능한지를 인식하게 하는"(B 80) 그런 인식만이 초월적이다.

"사실과 방식"(daß und wie)으로써 칸트는 초월적 인식이라는 이중의 과제를 지시한다. 초월적 인식은 첫째로 어떤 표상들이 "경험적이지 않은 원천을 가진다"(B 81)는 것을 증명하며, 둘째로 "그럼에도 그것들이 어떻게 선험적으로 경험의 대상들에 관계될 수 있는지 그 가능성"(같은 곳)을 보여준다. 첫 번째 조건 때문에 인간 인식의 경험적 전제들은 그것들이 아무리 중요하다고 하더라도 초월철학적 구상에서 배제된다. 경험에 대한 비경험적 인식만이 초월적이다. 두 번째 조건 때문에 수학과 자연과학의 대상들은 초월적 이론의 대상이기는 하지만 그 구성요소는 아니다. 수학적 또는 물리학적 성격을 가지고 있지 않지만, 그럼에도 우리가 수학이나 물리학적 작업을 할 때 항상 '작용'하는 그런 전제들을 초월적이라고 하는 것이다.

초월적 탐구의 이러한 이중적 과제를 간과하는 해석은 《순수이성비판》의 근본 사상에 도달하지 못한다. 그것을 인정하지 않는 어떤 체계적인 사고도 칸트의 의미에서 초월적이라고 표현될 수 없다. 이 단계적 규정 때문에 초월적 감성론(이 개념은 재판에서 비로소 찾아볼 수 있다)과 개념의 초월적 분석론이 두 개의 주요 부분으로 분절된다. '형이상학적' 구명 또는 연역의 틀 속에서는 주관에서 선험적 표상들이 찾아지고, 이것을 기초로 하여 좁은 의미의 '초월적' 구명 또는 연역에서는 어떻게 이 선험적 표상들이 객관적 인식을 위해서 절대적으로 통용되는지를 보여준다.

어떤 대상인식에서든 경험독립적 전제들에 대한 통찰은 대상들에 대한 인식을 증가시키지 않는다. 그렇기 때문에 초월적 비판은 개별과학들과 경쟁 관계에 있지 않으며, 원초적 학문(Protowissenschaften)이나 과학론들과도 경쟁 관계에 있지 않다. 개별과학들은 특수한 대상의 인식을 탐구한다. 원초적 학문은 필요한 기본 개념들을 도입한다. 과학론은 개념 형성과 방법을 해명한다. 이것들과 달리 초월적 비판은 특수한 대상인식을 탐구하고 가설들을 끊임없이 반증하려고 시도하는 개별과학의 노력이 원칙적으로 가능하기 때문에 의미 있는 것으로 생각할 수 있는지를 묻는다. 초월적 비판은 어떤 진술이(진술체계가) 참이고 어떤 진술이 거짓이냐는 통상적인 문제 설정에서 눈을 돌리고, 대상에 대한 객관적 관계, 참된 관계가 있을 수 있는지 그리고 있다면 어떻게 있을 수 있는지를 묻는다. 초월적 탐구는 보편적이고 필연적인 구속성으로 이해된 참된 대상인식이 어떻게 모순과 역설 없이 생각될 수 있는지를 탐구한다.

초월적 의미에서 칸트의《순수이성비판》은 "진리의 논리학"(B 87)을 포함한다. 그것은—의미론적으로—"진리"의 의미를 탐구하는 것이 아니며—화용론적으로—어떤 진술이(진술체계가) 참인지를 결정하기 위해서 척도를 탐구하는 것도 아니다.《비판》의 첫 번째 부분은 한 단계 더 근본적으로 들어가서 진리의 원칙적 가능성을 문제 삼고, 참된 진술을 인정하는 객관적 진술이란 도대체 무엇이냐는 물음을 문제로 다룬다. 여기서 칸트는 사고와 대상의 일치(대응)라는 전통적인 진리규정을 다시 끄집어내지만, 코페르니쿠스적 혁명에 준거해서 대상은 주관독립적인 즉자(An-sich)가 아니며, 오히려 인식하는 주관의 선험적 조건들을 통해서 비로소 구성된다는 것을 보여준다.

객관적 인식의 선(先)경험적 조건들에 대한 통찰과 객관적 인식의 한계에 대한 통찰은 서로 결합해 있다. 그런 범위에서 이성비판의 효용은 "사변과 관련해 실제로 단지 부정적"이다. 이성비판은 "우리 이성을 확장하는 데가 아닌 우리 이성을 해명하는 데만" 기여한다.(B 25)

비록 칸트는 비판 이전기에 자연과학 분야에서 몇 가지 주목할 만한 기여를 했지만(2.2 참조) 《순수이성비판》은 더는 자연과학적 지식을 확장하는 일을 추구하지 않는다. 그러나 이것은 되풀이해 주장되는 것처럼 그것이 "근본적으로 중요하지 않다"는 것을 의미하지 않는다. 《순수이성비판》은 대상에 대한 인식을 직접적으로 촉진하지 않고, 대상인식에 대한 인식을 촉진한다. 하지만 첫째로 그것은 토대논의와 관련해 매개적으로 자연과학에서 의미를 획득한다. 둘째로 초월적 반성을 통해서 이차적인 인식이 획득된다. 학은 자기 자신을 들여다보게 되고, 자기 자신을 이성적인 것으로 파악한다.

객관적 인식에 관한 주장은 학의 이념에 속한다. 이러한 주장은 고대부터 데이비드 흄에 이르기까지 회의주의자들에 의해서 부당한 것이라고 거부되었다. 그들은 객관적인 인식, 다시 말해 보편적이고 필연적인 인식은 있을 수 없다고 주장한다. 이러한 상황에서 초월적 비판은 객관성에 관한 주장을 제한적인 것으로, 제약 또는 권리근거를 찾는 《순수이성비판》의 탐구 결과로 본다. 이러한 탐구에 성과가 있다면, 객관적 인식에 관한 주장은 두 가지 관점에서 정당한 것으로 여겨질 수 있다. 첫째로 인식 합법성의 근거(칸트에 따르면 직관형식들, 개념들, 원칙들)는 우선 객관적 인식이 가능하다는 것을 보여주고, 둘째로 그것이 어디에서 성립하는지를 보여준다. 몇 가지 불명확한 점들, 심지어 모순적인 점들을 무시하고 보면, 칸트는 가령 신칸트주의에서 주장되듯이 논박할 수 없는 사실로서의 수학과 자연과학에서 출발하지 않는다. 그것은 또한 이성비판의 이념과 결합할 수 없는 독단적 가정일 것이다. 오히려 칸트는 학 또는 객관적 인식이 보편적이고 필연적인 지식에서 성립한다는 이념에서 출발한다.

그다음 그는 회의론자들처럼 도대체 그러한 무엇이 있을 수 있냐고 묻는다. 그의 대답은 두 가지 측면을 가진다. 첫째로—순수직관들, 개념들 그리고 원칙들로 말미암아—보편적이고 필연적인 인식이 가능하다. 그러나 둘째로 그러한 인식은 수학과 물리학(보편적 자연과학)으로서만 가능하다. 간단히 말해서, 수학과 물리학의 학문성은 전제가 아니라 결론이고, 증명의 토대가 아니라 증명할 목표이다.

이러한 작업에서 '객관성'은 두 가지 상호 관련된 의미를 갖는다. 한편으로 (진리적 의미에서) '객관성'은 현실세계를 인식한 결과(성과)를 의미하기 때문에 단순히 이 주관이나 저 주관에 대해 타당하다기보다는 오히려 상호주관적으로 타당하다. 정확히 말하면, 보편적이고 필연적으로 타당하다. 다른 한편 (지시적 의미에서) '객관성'은 인식과 실제 대상들의 관련, 실제로 마주치는 사태와의 관련을 의미하며 허구나 단순한 상상에 대한 인식의 관련을 의미하지 않는다. 여기서 첫 번째 의미가 두 번째 의미를 전제한다. 객관적 인식에서는 실제로 주어지는 사태가(대상이) 알려지기 때문에 객관적 인식은 객관적 진술을 만들 수 있다. 이런 의미가 더 근본적이기 때문에 칸트는 일차적으로 이것에 관심을 갖는다.

5. 초월적 감성론

제1비판의 초월적 감성론은 미(美)나 취미에 대한 이론(이에 대해서는 13.2 참조)이 아니라, 감성 혹은 직관(그리스어로 aisthesis)의 선험적 원리들에 대한 학문이다. 초월적 비판의 한 부분으로서 초월적 감성론은 직관 전체가 아니라 감성의 순수 형식들, 즉 인식의 원천으로서의 공간과 시간을 고찰한다. 따라서 보편적 직관이론의 어떤 문제들이 구명되지 않았다는 것은 칸트에 대한 비난이 될 수 없다.

최종적인 형태에서 초월적 감성론은 분명히 구분되는 두 부분으로 이뤄져 있다. 형이상학적 구명(究明)에서 칸트는 공간과 시간이 순수직관이라는 것을 보이고, 초월적 구명에서는 그것들이 선험적·종합적 인식을 가능케 한다는 것을 보인다. 그래서 초월적 감성론은 한편으로는 공간과 시간의 '본질(Wesen)'에 관한 근대철학의 논쟁에 서 새로운 해결책을 제시하며, 다른 한편으로는 칸트의 수학과 보편 자연과학의 토대를 놓는 첫 번째 단계를 포함한다.

지성의 보편적 개념을 통한 선험적 인식의 가능성은 칸트 이전이나 이후에도 되풀이해 주장되고 있다. 그러나 직관과 감성에도 마찬가지로 경험독립적 요소들이 포함되어 있으며, 이것들이 수학과 물리학에 불가결하다는 논제는 오로지 칸트만이 주장한 것이다. 따라서 초월적 감성론은 물론 그것이 야기하는 모든 문제(Vaihinger, Ⅱ 참조)에도 제1이성비판의 가장 독창적인 부분에 속한다.

5.1 인식의 두 원천 : 감성과 지성

칸트는 바움가르텐을 따라서 하위 인식능력과 상위 인식능력, 즉 감성과 넓은 의미에서 지성(때에 따라서는 이성)을 구분한다. 전통 논리학의 세 부분과 나란히 상위 인식능력(dsa obere Erkenntnisvermögen)은 좁은 의미에서 지성('개념'), 판단력('판단'), 좁은 의미에서 이성('추론')으로 나뉜다.(B 169 참조)《순수이성비판》은 이러한 구분을 이어받는다.《순수이성비판》은 개관(서문과 서론)이 앞에 나오고 그 뒤를 이어

(1) 초월적 감성론에서 감성의 이론으로 시작하고, 이어서 초월적 분석론에서 (2) 개념의 분석론과 (3) 원칙의 분석론이 이어지며, (4) 초월적 변증론에서 (이성-)추론의 이론 (5) 초월적 방법론으로 끝맺는다.

초월적 감성론은 인식──심리적이 아니라 논리적으로 보인 인식──의 두 줄기인 감성과 지성의 공동작용에 힘입는다는 것에서 출발한다. 이 두 능력은 동등한 자격을 가지며 서로 의지한다.

(1) 인식이 대상에 직접 관계하는 것 그리고 모든 사고의 대상에 대한 연관점(Bezugspunkt)은 개별적 대상을 직접 파악하는 직관이다. 대상은 직관에 주어진다. 직관의 도움으로 인간에게 대상이 주어지는 유일한 가능성인 수용적 감성이 성립한다. 즉 그 가능성은 우리가 보고, 듣고, 냄새 맡고, 맛보고, 접촉하고 느낌으로써 대상을 통해서 자극되는 심성의 능력에 놓여 있다. (감성과 오관에 대해서 칸트는《실용적 관점에서의 인간학》1권에서 상세히 언급하고 있다.) 그런데 수용적 감성은 인간에게 직관을 가능하게 한다. 능동적·자발적이며 지성적인 직관, 창조적인 투시(Hinsehen)는 인간에게 인정되지 않는다. 대상이 심성에 미치는 작용결과를 '감각'이라 한다.

이것이 감성의 질료를 이룬다. 형식을 부여하는 지성이 없을 때 비록 감성의 대상은 무규정적이지만 규정 가능하다. 그것은 인식의 질료를 의미한다. 필연적 토대로서 감성은 모든 인간 인식의 유한성을 지적한다. 인간은 신의 무한한 이성처럼 자기 자신에게서 인식을 산출하거나 자기 앞에 투사할 수 없다. 인간은 자기 앞에 주어진 대상에 관계한다. 우리의 순수한 지성개념 역시 감성과 관련되기 때문에 우리는 감성 없이는 아무것도 인식할 수 없다는 통찰이 칸트의 비판 이전의 관점에서 비판으로 이끄는 전환이다.

(2) 주어진 것의 단순한 수용만으로는 아직 인식이 형성되지 않는다. 인식에서는 단순히 감각이 모사되는 것이 아니라, 오히려 가공된다. 이를 위해서는 좁은 의미의 지성에 의거한 개념들이 필요하다. 이것들의 도움으로 감각들은 "사고된다". 다시 말해서 규칙들에 준거해서 감각들이 총괄되고 정돈된다.

칸트는 "인간 인식의 두 근간이 있다"(B 29)는 가정을 증명하지는 않았다. 그는 단지 감성과 지성이 "아마도 우리에게 인식되지 않은 공통의 뿌리에서 유래할 것"(같은 곳)이라고 추측할 뿐이다. 그 이상의 근원 찾기가 없는 것은 데카르트, 독일관념론 혹은 후설처럼 "인식의 궁극적 정초(Letztbegründung)"를 제공하려는 것이 칸트의 이성비판 의도가 아니기 때문이다. 그러나 이것은 또한 이성비판이 철학의 마지막 말이 아니라는 것을 보여준다. 물론 칸트의 초기 논제는 경험론과 이성론의 난제들을 새로운 매개적 관점을 통해 피하면서 근본적 과제를 해결할 때, 그 결과를 통해 간접적으로 정당화할 수 있다. 그러나 감각을 대상의 "작용 결과"라고 규정한 것은 《순수이성비판》에 대한 내적인 어려움을 야기한다. 야코비, 피히테, 셸링 등의 생각에 따르면 그러한 어려움은 《순수이성비판》을 넘어서지 않고는 제거될 수 없다.

칸트는 감성을 인정함으로써 인간의 인식이 먼저 주어진 어떤 것에 의존한다는 경험론의 기본적 견해에 정당성을 인정하고, 순수한 이성론을 배척한다. 또한 그는 지성의 필연성을 통찰함으로써 사고 없이는 어떠한 인식도 가능하지 않다는 관점에서 이성론에 정당성을 인정하고 순수한 경험론을 비판한다. 현대적인 용어로 표현하면, 칸트는 관찰언어와 이론언어의 엄밀한 분리에 반대한다. 왜냐하면 모든 인식, 심지어 일상적인 지식까지도 이미 이론적인(개념적인) 요소가 포함되어 있기 때문이다. "감성 없이 우리에게는 어떠한 대상도 주어지지 않으며, 지성 없이는 어떠한 대상도 생각되지 않는다. 내용 없는 사고는 공허하고, 개념 없는 직관은 맹목이다."(B 75, B 33 참조)

상호의존적인 두 개의 인식 줄기를 분리함으로써 칸트는 감성과 지성의 정도상의 차이를 주장한 라이프니츠의 생각을 배척한다. 그는 라이프니츠와 반대로 직관을 판명성(Deutlichkeit)이 결여된 불완전한 사고로 여기지 않는다. 참으로 직관은 (사고와는) 다른 원천을 가진다고 칸트는 말한다.

직관은 지성에 대응해 자립적이며 어떤 인식에도 불가결한 원천인 감성에서 유래한다. 칸트에 따르면 라이프니츠의 형이상학은 이러한 오해에 기초하고 있으며, 바로 이런 오해의 해명이 라이프니츠의 형이상학에 대한 반론이 된다.

(3) 초월적 분석론의 두 번째 부분에서 칸트는 또 다른 인식능력으로서 규칙들(지성개념들) 아래 포섭하는 능력인 판단력을 고찰한다.

칸트는 인간의 인식에서 그 가치를 깎아내릴 수 없는 세 가지 인식능력 모두에서 경험독립적 요소를 발견한다. 감성에서는 공간과 시간이라는 순수한 직관형식들, 지성에서는 순수한 지성개념들이라는 범주들, 판단력에서는 초월적 도식들과 순수한 지성의 원칙들을 발견한다.

세 가지 인식능력에 대한 개관

감 성	지 성
대상은 심성을 자극함으로써 **주어진다.**	대상, 즉 비규정적 직관의 다양이 사고된다. 다시 말해 규정된다.
촉발되는 심성의 능력을 '감성(수용성)'이라 한다. 대상의 작용 결과, 감성의 질료를 '감각'이라 한다.	대상을 규정하는, 다시 말해 자기 자신으로부터(자발적으로) 표상을 산출하는 능력이 **지성**, 즉 개념(규칙)의 능력이다.
감각을 통해 대상에 관련되는 것은 **경험적(후험적)**이다.	지성의 범주들을 통하여 대상에 관련되는 것은 **순수(선험적)**'라고 한다.
경험적 직관의 (개념적으로) 무규정적인 대상이 **현상**이다.	지성을 통해 규정된 현상으로서의 대상은 **객관**(Objekt)이다.
순수한 직관형식들은 **공간과 시간**이다.	순수 지성개념은 **범주**이다.

판단력

판단력은 규칙 아래 포섭하는 능력이다. 즉 어떤 것이 주어진 규칙 아래 종속하는지 그렇지 않은지를 판별하는 능력이다. 순수 지성개념들을 현상에 적용하는 가능성의 조건들은 초월적 시간규정이다. 초월적 시간규정은 개념적일 뿐 아니라 감성적이다. 이것은 상상력의 초월적 산물인 초월적 도식이다.

각각의 범주에 시간직관의 변양(變樣)이 대응한다. 예를 들면, 실체의 도식은 시간 중의 지속성, 필연성의 도식은 모든 시간에서 대상의 현존이다.

선험적 도식의 조건들 아래서 순수 지성개념들이 '흘러나오며' 그 밖의 모든 선험적 인식들의 근저에 놓인 종합적 판단들이 **순수지성의 원칙들**이다.

모순율은 분석적 판단으로 보인다. 반면에 직관의 공리, 지각의 예취, 경험의 유추(예컨대 인과원리) 그리고 경험적 사고의 요청은 종합적 판단으로 여겨진다.

5.2 형이상학적 구명 : 선험적 직관형식으로서 공간과 시간

공간과 시간에 대한 형이상학적 구명은 두 단계의 추상 과정을 따른다.(B 35) 이 과정은 우선 인식의 총복합체 중에서 지성의 성분에서 감성의 성분을 분리해내고 나서 직관 중에서 감각에 속한 모든 것, 즉 색, 음성, 열 감각 등을 제거한다. 그러면 경험독립적인 직관의 형식인 공간과 시간에 대한 근원적인 표상만이 남는다. 이런 구명은 공간과 시간에 대한 근원적 표상들인 공간성과 시간성을 선험적으로 주어진 직관들이라고 증명하기 때문에 형이상학적이다.(B 38 참조) 이 구명은 먼저 선험적 표상들에 대해서 다룬다는 것을 밝히고, 두 번째로 그것들이 개념의 성격이 아니라 직관의 성격을 가진다는 것을 밝힌다.

공간이라고 할 때 우리는 대상경험이나 자연과학의 직관공간뿐만 아니라 행위공간과 심리학, 예술, 문학 등의 체험공간 혹은 정서공간을 생각한다. 비슷하게 우리는 직관시간을 행위시간과 체험시간으로 구분한다. 이와 반대로 초월적 감성론에서는 오로지 직관공간, 즉 밖에 있음과 옆에 있음의 관계 그리고 직관시간, 즉 계기와 동시의 관계를 다룬다. 칸트는 그것들이 경험독립적인 성분을 가진다고 주장한다.

공간과 시간은 각각 서로 다른 두 영역에 속한다. 공간은 오관에 의해서 청각, 시각, 미각, 후각, 촉각 인상을 매개하는 외감의 직관형식이다. 반면에 시간은 그것의 표상과 경향, 느낌과 정서를 갖는 내감에 속한다. 여기서 내감이 우위성을 가진다. 왜냐하면 외감의 표상은 어느 것이나 주관에 의해서 의식되므로 마찬가지로 내감의 표상이기도 하기 때문이다. 따라서 시간은 모든 직관의 형식이다. 시간은 직접적으로 내적 직관의 형식이며, 간접적으로 외적 직관의 형식이다. 그렇지만 시간의 우위성은 공간이 시간의 하위종이라거나 공간이 시간에 의해서 대체될 수 있다는 뜻이 아니다. 시간의 우위성 때문에 하이데거는《순수이성비판》을《존재와 시간》에서 개진한 자신의 기초존재론의 선구로 본다. 실제로《순수이성비판》에서 시간은 공간보다 훨씬 큰 역할을 하고 있다. 가령 범주의 초월적 연역과 도식론장에서 그렇다. 이 점을 하이데거는 세밀하게 파악했다.(7.1 참조) 시간의 우선성은 아마도 1770년의 취임논문에서 공간에 앞서 시간이 다뤄진 이유가 아닐까 한다.

공간과 시간이 순수 직관형식들이라는 논제를 칸트는 재차 두 개의 논변으로 근거짓는다. 그는 처음의 논변으로 경험론에 반대해 공간과 시간은 선험적 표상이라는 것을 보여주며, 두 번째 논변으로 이성론에 반대해 공간과 시간이 개념의 성격이 아니라 직관의 성격을 갖는다는 것을 보여준다. (시간의 경우는 그 이상의 것, 즉 중간 논변이 사실상 이미 초월적 구명에 속한다. B 48 참조)

첫 번째 소극적인 논변에 따르면, 공간과 시간은 모든 외적 직관 내지 내적 직관의 근저에 놓여 있으므로 경험에서 유래될 수 없다. 내가 책상이 "내 밖에" 있으며 "의자 옆에" 있다고 지각할 수 있기 위해서 나는─나(경험적 자아), 책상 그리고 의자에 대한 표상들을 넘어서─밖(ein Außen)에 대한 표상, 즉 공간의 표상을 언제나 미리 전제한다. 그래야 공간이 책상이나 의자 혹은 경험적 자아의 속성은 아니더라도 책상, 의자, 경험적 자아가 서로 간에 규정된 위치를 차지할 수 있다. 외적 지각 중에서 색들, 외양들, 잡음은 찾을 수 있으나 공간은 찾을 수 없다. 이와 비슷하게 정신적 활동은 감각 중의 어떤 것이 시간의 성질을 갖고 있지 않더라도 시간적 연속으로 감각하는 어떤 성질을 가진다. 첫 번째 소극적 논변에 이어서 적극적 논변이 등장한다. 공간과 시간은 필연적인 표상이다. 왜냐하면 우리는 공간과 시간을 대상들이나 현상들 없이 표상할 수는 있으나, 어떤 공간이나 시간도 없는 것을 표상할 수는 없기 때문이다. 감성의 영역에서조차 경험적 지각에 의존해서 비로소 아는 것이 아니라 "미리" 아는 무엇이 있다. 공간과 시간은 인식하는 주관의 선험적 구조에 힘입는다.

베넷(J. Bennett)은 시간의 선험적 성격에 반대해, "모든 감각 소여는 시간적이다"라는 진술은 분석적이 아니기 때문에 우리는 이에 반대되는 것, 즉 비시간적 세계를 모순 없이 인정할 수 있다고 주장한다. 결론적으로 베넷(1966, 49)은 시간성을 필연적인 것이 아니라 단지 없는 것으로 생각할 수 없는 것, 심지어는 우연적인 것으로 간주한다. 그러나 칸트에 따르면 달리 있을 수 없는 것은 필연적이다. 이러한 표징은 모든 인간 인식의 순수한 직관형식으로서 공간과 시간에 적합하다. 왜냐하면 감성적 직관은 외적 지각의 경우에는 다름 아닌 장소적으로 다른 개별대상들 옆, 뒤 그리고 위에 있을 수 있는 개별대상들을, 반면 내적 지각의 경우에는 다름 아닌 다른 내적 상태들보다 시간적으로 앞, 함께 혹은 뒤에 있을 수 있는 개별대상들을 파악하기 때문이다.

두 번째 논변쌍에서 칸트는 우선 공간과 시간의 유일성(Einzigkeit)과 통일성에서 그것들이 지성적(diskursive) 개념이라기보다는 직관이라고 추론한다. 왜냐하면 개념은 독립적인 사례에 관계하는데, 예컨대 책상의 개념은 책상이라는 모든 개별대상들에 관계하지만, 모든 부분 공간과 부분 시간을 비독립적인 부분들로서 자신 속에 포함하는 유일한 공간과 통일적 시간의 전체가 있기 때문이다. 두 번째 논변에서는 공간 표상은 무한한데, 개념은 무한한 양의 표상들을 자신 속에(in sich) 가진 것이 아니라 **자기 아래**(unter sich) 갖고 있다는 것으로 직관적 성격을 증명한다.

5.3 기하학의 초월적 정초

공간과 시간이 순수한 직관형식이라는 '형이상학적' 증명에 이어서 칸트는 매우 간략히 초월적 구명을 덧붙인다. 초월적 구명은 공간과 시간이 단순한 표상('사고물')이 아니라 대상구성적 지위를 갖는다는 것을 보여주어야 한다. 왜냐하면 공간과 시간을 통해서 선험적 · 종합적 인식의 대상들이 가능하기 때문이다. 공간과 시간은 경험독립적인 직관형식이므로 그것들에 대한 경험독립적 학문, 형이상학이 있을 수 있다. 공간의 순수한 직관형식이 기하학을 가능하게 하고, 시간이 일반운동론(역학)의 선험적 부분을 가능하게 한다. 또한 《프롤레고메나》(§10, KrV B 182 참조)에 따르면 시간은 셈(Zählen)으로 말미암아 산술을 가능하게 한다(기계). 그러므로 초월적 감성론은 수학과 물리학의 철학적 근거설정의 한 부분을 포함한다. 그러나 이것을 기술하는 내적인 어려움을 도외시하더라도 칸트는 수학 자체에 대한 어떠한 완비된 이론도 전개하지 않는다. 그 이유는 칸트가 한편으로 직관의 공리로써 비로소 수학의 객관적 타당성을 근거짓는 일을 마무리하기 때문이며(7.3 참조) 한편으로 수학의 초월적 정초 이상의 일은 수학의 철학에 속하는 것이기 때문이다.

공간의 초월적 구명은 "공간의 성질을 종합적이면서도 선험적으로 규정하는"(B 40) 학문으로서 기하학을 이해하는 것과 관련되어 있다. 초월적 물음은 공간에 대한 선험적·종합적 인식이 가능해지려면 공간표상이 어떤 종류의 표상이어야 하느냐고 묻는다. 칸트는 세 단계로 대답한다. 첫째로 오로지 개념들에서는 종합적 명제가 얻어질 수 없으므로 공간은 개념이어서는 안 되고 단순한 직관이어야 한다. 둘째로 공간은 경험적 직관이어서는 안 된다. 그렇지 않으면 기하학은 선험적 성격을 갖지 못할 것이다. 세 번째 이유로서 칸트는 논증적 명확성을 손상하고 순수한(수학적) 기하학에서 응용된(물리학적) 기하학으로 이행한다. (이와 유사한 것을 《프롤레고메나》1부에서 볼 수 있다.) 객관에 선행하면서도 객관을 선험적으로 규정하는 외적 직관은 그것이 주관에서 유래해 외적 직관의 형식을 제공할 때만 가능하다.

이상의 세 가지 논변에서 다음과 같은 결론이 나온다. 공간을 직관의 주관적이나 순수한 형식으로 해명하는 형이상학적 구명의 결과만이 기하학을 선험적인 종합적 인식으로 이해할 수 있게 한다. 공간이 선험적 직관이기 때문에 순수 기하학이 가능하게 되고, 이것 이상으로 공간이 우리의 직관들로서 모든 경험적 대상들이 몸에 지니고 있어야 하는 형식이기 때문에 응용 기하학이 가능하게 된다.

초월적 정초를 하는 과정에서 칸트는 "공간은 삼차원만을 가진다"(B 41)는 명제를 기하학의 필연적 명제의 보기라고 한다. 자연적 직관과 칸트의 시대에 유일하게 알려졌던 유클리드 기하학에서는 이 명제가 옳을 것이다. 그러나 나중에 비유클리드 기하학이 발견되었고, 그중에서 리만 기하학은 일반상대성이론에 적용된다. 그러므로 유클리드 기하학은 오늘날 수학이나 물리학 어느 것에서도 보편적으로 타당하지 않기 때문에 기하학의 보편적 타당성을 주장하는 칸트의 초월적 감성론은 가망 없고 낡아빠진 것으로 보인다. 그런데 칸트의 기하학 이론에서 플라톤 이래 철학자들이 공표한 어떤 선험적 앎이 학문의 진보로 인해서 어떻게 무효화되었는지에 대한 하나의 실례만을 본 비판자는 옳은가?

이러한 운명적인 귀결을 피하기 위해서 브뢰커(Bröcker, 22)는 두 가지 종류의 공간을 구분할 것을 제안한다. (1) 직관적으로 주어진 유클리드의 삼차원 공간 : 모든 물리학은 바로 이 공간에서 출발해야 하며, 그는 이것을 '초월적 공간'이라고 칭한다. (2) 경험적 공간 : 물리학자들은 자신들의 경험 중에서 이 공간으로 이행하며 초월적 공간 속에서 매개된 것을 이 공간으로 환산한다. 이러한 구분을 함으로써 브뢰커는 유클리드 기하학의 유일성에 대한 칸트의 주장을 초월적 예외설정으로 완화하고 있다. 스트로슨(277 이하)도 '현상적 기하학(phänomenale Geometrie)'으로 유사한 작업을 한다. 그는 '실증주의적 견해'에 대해서 칸트를 방어하기 위해 이런 생각을 개진한다.

유클리드 기하학의 초월적 우위성은 자연적 공간표상을 고려한 것만이 아니다. 그것은 오늘날에도 삼차원의 유클리드 기하학이 수학적으로 가능하고, 원자물리학과 천체물리학 사이의 중간적 경험에서 경험적으로 타당한 것으로 인정되는 상황도 설명한다. 그럼에도 초월적 예외 설정에 대해서는 무게 있는 숙고가 제기된다. 형이상학적 구명이나 초월적 구명 어디에서도 칸트는 공간의 삼차원성을 근거짓지 않았으며, 그의 첫 번째 논문인 〈참된 판단력에 대해서〉(§§ 9~11)에서는 심지어 비유클리드적 공간들이 가능한 것으로 여기기까지 했다. 초월적 구명이 다루는 선험적 직관 성격은 형이상학적 구명에서는 모든 외적 직관의 근본 형식으로만 제시되므로 그 어떤 성질들의 구조도 없는 무엇 밖(Außereinander)과 무엇 옆(Nebeneinander)으로 제시된다. 용어법상 선험적 직관성격은 '공간성(Räumlichkeit)' 혹은 '공간 일반'으로 표현된다. 순수한 공간성은 아직 기하학의 대상이 아니다. 기하학의 대상은 공간성의 대상화를 통해서 비로소 발생한다. 즉 상상력과 정립(Setzung)을 통해서 수학자는 순수한 직관형식을 진정한 대상으로 표상한다. 이것은 그가 순수 기하학의 틀 속에서 경험독립적으로 탐구하는 대상이다. 초월적 조건으로서 공간과 기하학의 대상으로서 공간 사이에는 제거될 수 없는 차이가 존재한다. 따라서 초월적 구명에서 공간의 삼차원성은 기하학의 가능성을 옹호하는 논변으로서의 자격이 없다. 그것은 단지 임의의 필증적으로 확실한 명제의 사례일 뿐이다. 그것은 기하학적 진술의 술어일 뿐 초월적 진술의 술어가 아니다. 수학적 진술이나 물리학적 진술은 초월적 의미를 갖지 않으며, 오히려—한 단계 더 깊이 들어가서—코페르니쿠스적 혁명에 따라서 인식하는 주체의 경험독립적 "성질"에 놓인 그것들(수학과 물리학)의 조건들만을 가진다. 원칙적인 문제 설정 때문에 공간의 형이상학적 구명이나 초월적 구명은 특정한 기하학에 속박되어 있지 않다. 《순수이성비판》은 "유클리드 기하학이냐 아니면 비유클리드 기하학이냐" 하는 최근에 출현한 대안들에 대해서 중립적이다.

칸트에 대한 비중 있는 반론에 따르면 기하학은 종합적 학문이라기보다는 오히려 분석적 학문이다. 이미 언급했듯이(4.4 참조) 이런 반론에 대해 모든 기하학은 공간에 대한 학문이기 때문에 공간성을 전제로 한다는 반론이 가능하다. 그러나 형이상학적 구명이 보여준 대로 공간성은 외적 직관의 순수한 형식이다. 그것은 경험에서 유래하거나 순전히 개념들(정의들)에서만 유래하지 않으므로 선험적·종합적 성격을 가진다. 결론적으로 우리가 기하학을 순수하게 분석적으로(공리적으로) 설립한다 해도 그것의 궁극적 전체(letzte Voraussetzung), 즉 공간성에서 고찰한다면 기하학 역시 선험적·종합적 인식으로 여길 수 있다. 물론 기하학이 순수하게 분석적으로 성립되었다는 것에 대해서는 수학자들 사이에 논쟁이 되고 있다.(4.4 참조)

기하학은 외감의 순수한 직관형식, 공간성을 전제로 갖는 공간을 대상으로 탐구하기 때문에 경험적으로 내용이 있을 수 있으며 외적 대상에 대한 자연과학적 이론의 토대를 제공할 수 있다. 그러나 초월적 감성론은 공간성만을 정초할 뿐 특정한 공간표상을 근거짓지 않기 때문에 유클리드 기하학을 비유클리드 기하학보다 특별히 취급할 수 없으며 특정한 수학적 기하학을 물리학 이론의 토대로 설명할 수도 없다. 따라서 우리는 다음의 세 단계를 구분해야 한다. (1) 초월적 공간성, (2) 수학적 공간 그리고 (3) 물리적 공간. 뒤따라 오는 단계들은 각각 선행하는 단계에서 연역될 수는 없어도 선행하는 단계에 의존한다. 수학적 기하학의 진술들은 초월철학적으로 근거지을 수 없다. 물리학적 이론의 기하학적 틀은 수학적 인식뿐만 아니라 덧붙여서 경험적 인식에 의존한다. "고전적(뉴턴적) 시간공간론이냐 상대주의적(아인슈타인적) 시간공간론이냐"라는 선택지에서 양자 간의 결정은 초월적 이성비판에 속하지 않는다.

지금까지 간략하게 묘사한 칸트의 초월적 감성론에 대한 비판적 기술은 네 가지 귀결을 가진다. 첫째, 보편적 공간직관의 선험적·종합적 성격에서 기하학의 특정한 공간에 관한 공리가 선험적·종합적이라는 결론이 나오지는 않는다. 수학적 기하학의 명제들이 비분석적 전제, 초월적 공간성에 결부되어 있다고 빈약하게 이해해 그런 명제들을 선험적·종합적이라고 주장할 수 있지만, 이런 전제는 특정한 기하학적 논증에서 전제의 의미를 갖는 것이라기보다는 오히려 그것은 모든 임의의 기하학에 대해 초월적 전제이다. 따라서 이런 전제는 엄밀한 과학론적 의미에서 기하학적 공간과 공리를 선험적·종합적이라고 설명하기에는 불충분한 논변이다. 둘째, 순수한(수학적) 기하학은 칸트에 비해서 대단히 제한된 의미에서만 인식의 성격을 가진다. 순수 기하학은 경험 가능한 현실성의 구조를 확정하지 않는다. 그것은 오히려 수학적으로 가능한 한 더 많은 기하학을 제공한다. 이런 기하학들 아래서 물리학은 경험의 척도에 의거해 자립적으로 취사선택된다. 셋째, 초월적 감성론은 형이상학적 구명이나 초월적 구명 어느 것에서도 시간에 대한 수학과 물리학의 관점에 속박되어 있지 않다. 넷째, 순수한 직관형식에서 기하학과 물리학의 초월적 정초는 학문적 토대 논쟁에서 직접 목소리를 내지 않는다. 공리적 수학이냐 구성적 수학이냐에 대한 결정 그리고 상대주의적 물리학의 옹호나 반대는 이성비판을 몰락시킬 수 없다. 수학이나 기하학의 변화에도 초월적 이론은 불변적이다.

5.4 공간과 시간의 경험적 실재성과 초월적 관념성

공간과 시간의 본질은 근대 형이상학에서 격렬하게 논쟁이 되고 있다.(공간에 대해서는 Heimsoeth, I 93~124 참조) 공간과 시간은 객관적이고 실재적인 무엇인가? 아니면 단지 주관적이고 관념적인 것(버클리)인가? 실재적이라 할지라도 그것들이 실체(데카르트)를 표현하는

가? 혹은 신적 실체의 속성(스피노자)을 표현하는가? 혹은 차라리 유한한 실체들의 관계(라이프니츠)를 표현하는가? 이런 다양한 이론들은 난제에 봉착한다. 칸트는 이것을 새로운 해결 방식으로 극복하려고 한다. 공간과 시간은 이제까지 알려진 실재와는 전혀 다른 무엇이다. 그것들은 우리(인간)의 외적 직관작용(Anschauen)과 내적 상태의 선험적 형식이다.

경험적 인식은 외적 감각과 내적 감각 없이 가능하지 않기 때문에 그리고 외적·내적 감각은 공간과 시간 없이 가능하지 않기 때문에 순수한 직관형식은 "경험적 실재성"을 가진다.(B 44와 B 52 참조) 공간을 모든 대상과 더불어 상상물로 간주한(B 274) 영국의 철학자이자 신학자인 버클리(Berkeley, 1684~1753)의 "독단적 관념론"에서와 달리, 칸트에서는 공간과 시간이 객관적 타당성을 가진다. 그것들 없이는 외적 직관과 내적 직관이 생길 수 없기 때문에 객관적 인식이 생길 수 없다. 그러나 이러한 사실로부터 공간과 시간이 그 자체로 존재하며 실체, 속성, 관계의 형식으로 존재한다는 결론이 나오지는 않는다. 반대로 공간과 시간은 우리에게 대상이 현상할 수 있는 유일한 조건이다. 칸트는 공간과 시간은 "초월적 관념성"(B 44와 B 52)을 가진다고 말한다. 이 이론으로 칸트는 공간을 무한하고 일양적인 신의 감관(Sensorium Dei)으로 본 뉴턴의 생각을 배척한다. 이렇게 함으로써 그는 뉴턴의 물리학을 정밀과학의 모범으로 인정하지만, 숙고 없이 그것의 철학적 전제를 받아들이지는 않는다.

6. 개념의 분석론

6.1 초월적 논리학의 이념

개념의 분석론은 사고(Denken, 그리스어로 logos)에 관한 새로운 이론, 즉 초월적 논리학(transzendentale Logik)의 첫 번째 부분을 이루고 있다. 베이컨에서 데카르트를 거쳐 라이프니츠와 람베르트에 이르기까지 근대철학은 새로운 논리학을 요구해왔다. 그러나 이러한 요구는 단지 구상에 그쳤을 뿐이다. 실제로, 학문적으로 완성된 논리학은 칸트 이전에는 형식논리학뿐이었다. 형식논리학은 모든 내용을 사상한 채 형식에 근거해서만 사고를 고찰한다. 형식논리학의 표현방식은 개념변수들(A, B, C …)과 논리적 기호들(∨, ∧, ㄱ …)로 표현되는 형식적 언어다. 이런 방식은 이미 아리스토텔레스도 부분적으로 도입했다. 형식논리학은 이를테면 (아리스토텔레스의 이항 관계논리처럼 논리계산으로서) 전제인 두 명제 또는 명제의 두 부분에서 제3의 부분, 즉 결론이 도출되는 조건들에 대해서 탐구한다. 예를 들어 "가사성(Sterblichkeit)(A)이 모든(a) 사람(B)의 속성이고, 그리고(∧) 사람임이 모든 아테네인(C)의 속성이라면 필연적으로(→) 가사성은 모든 아테네인의 속성이다."(A a B∧ B a C → A a C) 현대의 형식논리학은 논리적 법칙의 영역과 논리계산을 훨씬 넘어서 확장한다. 그럼에도 그것은 "인식의 모든 내용, 다시 말해 인식이 대상에 대해 갖는 모든 관계"(B 79)를 도외시하고 오로지 타당성의 관점에서만 개념들의 연관성과 진술들(또는 판단들, 명제들)의 연관성을 고찰한다.

칸트의 초월적 논리학은 내용에 관해서도 사고의 학문을 전개하기 때문에 형식논리학 외에 질료적이면서도 선험적으로 타당한 논리학을 설정한다. 특히 초월적 논리학은 사고의 공허한 개념보다는 오히려 사고의 개념이 현실적인 대상에 관계한다는 것이 어떻게 가능한지를 고찰한다. 그러므로 초월적 논리학은 구체적 내용을 잡다하게 충족시키는 일에 종사하지 않는다. 그런 탐구는 다양한 개별과학의 과제이다. 초월적 논리학은 "무엇으로 인해 인간 사고의 대상 관련성 일반이 가능한가?"라는 원칙적인 물음을 던진다. 초월적 논리학은 경험인식의 원천, 범위 그리고 한계를 고찰한다.

칸트는 고전 논리학의 구분법을 좇아 자신의 새로운 논리학을 구분한다. 그는 먼저 초월적 논리학을 분석적으로 전개하고 나서 변증적으로 전개한다. 초월적 논리학의 첫 번째 부분, '초월적 분석론'은 '진리의 논리학'(B 87)이다. '초월적 논리학'의 두 부분, 즉 '개념의 분석론'과 '원칙의 분석론'에서 초월적 논리학은 직관형식인 공간·시간과 더불어 대상 관련성, 이를테면 객관적 인식의 진리를 가능케 하는 주관적·선험적 전제들을 분석을 통해서 풀어 보인다. 초월적 논리학의 두 번째 부분은 '초월적 변증론'을 형성한다. 이것은 더 상세히 다뤄질 것이다.(8장 참조) '가상의 논리학'으로서 초월적 변증론은 어떻게 이성이 가능한 경험의 영역을 넘자마자 불가피하게 모순에 빠져드는지를 보여준다.

6.2 경험적 개념과 순수한 개념(범주)

직관은 우리에게 아직 구조적으로 짜맞춰지지 않은 감각의 다양을 전해준다. 직관은 공간과 시간 속에 펼쳐져 있는 시각적·청각적·미각적·후각적·촉각적 감각 인상들을 제공한다. 구조적으로 짜 맞춰지지 않은 감각들에서부터 객관적 대상, 예컨대 모든 사람에게 동일한 방식으로 현존하는 대상이며, 우리가 다른 사람과 이야기를 나눌 수 있는 대상인 의자를 구성하기 위해서는 규칙이 필요하다. 이 규칙은 의자의 개념이다. 이 개념에 준거해서 감각들이 감각 다발의 통일로 총괄되고, 이 통일은 규정된 형식과 구조로 간주한다. 의자의 개념은 어떤 무엇이 의자이고 책상이나 책이 아니기 위해서 어떠한 모습을 갖추어야 하는지(wie etwas aussehen muß)를 지시해준다. 수용적 으로 획득된 직관의 질료는 개념을 통해서 대상으로 통일되고 구조 적으로 형성된다. 개념은 종합(결합)과 규정을 동시에 실행한다.

종합과 규정의 규칙들은 감각에서 유래하지 않고, 감각들의 단순 한 조합을 통해서 얻어지지도 않는다. 종합과 규정의 규칙들은 지성 의 자발성에서 비롯한다. 지성의 자발성은 직관적으로 주어진 것을 개념적으로 파악하기 위해 규칙을 '생각해낸다'. 그리고 지성의 자발 성은 지성이 사고한 것이 주어진 것의 해석으로서 확증되는지를 지켜 본다. 사고는 이미 구조 지어져 있는 현재의 세계를 추후에 다루는 것이 아니다. 사고가 없으면 전체적 연관이 결여된 무규정적인 무엇, 산란한 감각들만이 있을 뿐 현실성의 통일과 규정은 없다. 그러므로 사고가 없으면 결코 어떤 세계도 존재하지 않는다. 다른 한편으로 사 고는 현실성과 직접 교제하지 않는다. 사고는 반성적(diskursiv)이며 직관적이지 않다. 즉 개념을 매개로 하고 무매개적으로 직관하지 않 는다.

개념은 규칙이므로 원칙적으로 보편적인 것을 의미한다. 의자라 는 경험적 개념 역시 우리의 책상 앞에 있는 그 의자라는 개별자를 부각하는 것이 아니라 그것이 어떤 형태를 띠고 있고 어떤 재료로 만들어졌든 간에 그런 종류의 모든 앉는 도구를 나타낸다. 그런데 경험적 개념은 내용에서 경험에 근거를 두고 있고, 지성을 통한 비교, 반성, 추상에 의해 보편성의 형식을 얻는다. 그에 반해 순수한 지성개념, 가령 인과성의 개념은 내용상으로도 지성에서 유래한다.(《논리학》 §3) 칸트는 오로지 이런 개념들을 통해서만 주어진 직관의 통일과 규정이 가능하다고 주장한다. 칸트는 순수한 지성개념은 그것 이상의 보편적 개념이 없기 때문에 아리스토텔레스를 좇아 그것을 '범주'라 한다.

〈범주론〉(4장)에서 아리스토텔레스는 10개의 범주(실체, 분량, 성질, 관계, 장소, 시간, 상태, 소유, 능동, 피동)를 제시한다. 칸트는 아리스토텔레스의 업적을 존중하지만, 그가 원칙 없이 "요행에 의지해" 범주를 찾으려 했으며, 그래서 그가 제시한 10개의 범주에는 감성의 순수한 양태들(Modi)도 있고, 심지어 감성의 경험적 양태도 하나 있고, 파생 개념들도 있으며, 몇 개의 순수한 개념들을 그냥 간과하기도 했다(B 107)고 아리스토텔레스를 비난한다. 이러한 비판은 아리스토텔레스를 칸트 자신이 탐구한 것과 같은 것, 이를테면 순수한 지성개념의 표를 탐구한 것으로 취급한 데서 비롯한다. 실제로 아리스토텔레스는 이런 일에 거의 관심이 없었다. 예컨대 소크라테스는 개별 대상에서 출발해서 우리가 만들 수 있는 의미 있는 진술들의 형식으로는 어떤 것들이 있을 수 있는지를 묻는다. 이를테면 "그는 사람이다", "그는 몇 살이다", "그는 학식이 있다", "그는 플라톤보다 늙었다" 등 의미 있는 진술이 가질 수 있는 형식들을 묻는다. 범주들은 서로 다른 것으로 환원될 수 없으며, 더 큰 혹은 더 상위의 종류로 환원될 수 없는 진술상의 최상의 종류들이다. 아리스토텔레스는 관찰 가능한 언어관계에서 추상을 통해 범주를 얻어낸다.

순수한 직관형식을 탐구한 것은 칸트가 처음이었지만, 지성의 토대개념들(Fundamentalbegriffe)에 대한 탐구는 17, 18세기 철학적 논의의 과제였다. 《순수이성비판》은 이러한 상황에서 만들어졌다. 이미 로크와 흄이 단순 관념들, 즉 궁극적인 요소 개념들을 탐구했다. 그들은 경험주의적인 기본 관점 때문에 그런 개념들을 순수한 지성으로 소급하지 못했다. 반면 데카르트와 라이프니츠는 순수한 지성개념들의 체계, 즉 단순 관념들(데카르트) 내지는 "인간 사고의 알파벳"(라이프니츠)으로 말미암아 우리가 사물 그 자체를 인식할 수 있다고 믿었다. 이러한 논쟁에서 칸트의 발견은 경험론이나 이성론과는 다른 편에 위치한다.

칸트는 경험에서 비롯되지 않으면서도 경험을 비로소 가능케 하는 근원적인 형식들을 직관에서뿐만 아니라 사고에서도 증명해 보임으로써 경험론을 비판한다. 직관에 주어진 감각 인상들의 다양이 객관적이며, 보편적이고, 필연적으로 통일되는 곳에서는 언제나 범주에 따른 통일이 관계된다. 왜냐하면 범주 없이는 객관적 인식이 가능하지 않기 때문이다. 그러나 여기서 이성론이 옳다는 결론이 나오지 않는다. 왜냐하면 범주는 공간과 시간 속에서 제공되는 감각 인상들의 총괄(Zusammenfassung)에 매여 있기 때문이다. 이런 감각 인상 없이는 총괄될 수 있는 것이 전혀 존재하지 않으므로 경험의 한계 저편의 인식은 배제된다.

개념의 분석론은 주관의 선험적 선(先)실행을 근거로 했을 때 비로소 객관적 대상들이 구성될 수 있다는 초월적 감성론의 통찰을 강화한다. 순수한 직관형식과 마찬가지로 범주는 인식하는 주관에 뿌리박고 있을 뿐 대상에 뿌리박고 있지 않기 때문에 인간에게는 물자체로의 접근이 원칙적으로 유예되어 있다. 그렇다고 해서 칸트가 완고한 편견처럼 참된 현실성은 '마야의 베일'에 가려져 일상적으로 생멸하는 것에 감추어져 있으며 철학자만이 사물의 본질을 가리고 있는 가면을 벗길 수 있다고 말하지 않는다. 오히려 그는 인간의 모든 인식은 주관적이며 선험적인 계기에 얽매여 있으므로 현상적 성격을 가진다고 말한다. 주관이 모든 경험과 독립해 자기 자신으로부터 인식을 위해 기부하는 것들, 즉 순수한 직관형식들과 순수한 개념들은 모두 진리를 베일에 가리지 않는다. 정반대로 그것들이 진리를 비로소 가능케 한다. 물론 이것은 그 자체로 존재하는 대로가 아니라 우리에게 나타나는 대로의 대상들과 사태들에 대한 진리다. 유물론처럼 물질 역시 사물 자체라고 주장할 수는 없다. 가장 엄밀한 자연과학조차 현상의 영역에서 변함없이 유지된다.

순수한 직관형식은 수학적 직관이나 경험적 직관과 나란히 있는 것이 아니라 오히려 수학적 직관과 경험적 직관을 가능케 하는 조건이다. 마찬가지로 범주들은 경험적 개념들과 나란히 배열되지 않으며, 경험적 개념의 객관적 사용을 위해서 언제나 미리 전제된다. 범주는 주관 속에 근원적으로 놓인 조건이며, 이 조건들 없이는 주어진 직관의 개념적 통일이 가능하지 않다. 이것이 개념 분석론의 증명목표다. 개념 분석론은 초월적 감성론과 마찬가지로 서로 토대가 되는 두 단계를 거쳐 증명목표를 달성한다. 여기서도 마찬가지로 추상 과정, 즉 인식의 다른 모든 요소에서 사고의 요소를 고립시키는 일이 선행된다. 이어서 첫 번째 단계인 형이상학적 연역은 어떻게 우리가 순수한 지성개념들을 발견하는지 그리고 순수한 지성개념들이 어디에 근거하는지를 밝힌다. 두 번째 단계인 초월적 연역은 비록 범주들은 지성의 순수한 자발성에서 유래하기에 주관적이기는 하지만, 그럼에도 그것들이 어떻게 모든 대상구성에서 불가피하고 객관적으로 타당한지를 증명해 보인다.

6.3 범주의 형이상학적 연역

칸트는 아리스토텔레스처럼 마구잡이로 그리고 "단순한 우연"(*Briefe* 65/42)에 의존해 범주들을 모으려 하지 않는다. 그는 "공통적인 원리에서 체계적으로" 범주를 이끌어낸다.(B 106) 그러한 원리를 그는 판단형식들에서 발견한다. 범주는 각각 판단형식들에 대응한다. 판단형식들의 완전한 목록은 형식논리학이 제공한다. 따라서 형식논리학의 판단표에 "모든 순수한 지성개념을 발견하는 실마리"가 있으며, 범주의 형이상학적 연역이라는 제목이 붙은 이유가 여기에 있다. 칸트가 조금 뒤얽힌 방식으로 처리한 이 연역은 세부적으로 네 단계로 재구성될 수 있다.

첫 단계로 지성이 무엇을 통해서 자신의 특수한 과제를 완수하는지가 밝혀져야 한다. 연관되어 있지 않은 다양에 관해서 지성이 수행해야 할 결합(통일, 종합)은 판단작용에서 발생한다. 언어적인 기본 모형은 주술문자, 가령 "모든 물체는 가분적이다"(B 93)라는 식의 문장을 형성한다. 이러한 판단에는 상이한 표상들이 결합해 있다. 여기서는 주어 '물체'와 술어 '가분적'이 하나의 특정한 통일로, 즉 모든 물체의 가분성으로 결합해 있다. 지금까지 단지 사고하는 능력으로만 여겨졌던 지성은 결합을 수행하기 때문에 '판단하는 능력'으로도 표상될 수 있다. 그리고 모든 개념은 가능한 판단의 술어다.(B 94)

경험을 위해 순수한 지성개념이 구성적이어야 한다면 경험에 의존하지 않으면서도 경험을 위해 불가결한 결합(판단)이 있어야 한다. 우리는 이러한 결합을 개념의 모든 내용을 사상하고 판단해서 개념결합의 형식에만 주목함으로써 발견할 수 있다. 개념의 결합이 판단에서 발생하기 때문에 개념결합의 형식은 판단의 형식 외에 다른 것이 아니다. 모든 경험에 독립해 있으면서도 가능한 경험에 관계하는 결합은——이것은 형이상학적 연역의 두 번째 단계인데——내용과 관계없이 판단의 형식들에 놓여 있다. 판단은 지성에 의존하므로 모든 내용, 즉 경험적 내용을 사상한 판단의 순수한 형식은 순수 지성의 업적이다. 따라서 순수 지성개념들, 즉 범주들은 바로 판단의 형식들에 대응한다. 이로써 칸트는 범주들을 상세히 열거하기 전에 이미 형이상학적 연역의 본질적인 증명목표를 달성했다. 이를테면 그는 판단형식들의 도움으로 범주가 어떻게 발견되는지를 보여주었다.

칸트는 체계적 관심에 따라서 모든 범주의 완전한 목록, 즉 범주표를 얻으려고 하는데, 그러기 위해서 그는 모든 판단형식의 완전한 목록, 이른바 판단표를 찾는다. 칸트는 판단표를 형식논리학에서 빌려 온다. 이것이 형이상학적 연역의 세 번째 단계다. 왜냐하면 판단표는 모든 내용에 상관없이 판단의 형식만을 고찰하기 때문이다. 칸트는 판단(결합)의 형식에는 반드시 네 가지 관점(부류)이 있으며, 각각의 관점 아래 반드시 세 개씩의 판단형식이 있어 모두 합해서 12개의 판단형식이 있다는 견해를 갖고 있다. 어떤 판단도 판단의 네 가지 부류들 각각에서 세 가지 가능성 중의 하나에 속한다. 따라서 모든 판단은 형식상 네 가지 측면에서 규정될 수 있다.

판단의 형식을 구분하는 첫 번째 관점은 분량(Quantität), 즉 인식의 크기이다. 이로써 전칭판단, 특칭판단, 단칭판단이 구분된다. 두 번째 관점인 성질(Qualität), 즉 인식의 가치에 따라서 긍정판단, 부정판단 그리고 칸트에 의해서 새로 도입된 무한판단(제한판단, 즉 제한하는 판단)이 구분된다. 무한판단(예컨대 "영혼은 불사적이다")은 형식논리학에서는 긍정판단에 속한다. 그렇지만 초월논리학에서 무한판단은 독특한 무리를 이룬다고 칸트는 말한다. 왜냐하면 주어(여기서는 '영혼')는 술어(여기서는 '가멸성')가 부인되는 사물들의 무한한 양의 부분을 형성한다. 여기서는 술어(가멸성)가 부인된다고 해서 주어(영혼)의 개념이 "조금이라도 늘거나 긍정적으로 규정되는"(B 98) 일이 없다.

세 번째 관점인 관계(Relation), 즉 인식의 관계에 따라서 보면 정언판단("~은 ~이다"), 가언판단("만일 ~라면, 그러면~") 그리고 선언판단("~이거나 또는 ~")이 있다. 네 번째 관점인 양상(Modalität)은 칸트에게서는 "완전히 독특한 기능"을 가진다. 왜냐하면 칸트에게서 양상은 인식의 내용과는 전혀 관계하지 않으며, 사고 일반과의 관계에서 계사('ist') 가치에만 관여하기 때문이다. (B 99 이하, 이런 특징적 구분은 로크의 《인간 지성론》 IV권 1장에서 그 전례가 발견된다.) 양상판단에 따라서 보면, 예를 들어 물체의 가분성 같은 주장된 사태가 현실적인 것으로('실연적으로'), 가능한 것으로('개연적으로') 혹은 필연적인 것으로('필증적으로') 여겨진다.

칸트에 대한 논의가 시작된 이래 형이상학적 연역 원리로서의 판단표는 줄곧 비판의 대상이 되어 왔다. 범주표는 피히테와 헤겔의 사변적 비판에서 거론되듯이 진정으로 정초되지 않은 것으로 여겨지거나 논리학의 역사적인 상황에 의존하는 것으로 혹은 칸트가 사용한 언어의 구조, 적어도 독일어가 속한 인도게르만어라는 언어유형에 의존하는 것으로 여겨왔다. 실제로 칸트는 기성의 판단표를 제시한다. 그는 기성의 판단표를 설명하기는 해도 그 이상으로 근거짓지 않으며 본질적으로 그 당시의 형식논리학을 빌려 쓴다. 그러므로 우연에 대한 비난은 정당하다. 물론 이런 비난이 전체 연역의 자격을 박탈하지 않으며, 단지 연역의 네 번째 단계의 자격만을 박탈한다. 하지만 형이상학적 연역의 본질적인 증명목표는 이미 두 번째 단계로 달성되었다. 더 나아가서 우리는 판단표가 역사적으로 제한된 언어구조에 의존해 있다는 주장에 대해 모든 기성의 언어들이 논리적 형식들의 완전한 체계를 지시하는 것은 아니지만, 기성의 언어들이 서로 모순되는 상이한 논리들을 포함할 수는 없다고 반론을 제기할 수 있다. 물론 이런 논변은 여전히 논쟁거리다. 끝으로 칸트를 체계적으로 재구성하려는 시도가 있다.(Bröcker, 42~48, Reich 참조) 이런 시도에 따르면 칸트의 판단표, 즉 범주표는 아마도 오류가 없지는 않지만 흔히 생각하는 것보다 더욱 튼튼하게 기초 지어져 있다고 한다. 그러나 이러한 시도 역시 모든 반론을 무력화시킬 수는 없다. (현대 논리학, 예컨대 Strawson, 74~82의 관점에서 비판되는 반론 등은 무마할 수 없다.)

형이상학적 연역의 네 번째 단계에서 칸트는 각각의 판단형식을 상응히는 범주에 병렬시킨다. 일견 이러한 병렬은 단순하고 분명한 것으로 보이지만, 자세히 살펴보면 몇 가지 난점을 발견할 수 있다. 예를 들어 원인과 결과의 관계는 가언적으로("비가 내리면 거리가 젖는다") 표현될 뿐만 아니라, 정언적으로도("비는 거리를 젖게 한다") 표현될 수 있는데, 왜 인과관계가 가언판단에 대응하는가? 그러나 이에 대한 대답은 비교적 단순하다. 인과관계에서는 최소한 두 가지 사건이 서로 결합하기 때문이다. 더욱 까다로운 의문은 "왜 전칭판단이 단일성의 범주와 병렬되고, 단칭판단이 전체성의 범주와 병렬되는가?" 하는 것이다.

판단표	범주표
(B 95에 의거)	(B 106에 의거)

1. 분 량

전칭판단	단일성
특칭판단	다양성
단칭판단	전체성

2. 성 질

긍정판단	실재성
부정판단	부정성
무한판단	제한성

3. 관 계

정언판단	속성과 자존성(실체와 우유성)
가언판단	인과성과 의존성(원인과 결과)
선언판단	상호성(작용자와 수동자 사이의 상호작용)

4. 양 상

개연판단	가능성과 불가능성
실연판단	현존성과 비존재성
필연판단	필연성과 우연성

범주표에 따르면 세 개의 범주로 이뤄진 범주군 네 쌍이 있으므로 서로 명확하게 한계가 구분되고, 특정한 질서에 따라 성립되는 순수 지성의 근간 개념(stammbegriffe)이 열두 개 있다. 개별 범주들은 본질적으로 전통적인 존재론에서 발견되므로 비판 이전 시기의 철학의 한 부분이기도 하다. 가령 볼프와 바움가르텐이 제시한 형이상학의 토대 개념들은 중요하다. 칸트의 고유한 업적은 범주들을 판단표에서 근거지었던 데 있으며, 이것과 결부해 그 당시 통용되었던 훨씬 광범위한 근본 개념들의 현 재고를 분명히 한 데 있다. 이 철학자는 순수한 지성의 근간개념을 순수하지만 파생적인 모든 개념에서 구분한다. 칸트에 따르면 예를 들어 인과성의 개념에서 힘, 작용, 수동 따위의 개념들이 파생될 수 있다. 더 나아가 칸트는 직관, 즉 초월적 감성론에 속하거나 이념, 즉 무제약자의 영역에 속하거나 초월적 변증론에 속하는 것들을 모두 제외한다.

적어도 실재성(Realität)의 범주에 대해서는 간단한 해명이 있어야 할 것이다. 이런 해명은 《순수이성비판》의 존재론적 신 존재 증명에서 중요할 것이다. 첫 번째 성질 범주는 두 번째의 양상 범주와 일치하지 않는다. 칸트는 실재성을 실제적인 현존(das wirkliche Dasein), 즉 양상으로 이해하지 않고, 말 그대로 긍정판단에 상응해 실질적인 것(realität), 물성(Sachheit) 혹은 사태의 사태성(Sachhaltigkeit), 즉 사태의 긍정적 속성으로 이해한다.

6.4 범주의 초월적 연역

과 제

초월적 연역은 형이상학적 연역과 마찬가지로 형식논리학적 정초를 의미하지 않는다. 다시 말해 초월적 연역은 어떤 진술, 즉 결론을 다른 전제에서 도출하는 것이 아니다. 초월적 논리학은 형식적 추론의 규칙을 침해하지 않고 "선험적 개념", 범주가 "대상에 관계할 수 있는 방식"(B 117)을 설명한다. 초월적 연역은 범주를 그 원천에 소급(역행적 분석)함으로써 범주 없이는 어떠한 대상이나 어떠한 경험도 가능하지 않기 때문에 경험 가운데 범주의 적용이 정당하다는 것을 증명한다.(B 116 이하 참조)

어째서 범주가 대상들을 위해 불가결한지를 이해하는 데는 두 가지 가능성이 존재한다. 즉 범주가 대상에 의존해 있든지 아니면 대상이 범주에 의존해 있든지. 그런데 경험의 모든 대상은 후험적이지만, 범주는 개념상 선험적으로 타당하다. 그러므로 대상들의 범주적 토대는 범주의 원천이 경험–심리적 연역의 틀 속에서 "경험과 경험에 대한 반성"(B 117) 가운데서 탐구되는 한 불가능하다. 경험은 기껏해야 어떤 "기연"으로 해서 범주가 지성에 의해 만들어지는지를 보여줄 뿐이다. 그리고 칸트는 저 "유명한 로크"가 감각 인상들에서 범주의 "생리학적 연역"을 시도할 때 순수한 지성개념의 방법적 의미는 놓쳤지만, 어떤 기회에 지성이 순수한 인식을 소유하게 되는지를 보여주었다고 인정한다.(B 118 이하)

범주는 경험에서 근거지을 수 없으므로 코페르니쿠스적 전환이 인도되는 다른 가능성만이 남아 있다. 이미 순수한 직관형식이 그랬듯이 범주 또한 주관의 선험적 작업, 즉 순수한 사고에서 유래한다. 형이상학적 연역이 순수한 지성개념들을 내보이고, 초월적 연역은 인식을 위해 순수 지성개념들이 불가결함을 보여준다. 순수한 사고 형식인 범주들은 철학자의 상상 속에서만 존재하는 순수한 사고물이 아니다. 그것들은 모든 대상성의 필연적 초석을 이룬다. 범주는 (초월적·)존재론적 의미를 갖는다. 그러므로 사고의 방식(modi cogitandi)이 존재의 방식(modi essendi)으로서 모습을 드러낸다.

칸트는 그에 대해 범주가 구성적인 것으로 여겨지는 경험을 모든 경험판단(empirische Urteile), 즉 넓은 의미의 경험으로 이해하지 않고 이것의 한 부분집합, 즉 다른 부분집합인 지각판단과 명확히 구분되는 좁은 의미의 경험으로 이해한다. 단순한 지각판단, 예컨대 "내가 어떤 물체를 들면 나는 무게의 압력을 느낀다"(B 142)는 판단은 범주를 전혀 포함하고 있지 않으며, 두 가지 지각(A : 나는 물체를 든다, B : 나는 무게의 압력을 느낀다) 사이의 논리적 결합(만일 A라면 B이다)을 포함할 뿐이다. 주어(물체)와 술어(무겁다)의 이런 결합은 사고 법칙에 따라 형성되는 것이라기보다는 연상의 경험적 법칙(흄의 '심리적 습관')에 따라 형성된다. 이런 결합은 사실적일 뿐 근거지은 것이 아니며, 한낱 우연히 이뤄질 뿐 필연적으로 이뤄지지 않는다. 지각판단이 아무리 반복되더라도 대상 자체 속에서 근거지은 필연성, 즉 객관적 필연성에는 이르지 못한다. 지각판단은 기껏해야 상대적 필연성을 가질 뿐 절대적 필연성은 갖지 못한다. 지각판단은 주관의 경험적인 조건들에 의존해 있기 때문에 단지 주관적으로, 즉 개인적으로 타당할 뿐이다. 이와 반대로 경험판단("물체는 무게가 있다")은 주어인 물체와 술어인 무게를 범주를 통해 결합한다. 무게는 물체라는 사물(실체)의 속성(우유성)으로 보인다. "물체는 무게가 있다"는 진술에서 주장된 관계, 즉 물체의 무게는 주관적인 의견으로 여겨지기보다는 객관적인 지식으로서 여겨진다. 그것은 엄밀한 의미에서 필연적(필증적)이고 보편적이며, 명백히 타당한 것으로 인정된다. 지각판단의 경험판단으로의 '변환'은 범주의 도움으로 가능하다. 그리하여 플라톤과 아리스토텔레스가 억견(doxa)과 구분해 인식(episteme)이라고 했으며, 칸트가 엄밀한 의미에서 '경험'이라고 부른 그런 객관적 인식을 가능케 하는 순수한 사고 형식들이 존재한다.

칸트는 범주의 초월적 연역으로 새로우면서도 매우 어려운 하나의 이론적 부분을 기획한다. 그는 각고의 노력 끝에 그에 대한 이론적 부분을 어느 정도 만족할 만하게 서술하는 데 성공했다. 초월적 변증론의 오류추리론 부분을 빼놓고는 범주의 초월적 연역은 그가 재판에서 완전히 다시 고쳐 쓴 부분이다. 우리는 새로운 판본이 증명의 지도이념(Leitidee)을 담고 있을 뿐만 아니라 증명의 근본 요소들을 포함하고 있다는 점을 인정한다. 하지만 새로운 판본 역시 근본적인 생각을 단계적으로 전개하고, 논변의 분화를 추적하고, 비근한 오해들과 반론들을 검토하는 것을 허용하는 탁월한 명확성은 여전히 결여하고 있다. 재판에서는 아직도 과제의 내적인 다양성으로 말미암아 본래 다뤄질 자리에 앞서서 먼저 장식용으로 제시되고, 그 자리를 지나서 뒤에 가서 다시 밝혀놓는 식의 반복으로 인해서 해석가들에게 고도의 해석기술을 요구할 만큼 사고가 뒤엉켜 있고 뒤틀려 있으며, 특히 사고들이 반복되어 있다. 하이데거(1965, §31) 같은 중요한 철학자들과 칸트 전문가들은 초판의 연역을 우위에 두었다. 여기서와 같은《순수이성비판》의 근본 사상의 입문은 초판과 재판을 비교하는 부담을 질 필요가 없다. 칸트 자신이 중요한 변화가 필요하다고 인정한 재판에 근거해《순수이성비판》의 사상으로 들어갈 것이다.

초월적 연역은 선행하는 예비적 숙고에 뒤이어 칸트가 구분한 두 개의 증명 단계(B 144 이하와 B 159 참조)를 따른다면 우리는 곧 첫 번째 구조적 특성을 보게 된다. 칸트는 §13과 §14에서 앞으로 논변 과정이 취해야 할 방향을 보여준다. 다시 말해서 범주의 원천이 대상에서 찾아질 수 없고 주관에서 찾아져야 한다는 것을 보여준다. 칸트는 첫 번째 증명단계(§§15~20)에서 규정성을 위해 범주를 필요로 하는 초월적 자기의식에 모든 통일설립의 원천(der Ursprung aller Einheitsstiftung)이 놓여 있다는 사실을 근거짓는다. 첫 번째 증명단계가 범주의 영향이 미치는 범위를 증명하는 데 반해—범주 없이는 객관적 인식이 없다—두 번째 증명 단계(§§22~27)는 세 가지 반론들을 검토해 범주 적용의 한계를 증명한다. 즉 범주의 인식적 가치는 가능한 경험의 대상들에 제한된다는 것을 주장한다.(§22 표 참고) 첫 번째 단계는 "위에서(von oben)", 즉 지성과 지성의 결합하는 활동성에서, 두 번째 단계는 "아래에서(von unten)", 즉 경험적 직관과 그것의 통일로부터 인도됨으로써 칸트의 증명 과정은 복합적이다. 칸트는 초월적 연역의 어느 곳에서도 개별 범주들의 내용을 다루지 않는다. 그러므로 이에 대한 피히테의 비판은 정당하다.(《지식학》 제2서문 6) 그런데 칸트가 증명하려고 하는 유일한 목표는 범주 일반의 객관적 타당성이다.

첫 번째 증명 단계: 모든 종합의 원천으로서 초월적 자기의식

초월적 연역의 첫 번째 증명단계는 두 개의 하위 단계로 나뉜다. 칸트는 표상들의 모든 다양성은 초월적 자기의식을 통해서만 통일에 도달한다(§§15~17)는 증명으로 시작하며, 그리고 나서 통일에 필연적 규정성을 주는 범주들이 있다(§§18~19)는 것을 밝힌다. 칸트는 두 부분으로 나뉜 논변 과정을 더 명확하게 밝히는 총괄과 설명으로 끝을 맺는다.(§§20~21)

첫 번째 하위 단계 모든 인식은 표상들(직관들 혹은 개념들)의 다양을 통일로 결합하는 데서 성립한다. 감관은 수용적이기 때문에 결합은——칸트는 이것을 '종합'이라고도 부른다——감관을 통해서는 결코 일어날 수 없다. 따라서 결합은 감성적 직관의 순수 형식에 신세를 지고 있지 않다. 통일을 설립하는 결합은 객관에서 유래하기보다는 주관에서 유래하며, (1) 감성과 다른 인식 원천에서 유래하고, (2) 수용적이 아니라 자발적이다. 결합은 모든 종합을 수행하는(vollbringen) 지성 활동의 자발성이다.(B 130) 이것이 첫 번째 중간 결과다.

칸트는 여기서 추구된 모든 종합의 원천 혹은 최상 원리를 종합의 모든 형식의 바탕에 공통으로 놓인 지성 활동으로 이해한다. 우리는 결합의 다양한 형식들을 사상하고 결합 자체의 근본적 활동을 부각함으로써 그러한 지성 활동을 발견한다. 이로써 칸트는 첫 번째 증명단계의 본질적 목표에 도달한다. 다시 말해 모든 종합의 원천은 근원적 결합에 놓여 있다. 즉 그 자체로 그 이상의 결합에 의존하지 않으며, (경험적이든 범주적이든) 모든 규정된 결합에 선행하는 통일설립적 결합에 놓여 있다.

근원적 통일(die ursprüngliche Einheit)은 통일의 모든 다양한 형식들에 선행하기에 단일성의 범주와 같을 수 없다. 근원적 통일은 더 상위의 통일단계를 가리킨다. 이미 범주가 선험적 방식으로 통일을 설립하고 있으므로 근원적 통일은 범주적 통일조차 거기서 유래하는 모든 통일의 원천으로 이해하는 것이 더욱 타당하다. 모든 통일의 원천으로서, 또한 통일설립 없이는 어떠한 인식도 가능하지 않기 때문에 모든 인식의 원천으로서 근원적 종합은 단지 선험적으로 타당할 뿐 아니라 의식의 초월적 통일의 지위를 가진다. 초월적 통일로서 근원적 종합은 표상들의 다양을 구체적으로 총괄하는 일을 하지 않는다. 이런 일은 경험적 개념이나 순수한 개념을 통해서 일어난다. 근원적 종합은 모든 경험적 총괄과 범주적 총괄을 가능케 하는 전제다.

이해하는 데 많은 어려움이 있음에도 근원적 종합 또는 초월적 종합은 단지 습관화된 것에서 캐낼 수 있는 비밀이 아니다. 근원적 종합은 다름 아니라 인식이 되기 위해서는 직관의 모든 다양이 결합해야 한다는 것, 나아가 결합은 직관에서 먼저 주어지는 것이 아니라 사고에 의해서 실행되어야 한다는 것 그리고 끝으로 사고의 실행은 범주보다 더 상위의 결합을 근거로 했을 때 비로소 가능하다는 것을 의미한다. 자세히 설명하면, 결합의 첫 번째 단계에서 직관적 질료는 개념의 통일, 예컨대 물체, 무게 따위의 개념에 의한 통일을 경험한다. 두 번째 단계에서 개념은 범주에 의해서 판단의 통일로 결합된다("물체는 무게가 있다"). 세 번째 단계에서 범주를 통해서 설립된 통일 바로 그것의 바탕에 공통적인 통일(Gemeinsamkeit und Einheit), 즉 통각(Apperzeption) 혹은 독일말로 자기의식(Selbstbewußtsein)의 초월적 통일이 놓여 있음을 보여준다.

대상에 대한 인식은 초월적 통각 내지는 초월적 자기의식에 따라서 가능한 자아연관(Selbstbezug)과 불가분적 통일을 형성한다. 모든 의식에는 대상뿐만 아니라 대상에 대한 의식을 스스로 의식하는 가능성도 속해 있다. 모든 의식이 가능한 자기의식을 포함하고 있다는 것을 칸트는 §16 첫머리에서 다음과 같은 유명한 말로 표현하고 있다. "나의 모든 표상에는 '나는 생각한다'는 표상이 수반될 수 있어야 한다. 왜냐하면 그렇지 않으면 전혀 생각될 수 없는 것이 내 안에서 표상될 것이기 때문이다. 그런데 전혀 생각될 수 없다는 것은 표상이 불가능하다거나, 혹은 적어도 내게는 그런 표상이 없다는 것과 같은 말이다."(B 131 이하)

'나는 생각한다'는 더는 소급될 수 없는 표상이다. 이것은 내용적 변화를 수반하는 어떤 표상작용에서도 항상 동일하다. 칸트는 '나는 생각한다'는 환원 불가능한 표상을 '통각의 근원적 · 종합적 통일'이라 한다.(§16) 감성적 직관의 다양성과 개념의 다양성 그리고 범주의 다양성조차 이 조건에 필연적으로 종속한다. 우리는 이미 초월적 감성론에서 모든 직관이 가능하기 위한 최상의 원칙을 보았다. 즉 감성에 관해서 직관의 모든 다양은 공간과 시간의 형식적 조건에 종속한다. 이제 지성과 관련해 두 번째 최상 원칙을 덧붙인다. 즉 직관의 모든 다양은 통각의 근원적 · 종합적 통일의 조건들에 종속한다.(B 136)

초월적 자기의식 없이는 어떠한 결합도 가능하지 않고, 결합 없이는 무규정적인 직관의 다양이 대상의 통일과 규정을 보유하지 못하기에 근원적 · 종합적 통일은 모든 인식의 객관적 조건이다. 초월적 통일은 대상이 가능하기 위한 조건이므로 객관적 통일이라고도 불린다. 그것은 "내감의 규정에 불과한 의식의 주관적 통일과 구별되어야 한다."(B 139)

근대의 사고를 관통하고 있는 것은 인식을 설립하는 자아의 사상이다. 칸트에게서 이런 사상은 이성주의 형이상학이나 경험주의 형이상학이 아니라 초월적 이성비판과 연관되어 있다. 초월적 이성비판을 통해서 인식의 원리이자 대상성의 원리로서 주관의 쇠퇴할 수 없는 권위가 근본적으로 정초 되고 포괄적이면서 방법적으로 확실한 의미를 얻는다. 비록 초월적 통각이 모든 인식작용의 바탕에 놓여 있다고 할지라도 그것은 데카르트에서와는 달리 (사고하는) 실체(res cogitans)가 아니다. 칸트는 실체론적인 오해를 미리 방지하기 위해서 자아에 관해서 이야기하지 않고 '나는 생각한다'에 대해서 이야기하며 그리고 이 '나는 생각한다'는 이성의 이념(8장 참조)과 유사한 것으로 인식되지 않고 단지 사고될 뿐이다. (상세한 데카르트 비판은 초월적 변증론의 오류추리론 장에서 논의된다. 8.2.1 참조)

칸트가 '나는 생각한다'에 대해 그것이 나의 모든 표상에 수반될 수 있어야 한다고 말할 때, 그가 표현하려는 것은 표상들이 나의 표상인 것은 표상된 내용에 의해서가 아니라 내가 그것을 표상하기 때문에, 즉 내가 그것을 의식할 수 있기 때문에 그 표상들이 나의 표상이라는 단순하면서도 근본적인 상황이다. 물론 '나'는 경험적·심리적으로 이해되어서는 안 된다. '나는 생각한다'가 나의 모든 표상을 수반할 수 있어야 한다고 지적함으로써 칸트는 초월적 통각이라는 실상에 필연성을 부여한다. 이것은 모든 경험적·심리적 해석이 잘못된 것임을 폭로한다. 초월적 통각의 '나'는 특정 개인의 사적인 자아가 아니다. 개인적 자아는 특정한 시간에 그 세계에 살고 있는 경험적 자아에 속하지만, 초월적인 '나는 생각한다'는 모든 경험에 앞서는 방법적 위치를 가지며 어떠한 판단이든 판단에서 정립되는 통일의 원천을 형성한다. 초월적 통각은 의식 일반의 주체이기 때문에 모든 의식과 자기의식에서 하나이면서 같다.

두 번째 하위 단계 첫 번째 증명단계 가운데 첫 번째 부분은 다양

결합의 원천으로서 초월적 자기의식을 논증한다. 그렇지만 이 부분은 범주와의 관련성을 배후에 남겨둔다. 두 번째 부분은 초월적 자기의식을 객관적 통일로 규정하는 데서 꽃을 피우고, 주어진 직관의 다양이 범주에 필연적으로 종속한다는 주장에서 정점에 이른다.(§19와 연관하여 §20)

범주를 근거짓는 데 칸트는 모든 판단의 논리적 형식, 여기서는 주어와 술어를 판단의 통일로 결합하는 계사 'ist'로 되돌아와 시작한다. 여기서 계사는 결합의 형식을 특징짓고, 그것은 다양한 경험적 개념과 순수한 개념을 통해서 실행되는 모든 규정을 도외시한다. 계사는 통각의 객관적·필연적 통일을 가리킨다. (칸트의 논변이 암시하는 바가 이것이다.) 판단("물체는 무게가 있다")이 내용적으로 볼 때 경험적이고 우연적일지라도 주어와 술어의 결합은 사상 자체에 근거해 있는 것으로 주장되고, 이런 의미에서 객관적이고 필연적인 것으로 주장된다. 그러나 형이상학적 연역을 통해서 이미 알고 있는 일이지만, 결합 범주의 도움으로만 초월적 자기의식의 통일에 이른다. 이로써 범주는 모든 객관성을 가능케 하는 조건임이 증명된다. 그래서 많은 개별적 물음들을 무시하면 초월적 연역의 증명목표가 원칙적으로 도달된 것으로 간주할 수 있다. 형이상학적 연역에서는 순수한 지성개념이라고는 하나 아마도 사고물일 뿐인 범주가 이제는 객관적으로 타당한 것으로 증명된다. 주관적이지만 순수한 사고는 객관적 대상성의 필연적 초석이다. 주관성과 객관성은 같은 원천을 가진다. 그것은 다름 아닌 결합의 순수한 형식, 즉 범주에서 실행되는 초월적 자기의식이다. 칸트는 주관성과 객관성의 통일에 의해서 주관적 사고(res cogtans)와 공간 시간적 대상들의 세계(res extensae)를 엄밀히 대조시킨 데카르트의 이원론을 극복한다. 그러나 칸트의 논변에도 이런 이원론은 일상적인 사고와 비학문적 사고에서는 여전히 끈질기게 남아 있다.

부설: 초월적 논변

'초월적 논변(Transzendental Argument)'이라는 이름 아래에서 우리는 스트로슨 이후 분석철학에서 칸트의 초월적 반성을 완화된 형식으로 재생시키는 명민한 시도들을 보게 된다.(Bubner-Cramer-Wiehl, Bieri-Horstmann-Krüger 참조) 이러한 시도들에서 간과해서는 안 될 것은 초월자(das Transzendentale)가 개념의 분석론 속의 초월적 연역에 의해서만 규정되는 것이 아니라는 점이다. 더욱이 칸트에게 '초월적(transzendental)'은 일차적으로 논변 또는 논변유형을 의미하지 않으며, 결코 특정한 방법을 의미하지도 않는다. 칸트는 비판적 방법이라고는 해도 초월적 방법이라고는 말하지 않는다. 학으로서의 형이상학에 대한 물음과 관련해 성립하며, 그것 없이는 객관적 대상과 객관적 인식이 가능한 것으로 생각할 수 없는 필연적 조건들을 고찰하는 연구 프로그램이 초월적이다. 더 정확히 말해서, 비판적·초월적이다. 칸트가 그랬듯이 이 연구 프로그램은 경험의 대상에 대한 전향적인(progressiv) 분석과 점증하는 풍부한 분석을 통해서만 완수될 수 있다. 그래서 우리는 범주의 초월적 연역에 대한 여러 가지 과대평가들에 맞서 형이상학적 연역의 적잖이 큰 의미를 잊지 말아야 한다. 나아가 초월적 감성론과 원칙의 분석론을 잊지 말아야 하고 초월적 변증론도 기억해야 한다.

초월적 연구 프로그램과 개별적인 초월적 주장들을 위한 기준은 가능한 경험이다.(B 811 참조) 또한 초월적 통각 없이는 경험이 불가능한 것으로 나타난다면, 다시 말해 경험을 가능케 하기 위한 어떤 대안도 있지 않다면 초월적 통각은 증명된 것으로 간주할 수 있다. 따라서 분석적으로 칸트에 접근할 경우 무대안성은 초월적 논변의 특징이다. 물론 여기서 초월적인 것의 특수성은 발견되지 않는다. 엄밀한 의미의 학문에 대한 고전적인 이상에 근거해 보면 필연적인 지식은 어느 것이나 무대안적이다. 그래서 정확히 표현하면 무대안성은 초월적 논변에 대해서 논의되는 것이라기보다는 오히려 일반적으로 엄밀하게 필연적인 지식의 이념에 대해서 논의되는 것이다. 물론 칸트는 이러한 이념을 고집하고 있기에 사실적 무대안성이 아니라 원리적 무대안성을 생각하고 있다. 원리적 무대안성에 따르면, 단지 지금까지 제안된 대안들이 아니라 생각할 수 있는 범위 내에서 모든 대안이 배제된다. 그러나 분석철학자들에 따르면, 이런 주장은 단지 초월적 통각에 대해서만이 아니라 원칙적으로 너무 높게 상정되어 있다.

반면 부브너(Bubner)는 원리적 무대안성을 자아연관성(Selbstbezüglichkeit) 논변으로 방어할 수 있다고 본다. 왜냐하면 경험의 다양성과 관계없이 모든 주관은 자기의식의 통일을 자기 자신 속에서 먼저 발견한다. 그렇지만 우리는 "자기 자신 속에서 먼저 발견한다(in sich vorfinden)"는 말이 무슨 뜻인지를 부브너에게 물어봐야 한다. 그것은 경험적 사실을 의미할 수는 없을 것이다. 왜냐하면 경험적 사실은 객관적 통일이라기보다는 칸트가 명백히 거부하고 있는 주관적 통일일 것이기 때문이다. 부브너는 오히려 "의심이나 이의 제기는 주관의 표상들, 즉 자기의식의 요소이므로 자기의식의 통일을 의심하거나 이의를 제기하는 사람은 이것의 정당성을 사실을 통해서 입증하는 것이다"라는 식의 논변을 생각하고 있는가? 이렇게 해석될 경우 부브너의 논변은 데카르트의 회의 논변(나는 의심한다. 고로 나는 생각한다. 따라서 나는 존재한다)과 유사성을 지니고 있는데, 이런 논변에 대한 비판은 이미 제기되어 있다. 게다가 이것이 굳이 특별히 칸트적일 필요는 없다.

부브너의 자아연관의 이념에서는 초월적 반성의 두 계기 가운데 하나가 간과되어 있고, 최소한 충분하지 않은 것이 분명하다. 자기의식의 통일 없이는 결코 경험이 가능하지 않지만, 그럼에도 이 통일은 선험적으로 타당할 경우에 한해서만 초월적 지위를 가진다. 칸트는 자기의식의 통일을 범주의 원천이라고 주장함으로써 이러한 증명을 해낸다. 이미 범주가 경험에 의존해 있지 않다면 범주의 원천은 더욱 더 경험에 의존해 있어서는 안 된다.

두 번째 증명단계:가능한 경험의 범주를 제한함

초월적 연역의 첫 번째 증명단계는 우선 모든 감성적 직관은 인식되기 위해 통일설립적 사고를 필요로 한다는 것을 증명하고, 둘째로 통일설립의 최후 근거는 초월적인 '나는 생각한다'에 있다는 것을 증명하고, 셋째로 초월적인 '나는 생각한다'는 범주의 상세한 규정 없이는 알려지지 않는다는 것을 보여준다. 따라서 범주는 객관적 대상, 즉 객관적 인식의 구성을 위해 불가결하다. 칸트의 표현대로 간단히 말하면, 범주는 객관적으로 타당하다. 반면 범주의 객관적 타당성을 증명하는 것이 초월적 연역의 증명목표였다. 그래서 왜 칸트는 여기서 범주의 구명을 마무리하지 않는지 의문이 제기된다.

처음 읽는 사람은 첫 번째 증명단계에서 이미 칸트가 연역을 실제로 마무리 지었다고 믿을 수도 있다. 다시 말해서 §22~27은 몇 가지 설명이 부가된 것일 뿐 새로운 것이 없는 것 같다. 그리고 §26이 보여주는 결론은 §20과 일치한다. 다른 한편으로 연역의 두 번째 부분은 첫 번째 부분에 대한 단순한 주석 이상을 제시하고 있으며, 새로운 것을 담고 있다. 그런데 새로운 것은 어디에 있는가? 헨리히(D. Henrich, 1973)에 따르면 초월적 연역의 증명 구조에 관한 150년 이상 지속해온 논쟁은 먼저 "이미 통일을 포함하고 있는" 저 감성적 직관에 대해, 그리고 나서 모든 감성적 직관에 대해 범주의 필연성을 표명하는 두 번째 단계의 논변을 갖다 댐으로써 해소될 수 있다. 브루이에(R. Brouiller)와 바그너(H. Wagner)는 이런 재구성을 비판한다. 바그너에 따르면 첫 번째 증명단계는 감성적 직관의 통일이 범주에 의존한다는 것을 의미하지만, 두 번째 증명단계는 범주에 종속하지 않는 어떠한 감성적 직관도 있지 않다는 것을 의미한다. 그는 단지 이론 형성뿐만 아니라 이론의 '기초', 즉 지각이 이미 보편적인 범주 기능에 의존해 있다고 한다. 그러나 이에 대해서 칸트는 지각과 경험을 엄격하게 구분했으며 지각판단을 경험판단으로 만드는 것에 대해 바로 범주라는 반론을 제기한다.

§20의 표제어에 따라 "모든 감성적 직관은 직관의 다양을 비로소 의식에 결합할 수 있도록 하는 조건인 범주에 종속한다"면 대상과 대상인식을 위한 범주의 불가결성과 보편성을 첫 번째 증명단계가 이미 명시하고 있다. 그리고 두 번째 증명단계는 다만 범주는 객관적 현실성의 건립(Aufbau der objektiven Wirklichkeit) 외에 다른 어떤 것에도 사용될 수 없다는 것을 보여준다. 이러한 해석에 따르면 범주의 초월적 연역은 이성비판에서 두 부분의 과제를 맡고 있다. 첫 번째 부분은 범주의 세력범위를 명시하는 것이고, 두 번째 부분은 범주의 한계

를 명시하는 것이다. 첫 번째 단계는 모든 인식이 범주의 도움으로만 가능하다는 것을 증명하며, 두 번째 단계는 범주적 인식은 가능한 경험의 영역을 넘어서지 않는다는 것을 증명한다. 가능한 경험의 대상들 저편에서는 범주의 사용이 전혀 없다.(B 147 이하)

칸트는 두 번째 증명단계에서 가능한 세 가지 반론을 분석한다. 첫 번째 가장 중요한 반론은 순수 수학에 의해 제기된다.(§22) 순수 수학은 선험적 학문일 뿐 전혀 경험적 인식이 아니다. 따라서 칸트가 이의를 제기하려고 하는 바로 그것, 즉 모든 가능한 경험 저편의 대상에 대해 범주적으로 파악된 지식이다. 한 가지 점에서 칸트는 수학에서도 범주가 사용된다는 것을 인정한다. 기하학은 공간의 순수 직관을 통해서 가능한 것이 아니라 기하학적 개념의 다양이 범주에 의해서 결합함으로써 비로소 가능하다. (모든 삼각형의 내각의 합은 180°라는 유클리드 기하학의 명제는 분량상으로는 보편적, 성질상으로는 긍정적, 관계상으로는 정언적 그리고 양상상으로는 필연적으로 타당하다. 따라서 단일성, 실재성, 실체성, 필연성의 범주에 의존한다.) 칸트가 수학을 범주적으로 파악할 가능성을 단지 부차적으로만 언급한다(B 147)는 사실은 이 점이 연역의 첫 번째 증명단계에서 이미 원리적으로 밝혀졌다는 것을 입증한다. 이제 문제는 가능한 경험 밖에서 범주의 적용이 있다는 피상적인 귀결뿐이다.

수학은 직관의 질료가 아니라 형식만을 고찰하기 때문에 우리는 수학을 통해서 "형식상으로만 대상에 대한 선험적 인식"(같은 곳)을 얻는다. 경험적 감각이라는 질료가 없으면 현실세계에 대한 인식이 없다. 수학은 그 자체로는 형식적 지식만을 의미한다. 수학의 형식에서 직관돼야 하는 사물이 있을 수 있는지, 또한 객관적 현실성, 즉 자연 혹은 그 일부가 수학적으로 파악될 수 있는지 등을 수학 스스로 결정할 수 없다. 그러나 칸트에게 인식은 언제나 객관적 현실성에 대한 인식을 의미하므로 자연이 수학적으로 파악될 수 있는 것이 아니라면 수학 그 자체는 인식이 아니라는 결론이 나온다. 칸트는 수학의 독자성과 고유가치를 격하시키기보다는 수학 단독으로는 현실성에 대해서 아무런 언급도 하지 않는다고 확정한다. 칸트가 밝히려는 것처럼(7.3 참조) 현실성은 그 자체로 양적, 즉 수학적으로 파악될 수 있기 때문에 다음과 같이 전제를 제한하는 것이 적절하다. 수학은 경험적 인식의 형식을 제공한다. 따라서 경험적 인식은 수학에 의존하며, 범주는 수학의 경우에도 가능한 경험의 대상에 대한 것 말고는 다른 어떤 인식 가치를 갖지 않는다.

범주의 제한된 세력범위에 대해서 제기할 수 있는 두 번째 반론(§23)은 우리가 비감성적 직관의 대상을 인정할 수 있고, 그것에 대해서 전적으로 진술들을 해낼 수 있다는 것이다. 이 진술들은 감성적 직관에 속하는 어떤 것도 비감성적 직관의 대상에 귀속하지 않는다는 전제에 이미 포함되어 있다. 이런 방식으로는 오로지 부정적 규정들만 가능하다. 가령 '그 대상은 연장적이지 않다', '시간적으로 지속성을 갖지 않는다' 등. 그러나 전적으로 부정적인 규정들은 대상에 대한 "본래적 인식"에 이르지 못한다. 게다가 범주는 감성적 직관의 질료 없이는 공허한 것에 지나지 않는 순수한 사고형식들이므로 범주 중의 단 하나도 적용될 수 없다.

세 번째 반론(§25)에 따르면 초월적 자기의식은 모든 사고의 전제로서 직관과 관계없이 타당한 자기인식을 포함한다. 그러나 자기인식의 경우에도 모든 인식의 제한된 세력범위와 현상적 성격이 적용된다. 왜냐하면 초월적 자기의식은 단지 '내가 있다'는 자기의식(Selbstbewußtsein, daß ich bin)일 뿐 '나는 무엇'이라는 자기인식(Selbsterkenntnis, was ich bin)이 아니기 때문이다. 자기인식은 직관과 범주적 결합 없이는 가능하지 않다. ('모호한 §26'에서, 두 번째 반론과 세 번째 반론 사이에서 칸트는 초월적 본성을 갖는 두 종류의 종합을 도입한다. 이것에 의해 첫 번째 증명단계는 다른 방식으로 두 번째 증명단계를 통해서 마무리된다.)

칸트는 초월적 연역의 결론에서 다음과 같은 결과를 이끌어낸다. 경험은 결합한 지각을 통한 인식이다. 결합 가능성의 조건, 즉 경험의 조건은 범주들이다.(B 161) 범주가 없으면 감각 인상들의 다양함에서 객관적 현실성(objektive Wirklichkeit), 즉 자연(Natur)이 성립하지 않는다. 다시 말해서 법칙 아래에서 현상들의 연관이 이뤄지지 않는다. 바꿔 말하면, 범주는 "자연에 법칙"(B 159)을 규정한다. 그리고 이것은 경험적 자연법칙은 아니지만, 모든 경험적 자연법칙의 선험적 전제를 형성한다.

7. 원칙의 분석론

객관적 대상과 경험의 가능성, 즉 선험적 종합판단의 가능성에 대한 칸트의 주도적 물음은 범주의 초월적 연역의 결론으로 완전히 대답이 된 것 같다. 왜냐하면 개념의 척도에 준거한 직관 다양의 결합이 종합판단을 가능하게 하며 순수 개념의 척도, 즉 범주에 준거한 결합은 선험적 종합판단을 가능하게 하기 때문이다. 이로써 진리의 논리학으로서 초월적 분석론이 명백히 마무리되었고, 경험에 관한 진술의 진리주장이 원칙적으로 밝혀졌다. 가상의 논리학으로서 초월적 변증론만은 실패한다. 여기에서는 범주의 모든 비합법적인 사용, 즉 모든 사변적 형이상학의 비합법적인 인식주장이 거부된다. 실제로 초월적 분석론은 개념의 분석론 다음에 제2권, '원칙의 분석론'을 포함한다. 여기서 칸트는 제3의 인식능력, 즉 규칙들(지성개념들) 아래 포함하는 능력인 판단력을 고찰한다. 포섭의 과제는 새로운 집단의 표상들, 즉 도식들(Schemata)을 통해서 가능하게 된다. 도식은 상상력의 산물(B 179 이하)이고 감성과 지성 사이를 매개한다. 원칙의 분석론 첫 번째 부분에서 칸트는 순수 지성개념의 도식들을 해명하고, 두 번째 부분에서 도식의 조건 아래에서 순수한 지성개념들에서 도출되는 종합적 판단들을 해명한다. 이것이 순수지성의 원칙들이다.(B 175)

분석론의 2권을 이해하는 데는 커다란 어려움이 따른다. 많은 칸트 해석가들은 선험적 종합판단의 가능성에 대한 주도적 물음을 이미 개념의 분석론에서 대답 된 것으로 간주하기 때문에 직관과 사고의 매개를 위해 도식을 근거짓는 것을 쓸데없는 일로 여기고(Prichard, 141 이하 ; Smith, 334~342 ; Warnock) 게다가 모호하고 혼동된 것으로 여긴다. (이미 야코비와 쇼펜하우어가 그랬고, 최근엔 월시가 그랬다. Walsh 1957, 95) 그럼에도 칸트 스스로 중요하고 전적으로 불가결하다고 설명한(Prol. §34 참조) 도식론이 의미가 있어야 한다면 우리는 칸트의 프로그램에 포함된 불일치성을 인정하지 않을 수 없다. (그렇게 보인다.) 직관에서 주어진, 개념적으로 무규정적인 다양과 그것을 규정하는 지성개념은 이제 더는 초월적 반성을 통해서만 서로 구분되는 두 가지 비자립적 인식요소가 아니다. 그것들은 상대적으로 독립된 두 가지 인식요소이며, 그것들을 매개하기 위해 제3의 요소가 필요하다.

그러나 이 경우에 지성개념은 초월적 감성론과 초월적 분석론에 따라 그것에 부여된 과제, 말하자면 직관의 다양을 결합해 규정된 통일에 이름으로써 질료를 형식화하는 과제를 수행할 수 없다. 왜냐하면 이 프로그램은 제3의 요소를 필요로 하는 것이 아니라 오히려 양자의 상호작용을 통해서만 선험적 인식의 가능성을 설명하는 서로 맞물려 있는 두 요소를 전제하기 때문이다.

대부분의 비판가들이 그렇게 하듯이, 이러한 반론들도 도식론에 그쳐서는 안 된다. 왜냐하면 도식들이 쓸데없는 것이라면 도식들의 조건 아래에서 귀결되는 선험적 종합판단들, 즉 순수 지성의 원칙들 역시 마찬가지일 것이다. 거꾸로 원칙들을 《순수이성비판》에서 의미 있는 이론으로 보는 사람은 우선 도식론의 의미를 확보하지 않으면 안 된다.

다른 해석에 따르면, 도식론 장은 범주의 적용이라는 새롭고 중요한 과제를 다루는데, 이 과제는 범주의 초월적 연역에서 그 이상의 작업이 불필요한 정도로 잘 해결되었다.(Paton, II 17 이하) 또 다른 해석에 따르면, 도식론은 절대적 관념론으로 인도될 때만 겨우 의미를 가진다.(Daval, 295) 그러나 이런 귀결은 《순수이성비판》의 근본 관점에 모순된다. 간단히 말해서, 우리가 원칙의 분석론이 어떤 의미를 갖는다고 제안하든 궁지에 빠질 것이다.

7.1 도식론

칸트에게는 순수 지성개념의 도식들이 문제이지만, 도식의 근본 이념은 이미 경험적 개념의 예에서 이해할 수 있다. 우리는 더 나아가서 다음과 같이 주장할 수 있다. 직관과 개념 사이에는 원칙적으로 매개적 표상이 필요하므로 모든 개념이 도식을 사용한다면 순수개념을 위해서도 매개자, 즉 초월적 도식이 있을 수 있다.

경험적 개념은 주어진 감각 인상의 다양에 통일과 규정을 주는 규칙이다. 도식론 장에서 칸트는 "규정을 준다(Bestimmung geben)" 대신에 감성적으로 주어진 것을 개념 아래로 "포섭(Subsumtion)" 내지는 감성적으로 주어진 것에 개념의 "적용(Anwendung)"에 대해서 이야기한다.(B 176 등) 그런데 포섭과 적용에 대한 언급은 오해되기도 한다. 왜냐하면 포섭과 적용이라는 말 때문에 프리차드(Prichard)와 워녹(Warnock) 같은 해석가들은 직관과 개념의 관계를 특수자와 보편자 혹은 하위 집합과 상위 집합의 관계로 잘못 이해하기 때문이다. 그러나 진짜로 문제가 되는 것은 무규정적 질료와 그것을 규정하는 형식과의 관계이다. 그래서 칸트가 든 예(B 176)에서 본다면, 접시는 원의 하위 집합이라기보다는 오히려 원이라는 척도에 따라서 형성된, 가령 자기, 세라믹, 주석 따위의 물질(Material)이기 때문에 그것들은 둥근 모양을 하고 있는 것이다.

개념은 다름 아니라 감성적으로 주어진 질료의 형식이고 감성적으로 주어진 것은 다름 아니라 규정(Bestimmtheit)을 확립하는 형식에 대한 질료이다. 따라서 직관과 개념은 상호 조화를 이루고 하나의 전체를 구성하므로 제3의 요소, 즉 도식론 장을 불필요한 것으로 여길 수 있을 것 같다. 하지만 자세히 살펴보면 제3의 요소가 실제로 필요하다는 정반대의 사실을 볼 수 있다. 왜냐하면 개념들은 직관이라는 재료에 대한 가능한 형식들일 뿐이기 때문이다. 현실성을 파악해야 하는 인식에서는 자유로운 환상 속에서 표류하지 않는 것과 그 속에서 그 어떤 개념들을 끌어들이지 않는 것이 중요하다. 오히려 우리는 적절한 개념들, 즉 현존하는 질료에 적합한 개념을 사용해야 한다. 말하자면 '이것은 의자이다', '저것은 책상이다', '책장이다' 혹은 '침대이다' 등. 도식을 사용하는 판단력은 개념을 올바로 사용하는 능력에 핵심이 있다.

판단력은 여기에 현존하는 직관의 다양이 지성에 의해서 만들어진 규칙 아래 종속하는지 않는지를 판정하는 능력이다. 그런 범위 내에서 판단력은 두 가지 다른 능력, 즉 감성과 지성 사이를 필연적으로 매개하는 독특한 인식능력을 나타낸다. 판단력은 질료를 부가하거나 형식을 부과하지 않지만, 그것은 직관의 질료를 적합한 개념과 함께 모으고 이 질료를 다른 개념이 아니라 바로 이 개념 아래 속하는 무엇이라고 확인함으로써 사용된 개념이 현존하는 사태에 실제로 적합한지를 살핀다. 이것은 의자이지 책상이나 책장 혹은 침대가 아니다. 판단력은 개념을 주어진 경우에 알맞게 적용할 수 있게 하는 것이다.

경험적인 영역에서의 판단력은, 예를 들자면 의사로 하여금 그가 학교에서 배운 의학적 규칙들을 구체적 사례에 적용해 환자가 어떤 병에 걸렸는지를 판정하고 현재의 사례에 적합한 진단을 내려서 그것이 그에게 어떤 효과가 있을지를 고려하는, 즉 사례에 적합한 치료법을 도입하는 자격을 갖게 한다. 의사에게는 의학적 규칙에 대한 지식 외에 환자의 변화하는 현재 상태에 따라 그때그때 적합한 규칙을 적용하는 능력이 필요하기 때문에 좋은 의학도가 곧 좋은 의사는 아니다. 기술자, 교사, 변호사 혹은 기사(技士)의 경우도 마찬가지다. 개념의 '소유'와 개념을 사례에 맞게 적용하는 능력은——워녹(80)이 칸트에 대항해 주장했던 것처럼——같은 것이 아니다. 개념을 소유하더라도 아직 온갖 다양성을 갖는 구체적인 삶의 현실성을 이미 알고 있는 개념과 규칙의 척도에 따라서 사례에 맞게 구조화하는 능력은 결여되어 있을 수 있다. 즉 판단능력(Urteilsvermögen)이 결여되어 있을 수 있다.(*Gemeinspruch* VIII 275f.)

자신의 과제를 성취해 개념을 그때그때 주어지는 직관적 재료와 사례에 맞게 끌어댈 수 있기 위해서 판단력은 직관의 성격과 개념의 성격을 동시에 지니고 있는 표상이 필요하다. 칸트는 그것을 도식(Schema, 그리스어로는 '형식', '형태')이라 부른다. 그것을 통해서 직관은 개념화되고 개념은 직관화된다. 그렇지만 우리는 도식, 가령 개의 도식을 형상(Bild)과 혼동해서는 안 된다. 왜냐하면 개념이 보편적이기 때문에 도식도 보편적이지만, 형상은 개별적 형태의 모양(Anblick)을 주기 때문이다. 형상은 가령 어떤 친구의 알프스산 개인 베르너를 나타내기는 하지만, 모든 알프스산 개에 대해서 그리고 더 나아가서 다른 모든 종류의 개에 대해서 순종이건, 잡종이건, 변종이건 간에 동등하게 들어맞는 것이 아니며, 정원에 있는 털복숭이와 이웃집에서 짖어대는 것을 모두 마찬가지로 개라고 주장할 수 있게 하는 그런 것도 아니다. 도식에서 표상되는 것은 개별적인 것의 경험적 모양이나 개별적인 것에서 유리된 보편자의 개념이 아니라, "형상을 만들어내는 규칙의 '색인'"이다.(Heidegger 1965, 92, B 179 이하 참조)

그런데 경험적 개념에 대해서뿐만 아니라 대수학과 기하학의 순수 감성적 개념에 대해서도 도식이 있다. 칸트는 이미 로크와 버클리에서 논의된 삼각형을 예로 든다.(B 180) 우리는 삼각형에 대한 하나의 보편적인 직관을 갖고 있다. 그것은 정삼각형이나 비정형 삼각형이 아니고, 이등변삼각형, 등변삼각형 혹은 부등변삼각형도 아니다. 그것은 그림으로 표현된 삼각형이라고 하는 모든 형상에서 전제된다.

도식의 세 번째 집단은 순수한 지성개념들의 도식들이다. 그것들은 범주를 사례에 맞게 현상들에 적용하는 것을 가능케 하며, 그렇게 함으로써 범주에 대한 초월적 이론을 마무리 짓는다. 이런 이유 때문에 헨리히처럼 범주의 초월적 연역을 《순수이성비판》의 핵심 부분으로 보는 것은 옳지 않다. (1) 범주는 대상과 대상의 경험에서 불가결하다는 것, (2) 초월적 자기의식이 범주의 원천이라는 것, (3) 경험을 넘어선 인식은 불가능하다는 것의 증명과 같은 근본적인 과제가 초월적 연역에 내맡겨졌다는 해석은 옳다. 하지만 마찬가지로 초월적 감성론에서도 경험의 불가결한 요소와 만나게 되며, 주관적인 직관형식을 넘어선 인식은 불가능하다는 사실과 만나게 된다. 나아가서 우리는 형이상학적 연역의 실질적 의미를 간과해서는 안 되며, 초월적 도식 없이는 경험인식의 체계적 정초가 불완전한 채로 남아 있게 된다는 사실을 가볍게 보아서는 안 된다. 형이상학적 연역은 순수 지성개념, 즉 범주가 존재한다는 것을 보여주고, 초월적 연역은 범주 없이는 경험이 절대 가능하지 않다는 것을 보여준다. 도식론은 범주가 어떻게 사례들에 맞게 적용되는지를 보여준다. 우리가 도식론에서 발견하는 것은 범주의 초월적 연역을 반복하거나 보충하는 내용이 아니라, 원칙들과 결합해 초월적 분석론을 완결짓는 것이다. 도식론과 도식론의 기반 위에 세워진 순수지성의 모든 원칙체계에 의해 비로소 선험적 종합판단의 가능성에 대한 주도적 물음이 최종적으로 대답된다. 그런 점에서 하이데거는 도식론의 중요한 의미를 올바로 지적했으며 명석한 해석을 전개했다. 하이데거의 해석은 도식론의 사고 과정을 7개 세부 단계로 명확히 구분함으로써 끝을 맺는다.(Heidegger 1973, 108 이하) 최근에 앨리슨과 그람(4~5장)이 도식론의 특별한 중요성을 부각했다. 때때로 좀 독특하게 들릴지 모르지만, 우리가 상이한 이론적 부분들을 고유한 의미에서 인식함과 동시에 전체에 대한 불가결성에서 인식할 때에 비로소《순수이성비판》의 한 부분만을 과장하지 않고 그것의 프로그램과 구조를 적절히 이해했다고 하겠다.

경험적 개념의 도식이 개념적인 것(이성적인 것)의 영역과 마찬가지로 감성적인 것의 영역에도 속하는 표상이듯이, 순수한 개념의 도식도 순수한 개념이면서도 감성적인 표상이다. 초월적 도식은 순수한 직관적 개념 내지는 순수한 개념적 직관이다. 왜냐하면——세 단계의 정초작업에서 보이듯이——(1) 범주는 다양의 순수한 종합적 통일이며 (2) 이 통일은 외감이 아니라 내감에 의해서 실행되며 (3) 내감의 다양의 직관형식은 시간 가운데에 있기 때문이다. 그렇기 때문에 모든 경험에 앞서서 모양(Anblick)을 제공하는 것은 순수한 직관으로서의 시간이며, 초월적 도식은 초월적 시간규정에서 성립할 뿐 초월적 공간규정에서 성립하지 않는다. 초월적 시간규정이 선험적 규칙에 의존해 있는 한 그것은 대응하는 범주와 동종적이며, 시간성의 규정인 한에서 그것은 순수직관과 일치한다. 그래서 초월적 도식은 직관과 순수개념 사이에 요구되는 매개를 실행할 수 있다.

범주들을 구분하는 네 가지 관점에 따라 순수한 시간모양(der reine Zeitanblick)은 네 가지 가능성을 가진다. 분량과 관련해서 시간계열(Zeitreihe), 성질과 관련해서 시간내용(Zeitinhalt), 관계와 관련해서 시간순서(Zeitordnung), 양상과 관련해 시간총괄(Zeitinbegriff), 이렇게 네 가지로 가능하다. 칸트는 모든 범주에 대해서 그것들 각각에 속하는 도식들을 명명하지는 않는다. 그는 점점 더 모자라는 설명들로 몇 가지 예만을 제시한다.

칸트는 수에서 양(Größe)의 도식을 본다. 다시 말해서, 우리가 양의 범주를 시간의 직관형식에 관련시킴으로써 수개념(1, 2, 3, 4, …)은 만들어진다. 사람들은 이러한 주장에 반대해서 시간 속의 사건들처럼 계기적으로 이어지는 것을 셀 수 있을 뿐만 아니라 동시에 발생하는 것 혹은 범주들처럼 전혀 시간 속에 존재하지 않는 것도 셀 수 있다고 반론을 제기한다. 그렇지만 초월적 도식들이 시간성이라는 순수한 직관형식 위에서 세워진 것일 뿐 경험적 시간이나 시계로 잴 수 있는 시간 위에서 세워진 것이 아니라는 것을 고려한다면 이러한 반론은 해소된다. 그렇기 때문에 수를 헤아릴 경우 세어지는 것과 무관하게 수를 헤아림(Zählen)에 있어서 순수한 계기로서의 양이 직관 된다. 먼저 하나, 그다음에 또 하나, 이것은 먼저 하나와 결합해 둘을 이룬다. 그리고 나서 또 하나, 이것은 먼저 둘(하나 그리고 하나)과 합해서 셋이 된다. 이런 식으로 진행된다.

칸트의 초월적 도식론이 이성비판에 별 쓸모가 없는 괴이한 첨가물이 아니라 사태 자체에서 도출되는 것이라는 사실이 실체의 도식과 인과성의 도식에 대한 간단한 설명으로 입증된다. 우리가 경험적 사건들에서, 가령 거리가 젖었을 때 상태의 변화를 겪은 거리가 있다고 말할 수 있기 위해서는 젖은 상태와 마른 상태에서 동일한 주어, 바로 변화의 바탕에 놓여 있는 것(기체, 실체)으로서의 거리를 다시 인식할 수 있어야 한다. 변화의 바탕에 놓인 그것이 "부속되는 것"(속성)의 변천을 겪으며, 처음에는 말라 있었는데 나중에 젖게 되는 것이다. 재인식은 주어, 즉 거리가 시간 속에 지속한다는 것을 전제한다. 그렇기 때문에 실체의 도식은 바탕에 놓여 있음이 시간의 순수형상 속에 표상되는 한 "부수되는 것"에 대해 바탕에 놓여 있는 것의 표상이다. 이것은 지속(Bleiben)의 모양이다. 이 모양은 동시에 지속 중의 변화, 즉 속성의 형상(das Bild)을 제시한다. 변화하는 속성임에도 시간 가운데에서 실질적인 것(das Reale)의 지속성이 바로 실체의 도식이다.(B 183)

인과성의 범주를 직관의 다양에 적용할 수 있기 위해서 우리는 시간 중에 있는 사건들에 대해서 그것들이 계기적으로 발생한다고, 즉 다음에 거리가 젖는 것이 뒤따라 온다고 단순히 주장해서는 안 된다. 왜냐하면 흄이 지적했고 칸트가 동의했듯이, 단순한 사건의 연속이 원인-결과 관계를 정초하지 못하기 때문이다. 우리는 사건의 연속이 규칙에 따라 발생하기 때문에(가령 마른 것을 물이 젖게 한다) 사건의 연속이 주관적 감각에 의존해 있지 않고 사태 자체에 근거해 있다고 부수적으로 주장해야 한다. 따라서 칸트의 의견에 따라 인과성의 도식은 규칙 아래 종속하는 현상들의 계기라고 한다.

7.2 순수지성의 원칙들

도식론은 범주가 현상에 적용될 수 있기 위해서 복종해야 하는 직관적 조건들을 내보인다. "순수지성의 모든 원칙 체계"에 이어서 초월적 도식들의 조건들 아래에서 선험적으로 발생시키는 절대 최상의 판단들이 전개된다.(B 187) 원칙들은 현실성의 토대를 이루는 진술들이며, 이것들은 모든 경험에 앞서서 가능하다. 이 토대 진술들은 초월적 경험구성이론에서 최종 단계를 제시하며 이론이성비판의 정점을 이룬다.

원칙들은 철학사적인 관점에서뿐만 아니라 체계적인 측면에서도 커다란 의미를 갖는다. 왜냐하면 원칙들은 일상적인 지식에 대해서 그리고 개별과학들과 철학에 대해서 핵심적인 문제를 다루기 때문이다. 이를테면 실체의 지속성과 인과원리 같은 문제를 다룬다. 게다가 원칙들은 근대에 있었던 자연과학의 수학화와 같은 매우 중요한 사건을 다루고 있다. 근대의 수학화된 자연과학 하면 사람들은 가령 케플러의 행성운행 법칙과 갈릴레이의 낙하법칙 그리고 무엇보다 뉴턴의 이론역학의 체계를 생각할 것이다. 직관의 공리와 지각의 예취(Antizipation)에 따르면 자연과학자들은 우연히 수학에 호소하는 것이 아니라 필연적으로 수학에 호소하게 되어 있다. 왜냐하면 수학은 모든 객관적 자연인식의 불가결한 형식이기 때문이다. 더욱이 칸트는 "수학 외에는 모든 특수한 자연이론에서 그렇게 본래적으로 발견될 수 있는 학문이 없다"(MAN IV 470)고 주장한다. 이렇게 해서 칸트는 다음의 선택지를 종용한다. 즉 수학적 자연과학이거나 아니면 어떤 학문도 아니거나. 그에게는 (아직) 수학적이지 못한 자연탐구는 전혀 (엄밀한) 학문이 아니다.

수학 없이는 현실적인 학문(wirkliche Wissenschaft)이 존재하지 않는다는 칸트의 주장에 반해 우리는 아리스토텔레스와 그의 학파 이래로 현상의 풍부한 형태들을 탐구하는 생물학을 반례로 제시할 수 있었다. 예컨대 18세기에 뷔퐁(G. E. L. Buffon, 1707~1788)이라는 사람이 있었다. 그는 동물의 다양한 생활습관에 대해 연구하면서 질적인 서술을 하기 위해서 양화나 추상적 관계에 토대를 둔 자연탐구를 억제한다. 학문에서 수학의 필연성에 대한 칸트의 주장에 대항해 아마도 "기술의 개선행렬"이 거론될 수 있을 것이다. 기술의 개선행렬 속에서—수학적 자연과학들의 토대 위에서—자연 지배에 대한 인간의 관심은 제한 없이 삶을 향유한다. 벌써 오래전부터 그것은 더는 다행스러운 영향만을 가져오지는 않았다. 더 나아가 칸트 이후 역사학, 언어학, 사회학의 형상이 우리에게 칸트에 대한 회의적인 느낌을 갖게 한다. 다른 한편 이것들은 칸트의 "본래적 학문"의 규준, 즉 엄밀한 필연성을 충족시키지 못하고 있다. 게다가 이런 학문에서는 양적인 방법들을 도입하려는 시도가 끊임없이 계속되고 있다.(칸트의 학문적 영역의 확장에 대해서는 13.3 참조)

칸트의 "순수지성의 원칙들"은 초월적인 경험구성 이론의 최종 단계를 제시할 뿐만 아니라, 개별과학적 탐구를 철학적으로 정초하는 첫번째 기초원리들을 제시한다. "순수지성의 원칙들"은 《순수이성비판》의 분석적 부분의 결론을 형성할 뿐만 아니라 칸트가 《자연과학의 형이상학적 기초》에서 전개하고 있는 자연 형이상학의 시초도 형성한다. 그럼에도 원칙들은 수학과 자연과학의 특수한 원리들과 구분될 수 있다. 정초 단계를 더 깊이 고찰하면, 원칙들 자체가 개별과학적 원리들에 근본적인 구조를 부여한다. 원칙들은 자연의 특정한 사태를 규제하는 것이 아니라 자연으로서의 자연을 규제한다. 그러므로 원칙들은 자연 그 자체를 구성하는 원리들이라고 불린다. 칸트는 드러나 있든 드러나 있지 않든 모든 자연과학적 판단에는 원칙이 함께 진술된다고 주장한다. 철학적 원칙들에서 자연과학적 진술들과 근본 명제들이 직접 도출될 수는 없다. 원칙들은 자연과학적 탐구에 대한 판단력의 기준이다. 자연과학적 탐구는 일차적으로 형식논리적 연역이나 사실들의 집합체에 의존해 있는 것이라기보다는 오히려 이성적 판단작용의 실행을 제시한다.

칸트에 대한 비판에서는 줄곧 뉴턴 물리학을 정초하는 데 필요한 선험적·종합적 판단이 원칙들을 통해서 합법화되었다는 주장이 거듭된다. 요사이 《순수이성비판》을 이전 시대의 과학철학적 사업으로 재해석한, 이를테면 포퍼(Popper, 《추측과 반박》 [5]1974, 192)나 슈테크뮐러(Stegmüller, 1967, 14 이하) 같은 이들도 있다. 여기서는 흄의 회의주의에 대항해 뉴턴 역학에 확실한 철학적 기초를 제공하는 메타이론 분야에서의 커다란 공헌이 칸트에게 인정된다. 그럼에도 이런 이해는 숙명적이다. 실제로 칸트의 사고는 고전 물리학의 영역에 들고자 했기 때문에 물리학의 진보와 함께 칸트의 제1비판은 상대화되고, 심지어 그것은 무화되기까지 할 것이라는 이러한 이해는 숙명적이다. 칸트를 "구제하려는" 몇몇 명민한 시도가 있기는 하다. 가령 물리학의 질량보전 법칙에 관련해 바이츠제커(Weizsäcker)의 시도, 하이젠베르크의 불확정성의 원리에 관련해 베크(Beck)의 시도(1973) 같은 것이 있다. 그러나 과학철학적 논의에서 다음과 같은 결과는 불가피하다. 즉 뉴턴 물리학이 상대성이론과 양자이론에 의해서 시대에 뒤진 것이 되어버렸기 때문에 칸트의 순수지성의 원칙들은 결국 실패한 것처럼 보인다. 그래서 우리는 앞에서 이미—소위 현대 수학 때문에—초월적 감성론을 면직시켰듯이 원칙의 분석론을 면직시켜야 한다. 《순수이성비판》의 이 두 부분은 기껏해야 역사적인 모델로서의 의미만을 보존한다. 그러나 사실 초월적 감성론과 마찬가지로 원칙들은 현대적 학문의 한 역사적 형태를 정초하는 것이 아니라, 객관적 인식을 정초하는 것이다. 비록 칸트가 유클리드 기하학과 뉴턴 역학의 정당성에 대해 확신을 갖고 있으며 되풀이해서 그것들의 예를 들고 있을지라도 그것들은 초월적 비판의 핵심적 부분이 아니다.(4.4와 5.3 참조) 유클리드 기하학과 뉴턴 역학은 그 가능성이 입증되어야 하는 선험적 · 종합적 인식에 대한 사례들이다. 칸트는 '원칙들'에서 유클리드 기하학뿐만 아니라 뉴턴의 운동법칙에 대해서도 그 진리성을 증명하려고 하지 않는다. 법칙들을 찾고 이를 수학적으로 정식화하는 것은 자연 탐구가의 의사에 있는 것이 아니라고 그는 힘써 주장한다.(상대성이론 및 양자이론과 '비판적 관념론'의 조화에 대해서는 카시러의 《현대물리학》 (1957) 참조)

칸트는 모든 분석적 판단의 최상 원칙, 즉 모순율에서 시작한다. 그가 모순율에 관심을 둔 것은 선험적 종합판단의 원칙을 대조적으로 두드러지게 보이게 하기 위해서였다. 모순율은 다음과 같이 정식화된다. "어떤 것에도 그것에 모순되는 술어가 귀속되지 않는다."(B 190) 그런데 이런 정식화는 독립적인 정의를 도입하지 않고 모순이라는 것에 소급해서 이해하고 있기 때문에 불충분하다.

칸트가 관심을 갖고 있는 경험은 분석적 진술 저편에서 비로소 시작된다. 그런 경험은 현상의 종합적 통일에 의존해 있다. 종합적 통일이 없으면 관련성 없는 파편조각만이, 다시 말해 감각 인상의 광상 곡만이 있을 것이다. 칸트는 초월적 감성론에서 그리고 개념의 분석론에서 이미 알려졌던 종합적 통일의 조건들을 모든 경험의 최상의 원칙에서 정리한다. 즉 경험 가능성의 조건들이 동시에 경험 대상들의 가능성에 대한 조건들이다.(B 197) 그래서 대상구성과 경험구성은 본질적인 통일을 이룬다.

칸트가 범주표를 실마리로 얻어낸 개별적 원칙들에 대한 표는 몇 가지 새로운 통찰들을 가져다준다. 법칙의 네 집단에 따라서 칸트는 지식의 네 가지 계기, 즉 직관, 지각, 경험 그리고 경험적 사고 일반을 전개한다. 여기서 나중에 계기들은 앞선 계기들을 토대로 한다. 처음의 세 가지는 헤겔의 《정신현상학》에 나오는 지식의 첫 번째 단계, 즉 감각적 확실성, 지각, 힘, 지성에 어느 정도 상응한다. 네 가지 계기들 각각에 대해서 칸트는 선험적·종합적 인식의 특수한 형태를 발견한다. 즉 직관에서 공리, 지각에서 예취(Antizipation), 경험에서 유추 그리고 경험적 사고 일반에서 요청. 경험독립적으로 타당한 인식의 계기마다 칸트는 최소한 하나의 원칙을 제시한다.

칸트는 직관의 원칙과 예취의 원칙을 '수학적'이라 부르고, 유추의 원칙과 요청의 원칙을 '역학적'이라 부른다. 수학적 원칙은 수학의 정당화뿐만 아니라 수학의 필연성을 증명한다. 크기(quanta)의 구성과 단순한 크기(quantitas)에 관한 학문으로 이해되는 한(B 745 참조) 수학은 모든 경험 대상과 경험 대상들에 대한 인식의 첫 번째 구성요소가 되며 이런 의미에서 객관적 타당성을 가진다. 크기로서 표시될 수 없는 사태(Sachverhalt)는 객관적 대상이 아니다. 수학의 '적용'을 넘어서서 대상의 현존재를 주장하며, 그러면서도 선험적 인식의 영역에 머물러 있는 한 역학적 원칙들은 자연과학을 가능케 한다. 물리학 중에서 이런 영역을 칸트는 '역학(운동이론)'이라 불렀다.

7.3 수학적 원칙들

어떤 것을 크기(Größe)로 파악하기 위해서는 그것을 어떤 단위의 배수로 현시해야 한다. 칸트는 수학적 원칙들에서 사람들은 그렇게 현시하는 것이 모든 현상에서 가능하다는 것을 선험적으로 안다고 주장한다. 거기서 그는 현상의 소여방식에 따라 두 가지 현시하는 방식을 구분한다. 즉 직관에서 연장적 크기와 지각에서 밀도적 크기가 그것이다.

앎(Wissen)의 첫 번째 계기는 직관이다. 직관은 현상들을 공간과 시간 가운데에 펼쳐져 있는 것으로 나타낸다. 직관에만 주목하고 다른 모든 것을 도외시할 경우, 현상들은 공간적 혹은 시간적으로 연장되어 있다. 다시 말해 현상들은 연장적 크기를 가진다. 예컨대 수 3과 같이 연장적 크기는 부분들에서 통합된(3+1+1+1) 하나의 전체다. 연장적 크기는 가산적 성질을 가진다. 이 경우 부분의 표상이 전체의 표상에 선행한다. 수 3은 수 1과 수 2를 전제한다.

직관의 형식에 관한 학문, 즉 연장적 크기에 관한 학문이 바로 수학이다. 수학의 원칙들은 공리이다. 공리란 예컨대 유클리드 기하학의 틀 안에서 보면 "두 점 사이에는 하나의 직선만이 가능하다"는 명제와 "직선은 공간을 에워싸지 않는다"는 명제 등이다.(B 204) 따라서 모든 직관에 대한 원리는 수학의 모든 원칙(공리)에 대한 원칙이다. 그래서 "모든 직관은 연장적 크기이다"라고 한다.(B 202)

직관의 공리 원칙은 이중적 의미가 있다. 직관의 공리 원칙은 직접적으로 수학의 모든 원칙의 바탕이 되며, 간접적으로 모든 자연인식의 바탕이 된다. 왜냐하면 자연과학의 모든 대상은 직관 가운데에서 주어지며, 직관적으로 주어진 것으로서 그 대상들은 연장적 크기를 갖기 때문이다. 연장적 크기에 대해 학문적 탐구를 하는 것이 수학이므로 수학은 모든 자연인식의 첫 번째 형식적 원리이다. 그러므로 자연과학은 응용된 수학이다. 물론 칸트가 설명한 것처럼 이런 사실로부터 기하학에서 공간과 시간의 순수 직관에 대해 말하고 있는 것이 "모순 없이도" 경험적 직관에 딱 들어맞는다고 추론할 수 없다.(B 206) 더욱 확장된 이런 가정은 하나의 유일한 기하학이 있다는 가정 아래에서만 타당하다. 그러나 이런 가정은 비유클리드 기하학이 발견된 이후에는 더는 주장될 수 없다. 하지만 물리학이 기하학에 의존하고 있다는 말은 여전히 옳다. 물리학에 적용된 기하학은 수학적으로 가능한 기하학이 그렇기 때문에 물리학적으로 딱 들어맞는 물리학에 적용된 기하학은 순수 기하학의 관점에서 가능하지 않으면 안 된다.

비록 칸트가 유클리드 기하학에서 예를 인용했을지라도 직관의 공리 원칙은 그것이 칸트 시대의 수학 위치를 뛰어넘어 타당한 한에서 어떤 특정한 공리에 구속되어 있지 않다. 칸트의 초월적 주장은 자연과학의 모든 대상은 공간-시간적으로 연장되어 있으므로 양화될 수 있다(수학적으로 현시될 수 있다)는 것과 원칙적으로 그리고 단지 그 당시 연구 상황뿐만 아니라 어떤 연구 상황에서도 양화되지 않는 것은 모두 엄밀한 자연과학의 가능한 대상들의 영역에서 제외된다는 것을 의미한다. 사태들의 단순한 수집, 기술, 심지어 설명조차 수학적 형식으로 발견되지 않는 한 학문 이전 단계에 머문다.

두 번째 원칙인 지각의 예취 원리는 칸트 해석에서 종종 등한시된다. 실제로 여기서 양화의 근본적인 의미, 곧 수학의 근본적인 의미가 대상구성을 향해 중요한 한 걸음을 내딛게 된다. 두 번째 원칙은 지성이 주관적 감각("나는 춥다")에서 객관적으로 타당한 지각판단("이곳의 기온은 14도다")을 얻어내기 위해 따라야 하는 두 번째 조건을 나타낸다. 이 조건은 밀도적 크기다.

칸트는 지각을 경험적 의식(das empirische Bewußtsein)이라 부른다.

감각들은 경험적 의식에서 직관형식으로 도입된다. 주관적인 것인 직관형식과 구분해 감각은 주관에서 유래하는 것이 아니라 외부세계에서 유래하는, 즉 실제로 현존하는 어떤 것을 인식하는 주관에 매개한다. (칸트는 감각의 더욱 상세한 유래를 설명하지 않는데, 피히테와 셸링은 이것을 《순수이성비판》의 아킬레스건이라 했다.) 공간과 시간 중에 펼쳐져 있는 현상은 그것의 특성들(성질들, 속성들)을 지각 속에 보존하고 있다. 그 특성들은 공간-시간적으로 펼쳐져 있는 사물에 실재적으로 존재하는 내포적 사태(Sachhaltigkeit)라는 의미에서의 실재성(Realität)을 보증한다.

칸트는 감각에서 선험적 구성 요소를 '예취'라고 부른다. 에피쿠로스학파의 용어인 prolepsis(그리스어로 prolambano, 내가 미리 취하다)의 번역어인 이 표현은 다양한 개별 감각들의 바탕에 놓인 공통적인 전형(Typus)을 나타낸다. 그러나 에피쿠로스와 달리 칸트는 이 전형을 감각의 경험적 근본 형식으로 이해하지 않고, 모든 감각에 대해 경험에 앞서 타당한 근본 형식으로 이해한다. 그렇지만 우리는 지각들에서 도대체 선험적인 구성 요소가 있겠는지를 물을 수 있다. 왜냐하면 감각들(색, 기온, 소음 등 감각)은 경험적이고 그때그때마다 다르며, 지각들은 주관적으로 변화될 수 있기 때문이다.

칸트에 따르면 어떤 감각에서든 더 큰 인상 혹은 더 작은 인상이 있다. 예컨대 색감각은 그것이 마침내 완전히 사라질 때까지 점차 엷어질 수 있을 것이다. 칸트는 이 경우 연속적 감소(B 211 이하)를 염두에 두고 있다. 왜냐하면 그 당시 칸트는 원자보다 미세한 입자의 영역에서 원칙적인 불연속성에 대한 양자론적 통찰을 고려할 수 없었기 때문이다. 그러나 양자론의 전제 아래에서조차 가치 0을 가정하지 않고 감각들이 더 강도가 있거나 덜 강도가 있다고 한 칸트의 주장은 타당한 것으로 드러난다. 왜냐하면 감각이 공허했다면 그것은 더는 존속하지 않았을 것임이 틀림없기 때문이다. 이것은 모든 감각이 경험적 내용과 독립해서 어떤 강도를 갖는데, 물론 그것은 공간-시간적 연장(연장적 크기)이 아니라 감관에 미치는 영향의 정도, 즉 밀도적 크기이다.(B 208) 이것은 지각의 예취 원칙이 의미하는 것이다. 그러한 크기들은 예컨대 온도, 강도 혹은 명도(밝기) 등이며, 무게(질량)도 그러한 크기에 속한다.

두 번째 원칙에 따르면 가능한 경험의 대상은 더 넓은 관점에서 원칙적으로 하나의 양이기 때문에 양들에 대한 구성의 학문인 수학에 의존한다. 따라서 수학은 형식의 원리를 제시할 뿐만 아니라 모든 대상성의 선험적 내용의 원리 또한 제시해준 내포적 사태, 즉 자연대상들의 실질성조차 수학적으로 규정될 수 있다. 내용에 관해서 자연경험이 보편 타당성과 필연성을 주장하자마자, 그것은 구성의 지반으로서 수학의 주위를 맴돌지 않게 된다. 칸트에 따르면 수학은 두 가지 의미에서 객관적 타당성을 가진다. 한낱 경험적인 표상들을 넘어서 타당한 모든 사태는 직관적 형식, 즉 공간-시간적 연장에서 크기로 현시될 수 있는 것과 마찬가지로 감각내용에서도, 즉 시각적, 청각적 그리고 다른 감각적 성질들에서도 크기로서 현시될 수 있다.

7.4 경험의 유추

경험은 지각을 토대로 한다. 경험에서는 지각의 다양이 필연적인 시간적인 연관 속에서 현상한다. 칸트는 오히려 필연적인 연관을 가능케 하는 선험적으로 타당한 원칙들을 유추(그리스어로는 '비례')라 한다. 이 표현은 수학 용어에서 비롯되었다. 수학에서 그것은 둘 사이의 크기 관계에서의 동등성, 예컨대 'a:b=c:d' 혹은 'a:b=b:c'를 나타내고 있지만, 철학은 그것을 둘 사이의 질적인 관계의 동등성으로 이해한다. 즉 지각들 사이의 관계들의 동등성으로 이해한다.

시간적 연관에서 세 가지 가능성, 즉 지속성, 계기성, 동시성이 있으므로 지각들 상호 간의 관계에서도 세 가지 형식, 즉 세 가지 유추가 있다. (1) 실체 지속의 원칙, (2) 인과법칙에 다른 시간 계기의 원칙, (3) 상호작용 법칙 혹은 공통성의 법칙에 따른 동시존재의 원칙. 이 세 유추들에서 경험은 지각의 필연적인 결합의 표상을 통해서만 가능하다는 원칙이 공통적이다.

실체 지속성

경험의 제1유추에서 칸트는 이미 상식적으로 인정되고 있으며 철학에서도 예전부터 상당한 역할을 해온 원리인 실체 지속성의 원칙을 다룬다. 칸트에 따르면 실체 지속성의 원칙은 자연인식이 가능하기 위해서 없어서는 안 될 선험적·종합적 진술이다.

이 원칙에서 문제가 되는 것은 실체가 지속한다는 주장이 아니다. 왜냐하면 지속성은 이미 실체의 개념 속에 포함되어 있기 때문이다. 그런 측면에서 이 진술은 분석적이다. 문제는 실체, 즉 지속성으로 이해되는 실체를 현상들에 적용하는 것이다. 모든 현상의 바탕에 지속하는 어떤 것이 있으며, 다양한 현상들은 지속체의 변화하는 성질들 외에 다른 것이 아니라는 주장만이 선험적·종합적 성격을 가진다.

이러한 주장에 대한 칸트의 증명은 하나의 전제와 다섯 가지 논증으로 구성되어 있다. 칸트는 변화하는 현상들이 존재한다고 가정하고, 첫째, 변화의 표상은 확고한 수용틀(Bezugsrahmen) 없이는 가능하지 않다고 주장한다. 둘째로 그는 수용틀을 하나의 시간(die eine Zeit)이라고 확인한다. 시간 속에서 모든 변화, 이를테면 현상들의 동시존재, 계기, 상호작용이 표상된다. 시간 자체는 변역하지 않고 항존한다. 시간은 단적으로 지속하는 것이다. 그렇지만 시간은 우리가 찾고 있는 실체일 수는 없다. 왜냐하면 결정적인 논변인 세 번째 논변이 의미하고 있듯이, 시간은 그 자체로는 지각되지 않기 때문에 지각 안에서 변화하는 현상들의 바탕에 놓인 것을 형성할 수 없다. 그러므로 넷째, 모든 변역의 기체는 지각의 대상들 속에서 발견되어야 한다. 다섯째, 모든 성질의 기체가 실체이므로 실체는 현상들의 모든 변화 가운데에서 지속한다. 따라서 경험 가운데에는 항존하는 실체가 변화하는 속성들(성질들)에 관계하는 것처럼 현상에 관계하는 그 무엇이 언제나 있어야 한다.

실체 지속성의 원칙은 변화(Veränderung)는 단적으로 경험될 수 없으며 단지 실체와의 관계에서만 경험될 수 있다는 것을 말해준다. 다른 측면에서 보면, 실체의 발생과 소멸은 의식될 수 있는 것이 아니라, 실체 현상들의 변역만이 의식될 수 있다. 지속하는 실체는 그것 아래에서만 현상들이 경험의 필연적인 통일에 도달할 수 있는 불가피한 조건이다. 지속성의 원칙을 통해서 변화의 개념에 대해서 중요한 해명이 이뤄진다. 즉 발생과 소멸(예컨대, 거리가 젖었다가 다시 말랐다)의 경우에 발생하고 소멸하는 것, 즉 속성(젖음과 마름)이 변화되는 것이 아니다. 변화는 오히려 실체가 현존하는 한 방식이며, 이 방식은 같은 실체가 현존하는 다른 방식에 이어져 있다. 즉 위의 예에서 보면 마름이 젖음에 이어져 있다. 따라서 변화하는 모든 것은 항존하며 단지 그것의 상태들만 변역한다. 역설적으로 들릴지 모르겠으나, 오로지 지속체(실체)만이 변화하며, 반면에 변천될 수 있는 것(das Wandelbare, 젖음과 마름)은 변화하는 것이 아니라 변역하기만 할 뿐이다. 즉 젖음이라는 성질은 중지되고 마름이라는 성질에 자리를 내준다고 말하는 것이 옳다.

칸트는 수학적 원칙의 경우와 달리 경험의 유추를 구성적 원리로 보지 않고 규제적 원리(regulatives Prinzip)로 본다. 이것이 의미하는 바는 경험의 유추들은 현상 자체에 대해서는 어떠한 진술도 하지 않으며, 현상세계에서 그 무엇이 탐구될 때 따라야 하는 규칙들을 제시한다는 것이다. 그래서 지속성의 원칙은 실체와 속성의 개념으로 자연을 이해하고, 무엇이 속성의 성격을 갖고 무엇이 실체의 성격을 갖는지를 발견해내는 경험적 탐구를 요구한다. 화학자 라부아지에(Lavoisier, 1743~1794)에 따르면 칸트 시대에는 무게를 달 수 있는 물질을 궁극적 실체로 여겼다. 따라서 칸트의 상세한 설명은 이 방향으로 나간다. 그럼에도 종종 인용되듯이(예컨대 Körner 1965, 471) 제1유추는 지속체를 '물질' 혹은 '물질적 실체'라고 주장하지 않는다. 오히려 우리가 지속하는 실체를 정확히 어떻게 표상해야 하는지를 규정하는 것은 자연과학적의 몫으로 본다. 칸트의 제1유추는 물리학의 특정한 발전상태에 구속되어 있지 않다. 지속성과 변역의 관계를 탐구하는 요구로서 제1유추는 에너지를 질량과 동일시하는 오늘날 생각의 바탕에 깔렸는데, 그것은 오로지 그런 방식으로만 객관적 경험이 가능하기 때문이다.

《순수이성비판》 재판에서 칸트는 지속성의 원칙을 보충해 실체의 양은 자연 가운데에서 증가하지도 감소하지도 않는다(B 224)고 말한다. 칸트는 실체가 양(Quantum)을 통해서 특징지어질 수 있다는 생각을 제1유추의 틀 속에서 근거짓지 않는다. 그렇지만 그는 처음의 두 원칙(수학적 원칙들)에서 설명한 모든 자연대상의 원칙적인 수학화 가능성에 호소할 수 있었다. 재판에서는 무엇보다도 실체 지속성의 초월적 원칙은 상대성이론과 양자론의 대두로 비롯된 고전 자연과학의 위기를 극복해낸 물리적 질량보존의 법칙들과 유사성이 있다. 칸트가 실제로 의미하고자 한 바를 증명하기 위해서 바이츠제커는 제1유추를 지지해 이것이 에너지 보존이라는 최근의 물리적 통찰과 조화된다는 것을 증명한다. 에너지 보존을 위한 모든 초월철학적 논증들이 물리학적 논변들에서 완전히 실행될 수는 없다. 하지만 칸트적 방식의 논증들은 오늘날 개척되고 있는 통일물리학의 발전에 상관적일 수 있고, 그로써 칸트적 방식의 논증들은 물리학의 여러 방면에서의 비판에 접할 수 있게 된다. 그렇지만 칸트가 제1유추로 물리학적 근본 문제들을 직접적으로 의미했다는 이러한 생각에 반대하는 고려가 알려져야 하겠다. 왜냐하면 물리학의 에너지 보존 법칙과의 유사성이 있음에도 실체 지속성의 초월적 원칙은 다른 수준에서 움직이고 있기 때문이다. 제1유추는 모든 경험에서 실체와 속성의 관계가 발견될 수 있다고 말해준다. 그러나 제1유추는 실체가 무엇에서 성립하느냐고 묻지는 않는다. 《자연과학의 형이상학적 기초들》에서 처음으로 이 물음을 다룬다. 그러나 물질적 자연의 형이상학으로서 《자연과학의 형이상학적 기초들》은 《순수이성비판》의 사상에 부가적이며 (실제로 문제가 없지는 않은) 개념인 물질 개념을 바탕에 깔고 있다.(IV 470) 물질 개념의 도움에 의해서만 제1유추로부터 물질적 자연의 모든 변화가 있음에도 물질 전체의 양은 항상 동일하다는 역학의 제1법칙이 정초된다. 이러한 법칙 또는 이 법칙의 정초가 바로 물리학의 직접적인 논의 대상으로 적합하다.

인과성 원리

경험의 제2유추는 제1유추에 연결되어 있다. 경험의 제2유추는 실체의 상태변화를 시간적 계기 속에서 고찰하며, 실체의 상태변화가 인과법칙, 즉 원인-결과의 결합법칙에 따라서 발생한다고 주장한다. 새로운 철학적인 논의와 학문론적인 논의에서 우리는 인과법칙(Kausalgesetz), 즉 특정한 종류의 물리적 법칙을 인과원리(Kausalprinzip)와 구분한다. 인과원리에 따르면 모든 사건은 하나의 원인을 가진다. 칸트의 제2유추, 즉 인과성의 법칙(das Gesetz der Kausalität)은 오늘날 인과성 원리(Kausalitätsprinzip)라고 불리는 것에 상응하기 때문에 오해를 피하기 위해서 아래에서는 인과성 원리라고 이야기한다.

칸트에게 인과성 원리는 지속성의 원칙처럼 초월적 의미가 있다. 인과성 원리는 어떤 현상들은 결과로 설명하고 어떤 다른 현상들은 원인으로 설명하는 것이 아니다. 또한 그것은 모든 현상에서 원인을 안다거나 알아야 한다고 주장하지도 않는다. 인과성 원리가 말하고 있는 것은 현상들의 시간적 계기는 지각자의 취향에 따르는 것이 아니라 인과규칙의 사례, 즉—현존하는 현상적 계기와 관련해—역전될 수 없는 것으로 통관될 때 비로소 대상의 변화로서 인식될 수 있고, 객관적으로 타당한 것으로 인식될 수 있다는 것이다.

인과성 원리에 따르면 경험은 자연의 원인-결과 연관에 대한 통찰로서만 가능하다. 자연적 사건에 대한 초자연적 개입은 있을 수 없기 때문에 기적은 있을 수 없다. 이 원리는 단지 우리가 지금까지 어떠한 기적도 경험한 적이 없다는 것을 주장하는 것이 아니라 더 보편적이고 더 원칙적으로, 가능한 자연경험 대상들의 범위 안에는 기적이 있을 수 없다고 주장한다. 왜냐하면 경험의 객관성은 원인-결과 연관을 통해서 구성되기 때문이다. 그렇기 때문에 기적에는 단순히 인과성이 폐기될 뿐만 아니라 모든 객관성이 폐기된다.

칸트는 인과성 원리를 명시하고 정초하기 위해서 변화되지 않는 객관의 지각을 변화의 지각과 비교한다.(B 235 이하) 내가 지속적인 형태로 있는 집을 지각할 때, 나는 다양한 부분을 한 번에 수용하는 것이 아니라 다른 것에 연이어서(hintereinander) 지각한다. 나는 가령 처음에 지붕, 그다음에 벽, 마지막으로 땅을 받아들인다. 그렇지만 집의 변화들이 아니라 집의 불변하는 형태를 보고 있는 한 나는 그 부분들을 전도된 순서 계열에서도 먼저와 똑같이 지각할 수 있다. 객관에서 보면, 즉 변화되지 않는 범위 내에서의 대상에서 보면 지각의 계기는 인과규칙에 종속해 있지 않으므로 비규정적이고 임의적이다.

반면에 변화에 주목한다면, 예를 들어 '배가 하류로 운항하는 것'을 볼 경우, 나의 지각들의 계기는 나의 개인적 취향이 아니라 지각된 소여들에 의존한다. 배는 강을 따라 하류로 운항하므로 나는 배가 처음에는 강의 훨씬 상류 쪽에 있다가 나중에는 더욱 하류 쪽에 있는 것을 본다. "하류로 운항하는 배는 처음에 훨씬 상류 쪽에 있다가 나중에는 훨씬 하류 쪽에 있다"는 것이 인과규칙에 종속하므로 나의 지각들의 시간적 계기는 필연적이다. 더 신중하게 말하면, 임의로 바꿀 수 있다. 당연히 칸트는 관찰된 사건, 즉 배가 강물을 따라 하류로 운항할 수 있다는 사실이 필연적이라고 주장하지 않는다. 그러므로 지각의 계기가 다른 인과규칙에 의해 규정될 수 있을 것이다. 그래서 "상류 쪽으로 운항하는 배가 처음에는 하류 쪽에 있다가 나중에 훨씬 상류 쪽에 있다"고 할 수 있을 것이다. 그러나 지각의 계기는 인과규칙에 상대적으로 다시금 임의로 바뀔 수 없다. (물론 칸트의 예시는 지나치게 단순화되어 있다. 왜냐하면 학문적 탐구는 하류로 운항하는 규칙 혹은 상류로 운항하는 규칙에 머물러 있는 것이 아니며, 거기에서 작용하고 있는 힘들을 탐구하는 것이기 때문이다. 그리고 학문적 탐구는 상응하는 자연법칙으로 설명하는 것에 비로소 만족하기 때문이다.)

인과성 원리에 대한 칸트의 설명에 대해 집에 대한 지각과 하류로 운항하는 배에 대한 지각이 전혀 다르지 않다고 반론을 제기할 수 있다. 이 두 지각은 그 자체가 주관에 의해 인식된 소여들이다. 그리고 두 경우 모두 각 대상의 상태 변화가 인식된다. 하나의 경우 눈이 움직이고, 다른 경우에서는 배가 상류에서 하류 방향으로 움직인다. 이러한 반론은 칸트가 주장한 것에서는 옳지만, 그가 회피한 것에서는 옳지 않다. 집의 지각 역시 사건의 계기로 파악될 수 있겠으나, 지각된 것은 더는 칸트에서처럼 지속적인 형태의 집이 아니라 집을 지각하는 눈이다. 동시에 칸트는 인과성 원리의 타당성이 증명됐음을 발견했을 것이다. 눈이 집을 지붕에서 아래로 지각하는 경우에 눈은 필연적으로 위에서 아래로 움직이며, 그 반대로는 움직이지 않는다. 그리고 이러한 필연성은 눈이 위에서 아래로 지각했을 뿐 아래에서 위로 지각하지 않았다는 변화의 객관적 규정성에 근거해 있다.

개념의 분석론에 따르면 지각들의 결합과 결합에서의 규정성(처음에는 위에, 나중에는 아래에 그리고 그 반대로는 불가능)은 직관의 산물이나 감각의 산물이 아니다. 규정성은 지각될 수 있으며 이런 관점에서 결합의 필연성도 지각될 수 없다. 규정성과 결합의 필연성은 지성의 업적이다. 지성은 시간적 계기를 위해 인과성의 범주를 마련해두고 있다.(B 234 참조)

일반적으로 말해서 칸트에 따르면 현상의 계기는 인과규칙에 따라 나중의 상태는 앞선 상태에서 발생하므로 현상의 계기를 순서가 역전되지 않는 시간적 후속으로 표상할 때만 우리는 현상의 계기를 객관적으로 발생한 것으로, 즉 지각자의 변화가 아니라 지각된 것의 변화로 파악할 수 있다. 더 이전 상태는 단순히 그것 앞에 있는 것(ein Davor, "번개가 천둥보다 앞에 온다")이 아니라, 그것의 원인(ein Dashalb, "번개가 치기 때문에 천둥이 친다")이다. 주관의 환상 속에 근거하는 것이 아니라 객관 자체에 근거하는 모든 현상의 계기, 즉 모든 객관적 변화는 인과규칙에 따라 일어날 때("천둥 치는 곳에 번개가 친다")만 가능하다. 규칙에 종속하는 현상들의 계기가 인과성의 도식이다. 그러므로 모든 객관적 변화는 원인-결과의 연관에 따라서 발생한다("천둥은 번개를 원인으로 한 결과다").

인과성 원리의 보편적 타당성이라는 칸트의 주장에 대한 통례적인 반론은 한 가지 반례, 말하자면 현대의 양자론에 기초해 있다. 양자론에 따르면 원자 이하의 미립자 영역에서 발생하는 사건은 확률의 법칙을 통해서만 기술될 수 있기 때문에 인과성 원리는 현대 물리학에서는 없어도 되는 것처럼 보인다.(예컨대, Körner, 1966, 471) 실제로 하이젠베르크의 불확정성의 원리에 따르면 사건 E_1의 인식은 다른 사건 E_2의 발생에 대해 단지 개연적일 뿐이다. 이러한 이유로 오늘날의 물리학은 뉴턴의 역학과는 반대로 확률법칙 없이는 더는 가능하지 않다. 그래서 우리는 현대 물리학이 더는 고전 물리학처럼 결정론적이 아니며, 비결정론적이라고 말한다.

　이러한 반론에 대해 칸트를 변호하기 위해서 우선 그 당시 과학수
준에 비추어볼 때 그는 제2유추에서 미시 물리학의 사건들을 전혀 고
려할 수 없었다는 사실과 뉴턴 역학의 인과법칙은 오늘날 미시 물리
학에도 여전히 타당하다는 사실에 호소할 수 있다. 그러나 이런 식으
로 칸트를 변호하려는 시도에 반대해서 칸트가 인과성 원리를 모든
경험 가능성의 조건으로 정초한 사정이 지적된다. 칸트에 대한 반론
은 오히려 다음과 같은 논변에 의해서 힘을 잃게 된다. 칸트는 인과
성 원리로써 사건의 예견 가능성을 주장한 것이 아니라, 사건의 설명
가능성을 주장했다. 그의 제2유추는 모든 사건이 정확하게 예견될
수 있는 결과를 갖는다는 것을 의미한 것이 아니고, 오히려 객관적인
사건들은 초자연적인 간섭이나 주관적 환상에 의거한 것이 아니며,
항상 원인에 대한 결과로서 설명될 수 있다는 것을 말해준다. 하지만
그 당시 탐구상황에 비추어 요구되는 설명들을 마음대로 취급해서는
안 된다. 칸트는 자연과학적 생각들에서는 결정론적인 뉴턴 역학에
강한 영향을 받았지만, 그의 인과성 원리는 다른 단계, 즉 초월적 단
계 위에 서 있으며, 슈테그뮐러(Stegmüller, 1967, 10)가 인정하듯이 "보
편적 결정론"에 얽매여 있는 것이 결코 아니다. 현대의 확률법칙으로
인해서 인과성 원리가 시대에 뒤진 것이 되지는 않는다. 양자물리학
이 결론적으로 말하는 것은 원자 이하의 미립자 영역에서는 원인-결
과 규칙들은 고전 물리학에서와는 다르게 표상해야 한다는 것이다.
그러나 우리가 법칙 속에서 원인-결과 연관들을 물리적으로 파악할
수 있을 때 이런 법칙들의 종류나 그 내용에 대해서 칸트의 인과성
원리는 처음부터 아무런 언질도 주지 않는다. 인과성 원리는 초월적

원칙일 뿐 자연과학적 원칙이 아니므로 우리는 인과성 원리를 변호하기 위해서 "무규정성에 대한 우리의 인식을 인과적 규정성에 대한 우리의 인식 기생물들"(Beck, 1973, 132)로 생각하게끔 하는 충분한 인식론적 이유를 탐구할 필요가 없다.

제1유추와 마찬가지로 제2유추 그리고 여기서 더는 다루지 않지만 제3유추도 구성적 의미를 갖지 않고 규제적 의미를 갖는다. 인과성 원리는 현상을 객관적 대상과 경험으로 읽을 수 있기 위해서 현상들을 시간적 계기 속에서 어떻게 철자화(buchstabieren)해야 하는지를 가르쳐주는 지침이다. 자연을 인식하고자 하는 사람은 모든 사건을 결과로 고찰하고, 사건들의 바탕에 깔린 원인들을 탐구하도록 요구됨을 안다. 그러나 원인들이 개별적으로 어디에 놓여 있는지는 경험적으로 발견된다.(B 165 참조) 모든 특정한 인과관계, 심지어 원인-결과 규칙들의 유형조차 초월적 필연성에 의존해 있는 것이 아니라, 경험과 경험에 대한 과학적 이론에 의존해 있다. 현대 자연과학의 수학적 측면뿐만 아니라, 경험적 원인탐구로서의 현대 자연과학의 특성도 칸트에게서 철학적으로 정초되어 있다. 초월적 이성비판은 자연과학에 어떠한 굴레도 씌우지 않으며, 오히려 자연과학을 긍정적이고 종결되지 않는 탐구 과정 속으로 해방한다.

7.5 경험적 사고의 요청

앞선 지식의 세 가지 계기인 직관, 지각 그리고 경험의 결합은 경험적 사고를 통해서 수행된다. 이것은 세 가지 양상, 즉 인식의 가능성(Möglichkeit), 현존성(Wirklichkeit), 필연성(Notwendigkeit)에 해당한다.

칸트가 경험적 사고를 위해서 제시한 요청들은 하나의 판단에서 주장된 사태가 선험적으로 타당한 어떤 조건들 아래에서 단순히 논리적 관점이 아니라 경험적인 혹은 실질적인 관점에서 가능한가, 어떤 조건들 아래에서 그것이 현실적으로 가능한가 그리고 어떤 조건 아래에서 그것이 필연적으로 가능한가를 보여준다.

(1) (직관과 개념들에 따라서) 경험의 형식적 조건들과 일치하는 것은 가능하다.

(2) 경험의 질료적 조건들(감각)과 결합하는 것은 **현실적**이다.

(3) 경험의 보편적 조건에 따라서 현실적인 것과의 관련이 규정되어 있는 것은 **필연적**이다(필연적으로 현존한다)."(B 265 이하)

우리는 직관과 사고의 형식적 조건들을 통해서 (경험적 혹은 실질적) 가능성 이상에 도달할 수 없다. 감각이 비로소 현존성을 개방해준다. 감각만이 나의 표상에 대응하는 그 무엇이 실제적으로 존재한다는 것을 가르쳐줄 수 있다.

제2요청을 해명한 끝에 칸트는 관념론 논박을 덧붙인다. 데카르트의 '개연적' 형식의 관념론은 내적 경험을 의심할 수 없는 것으로 설명하며(나는 생각한다, 고로 존재한다. cogito, ergo sum), 반면에 외적 대상의 현존은 "의심스러우며 **증명될 수 없는 것**"으로 설명한다.(B 274) 버클리의 "독단적" 관념론은 "공간 속의 사물들을 단순한 상상물들"로 간주한다.(같은 곳) 칸트에 따르면 버클리의 독단적 관념론은 공간을 사물 자체의 속성이라고 전제한다. 그러나 이것은 칸트가 초월적 감성론에서 이미 거부한 것이다.(5.4 참조) 데카르트에 반대해서 칸트는 "우리의 내적 …… 경험은 외적 경험의 전제 아래에서만 가능하다"는 것을 보여준다. 내감에 의해서 확립된 나 자신의 현존재는 나 밖에 지속하는 어떤 것, 즉 외적 사물의 존재를 전제한다. 그러므로 우리는 외부 사물들에 대해서도 한낱 상상이 아니라 경험을 가질 수 있다.(B 275 이하)

선험적 종합판단의 가능성에 대한 《순수이성비판》의 주도적 물음은 경험적 사고의 요청들로써 대답이 완결된다. 인식이 대상들에 준거해 있는 것이 아니라 대상들이 인식에 준거해 있음으로써 선험적 종합판단이 가능하다. 인식주체는 종합적 원칙들 속에 형식화된 초월적 자연법칙성을 그 스스로 자연으로 가지고 간다. 그런 조건하에서 자연의 대상들은 우리 자신의 작품이다. 말하자면 인식될 수 있는 것이 선험적인 구성활동으로 말미암아 비로소 객관적 대상이 된다. 그러므로 간단히 말하면, 인식될 수 있는 것은 현상(현상체)일 뿐 사물(대상, 객관, 사태) 자체(가상체, 문자 그대로 사고된 것)가 아니다.

사물 자체라는 개념은 갖가지 오해를 불러일으켰다. 사물 자체는 방법적 개념이며, 일반적으로 추측하는 것과는 달리 형이상학적 개념, 즉 니체가 말한 독단적 잔재가 아니다. 니체는 사물 자체를 참된 실질성에 대한 인식을 감출 뿐이므로 "그칠 줄 모르는 큰 웃음거리"인—가상에 불과한—독단론적 잔재라고 했다. 이론적인 영역에서 사물 자체는 참된 세계로서의 현상 뒤에 감추어져 있는 배후세계를 의미하지 않는다. 사물 자체는 오히려 경험인식의 가능성을 충분히 파악하는 데 필요한 개념 가운데 하나다. "사물 자체", 더 정확히 말해서 "사물 자체 그것(현상으로 보인 것이 아니라)"이라는 표현은 인식되는 것은 주관적 인식규정들에만 힘입고 있다는 상황을 지적해준다. 경험적 주관성에도 속하지 않고 선험적 주관성에도 속하지 않으면서 "함께 작용하는 자(Mitspieler)"가 있다. 그것 없이는 어떠한 경험도 가능하지 않은 이러한 주관 의존적 계기는 우리가 그것을 어떤 방식으로도 더 자세히 규정할 수 없기에 인식할 수는 없지만 그 자체로 전제된다. 이론 이성에게 사물 자체는 "한낱 한계개념"(B 311, *Prol.* 57 참고), 감각의 전적으로 무규정적인 근거, 단순한 x이다. 물론 사람들은 초기의 칸트 비판 이래 한계개념 역시 개념이어야 한다고 요구한다. 독일 관념론 운동은 이러한 요구에서 비롯되어 점화되었다.(14.2)

파르메니데스와 플라톤에게까지 미치는 철학적 전통에 따르면, 우리는 감각을 통한 일상적인 제한에서 사유가 자유로워지는 곳에서만 "본래적으로 존재하는 것"을 인식한다. 참된 존재, 플라톤에게 이데아라는 것은 순수사고에서만 자신을 개방한다. 반면 감관을 통해서 매개되는 앎은 한낱 "비본래적으로 존재하는 것", "단지 현상만"을 인식한다. 칸트는 이론적인 영역에서 이러한 평가를 전도시킨다. 감관과 지성을 통해서 매개되는 현상들이 유일하게 객관적인 대상, 즉 우리에게 유일하게 존재하는 것(das einzig für uns Seiende)이며, 반면에 순수한 사고는 인식일 수 없다. 감성과 지성에서 독립해 그 자체로 존재하는 것은 참되고 객관적인 존재가 아니다. 그것은 전적으로 무규정적인 것, 완전히 감추어진 것이다. 이성비판에 따르면 이론적인 영역에서는 사물 자체를 진정으로 존재하는 것으로, 긍정적으로 평가할 자리가 없다. 다시 말해 대상들을 감성계의 대상들(현상체)과 지성계의 대상들(가상체)로 구분하는 일은 더는 있을 수 없다. 비록 경험론과는 반대로 지성이 감성을 제한한다 할지라도 이성론에서 믿듯이 지성이 자신의 고유한 인식 영역을 갖고 있지는 않다.

칸트는 모든 형이상학적 진리를 거부하는 회의주의자들에 반대한다. 형이상학적 진리는 참으로 있다. 그러나—그가 전통적인 형이상학의 미몽이라고 지적했듯이—형이상학은 경험을 넘어서는 어디에도 도달하지 못한다. 형이상학은 초감성적인 것으로 접근할 수 있는 통로를 열어주는 것이라기보다 모든 경험(Empirie)에 대한 가능성의 조건들을 밝혀준다. 모든 선험적 인식은 후험적 인식, 즉 경험에 봉사하는 데서 성립한다.

8. 초월적 변증론

8.1 가상의 논리학

칸트는 초월적 논리학을 끝내고 나서 이성비판을 계획하게 했던 원래의 문제로 돌아온다. 그 문제란 필연적으로 형이상학이 있으며, 형이상학은 필연적으로 진리의 가상만을 만들어낸다는 것이다. 형이상학의 필연성을 현시하고 그것의 가상을 꿰뚫어보는 것은 초월적 변증론의 과제이다. 초월적 변증론은 경험의 초월적 정초라는 결코 포기할 수 없는 작업을 초월적 논리학에 이어서 수행하는 것이며, 단순히 경험의 초월적 정초에 대해 불필요한 부가물을 보태는 것이 아니다.

칸트는 초월적 변증론에서 현상 저편의 세계를 참으로 존재하는 것으로 인식하려는 순수이성의 시도는 불가피하게 오도된다는 것을 보여준다. (사변적) 형이상학의 영역에서 인식을 얻으려는 전통 형이상학의 모든 노력은 원칙적으로 실패한 것으로 판정된다. 이성은 영혼이 불사적이라는 것이나 의지가 자유롭다는 것을 증명할 수 없으며, 신이 존재한다는 것도 증명할 수 없다. 전통적인 형이상학이 애써 찾으려고 노력한 것들은 모두 철학적 기반을 상실한다. 그러나 "어떤 불사적인 영혼도 없다", "자유로운 의지도 없다" 그리고 "어떤 신도 없다"는 반대 명제도 마찬가지로 증명될 수 없다고 칸트는 위로한다. 신, 자유, 불사성에 대해서 (사변적) 이성은 긍정하거나 부정하는 태도를 취할 수 없다. 칸트는 이 물음을 단순히 방치해두려는 것인가? 형이상학을 난센스한(unsinnig) 것으로, 무의미한(sinnlos) 것으로 간주한 것으로 보아 칸트는 형이상학을 그 맹아에서 이미 질식시켜버린 실증주의의 선구자인가?

칸트에 따르면 형이상학은 한 개인의 우연한 착상에서 비롯한 것이 아니며 의도적인 기만에서 비롯한 것은 더욱 아니다. 또한 형이상학은 서양정신의 지난 시대, 심지어는 서양정신의 오도된 시대 이상의 것을 의미한다.(B XXXI 참조) 형이상학은 무제약자(das Unbedingte), 피제약자(das Bedingte)에서 찾는 이성의 관심에 기초한다. 아직 규정되지 않은 재료와 관련해서 인식은 직관의 힘을 입고 있다. 지성은 개념들과 원칙들을 사용해 그 재료에 통일을 준다. 마지막으로 이성은 개념적 인식을 최상의 통일로 가져간다. 그러나 단적으로 최상의 통일은 그 자체로 더는 제약되지 않는 조건(Bedingung)에 의해서 비로소 도달된다. 그것은 무제약자이다. 칸트가 (초월적) 이념이라고도 한 무제약자를 통해서 "지성은 자기 자신과의 완전한 연관"(B 362)에 도달한다. 무제약자는 모든 경험을 체계적으로 통일하기 때문이다. 따라서 무제약자에 대한 추구는 자명한 것으로, 아니 오히려 모든 인식에서 거부될 수 없이 계속되는 것으로 나타난다. 무제약자에 대한 추구는 이성의 자연적 관심에 근거한다.

칸트는 이성의 관심으로 하여금 그것 스스로 전개하게 해 결국 인식에 대한 이성 자신의 요구를 파괴하도록 한다. 왜냐하면 지성의 자기 자신과의 완전한 연관은 지성의 구성에서 불가피하지 않으며, 지성의 인식적 과제에도 불가피하지 않기 때문이다. 인식이 무제약자로 나아가는 데 바탕이 되는 것은 객관적 필연성이 아니라 한낱 주관적 필연성이다. 지성은 "자신의 개념들을 비교함으로써 그러한 개념들의 보편적 사용을 가능한 한 최소화"(B 362)하려고 애쓴다.

칸트가 이성을 최상의 인식력이라고 했을 때, 그 말은 오해를 야기한다.(B 355) 왜냐하면 초월적 변증론의 요점은 이성이 무제약자를 사고하기는 하지만 인식할 수는 없다는 통찰에 있기 때문이다. 초월적 이념들은 모든 경험이 그것 아래에 귀속하기는 하지만, 그 자체는 결코 경험의 대상이 아닌 "그 무엇(etwas)"에 관계한다.(B 367) 지성이 무규정적인 직관의 다양함에서 객관적 대상이 되기 위해서 없어서는 안 되는 그런 최초의 통일을 수행하는 반면에, 이성은 이차적 통일을 실행한다. 이성은 지성의 통일설립적 개념을 자신의 측면에서 하나의 통일로 가져간다. 그러나 이차적 통일은 대상의 구성에는 필수적이지 않다. 이차적 통일은 인식을 확장할 수 없기 때문이다.

이성은 기껏해야 최고의 통일을 추구하는 데서 성과를 가진다. 이성은 단지 하나의 이념만을 추구하는 것이 아니다. 볼프의 특수형이상학 구분에 상응해 이성은 세 가지 이념들을 추구한다. 세 이념이란 이를테면, 사유하는 주체의 절대적 통일로서의 무제약자(이것은 이성적 심리학의 대상이다), 공간과 시간 가운데 있는 사물들과 조건들의 총체로서의 무제약자(이것은 초월적 우주론의 대상이다), 마지막으로 사고 일반의 모든 대상 조건의 절대적 통일로서의 무제약자(이것은 절대적으로 최고의 존재, 즉 자연신학의 대상인 신이다)다. 그렇지만 이성은 어떠한 인식도 없는 곳에서 인식이 있는 것인 양 속여서 믿게 하는 것으로 자신의 성공 대가를 지불한다. 절대적 주관을 사유함에 순수이성은 거짓추론(오류추리)을 하게 된다. 사물들과 제약들의 총체성에서 이성은 모순(이율배반)에 빠진다. 그리고 신과 관련해서 이성은 전적으로 모순되는 증명을 언급한다. 그러므로 무제약자에 대한 인식은 불가피한 인식이지만 참되지 않은 인식이라는 것이 탄로 난다. 무제약자에 대한 인식은 다름 아니라 가상(Schein)이다.

그러나 가상은 궁극적으로 주관적 오해들, 형식논리적인 거짓추론(Fehlschluß) 혹은 의식적인 오도에서 비롯되는 것이 아니다. 그렇기 때문에 가상은 정확한 논증만으로 제거할 수 있는 것이 아니다. 문제는 궤변적인 가상이 아니라, 사변적 가상 혹은 초월적 기만이다. 즉 이성의 본성 자체에서 비롯하고, 인식의 선험적 조건들과 연관되어 있으며, 이성과 인식의 연관에 대한 비판적 반성을 통해서만 통찰되는 사유의 모호성이 문제다.

착시의 경우에서처럼 초월적 가상은 간파될 수 있지만 제거되지는 않는다. 물속에 들어 있는 막대기는 물리학자에게도 구부러진 것으로 보인다. 그뿐만 아니라 교양 없는 무식자에게는 떠오를 때의 달이 하늘 꼭대기에 있을 때보다 더 큰 것 같은 인상을 준다. 비록 모든 사람이 이런 형상을 똑같이 지각하지만, 자연과학자와 그 밖에 다른 방식으로 경험 있는 사람은 속지 않고 그 원인을 꿰뚫어본다. 그들은 물속에 담근 막대기가 구부러진 것으로 지각하며 떠오르는 달이 더 큰 것으로 지각하지만, 막대기가 곧은 것으로 생각하고 달이 동일한 크기를 가지고 있는 것으로 여긴다. 이와 비슷하게 무제약자에 대한 이성의 욕구가 지속하기 때문에 철학자는 초월적 가상을 제거할 수 없다. 그러나 그는 우리가 가상을 참된 것으로 여기고 가상에 의해서 기만당하는 것을 방지할 수 있다.

초월적 기만(transzendentale Täuschung)은 무제약자에게 향하는 사유의 자연적 진행을 순수 지성의 확장이라고 보고, 사유의 결과를 객관적으로 타당한 것으로 여기며 절대적으로 포괄적인 의미를 갖는 실질적 인식을 발견했다고 믿는 데서 성립한다. 실제로 무제약자에게는 객관적 인식의 두 조건, 즉 감성적 직관과 지성개념이 결여되어 있다. 초월적 감성론과 초월적 분석론이 비로소 이 두 조건을 근거짓기에 사변적 가상은 초월적 감성론과 초월적 분석론을 토대로 해서만 꿰뚫어보일 수 있다. 모든 경험의 구성요소들이 방법적으로 설명될 수 없는 한 이성은 무제약자의 인식에 대한 자연적 관심에 아무런 방어능력 없이 노출되므로 이성은 가능한 경험의 영역을 넘어설 수 있다는 착각에 빠지게 된다. 무제약자를 인식한다는 형이상학의 주장은 초월적 비판에 의해서 명백한 월권임이 폭로된다.

"가상(Schein)"이라는 표현은 자세히 들여다본 후에야 거짓된 것이라고 증명되는 잘못 생각된 인식(eine vermeinte Erkenntnis)을 나타낸다. 그렇기 때문에 초월적 가상은 거짓된 의식의 총체라고 단지 부정적으로만 보이지 않으며, 초월적 변증론은 형이상학을 단순히 파괴하는 일 이상을 한다. 잘못 생각된 인식은 처음에 했을 때는 확신할 수 있었던 진술들을 의미한다. 오류추리, 이율배반과 소위 신 존재 증명은 한때는 분명했던 진술들을 포함한다.

초월적 변증론의 긍정적 의미는 상당히 광범위한 데까지 이른다. 초월적 가상의 해명조차 순수이성의 초월적 이념들을 일반적으로 거부하는 길로 이끌지 않는다. 칸트는 순수이성의 초월적 이념들에 새로운 방법적 의미를 부여한다. 순수이성의 초월적 이념들은 인식을 위해 구성적 기능을 가질 수 없기 때문에 경험을 가능하게 하거나 확장할 수 없다. 하지만 그것들은 규제적 의미를 갖는다. 경험은 필연적으로 언제나 우리에게 현실성의 부분들과 단편들만을 보여준다. 이성은 이 단편들을 하나의 전체로 통합하려고 하며, 이 점에서 이성은 정당하다. 그러나 전체는 결코 우리에게 주어지지(gegeben) 않으며, 끊임없이 부과될(aufgegeben) 뿐이다. 전체는 끊임없이 진행하는 탐구 과정의 소진점(Fluchtpunkt)일 뿐 자칭 형이상학이라고 하는 학문의 대상이 아니다. 모든 경험은 단편적 성격을 가지며 새로운 경험은 단편들을 더 큰 단편들에 더하는 것일 뿐 하나의 완전한 전체에 더하는 것이 결코 아니므로 방법적으로 착수된 경험, 즉 학문은 절대 완결되지 않는 인식탐구의 과정이다. 전체란 마치 아이들이 언젠가는 그 경계에 도달할 수 있다고 믿는 지평선과 같은 것이다. 철학자들은 경험 전체가 단지 인식탐구의 지평선 혹은 소진점이 아니라 인식탐구의 고유한 주체라는 생각이 초월적 가상을 만들어낸다며 그렇게 오랫동안 우리를 우롱해왔다.

제1비판의 변증론 장은 이론적이고 부정적인 의미를 가질 뿐만 아니라 실천적이고 경험적인 의미를 갖는다. 신의 현존, 자유, 불멸성이 증명될 수도 없고 반박될 수도 없기 때문에 반박 가능성을 믿는 관점들, 즉 "유물론, 숙명론, 무신론, 자유신앙적 무신앙, 광신 그리고 미신은…… 근본에서부터 제거된다."(B XXXIV 이하) 더욱이 이론이성에 그어지는 한계들을 순수한 실천이성이 해제시켜준다. 사변적이기 때문에 "나쁜" 형이상학을 파괴함으로써, 실천적이기 때문에 "좋은" 형이상학을 위한 토양이 마련된다. 실천적 형이상학에 따르면 신, 자유, 불멸성의 이념은 이론적 이성의 인식이 아니라 실천적 이성의 요청들이다. "그러므로 나는 믿음(Glauben)을 위한 자리를 마련하기 위해 인식을 제한해야 했다."(B XXX) 칸트는 여기서 믿음을 순수한 실천이성의 인정(Anerkennung)으로 이해한다. 순수한 실천이성은 다름 아닌 칸트가 자유의 개념들에서 사고한 도덕성이다. 그래서 전통적인 존재의 형이상학은 새로운 자유의 형이상학에 자리를 내준다.

8.2 사변적 형이상학 비판

8.2.1 이성적 심리학 비판

이성이 당하고 있는 첫 번째 기만(Täuschung)은 순수한 사고(Nachdenken)를 통해서 어떠한 경험도 없이 순수하게 이성적으로 자기 자신, 즉 영혼에 대한 실질적 인식을 얻을 수 있다는 억견(Meinung)이다. 이러한 기만을 토대로 세워진 형이상학의 분야가 사변적 심리학이라고 불리는 이성적 영혼론이다. 이성적 영혼론의 주요 목표는 영혼의 불멸성을 증명하는 데 있다. 그래서 이성적 영혼론은 이론적 성격을 띠지 않고 실천적 성격을 띤다.

이미 플라톤은 《파이돈》에서 신체의 다양성과 복합성에 대비해 영혼의 단일성과 단순성을 언급했으며, 이어지는 네 개의 논변으로 영혼의 불멸성을 상세하게 설명했다. 멘델스존은 플라톤을 모범으로 삼아서 《파이돈 혹은 영혼의 불멸성에 관해》(1767)를 썼다. 칸트는 이성적 영혼론에서 특히 이 작품을 많이 생각하고 있다. 플라톤처럼 신체와 영혼의 이원론을 주장하는 근대철학은 무엇보다 데카르트에게로 소급된다. 데카르트는 《성찰》(1641)에서 모든 인식의 궁극적 토대를 추구함에 자칭 모든 지식을 의심하며, 이 의심 가운데 그 자체로 더는 의심될 수 없는 사고하는 자아의 확실성을 발견한다. 나는 의심한다. 그러므로 나는 존재한다(dubito, ergo sum). 의심은 사유의 한 형태이므로 "나는 생각한다. 그러므로 나는 존재한다(cogito, ergo sum)"도 마찬가지로 타당하다. 더욱이 나는 외부세계의 물체적 사물들(res extensae)과 엄밀하게 구분되는 사고하는 존재(res cogitans)로서 존재한다. 많은 철학자가 코기토(cogito) 논변에 상당히 매혹되어서 데카르트를 추종하게 됐다. 독일 계몽주의자들 가운데에는 볼프와 바움가르텐이 데카르트를 추종했다.

칸트는 범주의 초월적 연역에서 데카르트의 근본 이념을 증명한다. '나는 생각한다'는 실제로 모든 인식의 필수적 조건이며, 게다가 초월철학의 최고점이다. 그러나 칸트는 초월적인 '나는 생각한다'에 근본적으로 다른 의미를 부여한다. 초월적인 '나는 생각한다'는 내적 경험의 대상, 즉 실체가 아니며, 그렇다고 실체에 대응하는 부분, 즉 속성도 아니다. 그것은 현존성(Dasein)을 갖고 있으며, 물론 비존재성은 갖지 않는다. 왜냐하면 실체-속성과 현존성-비존재성은 범주이기 때문이다. 초월적인 '나는 생각한다'는 모든 범주의 원천으로서 그 자체만으로는 범주적으로 규정될 수 없다. 더욱이 대상의 구성과 대상에 대한 객관적 인식의 구성을 위해서는 (감성적) 직관이 필요하다. 그러나 초월적인 '나는 생각한다'에 대해서는 어떤 직관도 없다. 따라서 자기 자신(영혼)에 대한 객관적 인식이 없으며, 영혼의 불멸성에 대한 증명도 없다. 그러나 영혼은 가사적이지도 않다. 영혼은 실체적 성격을 갖고 있지 않으므로 영혼의 불멸성에 대한 물음은 완전히 무의미하다.

칸트에 따르면 데카르트를 비롯해 이성적 심리학을 주장하는 무리는 네 가지 근본 명제를 주장한다. 하지만 근본 명제들로 인도하는 추론들은 논리적으로 모조리 거짓인 것으로 판가름난다. 그것들은 궤변이다. 그렇기 때문에 영혼에 대해 선험적·종합적으로 판단할 수 있다고 주장하는 사변적 심리학에 대한 비판이 순수이성의 오류추리(거짓추론)라는 제목 아래에서 이뤄지는 것이다.

이성적 심리학은 다음과 같이 주장한다. (1) 영혼(사고하는 존재)은 실체다(실체성의 오류추리), (2) 영혼은 단순하다(단순성의 오류추리), (3) 영혼은 인격이다(인격성의 오류추리), (4) 외감의 모든 대상의 현존은 의심스럽다(외적 관계의 이념성의 오류추리). 이러한 네 가지 정립에서 여타의 주장들이 도출된다. 그러한 주장들은 영혼의 비신체성(비물질성), 불가분성(비파괴성), 정신적 성격(Geistcharakter) 그리고 무엇보다 이성적 심리학의 본래적 증명목표인 영혼의 불멸성 등이다.

실체성의 오류추리가 다른 모든 추론의 토대다. 칸트는 의식적으로 실체성의 오류추리를 두 전제에서 결론을 이끌어내는 삼단논법 형식으로 다룬다.

"주어(주체) 외에 다른 것으로 생각할 수 없는 것은 주어(주체) 외에 다른 것으로 현존할 수 없으므로 실체다.

그런데 사고하는 존재는 그 자체로만 보이면 주어(주체) 외에 다른 것으로 생각할 수 없다.

그러므로 사고하는 존재는 역시 주어(주체)로서만 현존한다. 즉

실체로서 현존한다."(B 410 이하)

타당한 삼단논법에서 두 개념(A, C)의 결합은 매개념(B)을 지적함으로써 증명된다. 매개념은 외부개념(A, C)을 서로 결합한다.(6.1 참조) 삼단논법의 추론적 타당성은 동일한 매개념에 달려 있다. 그런데 실체성의 오류추리에서는 다른 오류추리에서와 마찬가지로 첫 번째 전제와 두 번째 전제에서 매개념이 다른 의미를 갖는다. 매개념이 한 경우(B_1)에서는 초월적 자기의식, 즉 "모든 개념 일반의" 순수하게 형식적인 "운반구"(B 399)를 의미하며, 다른 경우(B_2)에서는 초월적 자아가 아니라 객체적 자아, 즉 내적 경험의 대상으로서 실재적 자아를 의미한다. 그러나 초월적인 '나는 생각한다'는 모든 객관성이 가능하기 위한 조건이므로 객체화될 수 없다. 사변적 심리학의 추론들은 매개념의 모호성에 근거해 있다. 그래서 그것들은 추론적 타당성을 상실한다.

초월적인 '나는 생각한다'의 기능을 분석함으로써 다음과 같은 주장들을 도출할 수 있다. (1) 그것은 언제나 주어이며 술어가 아니라는 것, (2) 그것은 논리적으로 단순한 주어(주체)라는 것, (3) 모든 다양성이 있음에도 그것은 자기 자신과 동일한 것으로 남아 있다는 것, (4) 그것은 외적인 대상들과 구분된다는 것 등이다. 그러나 이러한 적법한 명제들은 모조리 분석적 성격을 가진다. 이성비판을 통해서 밝혀진 철학적 심리학은 '나는 생각한다'에 대해서 부당하게 선험적 종합판단을 요구하지 않는다. 철학적 심리학은 초월적 자기의식이라는 개념을 해명하는 것 이상으로 나아가지 않는다. 분석적 판단들에 대응하는 종합적 명제들, 이를테면 (1′) 자아는 실체다. (2′) 자아는 단순하다, (3′) 자아는 인격이다, (4′) 자아는 현존이 의심스럽지 않다

등은 그것에 대응하는 직관을 전제할 때만 타당하다. 그러나 이러한 직관은 감성적 성격을 가지므로 경험적이다. 따라서 참된 명제들은 후험적으로는 타당하며 선험적으로는 타당하지 않다. 그런 명제들은 경험적 심리학에 속한다. 칸트에 따르면 경험적 심리학이 가능하나 그것은 철학의 과제가 아니다.

이성적 심리학의 원천은 오해에 있다. 이성적 심리학은 모든 범주의 근저에 놓여 있는 자기의식의 초월적 통일성을 대상의 직관으로 간주해버리고 그것에 실체, 단일성 등의 범주들을 적용한다. 실제로 의식의 통일성은 사고에서의 형식적 통일성일 뿐이다. 직관 없이는 어떤 대상이나 어떤 인식도 없다. 오류추리의 변증적 가상은 사물화(Verdinglichung, Hypostasierung)에 의존한다. 이를테면 사고하는 존재라는 전적으로 무규정적인 개념이 "사고하는 주체 밖에 실재하는 대상"(A 384)으로 만들어진다. 이러한 사물화는—초월적 분석론을 토대로 해서—직관 없이는 어떤 대상이나 인식도 가능하지 않기 때문에 객관적인 자아도 가능하지 않다는 것을 알지 못하는 한 피할 수 없다. 그렇기 때문에 사변적 심리학의 궤변은 순전히 형식논리적으로는 제거될 수 없다. 초월적 이성비판이 비로소 이성적 심리학의 매개념에 내재한 모호성을 꿰뚫어보고 그것의 인식주장을 순전히 가상이라고 그 정체를 밝힐 가능성을 제공한다.

칸트의 이성적 심리학 비판은 커다란 영향력을 갖는다. 예를 들어 실체성의 오류추리의 근저에는 훨씬 확장된 생각, 즉 신체와 영혼은 두 개의 서로 독립적이며 자립적이며 현실적인 것들이 아니라는 생각이 깔려 있다. 이원론을 가정하는 한, 어떻게 두 실체가 서로 영향을 미칠 수 있는가? 그리고 어떻게 그것들이 인간 안에서 결합해 있을 수 있느냐는 물음이 발생한다. 이른바 신체-영혼 문제라는 이러한 철학의 문제는 플라톤 이래, 근대에는 데카르트 이래 골칫거리였다. 칸트는 실체성의 오류추리를 비판함으로써 그 문제가 잘못된 전제에 의존하고 있다는 것을 보여준다. 모든 인식작용의 토대인 자아 혹은 영혼은 결코 실체가 아니라 초월적인 '나는 생각한다'이므로 신체-영혼 문제는 이런 관점에서 허위문제라고 해명함으로써 비로소 문제가 풀린다.

8.2.2 초월적 우주론 비판

이성이 완전성에 대한 열망에서 완성된 전체로서의 세계에 대해 생각할 때, 이성에는 무슨 일이 일어나는가? 여기서 이성은 사고하는 자아의 영역에서 더욱 분명하게 실패한다. 인간적 경험의 단편들을 모든 현상의 총체성으로 외삽하려는 시도와 총체성에 대해 객관적으로 진술하려는 시도는 사변적 형이상학이 완전히 희망 없음을 보여준다. 이성은 이른바 이율배반에 빠진다. 문자 그대로 이율배반은 "법칙들의 대립"을 말하며, 칸트에게 이율배반은 인간 이성이 두 개의 대항하는 법칙들 아래 서 있음을 의미한다. 이 두 법칙은 모든 제약된 것을 무제약적인 그 무엇으로 소급하는 법칙과 각각의 제약을 다시금 제약된 것으로 간주하는 법칙이다. 두 번째 의미에서 이율배반들(지금은 복수형)은 비록 이성의 두 법칙에 따라서 엄격하게 논증될 수 있으며 궤변 없이도 증명될 수 있지만, 명백히 모순되는 명제들의 쌍(예를 들어, 세계는 시간상 시초를 갖는다/세계는 시간상 시초를 갖지 않는다)들이다. 우주론(그리스어로는 '세계에 대한 이론', 볼프에서는 '초월적 우주론')의 영역에서 이성은 자기 자신과의 모순에 빠져 있다. 이것이 칸트를 "독단의 선잠"에서 처음으로 깨어나게 하고, 그를 이성비판으로 '몰아넣었던' 모욕적 상황이다.(*Briefe* 781/426 참조)

형이상학자들, 특히 이성론자들과 경험론자들이 그들의 주요 주장들에서 모순을 범했다는 것은 주지의 사실이다. 칸트는 계획에 입각해서 이 모순들을 찾아내고, 똑같은 근본성을 갖는 대립하는 명제들을 증거로 제시했으며, 모순들이 필연적인 것으로 나타난다는 사실을 새로이 밝혔다.

형이상학의 주장들은 순전히 사변적으로 제시되었기 때문에 경험의 도움으로는 모순이 해결되지 않는다. 예를 들어, 천문학자는 우주의 나이를 탐구해 몇십억 년은 먹었다고 평가하고, 세계는 시초가 있다는 제1이율배반의 정립을 지지하고, 세계는 시초를 갖지 않는다는 반정립을 배척한다. 그렇지만 천문학자의 우주는 상대적 전체일 뿐 절대적 전체가 아니다. 우주의 나이 규정에 대한 경험적 오류 원천과 이론적 논쟁을 도외시한다면 다음과 같은 종류의 물음이 남게 된다. 즉 물질에 의해서 산출된 시초 이전에 무엇이 있었는가? 그리고 '원물질(Urmaterie)'은 어디에서 유래했는가? 사변적 우주론은 현상들의 절대적 총체성을 탐구하고 무제약자를 탐구하므로 경험적 탐구는 더는 도움이 되지 않는다. 자연과학으로는 이율배반이 해결되지 않기 때문에 이 과제는 철학이 떠맡지 않으면 안 된다.

칸트는 초월철학적 통찰에 의해서만 이율배반이 극복될 수 있다는 것을 보여준다. 이로써 칸트는 회의적 절망에 빠지게 하는 유혹에서 이성을 보호한다.(B 434) 칸트가 '이율배반'에서 상론하고 있는 형이상학적 사변들은 다시금 이론적 관심을 가질 뿐만 아니라 실천적 관심도 가지며, 이 사변들은 도덕과 종교의 토대에 관해서 결정을 내린다. (그런 것 같다.) 첫 번째 이율배반은 우주의 공간적 크기와 우주 역사의 지속을 탐구한다. 따라서 세계는 시간상 시초가 있으며, 세계는 신에 의해 창조될 수 있는가? 아니면, 이미 아리스토텔레스가 주장했듯이 세계는 "영원성으로부터" 존재하느냐는 물음을 다룬다. 두 번째 이율배반은 세계의 궁극적이며 절대적으로 단순한 구성요소에 대해 다룬다. 이를테면 그리스 철학자 데모크리토스적인 의미에서 원자에 대해 혹은 라이프니츠적인 의미에서 단자에 대해 다룬다. 세 번째 이율배반은 자유와 완전한 결정론의 대립과 관련되어 있으므로 이 세 번째 이율배반은 윤리학의 기초설정에 중요하다. 알-아즘(Al-Azm)에 따르면 네 번째 이율배반은 라이프니츠와 클라르케(Clarke) 사이의 서신 교환에 소급되어 파악되는데, 그것은 완전한 존재의 현존 또는 비존재를 논의하기 때문에 사변적 신학비판을 예비한다.

무제약자의 우주론적 이념들(네 가지 관점에서 현상들의 절대적인 완전성)은 두 가지 방식으로 생각될 수 있다. 그것은 (A) 현상들 계열의 가장 최후의 한 항으로 생각될 수 있으며, (B) 현상들의 계열 전체로서, 그리고 계열의 항들은 제약되어 있으며 무한한 계열 자체만 무제약적인 것으로서 생각될 수 있다. 무제약자를 이중적으로 해석함으로써 사변적 우주론의 대립하는 두 주장이 생겨난다. 해석 (A)는 독단적 이성론에 상응하고, 해석 (B)는 경험론에 상응한다. 칸트는 이성주의적 관점을 정립으로, 경험주의적 관점을 반정립으로 설명한다. 네 가지 범주군에 따라 네 가지 우주론적 이념들이 있으므로 칸트는 아래의 네 가지 대립하는 명제쌍을 얻는다.

정 립	반정립
1. 분 량	
세계는 시간-공간적으로 한계가 있다.	세계는 시간-공간적으로 끝이 없다.
2. 성 질	
세계에 있는 모든 복합된 실체는 단순한 부분들로 구성되어 있고, 단순한 것으로 또는 단순한 것에서 복합된 것 외에 다른 것으로 현존하지 않는다.	세계에 있는 어떤 복합된 사물도 단순한 부분들로 이뤄져 있지 않으며, 세계 어디에도 단순한 것이란 없다.
3. 관 계	
자연법칙들에 따른 인과성 외에 현상들을 설명하는 데 자유로부터의 인과성이 필요하다.	자유는 없다. 세계 안에 있는 모든 것은 자연의 법칙들에 따라 발생한다.
4. 양 상	
세계의 부분으로서 혹은 원인으로서 단적으로 필연적인 존재인 어떤 것이 세계 속에 포함된다.	세계의 원인으로서 단적으로 필연적인 존재는 세계 안에도 세계 밖에도 없다.

칸트는 간격을 두고 사변적 우주론의 진리를 탐구한다. 그는 정립을 위해서나 반정립을 위해서나 훌륭한 이유를 제시함으로써 번뜩이는 연출법으로 두 편 중에 어느 한편으로도 치우치지 않는 자유롭고 방해받지 않는 의견들의 대결을 연출한다. 이러한 처리법을 칸트는 '회의적 방법'이라고 부르며, 그것을 회의주의와 구분한다. 회의주의가 확실하고 신뢰할만한 인식을 원칙적으로 불가능한 것으로 주장함으로써 자신들의 주장 자체를 절대화하는 데 반해, 회의적 방법에서는 어떤 것도 즉시 인정되거나 배척되지 않는다. 대립하는 관점들

은 오히려 자유롭게 토론할 권리를 보유한다. 이를 통해서 "오해된 점"이 분명해지고, 논쟁의 대상이 "단순한 환영"임이 드러나게 되고, 새로운 확실성이 가능해진다.(B 451 이하)

자유로운 논쟁에서 각각의 논변들은 이성의 대립하는 두 법칙에 따라서 동일한 강도를 가진 것으로 증명되며, 각각의 편에서 상대편의 관점에 대한 반박이 이뤄진다. 이성은 대립하는 상대편의 관점을 반박함으로써 이성은 자기 주장의 진리성, 단지 자기 주장만의 진리성을 추론한다. 그러한 간접적이고 부정적인 증명은 정립과 반정립이 다 같이 독창적인 대안을 형성한다는 전제 아래에서는 논리적으로 반박되지 않는다. 그러한 대안은 "세계는 시간상 시초를 갖든가 아니면 세계는 '영원성에서' 유래한다", "자유의 원인성이 있든가 아니면 인간의 행동을 포함해 묻는 사건들은 완전히 결정론적이다" 등등이다.

그러나 두 가지 가능성이 있으며 그중에서 하나가 반드시 참되지 않으면 안 된다는 가정은 적합하지 않다. 세 번째 가능성이 있는데, 그것은 말할 것도 없이 초월적 이성비판에 의해서 비로소 발견된다. 칸트는 지금까지 주목되지 않은 가능성을 '초월적 관념론' 혹은 '형식적 관념론'이라고 부른다. 그것에 따르면 무제약자는 사고될 수 있지만 인식될 수는 없다. 순수이성의 이념들은 초월적 의미(transzendentale Bedeutung)를 가지며, 초재적 의미(transzendente Bedeutung)를 갖지 않는다. 이성의 이념들은 규제적 원리의 형식에서 경험에 관계하며, 그 자체로 현존하는 객체는 아니다. 질료적 관념론 혹은 경험적 관념론과 달리 형식적 관념론 혹은 초월적 관념론은 외적 직관의 대상들을 현실적인 것으로 인정한다. 그러나 초재적 관념론과 반대로 초월적 관념론은 인식의 선험적 구조가 주관에서 유래하므로 인식은 현상들에로만 향하고 물자체로는 향하지 않는다는 것을 안다.

이러한 지식은 초월적 감성론과 초월적 분석론에서 근거지은 것이며, 초월적 우주론 비판을 통해서 그것에 대한 간접적이지만 상당히 영향력 있는 증명이 이뤄진다. 직관 없이 순수한 사고를 통해서 세계를 인식하려는 시도는 이성을 모순 속에 연루시킨다. 반면에 초월적 감성론과 초월적 분석론을 인정하면 모순들이 해소된다. 즉 세계가 그 자체로 현존하는 전체라면 이성론이 주장하듯이 세계는 끝이 있거나 경험론이 주장하듯이 끝이 없어야 한다. 두 주장은 모순되므로 그것들의 전제가 옳지 않을 수 있기 때문에 세계는 그 자체로 현존하는 전체가 아닐 수 있다.

세계 전체에 대한 전통적 사고에서 극복되지 않은 논쟁점들과 관련해서 칸트는 이성론과 합리론의 화해를 추구하지 않으며, 회의론의 관점을 인정하지도 않는다. 회의론에 따르면 그러한 논쟁점에 대한 대답은 우리의 힘을 넘어서 있으며, 우리는 무지를 자인해야 한다. 칸트는 이성론, 경험론, 회의론을 모두 똑같이 궤멸시키는 결정적인 해결책을 제시한다. 즉 우주론적 이념은 구성적 의미를 갖는 것이 아니라 규제적 의미만을 가진다. 우주론적 이념들은 전체로서의 세계가 어떠한 모습을 띠는지를 말하지 않고, 포괄적인 인식에 도달하기 위해서 자연탐구가 어떻게 처리돼야 하는가에 대한 규칙을 제시해준다. 현상들의 전체성으로서 세계는 그 자체로 우리 눈앞에 있는 것이 아니라 경험적 탐구 과정 중에서 점차로 밝혀지는 것이며, 물론 그것은 결코 절대적으로 완전하게 밝혀지는 것이 아니다.

탐구 과정은 절대 완결되지 않기 때문에 예를 들어, 세계가 시간상 시초를 가진다고 혹은 세계가 완전히 단순한 부분들로 구성돼 있다고 주장하는 것은 거짓이다. 오류는 가령 다음과 같은 경우에 미시물리학에서 보인다. 미시물리학은 어떤 부분을 원자, 다시 말해 불가분적인 것으로 설명하지만, 탐구가 진전됨에 따라 원자는 양성자, 중성자, 전자로 분열된다는 사실을 확정하며, 나중에는 이런 입자들도 역시 가장 작은 부분들이 아니라고 본다. 더욱 작은 미립자 발견의 원리적인 끝은 간파될 수 없으며, 기껏해야 입자가속기, 전자현미경 등 탐구도구들이 설정하는 기술적·실용적 끝만 있다. 다른 한편, 역사에 대한 경험적 탐구 또는 우주의 구성 부분에 대한 경험적 탐구로는 결코 완전한 무한성에 도달하지 못한다. 그래서 세계의 무한히 오랜 과거가 있다든가 세계의 구성 부분들이 무한한 것으로 분할 가능하다고 가정하는 것은 마찬가지로 잘못이다. 그렇기 때문에 반정립 역시 정립과 마찬가지로 거짓이다.

처음 두 개의 이율배반, 즉 수학적 이율배반의 경우 주장들과 반대 주장들은 모두 옳지 않다. 두 주장 모두 유한한 것과 현실적으로 무한한 것 사이에 중간자, 즉 잠재적으로 무한한 것이 있다는 사실을 간과했다. 즉 무한자는 주어지는 것이 아니라 부과되는 것이다. 칸트에 따르면 다른 두 개의 이율배반이 역학적 이율배반인 경우에는 양편의 주장은 모두 참이다. 그러나 수학적 이율배반과 역학적 이율배반 사이의 이러한 구분은 이율배반 자체에서 결과 되는 것이 아니라, 이율배반에 결부된 문제에서 결과 된다. 실제로 우리는 역학적 이율배반들을 각각 수학적 이율배반들에 형식적으로 정확하게 대응하는 그런 방식으로 정리할 수 있다. 세 번째 이율배반은 다음과 같다. 정립:세계 안에서 발생하는 것에 대해 그 자체로 더는 어떤 원인도 갖지 않기 때문에 자유에 의한 인과성인 최초의 원인이 있을 수 있다. 반정립 : 자유에 의한 인과성은 없으며, 발생하는 모든 것은 오로지 자연의 법칙들에 따라서만 발생한다.

여기서도 정립은 거짓이다. 왜냐하면 경험 가능한 사건들의 범위에서는 그 자체 원인을 갖지 않는 원인으로 이해된 자유가 있을 수 없기 때문이다. 경험에서 발생하는 모든 것은 인간의 행위도 그 원인이 제기될 수 있는 사건이다. 경험적으로 보면 인간의 행위는 잠재적으로(potentiell) 결정되어 있다. 모든 경험에 타당한 인과원리에서 방법적 결정론이 귀결된다. 그러나 방법적 결정론이 독단적 결정론과 혼동되어서는 안 된다. 오늘날 엄격한 행동주의가 독단적 결정론을 대표하고 있는데, 이에 따르면 자유에 의한 인과성은 있을 수 없다. 왜냐하면 이런 반정립의 주장은 "가능한 자연경험의 범위 속에" 필연적인 제한을 포함하고 있지 않으므로 정립과 마찬가지로 거짓이기 때문이다. 그래서 칸트가 그것 없이는 도덕이 있을 수 없다고 한 자유는 사고 가능한 개념으로 남는다. 동시에 칸트는 자유를 도덕의 철학적 개념이 안식할 수 있는 곳에만, 즉 가능한 경험의 밖에 국한한다. 이 밖(das Außerhalb)은 윤리학에서만 정당성을 갖는 순수하게 예지적인 세계다.

오류추리의 경우에서처럼 칸트는 이율배반에서도 다양한 논변들을 하나의 유일한 변증적 추론으로 소급하는 데 성공한다. 여기서 대전제는 조건명제이고, 소전제가 조건의 적합성을 확정한다. "만일 제약된 것이 있다면 제약된 것의 조건들의 전체 계열 또한 있다. 그런데 감관의 대상들은 우리에게 제약된 것으로 주어진다. 그러므로 등등."(B 525)

오류추리에서와 마찬가지로 이 추론에서도 매개념이 두 가지 의미로 사용된다. 대전제는 "제약된 것은 조건들의 계열에서의 (무한한) 역행"이라고 초월적으로 이해한다. 반면 소전제는 "경험적이며, 마치 조건들의 총체성이 실제로 현전한다"는 듯이 말하고 있다. 그런데 조건들의 총체성은 현전하는 것이 아니라 탐구되어야 한다. 경험론이나 이성론과는 반대로 우주론적 이념들은 자연의 토대개념을 의미하기보다는 경험적 탐구의 원리들을 의미한다. 이 원리들은 경험적 탐구는 결코 절대적인 한계에 부딪힐 수 없다고 부정적인 방식으로 말해준다. 모든 제약의 조건으로서—그 자체로는 더는 제약되어 있지 않은—경험적인 조건이란 있을 수 없다. 오류추리에서와 마찬가지로 이율배반에서도 거짓된 의식의 폭로, 즉 독자적 형이상학에서 객관화될 수 있는 것으로 간주한 이념을 탈객관화(Entobjektivierung)하는 것이 문제다. 무제약자가 감관세계 밖에 정립되는 한 이념들은 초재적이다. 그러나 형이상학적인(이성주의적인) 방식과 실증주의적인(경험주의적인) 방식의 부당한 사물화에 대립해 초월적 자연의 이념들이 있다. 이것들은 모든 객관적 인식의 구조에 대해서 의미를 가진다. 그것들은 모든 현실적인 지식, 가장 최근의 포괄적인 학문상태조차 언제나 단편, 미완성품에 불과하다는 사실을 경험적 탐구에 상기시킨다.

이러한 부정적인 결과 외에 칸트의 사변적 우주론 비판은 긍정적 결과도 가진다. 세계를 존재 자체로 실체화한 것(Hypostasierung) 대신에 현상들 전체로서의 세계의 이념이 남아 있다. 현상들 전체는 자연과학들을 절대 종결되지 않는 탐구 과정으로 초대한다. 왜냐하면 현상들의 총체성은 결코 완전하게 측정될 수 없기 때문이다. 그래서 우주론적 이념들은 현대의 인식론과 과학론의 사소한 오류 가능성

(Fallibilismus)보다 훨씬 더 원칙적인 의미에서 경험적 탐구의 영역을 지탱해준다. 칸트는 단순히 어떠한 학문적 진술도 오류와 편견에서 전혀 자유롭지 않다고 주장하지 않는다. 그는 그것을 넘어서 경험적 탐구에서는 거시적인 영역에서나 미시적인 영역에서나 인간 인식의 최외곽 한계를 나타내는 절대적으로 최후 대상으로서의 한 대상이 있을 수 없다는 점을 설명한다. 자기 자신과 사이가 나쁘기 때문에 불행한 형이상학은 자기 자신과 화해하기 때문에 행운인 개별과학적 탐구 과정에 자리를 비워준다.

8.2.3 자연신학 비판

전통적 형이상학의 최상의 분야는 신학이 형성한다. 형이상학의 근본 개념인 신은 단적으로 최고의 존재로서 철학적으로 규정됨으로써 전통적으로 인간 인식의 종석이자 왕좌를 나타낸다. 근원적 존재 (Urwesen), 즉 신에 대한 물음은 모든 형이상학적 주제들 가운데에서 우위를 차지한다.

비록 신에 대한 물음은 철학이 아니라 종교에서 성숙했다지만, 신에 대한 물음은 철학의 가장 오래된 주제에 속한다. 플라톤과 아리스토텔레스 이래 명석한 사상가들은 자연적 이성을 수단으로 해서 신의 존재를 밝혀보려고 노력했다. 신에 대한 철학적 계몽의 역사적 과정에서 칸트의 사고는 결정적인 전회를 가져다준다. 이 전회는 아마도 혁명의 지위, 확실히 철학적 신학 안에서 패러다임의 변천이라는 지위를 가진다. (물론 철학적 무신론으로 흐르는 종교비판은 더 오래되었으며, 이것은 칸트가 배척하는 관점이다. 계몽주의 시대에 관해서는 돌바흐 (d'Holbach)의《자연의 체계(Système de la nature)》(1770) II부 참조)

신학에 관련한 칸트의 새로운 방향정위는 네 부분으로 구성되어 있다. 첫째, 칸트는 전 자연신학을 배척하며 신을 객관적으로 인식하려는 자연신학의 시도, 특히 신의 현존재를 증명하려는 시도를 배척한다. 전통과 일치되게 칸트는 신을 모든 사유의 최상 목적으로 인정하지만, 그 목적이 현존한다거나 현존하지 않는다고 주장될 수 있는 대상이라는 것을 반박한다. 둘째, 초월적 이상이 초재적 이념으로서의 신을 대신한다. 초월적 이상은 인식의 완전성 원리로서 경험의 형이상학을 완결시키지만, 종교적인 신의 표상과는 관계하지 않는다. 셋째, 제1비판은 계몽주의 시대에 대한 도덕적 해석(레싱, 《인류의 교육》 참조)과 한 목소리로 도덕신학을 위한 지반을 마련한다. 도덕신학은 윤리학의 기초를 설정하는 데서 더 상세하게 논의된다.(12.1 참조) 더는 이론적 이성이 아니라 순수한 실천적 이성, 도덕적 이성이 신에 대한 적법한 물음의 원초적인 장소로서 여겨진다는 데에 칸트의 철학적 신학의 패러다임 변천이 놓여 있다. 넷째, 칸트는 종교에 관한 저술에서 신에 대한 자신의 도덕적 믿음에 비추어서 유대-기독교적인 계시의 기본 언명들에 대한 해석을 제시한다.

칸트가 제시한 철학적 신학의 새로운 패러다임은 과거의 패러다임을 파괴하고 그 위에 세워졌다. 과거의 패러다임에 따르면 신은 사변적으로(이론적으로) 증명될 수 있다. 칸트는 모든 신 증명의 불가능성에 대해서 처음부터 확신하고 있지는 않았다. 그는 1755년(I 395 이하)뿐만 아니라 1762년(II 70 이하)에도 주저 없이 신의 객관적 실질성을 고집하고 있다. 그러나 60년대에 이미 신의 탈객관화를 시작하고, 이것은 제1비판에서 정점에 도달한다. 이를테면 신은 객관적 인식의 이성 필연적 이상이지만, 객관적으로 인식된 이념은 아니다.

칸트는 역사적으로 그 당시에 이뤄졌던 자연신학의 시도들을 면밀하게 검토하는 일에 만족해하지 않는다. 그는 사변적 신학 일반에서 가능한 것을 포괄적이고 원칙적으로 구명한다고 주장한다. 그렇기 때문에 그는 가령 흄(《자연종교에 관한 대화》(1779))과는 달리, 우선 생각해낼 수 있는 모든 신 증명에 대한 개관을 제시한다. 신 증명은——증명근거에 따라서——세 가지가 있다. 신의 현존재에 대한 증명근거는 감성적으로 지각될 수 있는 세계의 경험이거나 모든 경험을 도외시한 순수한 개념이다. 그리고 경험의 틀 안에서 증명근거는 특정한 경험, 즉 세계의 질서와 합목적성의 경험 속에 있거나 모든 합목적성 표상을 도외시한 상태에서 그 어떤 현존성의 불특정한 경험 속에 있다.

세 가지 증명은 모두 오랜 역사를 가진다. 칸트가 물리신학적이라고 부른 자연의 합목적성에서의 신 증명은 가장 오래된, 가장 분명한 그리고 "상식에 가장 적합한"(B 651) 증명으로 여겨진다. 그것은 예컨대 아리스토텔레스(《형이상학》12권 7장 1072a 25~b4)에서 최초로 그 단초를 볼 수 있는데, 철학에서만 발견되는 것이 아니며, 그것을 생각해낸 어떤 특정한 창시자를 댈 수도 없다. 가령 성경의 '로마서'에서 세계가 창조된 이래 신이 피조물에서 인식될 수 있다고 말할 때 바울은 물리신학적 증명에 의거해 있다. 이 증명을 한 사람은 중세에는 토마스 아퀴나스가 대표적이며(*Summa theologiae* I부 물음 2 항목 3 길 5 ; *Summa contra gentiles* I권 13장 증명 5 참조), 근대에는 팔레이(Paley,《신학의 본성》(1802))가 대표적이다. 비록 이미 흄이 그를 배척했고, 칸트의 비판이 팔레이의 저작보다 더 이르지만 말이다.

그 어떤 현존재로부터의 신 증명은 우주론적 증명이라고 불린다.

이 증명은 철학에서 유래하며, 플라톤(《법률》10권 2~9장)과 아리스토텔레스(《형이상학》12권 6~7장 ; 《물리학》8권 참조)에게 소급된다. 물론 칸트는 예를 들어 아리스토텔레스와는 상당히 다르게 논증한다. 매우 간결하고 훨씬 개략적인 아리스토텔레스의 사고 과정은 엄밀한 신 증명의 성격보다는 오히려 사고모델의 성격을 띠고 있었다. 아리스토텔레스는 운동에서 시작해 운동자(ein Bewegtes)는 원동자(ein Bewegendes) 없이는 있을 수 없다고 말하고—제1천체의 영원한 원운동의 중간단계를 지나서—부동의 원동자(ein unbewegtes Beweger)로 추론한다. 부동의 원동자는 모든 열망—이 "증명"에서는 물리신학적 계기—의 최고 목적과 같은 방식으로 모든 운동자의 제1원동자로서 전 자연에 기반을 주는 근거이다.

세계의 영원성에 대한 아리스토텔레스의 주장은 유대-기독교적인 창조의 표상과 모순되므로 우주론적 신 증명은 중세에는 변형돼야만 인정될 수 있었다. 토마스(*Summa theologiae* I부 물음 1 종류 3)에게서는 신에 대한 믿음을 이성적으로 나타내는 다섯 가지 이유(quinque viae) 가운데 처음 세 가지는 우주론적 논증의 성격을 지니고 있었다.(*Summa contra gentiles* I권 13장 참조) 근대에는 가령 로크가 이 증명을 지지했다.(《인간지성론》4권 10장)

모든 경험을 추상한 가운데 순수한 개념으로부터의 신에 대한 증명을 존재론적 증명이라 한다. 이 증명은 가장 최근의 것이고, 철학에서 유래하며, 캔터베리의 안셀무스가 쓴 《프로슬로기온》(1077/78)으로 거슬러 올라간다. 칸트 이후에조차 존재론적 논증은 매력을 잃지 않았다. 예컨대 헤겔, 철학자 모리스 블롱델(Maurice Blondel), 신학자 폴 틸리히(Paul Tillich)는 존재론적 논증을 참된 것으로 인정했다.

칸트는 세 가지 신 증명이 모두 실패한다는 것을 보여준다. 그렇지만 그는 이러한 사실로부터 신이 현존하지 않는다고 추론하지 않는다. 오히려 부정적 주장은 긍정적 주장과 마찬가지로 증명될 수 없다고 한다. 칸트는 단순히 사변적 신학을 배척하는 것이 아니다. 마찬가지로 그는 신의 비존재를 증명한다고 주장하는 사변적 무신론과도 경계를 두고 있다. 칸트의 주장은 신이 존재하지 않는다는 것이 아니라 신은 대상화되지 않는다는 것이다. 모든 객관화하는 말에 대해서 신은 전적으로 타자다. 더 정확히 말하면, 신에 대해서는 아무것도 이론적으로 다룰 수 없다.

많은 해석가, 예를 들어 베넷(Bennett, 1974, 228)은 칸트가 모든 사변적 신 증명을 파괴하는 일에서 시작하지 않았다는 것을 간과한다. 칸트는 먼저 신을 증명하는 데 이론적 이성 일반이 어떤 동기를 가졌는지를 묻는다. 자연신학과 연관해 칸트의 가장 근본적인 주장은 신이 이론적으로 증명될 수 없다는 것이 아니다. 칸트의 가장 근본적인 주장은 이론적 이성은 단지 신의 현존재를 묻기만 할 적법한 가능성조차 전혀 갖고 있지 않다는 것이다. 왜냐하면 '현존재'는 범주이므로 신의 현존재에 대한 물음은 신이 범주적으로 규정될 수 있는 무엇이라는 것을 전제한다. 신의 현존재에 대한 물음은 초월적 이념을 초재적 개념과 혼동하는 것이다. 여기서는 지식의 절대적 완전성이라는 순수이성에 없어서는 안 될 표상이 가능한 방식으로 현존하는 대상의 개념과 바뀌어 있다. 사변적 신학은 개별적 증명단계에서 처음으로 변증적 가상에 빠지는 것이 아니라, "신의 현존재"라는 표제 개념에서 이미 변증적 가상에 빠져 있다.

자연신학은 종교적 경배의 신, 예컨대 "아브라함의 신, 이삭의 신 그리고 야곱의 신"을 상대하지 않는다. 자연신학은 철학자의 신을 탐구한다. 칸트 이전에 철학자들은 무엇보다도 우월성의 길과 유비의 길(via eminentiae et analogiae), 실체 개념과 속성 개념들에서 외삽(Extrapolation)의 방식으로 신을 표상했다. 자연신학은 신을 절대적으로 최고의 실체이자 모든 사물의 원상으로 생각했고, 절대적으로 최고의 속성으로 전능한 것, 전지한 것 등등 간단히 말해서 가장 완전한 존재로 생각해왔다. 칸트는 전통적인 방법을 배척하는 대신에 '환원법(via reductionis, Schritt zurück)'을 사용한다. 그에 따르면 신은——모든 경험 저편에 있기는 하지만——현존하는 최고의 대상이 아니다. 이론적 이성과 연관해 신은 더는 초재적 존재가 아니라 초월적 이상이다. 그것은 경험 이편에, 말하자면 경험 뒤에 있으면서도 경험과 필연적으로 결합해 있는 선험적 표상이다. 초월적 이상은 포괄적이고 체계적인 경험으로 이해된 학문을 가능하게 하기 위한 필연적 원리다.

칸트의 경험 배후에 있는 '환원법'은 방법적 의미를 변화시키지만 신이라는 표상의 내용을 변화시키지는 않는다. 신은 객관적 대상이라는 의미는 상실하지만, 여전히 모든 가능한 술어들의 총체성이다. 즉 신은 한편으로 모든 가능성의 총체(가장 완전한 존재, ens perfectissimum)이고, 다른 한편으로 모든 가능성의 원천(가장 실질적인 존재, ens realissimum)이다. 칸트는 총체성의 이중적 이념은 모순 없이 생각될 수 있을 뿐만 아니라, 이성을 위해서 필연적이라고 말한다. 왜냐하면 이성은 인식의 절대적 완전성을 추구하지만, 사태를 완전하게 인식하기 위해서 우리는 단지 가능할 뿐인 모든 술어들을 알아야 하고, 그것을 넘어서 그것 중에서 어떤 것이 사태에 귀속되고 어떤 것이 귀속되지 않는지를 알아야 하기 때문이다. 그렇기에 완전한 인식에 대한 이성의 관심은 모든 가능한 술어의 총체와 원천을 전제한다. 그것은 절대적으로 완전한 존재의 이념이며, 가장 실질적인 존재의 이념이다. 이것을 칸트는 '초월적 이상(transzendentales Ideal)'이라고 표현한다.

이성이 모든 술어의 총체성이라는 초월적 이상을 대상인식의 구성적 원리로 언급하고, 술어들의 총체성을 먼저 실재화하고(즉 대상으로 만들고), 그다음에 술어들의 총체성을 실체화하고(즉 사고하는 주관 밖에 현전하는 객체라고 주장하고), 셋째로 그것을 인격화하자마자(다시 말해 실질성, 실체, 인과성, 필연성의 범주를 통해서 마침내 소위 객관적 인격의 현존재를 규정하기 위해서 술어들의 총체성을 개별적 인격이라고 주장하자마자) 변증론의 다른 부분들에서처럼 여기서도 이성은 변증적 가상에 빠진다. 실제로 초월적 이상은 순수한 이성 이념이다. 반면 범주들은 가능한 경험에서만 타당하고, "만일 내가 그것에 의해서 감관의 영역 밖으로 나가려고 감행한다면" 범주들은 "모든 내용"을 상실한다.(B 707)

존재론적 신 증명

칸트는 모든 신 증명을 세부적으로 파괴하는 일을 존재론적 논변에서 시작한다. 존재론적 논변은 모든 경험적 고려들을 배제하고, 단지 신의 개념만으로 신의 현존(Existenz)을 추론한다. 안셀무스는《프로슬로기온(Proslogion)》2~4장에서 신을 절대적으로 최고의 존재로 파악한다(ens quo maius cogitari nequit, 그것 이상으로 더 큰 존재가 생각될 수 없는 존재). 안셀무스는 이러한 개념 규정은 신을 부정하는 사람에 의해서도 인정된다고 말한다. 그런데 신을 부정하는 이들은 그런 존재는 단지 사고 속에서(in intellectu)만 존재하고 현실적으로는(in re)

존재하지 않는다고 주장한다. 이에 반대해서 안셀무스는 신을 절대적으로 최고의 존재로 생각하면서 신의 현존을 거부하는 것은 모순된다고 반론을 제기한다. 왜냐하면 현실적으로 존재하지 않는 절대적으로 최고의 존재와 비교해볼 때 현존하는 최고의 존재가 한 단계 상위의 것을 의미하기 때문이다. 그런데 절대적으로 최고의 존재는 정의상 그것보다 상위의 것을 인정하지 않으며, 현존하지 않는 절대적으로 최고의 존재라는 표상은 모순되므로 절대적으로 최고의 존재에는 현존재가 귀속된다.

이러한 빛나는 논변은 이미 안셀무스와 동시대인 고닐로(Gaunilo)에 의해서 허위적인 것으로 여겨졌다. 토마스 아퀴나스 역시 이러한 논변을 인정하지 않았다.(*Summa contra gentiles* 1권 10~11장 ; *Summa theologiae* I부 물음 2 종류 1) 그러나 데카르트는 성찰들에서 존재론적 논변을 다시 끄집어냈다. 물론 그것은 우주론적 논변에 가까우며 안셀무스의 논변과는 다른 논변이었다. 그 이후 존재론적 논변은 여러 차례 다시금 등장하게 된다. 예를 들어 스피노자(*Ethik* 1부 정리 7~11), 라이프니츠(*Nouveaux Essais sur l'Entendement Humain* 4권 10장 ; *Monadologie* 44~45절) 그리고 크리스티안 볼프와 바움가르텐에 의해 다시 등장한다. 데카르트는 신을 가장 완전한 존재(ens perfectissimum)로 모든 완전성들이, 즉 모든 궁극적인 혹은 바람직한 성질들이 최대한도로 귀속되는 존재로 정의한다. 그는 현존재(Dasein)를 완전성의 필수적 요소로 생각하고, 이로부터 신에게는 필연적으로 현존재가 귀속된다고 추론한다. 데카르트 역시 이미 동시대인들로부터, 예컨대 자연과학자이자 철학자이던 가상디(P. Gassendi)에게 근본적인 비판을 받는다.(*Disquisitio metaphysica*, 1644)

칸트는 존재론적 논변의 오류가 어디에 숨어 있는지를 개념적으로 명료하게 보여준다. 존재론적 논증의 오류는 칸트가 인정한 신의 이념에 감추어져 있는 것이 아니라, 현존재가 완전성에 속하기 때문에 현존재가 긍정적인 혹은 바람직한 성질이라는 가정에 숨어 있다. 이 오류를 밖으로 끄집어내 보이기 위해서 그는 'ist'의 다양한 의미들을 구분한다. 자연신학은 소박하게도 'Gott ist'라는 문장에서 'ist'가 무엇인지를 숙고하지 않았지만, 칸트는 현존재로서 이해된 'ist'는 문법적(논리적) 술어이지만 실질적 술어는 아니라는 점을 보았다.(B 625 ; 증명근거 I. 1.1. : 현존은 그 어떤 사물의 술어 또는 규정이 아니다 II 92)

끈질기게 명맥을 유지하고 있는 전설 같은 얘기에 따르면 칸트는 '현존재(Dasein)' 혹은 '현존(Existenz)'이라는 의미에서 '존재(Sein)'는 술어가 아니라고 매우 짧게(tout court) 주장했다고 한다. 소위 칸트의 이러한 주장에 대해 힌티카(J. Hintikka)는 '현존재' 역시 하나의 술어라고 반론을 제기한다. 물론 그는 모든 기술적 목적을 위해서는 군더더기라는 점에 그 술어의 특수성이 있다고 덧붙인다. (프레게와 연관시키면 우리는 일차 질서의 술어가 아니라 이차 질서의 술어들에 관해서 이야기할 수 있다.) 만일 칸트가 그렇게 생각했다면 힌티카가 전적으로 옳다.(《양상들의 모델들》(1969) 45~54)

그런데 칸트는 단순히 그렇게 생각하지 않았다. '존재(Sein)'는 '실질적인 술어(reales Prädikat)'가 아니라고 주장할 때, 칸트는 명확하게 그렇게 말했다. 왜냐하면 '실재적(real)'은 칸트에게는 오늘날처럼 '현실적(wirklich)'을 의미하지 않았기 때문이다. 따라서 실질적이지 않은 술어라고 해서 단지 외형상의 술어는 결코 아니다. 범주표에 따르면 '실질성'은 성질의 범주이며 본질내용(Sachhaltigkeit), 사태의 본질(das

Wesen der Sache)을 의미한다. 그런데 존재론적 논변에서 신이 가장 완전한 혹은 가장 실질적인 존재로 정의될 경우, 이것은 어떤 긍정적인 본질내용, 어떤 바람직한 성질도 그것에서 부족하지 않다는 것을 의미한다. 칸트는 신에 대한 이런 표상을 옳다고 말한다. 그러나 현존은 가능한 성질을 나타내지 않는다. 신의 현존에 관한 주장은 신의 본질내용에 아무것도 보태지 않는다. 신은 전지, 전능 외에는 성질을 갖지 않으며, 더구나 현존이라는 속성은 갖지 않는다. 오히려 신의 현존을 주장함에 우리는 이미 형성되어 있는 신의 개념(전지한, 전능한 등등 존재로서의 신의 개념)을 전제하여 전능, 전지 등의 성질을 갖는 한 대상이 실제로 존재한다고 주장한다.

현존재는 사태의 성질(Beschaffenheit)에 대해서 아무것도 진술하지 않기 때문에 나는 현실 속에 있는 어떤 것이 신에 대한 나의 표상에 대응하느냐는 물음을 순수한 사고를 통해서는 대답할 수 없다. 현존을 주장하려면 나는 단순한 신의 개념을 넘어가야 한다. 그 이유는 '신이 있다(Es gibt Gott)'라는 의미에서 'Gott ist'라는 진술은 분석적이 아니라 종합적이기 때문이다.

수학적 대상들의 경우 현존에 대한 물음은 순수직관에서의 구성을 통해서 대답된다. 그러나 신은 한낱 수학적인 대상 이상이며 신은 객관적 현존을 가져야 하므로 칸트는 이러한 경우를 배제하도록 한다. 신과 수학적 대상 외에 객관적 대상들이 있다. 객관적 대상들의 현존을 결정하는 것은 (감성적) 지각들 혹은 지각들에서의 추론결과들이다. 그런데 존재론적 논증은 근본 의도에서부터 순수한 사유의 지반 위 그리고 지각과 경험의 영역 밖에 세워진다. 객관적 대상들의 현존재를 인식하기 위해서는 지각과 경험 외에 다른 길이 없으므로 신의 현존재는 순전히 사변적 근거들에서 증명될 수 없다. (그러나 반박될 수도 없다.) 구상에서부터 순수사유에 제한된 존재론적 신 증명은 그 자체가 현존에 대한 모든 규준에서 단절되어 있다.

칸트는 존재론적 논증을 경멸적인 태도로 다루었다. 왜냐하면 존재론적 논증은 개념적 불명료성──현존재가 속성으로 간주한다──에 의거하므로 이미 개념 논리적으로도 정체가 드러나기 때문이다. 그럼에도 존재론적 논증에서는 궤변적 기만이 자행되고 있을 뿐만 아니라 변증적 가상, 즉 초월적 이념과 초재적 이념이 혼동되고 있다. 이성비판은 이러한 혼동을 간파하게 한다. 이성비판은 지각과 경험만이 객관적 대상들의 현존을 보증한다는 것을 보여준다.

우주론적 신 증명

두 번째 신 증명인 우주론적 신 증명은 공간-시간 중에 어떤 것이 현존한다는 사실에서 출발해 그 사실을 우연적인 것으로 여기고 그것의 근거를 추구한다. 우주론적 증명은 첫 번째 단계에서 세계(그리스어로 kosmos)의 비필연성(우연성)에서 절대적으로 필연적인 존재로 추론해나가고, 거기서부터 두 번째 단계인 가장 실질적인 존재(das allerrealste Wesen)로 추론해간다. 이 증명은 경험에서 출발하며, 현존규준의 결여라는 존재론적 논증의 약점을 없앨 것으로 기대되기 때문에 존재론적 증명보다 우월할 것 같다.

데카르트가 《성찰》에서 존재론적 논증과 결합한 두 번째 논증은 우주론적 논증에 가깝다. 결과는 그 원인보다 더 완전할 수 없으므로 절대적으로 무한한 존재의 표상은 유한한 인간 지성의 산물일 수 없다. 그런데 절대적으로 무한한 존재의 표상은 우리의 지성 속에 있음은 의심할 여지가 없다. 그러므로 우리의 표상이 그것의 모상인 무한히 완전한 존재가 있어야 한다. 이러한 존재는 '신'이라 불린다. 칸트의 설명에서 보면 우주론적 증명은 어떤 것이 현존한다는 더욱 보편적인 전제에서 출발한다. 그러므로 이것은 데카르트보다는 오히려 라이프니츠의 전제다. 이 전제는 어느 누구도, 물론 칸트 역시 부정하지 않을 것이다. 문제가 되는 것은 다른 가정, 즉 무엇이 현존한다면 절대적으로 완전한 존재가 그것의 원인으로서 현존해야 한다는 가정이다.

우주론적 증명의 첫 번째 논변단계는 다음과 같다. 우연히 존재하는 것은 모두 하나의 원인을 가져야 하는데, 이 원인이 우연적일 경우 마찬가지로 하나의 원인을 가져야 하며, 서로 종속적인 관계에 있는 우연적인 원인의 계열이 결국 하나의 절대적으로 필연적인 원인에서 끝날 때까지 각각의 원인은 그것의 원인인 다른 하나의 원인을 가져야 한다. 단적으로 필연적이기 때문에 더는 설명이 필요치 않은 원인이 없으면 우리는 완전한 설명을 할 수 없으며, 우연적인 것의 실제적인 현존을 충분히 근거지을 수 없다. 논변 과정의 두 번째 단계는 첫 번째 단계의 증명목표, 즉 필연적 존재로부터 최고의 실질성을 갖는 존재, 즉 신을 추론한다.

칸트는 이러한 증명 속에 "변증적 월권의 전체 소굴이 감추어져 있음"(B 637)을 본다. 우연적인 것에서 하나의 원인을 추론하는 초월적 원칙은 "감관세계에서만 의미가 있으며, 감관세계 밖에서는 전혀 의미가 없다"(같은 곳)는 것이 그런 것에 속한다. 가령 데카르트는 그의 두 번째 논변에서 감각될 수 없는 대상들을 위해 인과성의 범주를 끌어들임으로써 이러한 오류를 범했다. 더 나아가서 필연성의 범주를

190

모든 경험 저편의 대상들에 적용하고 신을 절대적으로 필연적인 존재로 생각하는 시도는 이성을 기이한 모호성(Zweideutigkeit)에 빠뜨린다. 즉 "우리는 그러한 사고를 막을 수 없다. 그러나 우리는 그것을 견뎌낼 수도 없다."(B 641) 왜냐하면 모든 사물의 궁극적인 지지자(letzter Träger)로서 "영원히" 존재하는 절대적으로 필연적인 존재는 "그런데 나는 도대체 어디서 왔는가?"(같은 곳)라고 자문한다. 이 물음과 더불어서 그 이상의 물음들의 가능성이 열리며, 우주론적 신의 표상은 그것이 실행해야 할 것을 하지 않는다. 즉 모든 존재의 궁극적 지지자를 결정하려고 묻는 모든 물음에 대해서 더는 뒤로 미룰 수 없는 대답을 실행하지 않는다. 이성은 물음을 완결시키려 하지만 궁극적으로 타당한 종결점을 발견하지 못한다.

칸트는 가장 중요한 반대 논변을 다음의 반론에서 발견한다. 그는 말하기를, 우주론적 숙고들은 절대적으로 필연적인 존재의 개념에서 가장 실질적인 존재의 개념으로 추론될 때 비로소 신 증명으로 완결된다. 여기에서는 경험에 대해서 더는 언급하지 않으며, 존재론적 증명에서처럼 순수한 개념에서 추론이 이뤄진다. 게다가 절대 필연적인 것과 가장 실질적인 것이라는 두 개념은 포괄적이어서 우리는 우주론적 논변의 두 번째 단계("가장 실질적인 존재는 절대적으로 필연적이다")를 역전시킬 수도 있으며, 그렇게 하면 바로 존재론적 논변을 얻는다. 즉 절대적으로 필연적인 존재는 가장 실질적인 존재이며 그 개념 속에 현존을 포함하고 있다. 이로써 우주론적 증명은 존재론적 증명이 받은 것과 동일한 비판을 받는다. 우주론적 증명은 존재론적 증명 위에 존재론적 증명에서는 전혀 제시된 바 없는 새로운 증명이 덧붙여진 것이다.

물리신학적 신 증명

순수한 사고나 그 어떤 현존재에 대한 경험도 신의 현존을 증명할 수 없으므로 특정한 경험에서 증명을 이끌어낼 가능성만이 남아 있다. 이런 가능성은 물리신학적 신 증명에서 보인다. 물리신학적 신 증명은 자연의 경이로운 질서와 합목적성에서 세계를 합목적이고 질서 있게 형성하는 모든 힘과 지혜를 갖는 숭고한 원인을 추론한다. 모든 힘과 지혜를 가진 존재는 완전한 존재, 즉 신이다.

정확히 말해서 제3의 신 증명은 세 단계로 구성된다. 먼저 그것은 자연의 질서와 합목적성에서 그 질서와 합목적성의 창시자를 추론하고, 그다음에 경험적으로 측정될 수 있는 질서와 합목적성에서 질서와 합목적성의 절대적 완전성을 추론한다. 절대적으로 필연적인 창시자가 이러한 완전성에 대응한다. 그리고 마지막으로 절대적으로 필연적인 창시자로부터 그것의 현존재를 추론한다.

비록 칸트가 물리신학적 논변에 대해서 상당한 공감을 하고 있었지만, 그는 이러한 신 증명의 시도에 대해서 더 많은 반론을 제기한다. 첫째로 그는 물리신학적 신 증명에서 허용되지 않는 유비추리를 발견한다. 물리신학적 증명에서는 자연상태들이 인간기술의 산물들, 즉 가옥, 배, 시계와 비교되며, 기술의 산물들과 마찬가지로 지성과 의지를 갖춘 존재에 의해서 만들어진다고 가정된다. 이런 가정에서 이미 알고 있는 것에서 알고 있지 못한 것으로 추론되는데, 이것은 허용되지 않는다. 이것에서 알 수 있듯이 인간의 기술은 언제나 먼저 주어져 있는 질료를 목적에 따라서 형태화하는 것일 뿐 최초의 물질을 창조하는 것이 아니다. 이 유비는 기껏해야 세계건축가의 가정으로 이끌 뿐이다. 세계건축가는 아무런 책임이 없으며 만들지도 않은 법칙들의 지배를 받는 물질들을 갖고 자신의 최상의 대작을 만든다. 비록 그 유비를 허용될 수 있는 것으로 인정한다고 하더라도 그것은 데미우르고스, 즉 플라톤의 《티마이오스》에서 의미하는 세계건축가(Weltbaumeister) 이상을 근거짓지 못하며, 유대-기독교적 전통에서처럼 전능한 세계창조자(Weltschöpfer)를 근거짓지 못한다.

무엇보다 이 증명은 그 지혜와 힘이 관찰된 질서의 합목적성에 비례하는 원인만을 해명할 수 있다. 그런데 우리가 세계 속에서 지각하는 질서와 합목적성은 경이로우리만큼 위대할 것이므로 탐구를 계속할수록 우리는 자연에 대해서 더욱더 놀랄 것이다. 세계의 바탕에 놓인 지혜와 힘은 무한함이 틀림없다는 주장은 그래서 감추어지지 않는다. 모든 경험은 유한한 것과 제약된 것에 고착되어 머물러 있기 때문에 물리신학적 증명은 원칙적으로 실패한다. 물리신학적 증명은 단순히 경험적 전제들에 의거하므로 그것은 신학적 목적을 달성하지 못하거나, 즉 이미 알려져 있는 모든 것에 비해 더 큰 힘, 더 큰 지성, 더 큰 지혜 이상의 것이며 단순히 세계건축가 이상의 것인 신에 도달하지 못하거나, 아니면 사람들은 우리의 경험적 불충분성을 비경험적 근거들을 통해서 조정하려고 한다. 물리신학적 증명은 두 번째 단계와 세 번째 단계에서 그 일에 착수한다. 그러나 물리신학적 증명의 두 번째 단계는 자기편에서 존재론적 논변을 전제하는 우주론적 논변에 대응한다. 그래서 모든 것이 존재론적 논변으로 소급돼 흐르지만, 존재론적 논변은 증명능력이 없다. 이로써 신의 현존을 이론적으로 정초하려는 모든 시도는 칸트에 의해서 불가능한 것으로 반박된다. 모든 자연신학 활동들은 종식되지 않으면 안 된다. 다시 말해 경험적 논증을 통해서나 순수하게 개념적인 논증을 통해서, 또 이 두 논증의 결합을 통해서도 신의 현존재는 증명될 수 없다.

그럼에도 신학적 이성의 변증론은 부정적 결과만을 갖는 것은 아니다. 신학적 이성의 변증론은 신의 이념을 형성하는 것이 모순을 포함하지 않는다는 것을 보여준다. 더욱이 신은 가능한 개념일 뿐만 아니라—초월적 이성의 한계 내에서—이성에게 필연적인 개념이다. 칸트는 사변적 신학을 배척할 뿐만 아니라 신의 비존재를 주장하는 사변적 무신론을 배척하고, 그 밖에 신의 표상을 사고 불가능한 것 또는 이성의 위엄을 손상하는 것으로 여기는 실증주의를 배척한다. 신은 모순 없이 생각될 수 있지만, 이론적으로 인식될 수 없기 때문에 모든 계시와 독립한 순수한 이성에게 가능한 유일한 신학, 즉 철학적 신학은 도덕적 법칙들 위에 근거한다.(B 664) 칸트는 초월적 관념론을 고려하고, 인식을 가능한 경험에 제한하며, 신에 대한 철학적 믿음에 자리를 남겨둔다.

8.3 이성의 완전성 원리로서 이성 이념들

《순수이성비판》 재판 서문에 따르면 (사변적) 형이상학이 문제시되는 것은 그것이 기대에 부응하지 못하기 때문이다. 즉 형이상학은 학문적 인식으로 진전하기는커녕 끊임없는 논쟁에 빠져 있다. 형이상학은 자신이 할 수 있는 것 이상을 의욕 하기 때문에 기대에 부응할 수 없다. 형이상학은 모든 경험을 초월하는 인식을 추구하는데, 그것은 불가능하다. 형이상학은 자신의 희망을 실제적 가능성과 혼동하기 때문에 자신이 할 수 있는 것 이상을 의욕 한다. '변증론'에서 칸트는 바로 이러한 혼동이 어디에서 성립하는지를 보여준다. 이를테면 그런 혼동은 초월적 이념들을 초재적인 것으로, 즉 규제적 원리를 구성적인 것으로 간주하는 데 있다. 이성의 이념들, 즉 영혼, 세계, 자유, 신은 가능한 표상들이며, 더욱이 필수적인 표상들이다. 이성의 이념들은 이를테면 사유의 논리적 타당성에 근거한다. 그렇지만 논리적 타당성은 학문적 인식의 진정한 대상이 아니라 학문적 인식의 탐구 원리다.

이념들의 경우에 이성은 직접 자기 자신만을 다루는 일에 종사한다. 그러나 이성이 자기 자신을 다루는 것(die Selbstbeschäftigung der Vernunft)은 인식을 위해서 무용하지 않다. 왜냐하면 범주적으로 파악된 개별적 인식은 객관적 지식이 되기는 하지만, 한 학문에서 지식의 체계적 연관성을 가져다주지는 않기 때문이다. 절대적 전체의 표상들이 이성 이념들에 의해서 인도될 때, 비로소 우리는 지식의 체계적인 연관성을 얻는다. 경험 중에서 획득된 개념과 진술들은 이념들을 통해서 완전성으로 방향이 설정된다. 이 방향정립은 두 가지 상반되는 방향을 가진다. 즉 필연적인 법칙들에 따라 연관된 전체의 최대한 통일과 대상들의 다양성으로의 가장 광범위한 확장이라는 두 가지 방향을 가진다.

이중의 완전성, 즉 인식의 통일과 확장은 경험을 매개로 해서만 실현된다. 감성과 지성의 공동작업 없이는 객관적 대상이 없다. 그렇기 때문에 이성 이념들은 구성적 의미를 갖지 않으며, 규제적 의미만을 가진다. 이성 이념들은 참된 인식을 위해서 아무것도 공헌하지 않는다. 그럼에도 이 이념들은 철학에 의해서 창작된 것이 아니라 학문의 진정한 이해를 위해서 없어서는 안 되는 것으로 보인다. 왜냐하면 학문은 진리를 추구할 뿐만 아니라 인식에 대해 체계적 통일과 가능한 최대한의 다양성을 추구하기 때문이다.

학문의 역사를 일별하는 것만으로도 이성 이념의 규제적 사용에 대한 칸트의 이론이 실제 탐구에 단순히 접목된 것이 아니라는 사실이 알려진다. 자연과학자들은 다양한 힘들을 몇 가지 기본적인 힘들로 설명하려 하며, 가능하다면 유일한 하나의 기본적 힘으로 설명하려고 한다. 이런 의미에서 뉴턴은 행성운동에 관해서는 케플러(Kepler), 자유낙하에 관해서는 갈릴레이(Galilei), 빛의 파동이론에 관해서는 하이헌스(Huygens), 공기의 압력과 무게의 관계에 관해서는 게릭(Guericke)에 힘입은 관찰들, 실험들, 특수한 자연법칙들을 이론역학의 통일적 체계로 총괄했다. 금세기의 물리학자들은 '실체들'의 다양성을 하나의 근본 실체 위에서 두 가지 현상형식, 즉 질량(m)과 에너지(E)로 환원시켰다. 아인슈타인의 등식, $E=mc^2$(c=광속도)에 따르면 질량과 에너지는 서로 전환된다. 이와 비슷하게 생물학자들은 모든 생명체, 즉 인간, 동물, 식물 모두에 타당한 생화학적 기본 과정들에서 생명 과정의 충실(Fülle)을 설명하려고 한다. 마찬가지로 심리학자들은 심리적 현상들(충동, 욕구와 열정, 관심, 희구)의 다양한 충실을 최종적인 기본 동기로부터 이해하게 하고, 동일한 인격에 관련짓는 보편적인 개념들과 과정들을 탐구한다. 또한 경제학자들과 사회학자들도 현상들을 통일적인 기본 개념들과 원동력들로, 예를 들어 공급과 수요의 법칙으로 혹은 '복잡성의 축소(Luhmann)'로 환원시키려 한다.

학자들은 실험적 분과를 이론적 학문에 의해서 보충함으로써 실험적 물리학, 화학, 생물학 외에 이론적 물리학, 화학, 생물학 그리고 경험적 경제학과 사회학 외에 이론적 경제학과 사회학에 종사함으로써 특수한 경험들을 보편적이고 통일적인 이론들로 결합하려고, 특수한 경험들을 정초하고 설명하는 것이 일관되게 연관되도록 결합하려고 한다. 그들은 최대의 통일이라는 이념에 준거해서 그런 일을 다룬다. 다른 측면에서 학자들은 자연적 세계와 사회적 세계에서 끊임없이 새로운 현상들을 발견하려고 노력한다. 그들은 체계적 통일에 가치를 둘 뿐만 아니라——그들은 스스로 자신들의 이론들로 찾고 있는 것이 단순성과 우아함이라고 말하기조차 한다——인식 대상들의 각양각색의 충실과 다양성에도 가치를 둔다.

칸트는 이러한 두 가지 탐구 경향에 대해 그 바탕에 놓인 원리를 정식화한다. 통일성의 추구는 다양의 동질성이라는 초월적 법칙에 따르며, 가능한 최대한 확장에 대한 추구는 특수화·다양화의 법칙에 따른다. 칸트는 전통적 철학이 종의 규칙들을 세웠으므로 이 두 가지 법칙들을 이미 전통적 형이상학이 인정해왔다고 말한다. 즉 원리들은 불필요하게 다양화되어서는 안 되며(entia praeter necessitatem non esse multiplicanda), 존재자의 다양성은 이유 없이 제한돼서는 안 된다 (entium varietates no temere esse minuendas).

칸트는 두 개의 대립하면서도 서로 보완적인 탐구 경향이 있다는 사실을 보았다. 이러한 사실로부터 학문의 역사에서 끊임없이 등장하는 논쟁인 현상 중에 통일이 있는지 없는지 하는 물음에 대한 논쟁은 무용하다는 결론이 나온다. 왜냐하면 첫째, 그러한 논쟁에서 통일성과 다양성은 그것들이 단지 주관적 원칙들과 이성의 준칙들일 뿐일지라도 가능한 인식이나 세계의 객관적 성질로 여겨지기 때문이다.(B 694) 둘째, 통일성과 객관성은 둘이 함께할 때에만 절대적 완전성에 대한 이성의 관심을 충족시킬지라도 하나의 과제를 다른 과제들의 부담으로 절대화하기 때문이다.

자연적 세계와 사회적 세계의 통일성, 다양성 그리고—세 번째 원리인—연속성의 표상들이 학문적 탐구의 바탕에 놓여 있다. 그럼에도 칸트에 따르면 이 표상들은 경험에서 유래하지 않는다. 모든 경험 또한 모든 경험의 총합은 한정되어 있다. 그러나 이념들에서는 절대적 완전성, 즉 무한성이 고려된다. 그러므로 이념들은 경험에 한정된 지성을 넘어선 능력, 바로 이성에 의존한다.

인식의 삼중의 완전성, 즉 통일성, 다양성 그리고 연속성은 이성에 의해서 요구되지만, 지성에 의해서만 실현된다. 이성 이념들은 자연적 설명들에 결여된 것을 보충할 수 있는 초자연적 근거들을 나타내는 것이 아니다. 반대로 이성 이념들은 학자들로 하여금 결핍된 설명들의 상황에 절대 만족하지 말고, 그 대신 새롭고 사태에 적확한 근거들을 끊임없이 탐구하도록 요구한다. 이성 이념들은 항소적이고 발견적 의미를 가진다. 다시 말해 이성 이념들은 지성에게 학문의 진보를 위한 충동을 준다. "모든 인간적 인식은 직관에서 시작하고, 그것에서 개념으로 나아가고, 이념에서 종결된다."(B 730)

칸트의 규제적 이성 이념의 이론은 베이컨과 그 이후의 많은 사람이 필요를 느낀 새로운 논리학에 대한 기여라고 이해할 수 있다. 근대적 학문의 출현 과정에서 "과거의 기관(Organon)"(그리스어로 '도구'. 이것은 아리스토텔레스의 논리적 저작들을 나타내기도 한다)에 뒤이어 학문의 새로운 기관이 현실화되었다. 그것은 "발견의 기술(ars inveniendi, 새로운 것을 창작하는 기술)"로서 전통적인 "증명의 기술(ars demonstrandi)"과 대립한다. 하지만 칸트는 '변증론'에서 새로운 기술의 고정된 규칙들을 정식화하지 않고, 단지 보편적인 판정원리들만을 정식화하고 있다. 끊임없이 전진하는 현실성 인식이 이러한 판정원리를 통해서

의미 있는 것이나 이성적인 것으로 나타나며, 그것들의 고유한 운동력에서 자유로워진다.

경험이나 경험들의 주어진 총합은 인식의 완전성에 도달하지 못하므로 완전성이라는 이성의 이상은 학문적 탐구를 지배하는 목표지만, 장래에도 도달될 수 없는(ins Unabsehbare) 목표다. 회화의 경우 소진점은 그림 밖에 있으면서 그림의 원근법을 규정하고 있듯이, 학문적 탐구는 그 어떤 시점에서 지식의 절대적인 완전성에 도달하지 못하더라도, 이성 이념들을 의무로 갖고 있다. 우리가 탐구의 소진점을 고유한 대상으로 여기고 탐구진보(Forschungsfortschritt)의 원리들이 객관적 학문, 즉 사변적 형이상학을 정초했다고 믿는 데서 변증적 가상이 발생한다. 실제로 이성 이념들은 어느 때도 그것에 완전히 도달하지 못하면서도 학자들이 끊임없이 나아가고 있는 그런 목표다. 이성 이념들은 우리가 아무리 전진해도 뒤로 물러나는 지평선과 같은 것이므로 우리는 그 경계선에 결코 도달하지 못하며, 결국 정지하지 못한다.

학문이 완전성을 의무로 갖고 있지만, 완전성은 여전히 도달될 수 없는 것으로 남는다면 우리는 학문적 탐구를 의미 없는 시시포스의 노동으로 생각해야 하는가? 이런 결론은 명백한 것처럼 보이지만, 부득이한 것은 아니다. 직관형식들과 범주들에 힘입어 객관적 인식이 가능하고 인식의 진보가 가능하다. 다만 절대적으로 완전한 인식만은 학문에 인정되지 않는다.

레싱은 완결된 진리를 소유할 경우 정신의 활동이 소멸할 것이라고 보아 항상 불완전한 진리의 추구를 완결된 진리의 소유보다 더 좋아했다. 칸트는 완전성은 결코 주어지지(gegeben) 않으며 언제나 부과되는(aufgegeben) 것이므로 정신의 소멸을 두려워할 필요가 없다는 것을 보여준다. 지식의 체계적 통일은 현전하는 통일이 아니며, '계획된 통일'(B 675)도 아니다. 이념들은 학문들에 유한성, 즉 아무리 새로운 지식이라도 한계를 갖는다는 것을 상기시킴과 동시에 탐구 과정의 원리적 비종결성으로 인해 학문들에 무한성을 상기시킨다.

　"인간 이성의 자연적 변증론의 궁극 목적"에 대한 물음에 의해 인도되어서, 칸트는 '초월적 변증론의 부록'에서 인식의 체계적 통일성과 절대적 완전성의 이상을 세계의 창시자라는 세계 밖의 지성자로서 표상해도 될 것이라고 주장한다.(B 697 이하) 이런 주장으로 칸트는 초월적 변증론의 말미에서 다시 사변적 형이상학의 근본 오류에 빠지고, 초월적 탐구준칙을 다시 초월적 대상으로 실체화하는 모순을 범하는 것처럼 보인다. 스트로슨(231)은 세계를 지배하는 것이며 "모든 이유 물음에 대한 이유(das "Darum für jedes Warum", 모든 무엇 그리고 그것 때문에)"를 포함하는 세계 밖에 있는 지성자에 대한 칸트의 생각을 용서될 수 있는 추가물로, 즉 이성의 일종의 피로 표현으로, 그 때문에 일시적으로 원초적인 위안을 주는 모델로 되돌아간 것으로 간주한다. 그러나 칸트에게 이런 생각은 이론적 연관 관계 속에 있는 것이 아니라 실천적 연관 관계 속에 있는 것이므로 결코 위안을 주는 것이 아니다. 게다가 칸트는 명백하고도 단순히 "유비적인" 생각과 이념의 형상적인 묘사(Darstellung)에 대해서 말하고 있으며, 현존하는 대상에 관해 말하는 것이 아니다. 또한 칸트는 세계 밖에 있는 지성자의 표상은 이론적 이성의 목표, 즉 완전한 인식을 의미있는 것으로 생각하기 위해서 요구된다고 말한다. 단편적인 개별인식들을 체계적인 통일과 질서로 총괄하려는 학문의 시도를 의미 있는 것으로 여기는 사람은 이러한 목표에 도달하는 것을 자연이 허락하는 양, 즉 자연 자체 속에 체계적 질서가 지배하고 있는 양 자연을 표상해야 한다. 그러나 체계적 질서는 '마치(als ob)' 자연이 "현명한 의도에 따른" 세계의 통일과 질서의 "창시자"인 세계 밖에 있는 최상의 지성자에게 힘입고 있는 것처럼 우리가 자연을 생각할 때만 오직 가능한 것으로 나타난다.(B 725)

칸트가 마지막까지 초월적 이념들을 여전히 객관화하지 않았다는 사실은 신이 세계의 질서와 통일을 그와 같이 의욕했다고, 아니면 자연은 현명하게도 그와 같이 질서 지어져 있다고 말하는 것을 칸트가 완전히 똑같은 것으로 여긴다는 사실에서 보인다. 신이라는 이론이성의 이념은 칸트가 주장하는 자연인식의 초월적 형이상학의 요소에 머문다. 그것은 합목적적 자연의 이념과 일치하며, 직관에 의해 실현될 수 없으며, 인식추구의 (무한한) 진행을 통해서만 실현될 수 있다.

3장

나는 무엇을 해야 하는가?
도덕철학과 법철학

칸트는 인식의 세계뿐만 아니라 행위의 세계도 철학적 사고의 변화를 통해서 파악한다. 현실에서 학문에 부여되는 특별한 지위는 행위의 경우 마땅히 도덕(Moral) 혹은 윤리성(Sittlichkeit)에 부여되어야 한다. 이론의 영역에서 학문이 보편적 타당성과 객관적 타당성을 주장하듯이, 실천의 영역에서는 윤리성이 보편적 타당성과 객관적 타당성을 주장한다. 그렇기에 칸트는 윤리성(도덕)의 새로운 기초를 마련함으로써 실천철학을 변혁시킨다.

칸트 이전에는 윤리성의 원천을 자연의 질서나 공동체의 질서, 행복에 대한 희구, 신의 의지 혹은 도덕적 감정 등에서 찾았다. 칸트는 이러한 방식으로는 윤리성의 객관적 타당성이 주장될 수 없음을 보여준다. 이론의 영역에서처럼 실천의 영역에서도 객관성은 주체 자신을 통해서만 가능하다. 도덕의 원천은 자율(Autonomie), 즉 의지의 자기입법성에 있다. 자율은 자유(Freiheit)와 같은 것을 의미한다. 그러므로 근대를 이해하는 단서가 되는 핵심 개념인 자유는 칸트에 의해서 철학적 토대를 얻는다.

칸트가 윤리성의 새로운 토대를 마련한 것은 오늘날에도 단순히 역사적 가치를 갖는 데 그치지 않는다. 오늘날 도덕적 규범의 정당화에 관한 논쟁에서 칸트는 대화 상대자로 여겨지고 있으며, 이는 정당한 것 같다. 왜냐하면 칸트는 매력 있는 대화 상대자가 갖추어야 할 두 가지 전제를 모두 충족시키고 있기 때문이다. 첫째, 그는 현대의 규범윤리학이 통상적으로 인정하고 있는 최소 조건들을 만족시키고 있다. 칸트 역시 윤리학에서 상대주의, 회의주의, 독단주의에 반대하는 관점을 취하기 때문이다. 이 점에서 칸트는 현대의 공리주의 윤리학의 대표자와 일반화 원리(Prinzip der Verallgemeinerung)의 대표자들(헤어, 싱어), 더 나아가 롤스(Rawls)와 콜버그(Kohlberg), 아펠(Apel), 하버마스(Habermas) 그리고 구성주의 윤리학('에어랑겐 학파')과 생각을 같이하고 있다. 또한 칸트는 도덕적 판단과 도덕적 행위는 개인적 감정이나 자의적 결정에 관한 문제가 아니며, 사회 문화적 유산, 생활양식 혹은 관습의 문제도 아니라는 사실에서 출발한다. 오히려 그는 인간의 행위를 궁극적 책임들(Verbindlichkeiten) 아래에서 이뤄지는 것으로 본다. 더는 이러한 책임을 지지 않으려고 하면 타인 또는 자기 자신에 의해 그에 대한 변명을 요구받는다. 행위는 독특하면서도 이성적인 논의의 대상이다. 나아가 칸트는 도덕의 최상 원리를 근거로 해서 이 논의를 세운다. 칸트와의 대화는 오늘날의 윤리학조차 더는 의견의 일치를 보지 못하는 데서, 이를테면 도덕원리의 정확한 규정문제에서 비로소 시작된다. 여기에서 칸트는 매력 있는 대화 상대자가 갖추어야 할 두 번째 전제를 충족시킨다. 윤리학의 영역에서 세계적으로 논의의 상당 부분을 지배하고 있는 공리주의 이론에 대해 칸트의 자율과 정언명법의 윤리학은 가장 의미 있는 체계적 대안을 제시한다. 이 대안은 높은 반성수준을 통해서 비로소 알아차리게 되는 것이 아니라 법과 도덕, 경험적으로 제한된 의지와 순수한 의지, 합법성과 도덕성, 기술적·실용적 책임과 도덕적 책임, 최상선과 최고선의 구분에 의해 더욱 정교화된 개념성을 통해서 이미 그와 같은 것들을 알아차리게 된다. 윤리학에 대한 칸트의 저작들은 오늘날에도 여전히 역사적인 것으로 서술할 가치가 있을 뿐만 아니라 실질적으로 대면해볼 만한 가치가 있다.

현대의 윤리학적 논의에서 칸트가 갖는 의미는 올바로 이해되기 어려운 처지에 있기도 하다. 칸트의 윤리학은 일반적인 문화적 재산에 스며 있는 칸트 이해 속에 단편적으로 수용되어 있을 뿐만 아니라 철학자들에 의해서도 종종 단편적으로 수용되고 있다. 그런데 이렇게 단편적으로 수용된 것들조차 조작된 오해들로 인해 일그러져 있다. 실러(Schiller)와 벤자민 콩스탕(Benjamin Constant) 이래 칸트는 엄숙주의라는 비난을 받고 있다. 또한 아리스토텔레스와 달리 칸트에게는 실천(Praxis)의 개념이 결여되어 있다고 헤겔 이후 끊임없이 주장되고 있다. 다시 말해 칸트의 실천이성은 실천적 의도에 봉사하는 이론적 이성에 불과하다는 것이다. 게다가 칸트의 윤리학은 도덕적 세계를 경험적 세계와 분리하는 의심스러운 두 세계 이론에 근거하고 있기 때문에 행위의 통일은 더는 이해될 수 없다고 주장된다. 또한 칸트는 당위의 단순히 주관적이며, 더욱이 비역사적인 성격을 주장했다는 비난이 헤겔에서 비롯되었다. 그리고 칸트적 당위는 아리스토텔레스적 요소인 '실체적 윤리성(substantielle Sittlichkeit)'과 역사성에 대립하는 것으로 이해된다. 막스 셸러(Max Scheler)는 칸트의 윤리학을 심성윤리학(Gesinnungsethik)으로 특징짓고, 니체와 후설을 끌어들여서 칸트가 형식주의자라는 비난을 고조시킨다. 이런 비판은 하르트만에 의해 더욱 강화된다. 특히 칸트의 의무윤리학을 "프로이센 왕국에 대한 순종"과 연관 지어서 생각하는 경우도 없지 않다.

칸트의 논변 과정을 들여다보고 그 속에서 실천에 대한 비판적 자기반성을 살펴보면 이러한 비난들은 대부분 퇴색될 것이다. (아마 다른 비난들은 정당할 것이다. 그런 비난들은 독일관념론 운동으로 유도한다.)

《도덕형이상학 원론》(GMS)과《실천이성비판》(KpV)에서 칸트는 도덕적으로 행위하는 사람의 의식 속에 판명하지는 않더라도 항상 포함된 것만을 드러내려 한다.(GMS Ⅳ 389, 397 등) 칸트는 자신만의 독특한 엄격함으로 도덕적 실천에 대한 자기반성을 관철한다. 여기서 그는 비판적 전회에 따라서 자신의 사상을 계속해서 발전시켜 나가고 있지만, 그것을 가장 명확하게 서술하고 있지는 않다. 칸트에게 행위에 대한 도덕적 자기반성은 제1원리인 정언명법과 의지의 자율을 발견한다.

그러나 칸트는 단순히 원리를 반성하는 것에 만족하지 않는다. 형식주의라는 비난과 달리 칸트는《도덕형이상학》(MS)에서 자율과 정언명법을 수단으로 하여 도덕적인 것으로 밝혀질 수 있는 책임들을 찾아낸다. 바로 여기에서 많은 사람이 아리스토텔레스나 헤겔에게서만 찾을 수 있다고 믿는 바로 그것, 즉 실체적 윤리성이 언급된다. 동시에 칸트는 헤겔에서부터 마르크스를 거쳐 비판이론에 이르는 경향을 피하고 있는데, 이런 경향에서는 윤리성의 사회적 실체는 주목되는 반면 윤리성의 개인적 '실체'는 등한시되고 있다. 아리스토텔레스의 실천철학이 윤리학과 정치학으로 양분되듯이 칸트의《도덕형이상학》도 두 부분으로 구성되어 있다. '법론(Rechtslehre)'에서는 윤리성이 특히 법과 국가의 견지에서 사회적 제도로 어떻게 확정되는지 탐구되는 반면에, '덕론(Tugendlehre)'에서는 윤리성이 행위하는 주관, 성격의 기본 토대, 즉 덕(Tugenden)으로 어떻게 강화되는지가 고찰된다. 이미 철학사적으로 상투적인 것이 되어버린 대립 설정, 즉 "아리스토텔레스 대 칸트" 그리고 "칸트냐 헤겔이냐"와 같은 상투적 표현은 시급히 정정될 필요가 있다.

칸트의 윤리학은 심지어 아리스토텔레스 이래 서양 윤리학을 지배해온 행복(Eudaimonie)의 원리조차 전적으로 배척하지 않고, 오히려 요청들의 틀 속에서 최고선으로서 확고한 자리를 마련해준다. 나아가 우리는 칸트가 역사철학도 면밀하게 숙고했음을 볼 수 있다. 그러나 칸트에게 역사철학은 "나는 무엇을 해야 하는가?"라는 물음에 대답하는 것이 아니라 "나는 무엇을 바라도 좋은가?"라는 물음에 대답하는 것이다. 칸트의 실천철학에 대한 포괄적인 평가에는 《실용적 관점에서의 인간학》이나 교육학에 대한 강의 같은 저술들도 포함되어야 한다. 칸트는 교육학에 대한 강의에서 교육 과정을 자연과 도덕 사이, 인간의 경험적 성격과 예지적 성격 사이의 일종의 교량으로 해석한다. 칸트의 사고에서는 생활의 지혜와 처세술까지 한 자리를 차지한다. 그렇지만 그것들은 자율의 원리에 근거해서 볼 때 중심에서 훨씬 벗어나 있다. 그것들의 위치는 칸트 이래 철학으로서의 윤리학의 주변부였다.

9. 실천이성비판

칸트는 실천이성을 비판적으로 검토함으로써 윤리학을 새롭게 근거짓는다. 실천이성은 이론이성과 전혀 다른 것이 아니다. 오직 하나의 이성만이 있고, 그것이 실천적으로 사용되거나 이론적으로 사용된다. 일반적으로 말해 이성은 감관의 영역, 자연의 영역을 넘어서는 능력이다. 인식과 관련해 이성이 감관을 넘어서는 것이 이성의 이론적 사용이고, 행위와 관련해 이성이 감관을 넘어서는 것이 이성의 실천적 사용이다. 칸트는 이성의 이론적 사용과 실천적 사용을 구분함으로써 흄이 기술적 명제와 규정적 명제를 구분한 것을 인정한다. 실천이성은 감성적 규정근거들, 충동, 욕구와 열정, 쾌와 불쾌의 감각과 독립하여 행위를 선택하는 능력을 의미한다.

칸트는 도덕적 지표를 세우기보다는 냉정하게 비규범적인 인식적 언어로 이야기한다. 그는 성급하게 도덕화하는 대신에 도덕적으로 중립적인 현상들에서 시작한다. 이런 현상은 이미 주어진 자연법칙에 따라서 행위하는 능력이 아니라 법칙(예컨대 수단과 목적의 관계)을 파악하고, 이 법칙을 원리로 받아들이고, 그에 따라서 행위하는 능력이다. 법칙의 표상에 따라서 행위하는 능력은 의지라고 불리므로 실천이성은 다름 아니라 의욕 하는 능력(das Vermögen zu wollen)이다.(GMS IV 412 참조)

의지는 전혀 비이성적인 것이 아니며, "은폐된 심연에서 나오는 불투명한 힘"이 아니다. 오히려 그것은 이성적인 어떤 것이고 행위와 관련된 이성이다. 의지로 인해 인간과 같은 이성적 존재는 짐승들과 같은 단순한 자연적 존재와 구분된다. 짐승들은 표상된 법칙이 아니라 자연적으로 주어진 법칙에 따라 행위한다. 더욱이 우리 인간은 '의지'라는 표현을 그 이상의 것으로 이해하며, 모든 의지는 외부에서 오는 강제(Zwang)와 구분되는 것으로서 내부에서 생기는 나의 모든 충동(Drang)을 의미한다. 이럴 경우 단순한 자연적 존재도 자신의 본능과 욕구를 따르는 한 의지가 있다고 할 수 있다. 그러나 칸트는 이 표현을 엄밀한 의미로 이해하는데, 거기에는 충분한 이유가 있다. 왜냐하면 단순한 자연적 존재의 경우 본능과 욕구는 행위하는 데 필연적으로 따르게 되는 합법칙성의 의미를 갖기 때문이다. 한낱 자연적 존재의 경우, 내적인 충동은 내재적 강제이므로 자연적 존재는 기껏해야 은유적인 의미에서 의지를 가질 뿐이다. 자연적 존재는 자신의 행위자극들(eignen Handlungsimpulsen)을 따르지만, 그것은 자신의 의지가 아니라 '자연의 의지'를 따르는 것이다. 자기 스스로 표상한 법칙들에 따라서 행위하는 능력만이 자신의 의지를 근거짓는다. 의지는 자연 그대로의 자극(Impulse)을 제거해버리는 능력이 아니라 그것에서 거리를 두고 그것이 행위를 규정하는 최종 근거로서 역할을 하지 못하게 차단하는 능력이다.

칸트는 이론의 영역에서처럼 실천의 영역에서도 감각적 규정근거들에 의존해 있는 의지와 그것과는 독립해 있는 의지, 다시 말해 경험적으로 제약된 실천이성과 순수한 실천이성 사이를 방법적으로 예리하게 구분한다. 경험적으로 제약된 실천이성이 외부에서, 즉 본능과 욕구, 습관과 열정에서 부분적·외적으로 규정을 받는 반면에, 순수한 실천이성은 모든 경험적 조건들과 독립해 전적으로 자기충족적이다.

이제 칸트는 모든 도덕적 개념이 "이성 안에서 완전히 선험적으로 자신의 자리와 원천을 가지며"(GMS IV 411), 엄밀한 의미에서 도덕성은 순수한 실천이성으로만 이해될 수 있다고 주장한다. 그렇기에 이론의 영역에서와 달리 실천의 영역에서는 증명의 목표가 전도된다. 칸트는 인식의 경우에 순수이성의 월권을 거부하지만, 행위의 경우에는 경험적으로 제약된 이성의 월권을 거부한다. 칸트는 도덕적 경험론의 주장을 배척한다. 칸트는 우리가 경험적 규정근거들만을 근거로 행위할 수는 있으나, 그럴 경우 도덕적 원리조차 경험에 의존할 것이라고 한다.

상세히 말해보면, 칸트는 윤리학을 근거짓는 데 있어 네 가지 기본적인 과제를 제시한다. 그는 윤리성의 개념을 규정하고(9.1), 정언명법에 맡겨진 존재인 유한한 이성적 존재가 처한 상황에 이 개념을 적용하며(9.2), 윤리성의 원천을 의지의 자율에서 발견한다.(9.3) 그리고 그는 이성의 사실을 토대로 함으로써 윤리성의 현실성을 증명하려 한다.(9.4) 그렇게 함으로써 칸트는 윤리적 경험주의에 이어서 윤리적 회의주의 역시 원칙적으로 극복된 것으로 간주한다. 여기서 그는 이미 종교철학과 방향을 같이하는 요청이론을 추가한다.(12.1)

9.1 도덕성으로서의 윤리성

《도덕형이상학 원론》은 상세한 도입말 없이 시작한다. 곧바로 첫 번째 문장부터 "오직 선의지만 제한 없이 선하다"는 도발적인 주장을 한다. 이 주장에서 표현된 논제는 처음부터 그 자체로 의미 있는 것이 아니다. 이 주장의 근저에 깔린 물음, 즉 제한 없이 선하다는 것이 도대체 무엇이냐는 물음이 중요한 문제이며, 이 물음 속에 감추어진 주장, 즉 "윤리적으로 선하다"는 "제한 없이 선하다"를 의미한다는 주장이 중요하다. 이렇게 함축적인 동일성 주장에서 선의 개념이 정의된다. 《도덕형이상학 원론》에서 칸트는 사람들이 일반적으로 그럴 것으로 생각하는 것처럼 선의지와 의미의 현상에서 논의를 시작하지 않는다. 그는 규범윤리적 진술에서 논의를 시작하지 않고 감춰져 있는 개념의 규정, 즉 메타윤리적 진술에서 논의를 시작한다. 이를 통해 윤리적인 것의 개념이 규정되고, 이 규정은 다른 모든 선의 개념들과 뚜렷이 구분된다. 칸트 윤리학에 대한 원론적 변호나 비판은 여기에서 시작되어야 한다.

칸트의 설명(*GMS* IV 393 이하)에 따르면, 제한 없이 선한 것은 결코 상대적으로 선하지 않으며, 단적으로 또는 절대적으로 선하다. 그렇기 때문에 윤리성은 주어진 목적을 위한 행위, 또는 대상, 상태, 결과, 능력 등의 기능적(기술적, 전략적 또는 실용적) 유용성을 가리키는 것이 아니다. 또한 윤리성은 단순히 한 사회의 관습과 풍습 또는 법적 구속력과의 일치를 뜻하는 것도 아니다. 왜냐하면 이런 모든 경우에서 선함(das Gutsein)은 유용한 전제 또는 상황에 제한되기 때문이다. 그러나 단적으로 선한 것은 제한하는 조건 없이 개념에서 선하고, 무제약적으로 선하며, 그 이상의 목적 없이 그 자체로 선한 것이다.

무제한적으로 선한 것이라는 개념은 선에 대한 물음을 완결짓기 위한 필요충분조건으로 나타난다. 칸트는 제한적으로 선한 것은 그 자체로 보면 모두 양가적이기 때문에 무제한적으로 선한 것이라는 개념이 필연적이라고 말한다. 제한하는 것인 조건들(Bedingungen), 특히 의도들이 선하면 제약된 것(das Bedingte) 또한 선하다. 조건이 선하지 않으면 제약된 것은 악하다. 그러므로 무조건 선한 것은 조건 하에서 선한 것 일반이 선하기 위한 전제다. 다른 한편으로 무제한적으로 선한 것이라는 개념은 선에 대한 물음을 완료하기 위한 충분조건이다. 왜냐하면 원칙적으로 무제한적으로 선한 것 이상의 것이 있을 수 없기 때문이다.

칸트의 단적으로 선한 것이라는 개념은 가장 완전한 존재라는 존재론적 개념을 생각나게 하는데, 개념은 그 자체로 행위의 특정한 측면에 제한되어 있지 않다. 무제한적으로 선한 것이라는 규범적 이념은 인간 행위의 개인적 측면뿐만 아니라 제도적 측면, 특히 법률과 국가에 대해서도 타당하다. 우리는 행위를 이렇게 두 가지 관점에서 구분할 수 있기 때문에 도덕성에도 두 가지 근본 형식이 있다. 한편으로 한 인격체의 윤리성으로서의 도덕성이 있고, 다른 한편으로 법률에 대한 이성개념, 즉 인격체들의 공동생활에서 윤리성으로서 정치적 정의가 있다.

윤리성의 이념은 법질서와 국가질서에 관련되어 있지만, 칸트는 《도덕형이상학 원론》과 《실천이성비판》에서 무엇보다 먼저 윤리성의 인격적 측면을 다룬다. 이러한 편향성 때문에 칸트는 그의 법론을 새롭게 근거지은 윤리학과 연결하지 못했다는 오해 또는 법론을 개인적 윤리성, 즉 도덕성에서 고찰했다는 오해를 조장했다. 첫 번째 해석은 비판 이전기의 법론에 관한 것이고, 두 번째 해석은 철학적·정치적으로 고려된 법의 도덕화에 해당한다.

《도덕형이상학 원론》에서 칸트는 먼저 윤리성을 행위의 인격적 측면으로 제한하는 일부터 시작한다. 《도덕형이상학 원론》은 선의지만을 단적으로 선한 것으로 간주하고, 정신의 재능, 기질적 특징, 타고난 운명, 성격적 특성 같은 개인적 소여들이 단적으로 선한 것일 수 있는지를 따져본다. 칸트는 이런 것들은 단적으로 선하기보다는 양가적이라는 것을 보여준다. 이런 것들은 선하고 바람직한 방향으로 사용될 수 있지만, 그와 마찬가지로 유해하고 악한 방향으로도 사용될 수 있다. 반면에 두 방향 중에 어느 방향으로 사용할 것인지를 결정하는 것은 선한 의지이거나 악한 의지이다. 따라서 위의 정신적 재능, 기질적 특성, 타고난 운명, 성격적 특성 등은 단지 제한적으로 선하고, 그것들이 선한 것일 수 있는 조건은 선의지에 있다. 선의지는 그 밖에 다른 조건들을 근거로 하여 선한 것이 아니라 그 자체로 선한 것이다. 전통적인 도덕형이상학에서와 달리 칸트에게 단적으로 선한 것은 가령 아리스토텔레스의 행복처럼 의지의 최고의 대상에서 성립하는 것이 아니라(*KpV* V 64 참조) 선의지 자체에서 성립한다.

칸트는 의무 개념의 힘을 빌려서 선의지의 본질이 어디에 있는지를 밝힌다. 물론 '의무'와 '선의지'는 개념적 범위가 동일하지 않다. 왜냐하면 선의지의 개념은 "어떤 주관적 제한과 장애"(*GMS* IV 397)를 유보한 상태에서만 의무 개념을 포함하기 때문이다. 의무는 명령(Gebot), 요구(Aufforderung), 명법(Imperativ)의 형식을 띠는 윤리성이다. 명법적 형식은 처음부터 필연적으로 선한 의지를 가지고 있지 않은 주체에 대해서만 의미가 있다. 명법적 형식은 신의 경우처럼 본성상 언제나 그리고 전적으로 선한 의지를 갖는 순수한 이성적 존재와는 관계가 없다.(*KpV* V 72, 82) 이성적인 열망 외에 그것과 경합하는 자연적인 경향들의 충동이 있는 곳에서만, 선한 의욕(Wollen) 외에 나쁜 또는 악한 의욕이 있는 곳에서만 의무에 관해 이야기할 수 있다. 이러한 상황은 이성적 규정근거는 물론 감성적 규정근거에도 의존하는 모든 이성적 존재에게 타당하다. 이처럼 완전히 순수하지 않은 이성적 존재 또는 유한한 이성적 존재가 인간이다. 윤리성을 의무 개념에 의해 해명하는 한 칸트는 인간을 도덕적인 존재로 이해하려고 노력하고 있는 것이다.

그런데 윤리적 의무를 충족시킬 가능성은 세 가지가 있다. 첫째, 우리는 의무에 복종하지만 궁극적으로 자신의 이익이 되는 것에 의해 규정될 수 있다. 이것은 고객을 잃을까 두려워서 처음 보는 손님에게도 성실하게 대하는 상인의 경우에 해당한다. 둘째로, 의무에 적합하게(pflichtmäßig) 행위함과 동시에 의무를 향한 직접적인 경향에 의해 행위할 수 있다. 예컨대 동정심에서 재난에 처한 사람을 돕는 경우이다. 마지막으로 우리는 순전히 '의무에서' 자신의 의무를 받아들일 수 있다.

우리가 윤리적 의무를 그 어떤 규정근거들을 이유로 행하는 경우에는 선의지가 존재하지 않는다. 개인적 윤리성은 단순히 의무에 따르는 데서 성립하지 않는다. 칸트는 이것을 '합법성(Legalität)'이라고 부른다. 왜냐하면 우리의 행위가 단순히 의무에 적합한 것(윤리적 정당성)은 우리가 의무에 복종하는 이유가 되는 규정근거들에 의존해 있고, 조건적으로 선할 뿐 무조건 선하지 않기 때문이다. 윤리성의 (메타윤리적) 규준, 즉 무제한적 선함은 그것이 윤리적으로 정당하다는 이유 외에 다른 이유 때문에 실행되는 것이 아닐 경우에 만나게 된다. 의무 자체를 위해 의무를 실행하는 행위만이 무제한적으로 선하다. 칸트는 이러한 경우에만 도덕성을 이야기한다.

도덕성은 의무와의 단순한 일치에서 성립하는 것이 아니기 때문에 도덕성을 관찰 가능한 행위나 그런 행위의 규칙의 수준으로 옮겨 놓고 보아서는 안 된다. 도덕성은 합법성과 달리 행위 자체에서 확립될 수 있는 것이 아니다. 그것은 오로지 행위의 규정근거, 즉 의욕 (Wollen)에서만 확립될 수 있다. 그럼에도 많은 철학자는 윤리성의 개념을 단순히 규범이나 가치의 개념 또는 갈등해결을 위한 행위규정이라는 개념 속에서 파악하려고 시도한다. 이러한 것은 가치윤리학이나 공리주의 그리고 오늘날의 보편화 원리에 해당하며, 아펠, 하버마스, 에어랑겐 학파의 의사소통 윤리학, 특히 윤리학을 행위론적·사회학적으로 근거짓고자 하는 시도의 경우에 해당한다. 그렇지만 이런 시도는 모두 행위하는 주체와 관련해 단적으로 선한 것에 대한 이론이라는 의미에서 도덕이론일 수 없다. 그것들은 기껏해야 윤리적으로 정당한 것(das sittlich Richtige)을 보여줄 수 있을 뿐 윤리적으로 선한 것(das sittlich Gute)이 무엇인지는 보여주지 못한다. 그러한 시도들은 합법성(Legalität)을 근거짓는 것일 뿐 도덕성(Moralität)을 근거짓는 것이 아니다.

칸트의 비판과 그 자신의 이론에 대한 간접적 정당화에 대해 도덕성과 선의지의 윤리학이 윤리성을 선한 심성(Gesinnung)이라는 순수한 주관성으로 환원시켰다는 반론이 종종 제기된다. 칸트의 도덕성과 선의의 윤리학이 '심성윤리학(Gesinnungsethik)'이라는 비난에는 이중의 비판이 포함되어 있다. 첫째, 칸트는 실현된 모든 것, 실재적 세계 속의 결과에 대해서 무관심한―마르크스가 《독일이데올로기》(III부 1, 6)에서 주장하고 있듯이―"독일 시민의 무능, 의기소침, 비참함에 완전히" 부응하는 활동성 없는 내면성의 세계를 애호하고 있다는 비판이고, 둘째는 일체의 모든 행동을 너무 쉽게 선하고 옳은 것으로 여긴다는 비판이다. 종종 인용되면서도 잘못 해석되고 있는 아우구스티누스의 말, "좋아하라. 그리고 네가 원하는 것을 행하라(dilige et quod vis fac)"는 뜻에서 심성은 선한 양심에만 호소하고 객관적인 척도를 결여하고 있다.

칸트의 윤리학이 심성윤리학이라는 비판은 대중화되면서 공감을 얻는다. 한편 이런 비판은 칸트의 윤리학을 오해한 데서 비롯된다. 칸트에 따르면 의욕(Wollen)은 단순한 희망에서 성립하는 것이 아니라―우리의 힘이 미치는 한―모든 수단을 한데 모으는 데서 성립한다.(GMS IV 394) 의지는 그것이 사회적·정치적 세계에서 표현되는 것에 대해 절대 무관심하지 않다. 의지는 저편에 있는 것이 아니다.

오히려 의지는 주체 자체에 근거가 있다는 점에서 현실성의 궁극적인 규정근거가 된다. 확실히 의지의 표현은 신체적 · 정신적 · 경제적 부족함이나 그 밖의 다른 부족함으로 인해서 의욕 되는 대상에 미치지 못할 수 있다. 예를 들어 누군가를 구조하려는 행위가 그 행위자의 과실이 없어도 너무 늦거나 완전히 무력할 경우가 있다. 인간은 이런 위험을 피할 길이 전혀 없다. 인간이 하는 일체의 행동은 자연적 · 사회적 조건에 의존해 있어서 행위자의 의지로 규정되지 않으며, 행위자가 결코 완전히 조망할 수 없는 힘의 장에서 이뤄진다. 윤리성은 오로지 주체가 책임질 수 있는 영역, 행위의 주체에게 가능한 것에만 관계되기 때문에 드러난 결과, 객관적으로 관찰된 결과는 도덕성의 척도가 될 수 없다. 개인의 윤리성은 행위 자체로 결정되는 것이 아니라 행위의 바탕이 되는 의지에 의해 결정된다. '순수한 심성윤리학'에 대한 대안으로 제시되는 도덕철학, 행위의 윤리성을 결정하는 척도를 실제적인 결과에서 찾는 도덕철학은 인간이 결코 완전히 책임질 수 없는 조건들에 대해서도 인간에게 완전히 책임이 있는 것으로 취급한다. 이러한 도덕철학은 인간이 처한 기본적인 상황을 오인한 점에서 전혀 개선이 없으며, 그것을 일관성 있게 적용할 경우 근본적으로 비인간적이다.

다른 한편, 이러한 비판은 칸트에게 있어서 합법성은 도덕성의 대안이 아니라 도덕성의 필연적 조건이라는 사실을 간과하고 있다. 심성윤리와 결과윤리에 대립하는 관점을 취하는 막스 셸러(Scheler, I부 III장)와 다르고, 심성윤리와 책임윤리를 구분하는 막스 베버(《정치적 저작 전집》 3551 이하)와도 달리 도덕성과 합법성을 구분할 때 칸트는 서로 배타적인 두 가지 근본적인 태도를 문제 삼고 있는 것이 아니다. 칸트의 도덕성은 합법성과 경합하는 위치에 있지 않고, 합법성의 조건들을 더 엄격하게 한 것이다. 도덕적 행위를 살펴보면 먼저 윤리적으로 정당한 것이 실천되고, 의무가 충족되고, 그다음으로 의무의 충족이 행위의 규정근거가 된다. 도덕성은 합법성 이후에 발생하는 것이 아니라, 오히려 합법성을 상승시킨 것이고 합법성을 능가하는 것이다. 마침내 칸트는 도덕성을 위한 객관적 규준을 설정한다. 즉 정언명법을 도덕성의 객관적 규준으로 설정한다. 더욱이 엄격한 객관성은 그 자체로 도덕성의 규준이 된다. 따라서 칸트가 객관적인 척도 없이 순전히 개인적인 양심에 대한 내성을 지지한다는 비난은 유지될 수 없다.

9.2 정언명법

정언명법은 칸트의 사상 가운데 가장 많이 알려져 있으면서도 근본적으로 왜곡되고 있는 요소들 가운데 하나다. 철학적 논의에서조차 정언명법은 적지 않게 풍자적으로 왜곡되고 있다. 예컨대 프랑케나(Frankena, 《분석적 윤리학》(1975) 52)는 '왼발 구두끈을 먼저 묶어라' 또는 '혼자 있을 때는 어둠 속에서 휘파람을 불어라'와 같은 준칙들이 정언명법에 따르기만 하면 윤리적인 의무라고 주장했다. 어떤 이들은 정언명법을 행위가 의무에 따르는 것인지에 대한 검사, 즉 행위의 도덕성에 대한 검사가 아니라 행위의 합법성에 대한 검사로 취급한다. 또 어떤 이들은 의무에 따른 행위의 결과가 행위와 관련된 사람들의 행복에 도움이 되는 데도 칸트는 그 모든 결과를 완전히 무시함으로써 인류의 번영에 무관심하다고 비난한다. 어떤 이들은 정언명법을 순수한 이성 명령으로 여기는 것이 아니라 어떤 것을 확증하기 위한 경험적·실용적 원리로 여긴다.(회르스터)

정언명법의 개념

칸트는 정언명법을 도덕성을 판정하는 최고의 기준으로 삼는다. 바꿔 말하면, 칸트는 정언명법을 전체 윤리성의 최고 판정기준으로 삼는다. 척도로서 기능하는 것 외에 정언명법은 윤리적으로 중성적인 명령을 내리지 않는다는 것을 간과해서는 안 된다. 행위자가 윤리적 책임을 인정하려 하든 아니면 인정하지 않으려 하든 관계없이 윤리적 책임을 대부분 행위자에게 부과하기 위해 정언명법은 윤리적 책임이 어디에서 성립하느냐는 물음에 대해 중립적이지 않다. 명법으로서 정언명법은 당위(Sollen)다. 정언명법은 우리에게 특정한 방식으로 행위할 것을 요구한다. 정언명법이 부가하는 이러한 요구는 아무런 제한도 없이 타당한 유일한 요구다. 그러므로 정언명법의 형식적 문구는 조건 없이 "……행위하라!"로 끝난다. 윤리적 행위가 어디에 근거하고 있는지를 이야기하는 것은 정언명법에 있어서는 이차적이다. 이를테면 일반화가 가능한 준칙에 근거한다고 말한다. 정언명법은 일차적으로 우리에게 어떻게든 윤리적으로 행위할 것을 요구한다. 그래서 정언명법을 가장 짧게 표현하면 다음과 같다. "윤리적으로 행위하라!(Handle sittlich!)"

정언명법은 단적으로 선한 것이라는 윤리적 개념에서 직접 도출된다. 정언명법이 '정언적'인 이유가 여기에 있다. 또한 정언명법은 유한한 이성적 존재에 관한 것이므로 '명법'이다. 더 정확하게 말하면, 정언명법은 다름 아닌 유한한 이성적 존재라는 조건 아래에 있는 윤리성의 개념일 뿐이다. 더는 배후로 소급해 갈 수 없는 곳에서 도달한 칸트의 통찰이 여기에서 성립한다. 칸트는 정언명법에서 자신의 메타윤리적인 기본 주장을 인간이라는 종에 적용한다.

인간처럼 결핍된 이성적 존재는 혼자 힘으로 필연적으로 윤리적 행위를 하는 것이 아니기 때문에 이성적 존재에게 윤리성은 당위의 성격을 띨 뿐 존재의 성격은 띠지 않는다. 윤리성이 품행과 규범적 생활 환경을 확고히 강화할 수 있는 이차적 가능성은 있지만, 일차적으로 윤리성은 명법의 성격을 띤다. 이것은 아리스토텔레스와 헤겔에 의해서도 부정될 수 없었던 사실을 보여준다. 즉 모든 성격과 제도적 환경이 윤리적이지 않다는 사실을 보여준다. 물론 명법적 성격을 지나치게 좁은 의미로 이해하고 그것을 명확한 명령과 금지령으로 제한해서도 안 된다. 명법적 성격은 예컨대 성서적 비유에서처럼 감추어져 있을 수도 있다. 성서적 비유에서는 언제나 "나아가서 저와 같이 행하라"에서처럼 명법적 성격이 부차적으로 나타난다. 또한 윤리학이 명령과 금지령을 의식적으로 도외시하고 아무런 지침도 없이 사례와 모범을 가지고 작업하는 경우 또는 해석학적 윤리학에서처럼 우리의 세계 속에 이미 실현된 윤리적 실체에 주목하는 경우에도 예외 없이 필연적으로 인정되는 자연법칙과 같은 의미가 있지 않으면서도 윤리적으로 올바른 것으로 생각할 수 있는 태도방식과 생활양식이 문제가 된다. 더우이 당위 또는 명법에 대해 언급할 때 칸트는 단순히 어떤 명령 이상을 의미한다. 그는 처음부터 어떤 탁월한 힘이 명하는 임의적인 명령을 배제한다. 창문을 닫으라는 요구 또는 더는 담배를 피우지 마라는 요구는 요구된 행동이 의무 지어진 또는 금지된 것으로 나타나게 하는, 가령 건강 같은 목적이 배후에 있을 때만 칸트적 의미에서 명법이다. 명법은 "나는 무엇을 해야 하는가?"라는 인간의 실천적 근본 물음에 대해 외적 강제나 내적 강제가 아니라 이성의 근거에 의해서 대답한다. 물론 이러한 근거들을 행위자가 반드시 인지할 필요는 없다(GMS IV 413). 비윤리적 명법들조차 실천적 필연성, 즉 행위에 대한 책임을 구성한다. 이런 책임은 모든 사람에게 타당하며 단순히 주관적인 감각에 의존하는 유쾌함과 구분된다.

칸트는 "나는 무엇을 해야 하는가?"라는 근본 물음이 세 가지 방식으로 이해될 수 있다고 한다. 따라서 이 물음에 대한 답변도 세 가지로 구분되며, 이 세 부류의 답변은 서로 다른 이성적 근거를 가진다. 그러므로 이성적 근거도 세 부류로 나뉘는 것이다. 그리고 이 세 부류는 같은 단계에 위치하지 않고 계층적으로 구성되어 있다. 그것은 실천이성의 세 단계를 나타낸다. 우리는 이것을 행위에 대한 합리성의 세 단계라고 한다. 더욱이 이성의 세 단계 또는 합리성의 세 단계는 이성의 엄밀성에 따라서 구분되지 않고 이성의 영향 범위에 의해 구분된다. 처음 두 단계, 즉 가언명법들의 경우 모든 이성에 부여되는 엄밀한 필연성이 우연적 전제들로 인해 제한된다. 세 번째 단계, 즉 정언명법 또는 도덕적 명법의 단계에서는 제한을 가하는 모든 전제가 배제된다. 정언명법 내지 도덕성은 이성적이지 않은 것을 전혀 포함하지 않는다. 반대로 여기에서 실천이성의 이념 또는 행위의 합리성 이념이 원칙적으로 완성된다.

첫 번째 단계, 즉 숙련성의 기술적 명법(die technische Imperativ der Geschicklichkeit)은 임의의 목적을 달성하기 위해 필연적 수단을 제공한다. 예를 들어 부자가 되고 싶은 사람은 더 많은 수입을 올리는 것을 과제로 삼아 그것을 향해 노력해야 한다. 두 번째 단계, 즉 영리의 실용적 명법(die pragmatische Imperativ der Klugheit)은 결핍된 이성적 존재의 실제적 목적, 즉 행복을 촉진하는 행동들을 규정한다. 여기에는 예컨대, 건강을 위한 식이요법 처방 따위가 속한다. 이 같은 합리성의 두 단계는 객관적인 책임에 제한이 없기는 하지만 그에 상응하는 행동은 주관적 목적의 제한을 받을 때만 명령 된다는 점에서 공통적이다. 부자가 되고자 하는 사람은 누구나 더 많은 수입을 올리는 것을 과제로 삼고 추구해 가야 한다. 그러나 이것에서 더 많은 수입을 올리는 사람을 존경해야 한다는 결론이 도출되지는 않는다. 이러한 명령은 실제로 사람들이 부자가 되려는 계획을 실행할 때만 존립한다. 그리고 부자가 되겠다는 이러한 목적은 필연적이지 않다.

합리성의 처음 두 단계는 가언명법이다. 가언명법의 타당성은 제한하는 전제들에 달려 있다. "만일 내가 x를 바란다면, 나는 y를 해야 한다." 여기서 명법의 가언적 성격은 문법적 형식과 무관하다. "담배를 너무 많이 피우지 마라!"는 명령은 문법적으로는 정언적이지만 건강에 의한 관심에 제한되어 있기 때문에 가언명령이다. 반면에 "만일 누구든 곤궁에 처한 사람을 보면 도와주어라!"는 명령은 가언적 문장이지만 정언명법을 포함하고 있다. 왜냐하면 이 문장에서 조건절 "만일 ~보면"은 남을 구조하라는 명령의 타당성을 제한하는 것이라기보다는 그러한 명령을 불러일으키는 상황을 기술하는 것이기 때문이다.

무제한적 선의 규준에 따르면, 윤리적 책임은 유보조건 없이 타당하다. 그러한 정언적 책임은 합리성의 세 번째이자 최상의 단계를 이룬다. 왜냐하면 이 단계에 속하는 명법은 어떤 제한 없이 부가되기 때문에 절대적으로 보편적, 즉 필연적이고 예외가 없기 때문이다. 따라서 엄밀한 보편성은 윤리성의 보증서이자 척도로 여겨질 수 있다.

"칸트는 실천(Praxis) 개념을 가지고 있지 않다"는 아리스토텔레스 전통과 헤겔 전통에서 비롯된 비난은 여기서 힘을 잃게 된다. 칸트는 '실천'이라는 표현을 매우 절제해서 사용하기는 한다. 그럼에도 그는 실천에 대해 매우 세련되고 실체적인 이해를 지니고 있다. 칸트는 의지의 개념을 이용해 행동(Handlung)을 구조적으로 분석하고, 개인적 실천(personale Praxis)과 정치적 실천을 구분하고, 개인적 실천의 영역에서 합법성과 도덕성을 분리한 것 외에 윤리학에서 실천의 세 가지 기본 형식을 구분했다. 이 세 가지 기본 형식은 명법의 세 형식에 대응한다. 기술적 행위는 선택된 임의의 목적에 기여하고, 실용적 행위는 행복에 추구하는 자연적 욕구에 봉사하는 반면, 윤리적 행위는 단순히 기능적인 가치를 넘어서 있다.

지금까지 논의된 요소들로 정언명법이 정의될 수 있다. 말하자면 객관적 책임과 그것에 대한 비필연적 복종은 명법에 해당하고, 엄밀한 보편성은 정언적 성격을 증명한다. 그렇지만 이런 요소들만으로는 아직 《도덕형이상학 원론》에서 칸트가 해 보인 것과 같은 정확한 정식화에는 미치지 못한다. 지금까지는 《도덕형이상학 원론》에서처럼 윤리적 실천을 정치적 실천과 구분되는 개인적 실천의 영역에 제한하지 않았다. 정언명법의 구성성분 가운데 여기까지의 논의에서 빠져 있는 것은 준칙의 개념 속에 포함되어 있다. 그리하여 정언명법의 기본 형식은 다음과 같다. "너는 준칙임과 동시에 보편적 법칙이 될 것을 의욕할 수 있는 그러한 준칙에 따라서만 행위하라."(GMS IV 421)

칸트는 정언명법의 기본 형식 외에 "도덕성의 원리를 표상하는 세 가지 방식들"(IV 436)을 알고 있다. 이 세 가지 방식은 준칙의 형식, 준칙의 내용, 준칙의 완전한 규정에 관한 것이다. 사물의 현존재는 보편적 법칙에 따라서 자연의 형식적 개념을 형성하므로 정언명법은 "마치 너의 행위 준칙이 너의 의지를 통해서 보편적인 자연법칙이 되는 것처럼 그렇게 행위하라"(IV 429)고 한다. 정언명법의 두 번째 표상방식, 즉 '질료적' 표상방식은 목적 그 자체로서의 이성적 자연에서 출발한다. "너의 인격에서나 어떤 다른 사람의 인격에서나 인격을 항상 동시에 목적으로 취급하고, 단지 수단으로서만은 절대 사용하지 않도록 행위하라."(IV 429) 준칙의 세 번째 표상, 즉 준칙의 완전한 표상에 따르면 "자신의 입법에서 유래하는 모든 준칙을 자연의 왕국처럼 가능한 목적의 왕국에 일치"(IV 436)해야 한다.

정언명법이 윤리성의 척도라는 주장에 대해 논란이 없지 않다. 영어권에서는 벤담(Jeremy Bentham, 1748~1832)과 밀(John Stuart Mill, 1806~1873) 이후 공리주의가 영향력 있는 윤리적 관점이었다. 최근 독일에서는 담론(Diskurs)이 도덕의 규준으로서 지지를 받고 있다. 그렇지만 공리주의와 담론윤리학(Diskursethik), 이 두 관점은 그들이 추구하는 도덕적 규준들이 제한적인 조건 아래에서 구속력이 있는 것이 아니라 원칙적으로 구속력을 가진다는 것을 전제하고 있다. 그러므로 정언명법은 개념과 궁극적 척도로서, 즉 도덕의 고유한 규준으로서 공리주의와 담론윤리학의 바탕에도 깔려 있다. 정언명법이 지나치게 추상적이라고 말하는 이들도 있다. 그러나 정언명법은 모든 책임의 최상의 형식, 실천적 합리성의 완결 단계를 의미한다.

준칙

정언명법은 임의적인 규칙, 가령 도덕적으로 중요하지 않은 규칙에는 관계되지 않고 오로지 준칙(Maxim)에만 관계된다. 칸트는 준칙을 행위의 주관적 원칙(KrV B 840)으로 이해한다. 이러한 원칙은 의지의 보편적 규정들을 내포하고, 보다 많은 실천적 규칙들을 그 아래에 포함하고 있다.(KpV 1 ; GMS IV 420 이하 참조) (1) 주관적 원칙으로서 준칙은 사람마다 다르다. (2) 의지의 규정으로서 준칙은 객관적 관찰자가 행위자에게 귀속시키는 질서의 도식(Ordnungsschemata)을 나타내는 것이 아니다. 준칙은 행위자 자신이 자기 것으로 인정하는 원리이다. (3) 더 많은 규칙을 자기 아래 포함하고 있는 원칙으로서 준칙은 가령, 빈곤, 삶의 권태 또는 모욕 등과 같이 개인적 삶과 공동의 삶의 어떤 기본적인 측면과 관련해 우리의 삶 전체를 인도하는 방식을 가리킨다. 준칙은 특정한 생활 영역과 상황 유형에 관련되는 것이므로 훨씬 더 높은 보편성의 단계, 즉 아리스토텔레스가 말한 삶의 형식(bios) 또는 키르케고르가 말한 실존 방식과 구분된다. 준칙은 다수의 다양하고 구체적인 의도와 행동에 공통적인 방향을 제시하는 기본적인 태도다. 계획에 따라서 사려 깊게 살거나 무분별하게 사는 사람, 모욕을 받고 복수심을 불태우며 살거나 너그러운 마음으로 대하는 사람, 남의 어려운 상황을 보고 남을 돕는 행동을 하거나 무관심한 태도를 보이는 사람 등. 이런 사람들은 준칙에 따르는 것이다.

준칙은 삶의 모든 영역에서, 가령 모든 종류의 곤궁한 상황에서 가치를 평가하는 주된 원리(Beurteilungsprinzip)이다. 예컨대 누군가의 도움이 필요한 모든 상황에서 자선을 베풀 것인가 아니면 무관심할 것인가를 결정하는 평가원리를 제공한다. 반면에 준칙 밑에 포섭되는 행위의 규칙들에서 평가원리는 보편적인 삶의 영역 안에서 규칙적으로 반복되는 상황적 유형들에 적용된다. 이러한 실천적 규칙들, 가령 차량이 정체되어 있으면 멈추어 서라는 규칙 같은 실천적 규칙들은 변화하는 삶의 조건과 관련되어 있다. 실천적 규칙은 비록 동일한 준칙에 따르는 것이라 해도 행위자의 상황과 능력에 따라서 다양하게 나타난다. 남을 돕기를 좋아하지만 수영을 못하는 사람은 수영을 능숙하게 하는 사람과는 다른 방식으로 물에 빠진 사람을 도울 것이다. 그렇기 때문에 변함없는 평가원리에도 자비 또는 무관심, 무분별 또는 사려 깊음, 응보 또는 관용이라는 서로 다른 규칙들이 있어야 한다. 그래서 훨씬 광범위한 규칙윤리학 또는 규범윤리학보다는 오히려 준칙윤리학이 도덕철학의 적절한 형식일 것이다. 칸트는 《실천이성비판》의 틀 속에서 윤리적 경험주의와 회의주의를 거부하는 데 더 관심이 있었기 때문에 준칙윤리학의 의미를 그 자체로서 분명히 밝히고 충분히 설명하는 작업을 하지 않았다. 그렇지만 준칙윤리학을 상세히 숙고해보면 규범윤리학에 비해 네 가지 측면에서 우월하다는 것을 알게 될 것이다.

(1) 의지의 보편적 원칙은 행위의 변화하는 상황들을 무시하기 때문에 기본적인 규범적 범형이 준칙에 의해 구체적인 행동에서 추출된다. 그리하여 규범은 변화하는 상황 요인들에 의해 굴절됨이 없이 규정 근거로서 인식될 수 있다. 윤리적 상대주의나 엄격한 규칙 독단주의에 호소하지 않고도 우리는 어떻게 인간의 행위가 그렇게 다양하면서도 윤리성 또는 비윤리성이라는 공통적인 성질을 가질 수 있는지를 알고 있다. 준칙은 정확히 말하면 상대주의에 반대하는 통일 요인이고, 그때그때 상황의 특수성에 따라서 준칙을 적절히 적용할 필요성은 또 다른 요인이다. 이것이 규범 독단주의에 반대하는 요인이다. 준칙은 행위의 보편적인 윤곽만을 제시한다. 구체적인 행동을 위해서는 준칙의 '맥락화(Kontextualisierung)' 과정이 필요하고, 생산적 해

석 과정과 평가 과정이 요구된다. 준칙을 척도로 하여 이러한 평가를 수행하는 것이 바로 윤리적·실천적 판단력이다.

(2) 준칙은 삶의 보편적인 원칙들과 관련되어 있으므로 준칙은 한 개인의 생애를 규칙들의 끝없는 목록으로 변형시키지 않을뿐더러 무수히 많은 개별 행동들로 쪼개지도 않는다. 준칙은 삶의 부분들을 의미상 연관된 전체로 결합한다. 이러한 의미연관체인 도덕성은 정언명법에 의해 검증된다. 실천적 규칙들을 "마음속에 새기는 일"은 교육을 길들임과 더욱 가까운 것으로 만드는 반면에, 규범적 지도원리인 준칙은 이성적 자기규정을 가능케 하고 개인적 성질이나 능력의 차이, 사회 문화적 여건의 차이, 더불어 각자가 처한 상황의 차이에 따른 필요한 여지를 인정한다.

(3) 준칙은 개인적 상황이나 사회적 상황의 변화를 무시하기 때문에 개인의 성격을 반영한다. 어떤 사람을 복수심이 많다거나 관대하다, 무분별하다거나 분별력이 있다, 이기적이라거나 공평하다 등 그 사람의 성격을 표현하기 위해 우리가 그 사람에 대해 도덕적 평가(신체적 평가, 정신적 평가, 심리적 평가와 구분해)를 내릴 때 기준으로 삼는 삶의 원칙은 구체적인 행위규칙이라는 의미에서의 규범이 아니라 바로 준칙이다. 그렇기 때문에 도덕적 정체성(Identität), 도덕적 교육과 판단에서는 준칙이 규범보다 훨씬 적절한 탐구 대상이다.

(4) 끝으로 준칙윤리학만이 개인의 도덕성을 측정하는 기준을 제공할 수 있다. 우리는 스스로 규정한 궁극적인 원리들을 시험함으로써 비로소 어떤 행위가 단순히 의무에 따른(pflichtmäßig) 것이어서 합법적인지, 아니면 의무에서 행해진 것이어서 도덕적인지를 평가할 수 있다.

보편화

모든 준칙에 숨어 있는 보편성은 주관적(상대적) 보편성일 뿐 모든 이성적 존재에게 단적으로 타당성을 갖는 객관적(절대적 또는 엄밀한) 보편성이 아니다. 정언명법의 두 번째 관점인 보편화(Verallgemeinerung)는 준칙에서 정립된 삶의 주관적 지평이 삶의 객관적인 지평, 다시 말해 개인들로 구성된 공동체의 이성적 통일체로서 생각되고 의욕될 수 있는지를 검증한다. 주관적 원칙들(준칙들)이 폭넓게 다양하기 때문에 도덕적 준칙을 비도덕적 준칙에서 분리하고, 행위자로 하여금 오로지 도덕적 준칙만을 따르라고 요구한다.

칸트의 윤리학은 구체적 인간의 실제적 복지에 대해 무관심하기 때문에 윤리성을 보편적인 복지의 개념으로 정의하는 공리주의보다 못하다는 반론이 흔히 제기된다. 이런 반론은 일견 너무나 정당한 것처럼 보인다. 왜냐하면 보편화에 관한 사고실험에서 칸트는 복지의 관점에서 결과에 대한 고려와 평가를 분명히 배제하고 있기 때문이다. 그렇지만 자세히 고찰하면 이런 반론이 정당하지 않다는 사실이 밝혀진다. 칸트는 결과에 대한 고려를 근거짓는 관점에서 배제한 것일 뿐 윤리적 준칙을 구체적인 행위에 적용하는 데 배제한 것이 아니다. 윤리적 준칙들을 구체적인 행위에 적용하는 과정에서는 결과에 대한 고려가 단순히 허용되는 것만이 아니라 오히려 대부분의 경우 생략해서는 안 되는 것이다. 칸트는 타인의 복지를 촉진하는 것을 윤리적으로 명령받은 것으로 간주한다는 점에서 공리주의에 반하기보다는 전적으로 공리주의와 일치한다. 그리고 이러한 명령에 따른다는 것은 사람들이 이웃의 복지라는 관점에서 자신들의 행위 결과를 정확히 고려한다는 것을 전제한다. 그러나 공리주의는 결과에 대한 고려, 타인의 복지를 위한 주도적 원리를 더는 철학적으로 근거짓지 않았다. 반면 칸트는 그러한 원리를 근거짓기 위해 보편화의 합리적 시험방법을 갖춘 정언명법을 준비하고 있다. 더욱이 칸트는 타인의 복지를 유일한 의무로 여기지 않는다. 결국 그는 공리주의에서는 제기되지 않는 물음, 즉 어떠한 선험적 조건들 아래에서 주체 일반이 윤리적일 수 있느냐는 물음을 다룬다. 이 물음에 대한 답변은 의지의 자율에 있다. 그래서 칸트의 관점에서 볼 때 공리주의 윤리학은 단순히 틀린 것은 아니지만 윤리적·철학적으로 보충이 필요하며, 공리주의는 칸트에 대한 반모델로 보이지 않고 지나치게 간단하게 포착된 윤리적 반성이어서 기초가 충분하지 못한 반성으로밖에 보이지 않는다.

사례

칸트는 《도덕형이상학 원론》에서 보편화의 방식을 네 개의 사례 (Beispiel)를 들어서 제시한다. 비록 그것들은 사례에 불과하지만, 그 가운데 도덕적 책임에 대한 칸트 체계의 두 가지 중요한 관점이 언급되어 있다.

첫째, 칸트는 타인에 대한 책임뿐만 아니라 자기 자신에 대한 책임도 인정하고 있다. 도덕은 사회적 도덕으로 축소될 수 없으며, 전체 덕은 (개인적) 정의라는 유일한 덕으로 종합될 수도 없다. 그래서 칸트는 아리스토텔레스를 비판하는 대신 스토아적 사상과 기독교적 사상에 공감을 표한다. 칸트는 개인의 자기완성을 통해 자신에 대한 모든 책임의 원리로서 이해한다. 개인의 자기완성은 곧 지적·감정적·물리적 능력의 육성과 더불어 도덕성의 육성을 두고 하는 말이다. 그리고 그는 타인의 행복을 사회적 책임의 원리로 이해한다.

둘째, 칸트는 전통에 따라 '완성된' 의무(die 'vollkommenen' Pflichten)를 '미완성' 의무(die 'unvollkommenen' Pflichten)와 구분한다. 완성된 의무는 행동의 여지를 남겨두지 않지만, 미완성 의무는 행동의 여지를 남겨둔다. 물론 행동의 여지는 가령 보편적 박애 같은 의무의 타당성을 제한하지 않는다. 행동의 여지는 타인들, 가령 부모나 자식들을 위해 제한된 가능성과 관련해 의무의 적용범위를 상대화하는 것만을 허용한다.

위의 두 가지 구분방식을 결합하면 총 네 가지 부류의 의무가 생긴다. 칸트는 《도덕형이상학 원론》에서 이 네 가지 의무에 대해 준칙이 보편화할 수 없는 부정적인 사례들을 논의한다.(IV 421 이하, 429 이하)

도덕적 의무

	완성된 의무	미완성 의무
자기 자신에 대한 의무	자살 금지령	자기 능력의 방치 금지령
타인에 대한 의무	거짓말 금지령	타인의 궁핍에 대한 무관심 금지령

칸트는 보편화 가능성을 두 가지 형식으로 검증한다. 첫째, 완성된 의무에 관해 준칙이 보편적 법칙으로서 모순 없이 사고(denken)될 수 있는지를 고찰하는 것은 엄밀한 검증형식이다. 칸트는 예컨대 생활이 권태로울 때 자기 자신을 파괴하라는 준칙을 보편적 법칙으로 삼는다면 모순에 부딪힐 것이라는 예를 든다. 칸트는 (생물학적 의미에서) 삶의 불쾌감은 "삶을 촉진하도록 자극하는 것"(GMS IV 422)이라고 가정한다. 불쾌감은 이를테면 결핍을 암시하고 결핍을 극복하는 방

향으로 행동하도록 유도한다. 가령 배고픔은 기운의 부족을 암시하고 무언가를 먹도록 재촉한다. 그런데 삶의 권태는 불쾌감의 한 형식이다. 그러나 삶이 권태로울 때 자살하라는 것을 보편적인 법칙으로 삼는다면 그것은 동일한 감각이 삶의 촉진과 삶의 파괴라는 두 가지 모순된 과제를 규정한다는 결론이 나온다.(같은 곳)

　보편화에 대한 사고실험의 두 번째 더 약한 형식은 준칙을 보편적인 법칙으로서 모순 없이 의욕(wollen)할 수 있는지를 검증한다. '의욕 불능'이라는 규준을 정확히 이해하는 데는 적지 않은 어려움이 따른다. 볼프(R. P. Wolff, 169)와 회르스터(Hoerster, 473)의 주장처럼 칸트는 인간의 어떤 목적, 예컨대 소질과 재능의 육성 계발은 본성상 필연적이라고 독단적으로 전제하는가? 칸트는 "누구도 자기 의지와 반대되는 행위를 하려고 의욕할 수 없다"는 식의 모순을 생각하는가? 칸트를 진지하게 다루는 사람이라면 의지의 개념, 즉 같은 의미지만 실천 이성의 개념에서 모순을 찾아야 한다. 칸트에 따르면 의지 또는 실천 이성은 법칙에 따라서 행위하는 것이 아니라 법칙의 표상, 다시 말해 개관적인 이성적 근거에 따라서 행위하는 능력에서 성립한다. 그리고 이성적 근거가 기술적 본성을 갖거나 실용적 본성을 갖거나, 아니면 정언적 본성을 갖거나 전혀 관계없다. 주관적인 유쾌감에 얽매여 있지 않은 한, 우리는 언제나 이성적 근거에 따라서 행위하는 능력을 가진다. 바로 이것이 칸트가 첫 번째로 제시한 의욕 불능의 사례, 즉 자신의 능력을 육성하려는 의욕이 없는 경우에서 보여주고 있는 것이다. 인간의 삶이 "한낱 게으름, 오락, 생식 등 한마디로 향락만을" 목표로 삼아 영위되는 세계도 생각할 수 있다.(GMS IV 423) 그러나 이성적 존재로서 인간은 그러한 삶을 의욕할 수 없다. 왜냐하면 실천적인 이성적 존재라는 또는 의지를 가진다는 말은 행위의 궁극적인 규정근거로서 유쾌함의 한낱 주관적인 세계를 넘어선다는 뜻이기 때문이다.

정언명법에서 요구하는 보편화를 오늘날 헤어(Hare)와 싱어(Singer)가 대표적으로 주장하는 현대적인 일반화의 원리와 혼동해서는 안 된다. 그 이유는 먼저 현대의 일반화 원리는 직접적으로 행위에 관계되므로 정언명법의 보편화를 이것과 혼동하면 준칙윤리학의 의미가 상실된다. 또 다른 이유는 현대적 일반화의 원리에서는 결과에 대한 고려가 단지 인정되는 정도를 넘어서 명령 되고 있다는 것이다. 일반화에 관한 헤어와 싱어의 경험적·실용적 해석과 정언명법의 이성적 숙고 사이의 차이를 거짓 약속의 사례에서 밝혀볼 수 있을 것이다.

거짓 약속에서 칸트가 문제 삼는 것은 사람들이 흔히 인정하듯이 약속은 어떤 상황에서도 지켜지지 않으면 안 된다는 것이 아니다. 어린이가 자신이 가진 수단과 능력을 넘어서는 어떤 것을 모르고 약속한 경우, 그 아이가 약속을 지키지 못했다고 부도덕하다고 할 수 없으며, 자기보다 강한 힘에 굴복해 약속을 어긴 경우도 부도덕하다고 할 수 없다. 칸트는 처음에 약속이 이뤄지고 그 약속이 지켜지거나 지켜지지 않는 관찰 가능한 사건 과정을 문제 삼지 않고 의지를 규정하는 주관적 원칙을 문제 삼는다. 정확히 말하면, 어려운 상황에 처한 사람이 약속을 지키지 않을 것을 스스로 의식하고 있으면서도 약속을 해도 되는가 하는 것이 문제다.(GMS IV 402, 422) 거짓 약속은 보관물 횡령 사례(KpV V 27)와 마찬가지로 허위와 사기의 실례로 보인다.

경험적·실용적 해석에 따르면, 약속은 사회적으로 구속력을 갖는 행위규칙 또는 하나의 제도다. 이러한 제도는 행위에서 비롯되는 이익과 책임의 한계를 긋는다. 제도는 행위의 결과에 대한 기대를 창출해 우리로 하여금 자신의 행위가 타인의 행위와 조화될 수 있게 함으로써 결과적으로 규칙을 따르는 공동생활을 가능하게 한다. 약속을 이행하지 않는 것은 제도의 신뢰성을 떨어뜨리기 때문에 모든 사람이 약속을 어긴다면 약속을 믿는 사람은 하나도 없게 될 것이다. 그러므로 약속의 불이행을 보편화시킬 경우, 약속이라는 제도 그리고 이것과 더불어 이 제도 속에서 이뤄지는 이성적인 공동생활의 가능성이 사라지게 된다.

이러한 추론은 옳다. 그러나 이것은 문제에 적중하지 않았다. 왜냐하면 경험적·실용적 관점에서는 보편적인 신뢰 감소가 어디에서 비롯되는지에 대해 무관심하기 때문이다. 다시 말해, 보편적 신뢰 감소 현상이 솔직성이 모자라서 생기는 것인지, 아니면 예측하지 못한 어려움이 발생해 좋은 의도인데도 종종 약속을 지킬 수 없음에서 비롯되는 것인지에 대해 무관심하다. 좋은 의도임에도 예측하지 못한 어려움이 발생해 약속을 지킬 수 없는 경우는 도덕적으로 비난받지 않을 수 있는 반면에 정언명법은 도덕적 관점, 즉 거짓된 약속의 바탕이 되는 불성실의 준칙에만 관련된다.

이와 같은 실용적 해석에 논리적 모순은 없다. 기대에 대한 실망 때문에 우리가 어떠한 약속도 더는 신뢰하지 않고, 극단적으로는 어떤 말도 신뢰하지 않게 되는 세계는 바람직하지 않지만, 생각될 수 없는 것은 아니기 때문이다. 우리가 칸트의 이성적 의도에 관련하여 (바라지 않던 결과든 바라던 결과든) 더는 결과를 존중하지 않고 오로지 준칙 자체를 존중할 때 비로소 우리는 논리적 모순에 부딪힌다. 의식적으로 거짓된 약속이란 무엇을 의미하는가?

약속을 한 사람은 스스로 자신에게 책임을 지우고 약속을 지키는 것을 이기적인 이익 계산이나 공리적인 이익 계산에 결부하지 않는다. 자기의무(Selbstverflichtung)로서 약속이 약속한 자의 어리석음이나 교활함 또는 책임이나 무책임을 반영하는지 어떤지는 문제가 아니다. 또한 약속제도 일반이 도덕적으로 지지될 수 있는가, 아니면 일종의 도박 같은 것으로 간주하는가 하는 것과도 무관하다. 만일 약속이 자기의무를 의미한다면 의식적으로 한 거짓 약속은 책임을 지기로 하고도 책임을 이행하지 않는다는 것을 의미한다. 지키지 않을 것임을 알고 있으면서도 의도적으로 한 약속에는 자기 모순적인 준칙이 밑바탕에 깔려 있다. 의식적으로 한 거짓 약속은 보편적인 것으로 생각할 수 없으므로 도덕적으로 배척되어야 할 것임이 밝혀진다.

정언명법은 보편화의 가장 엄밀한 형식을 내포하고 있으므로 사람들은 칸트를 '윤리적 엄숙주의(Rigorismus)'라고 비난해왔다. 엄숙주의는 '거짓말하지 마라'는 등과 같은 준칙은 어떤 상황에서도 지켜지지 않으면 안 된다고 주장한다. 실제로 프랑스의 작가이자 정치가인 벤자민 콩스탕(Benjamin Constant)과 벌인 유명한 논쟁에서 칸트는 어떤 사람을 부당하게 박해하는 이들에 대해서도 우리는 거짓말할 권리가 없다(《인간애에서 오해된 거짓말할 권리에 관해》(1779))고 말했다. 그렇지만 칸트는 여기서 문제의 엄숙주의를 옹호하고 있지 않다. 제목에서 볼 수 있듯이 이 책에서는 권리문제가 관건이고, 도덕적 문제(진실성을 향한 덕의 의미)는 괄호가 쳐져 있다.(VIII 426 주석) 콩스탕은 모든 사람이 어떤 상황에서도 진실성에 대한 권리를 주장하는지를 묻는다. 그리고 그런 권리의 극단적인 경우를 제시했다. 즉 심문자가 살인의도가 있고, 피심문자는 친구를 도우려고 하는 경우를 예로 들었다. 콘스탕은 이러한 경우에서 볼 수 있듯이 진실성이라는 의무의 무제한적 타당성은 사회를 불가능하게 한다고 주장했다. 칸트는 이와 정반대 주장을 한다. 사회를 불가능하게 하는 것은 바로 거짓에 관한 권리주장이라고 말한다. 왜냐하면 진실성은 모든 계약의 근거이기 때문이다. 만일 계약 당사자들이 '거짓말할 권리'를 사용할 수 있다는 단서를 두고 계약이 성립된다면 그 계약은 무의미할 것이다. 그런 경우에는 기존의 법질서와 지배질서 안에서 이뤄진 어떤 특정한 계약도 무의미해질 뿐만 아니라 인간의 공동생활을 위해 법질서와 이성적 원리를 확립하는 근원적 계약도 모두 의미를 잃게 될 것이다.(10.3 참조) 다른 한편, 칸트에 따르더라도 우리는 "인간애로 말미암아 거짓말한 사람"을 법률적으로 평가해서는 안 된다. 칸트는 이른바 긴급권(Notrecht)(VI 235 이하)이라는 것을 이야기했다. 긴급권은 처벌할 수 없는 것은 아니지만 면책될 수 있는 경우가 있다는 것을 보여준다. 그 밖에 최근의 진보된 형사소송법에서는 재판부가 판단하기에 피고인과 매우 가까운 사이기 때문에 허위로 진술할 위험이 있다고 보이는 증인에게는 허위 진술권(ein Recht auf Lüge)보다는 증언 거부권(ein Recht auf Zeugnisverweigerung)을 인정하고 있다.

이제 우리는 칸트와 콘스탕 사이의 논쟁을 벗어나서 진실성을 법의 의무가 아니라 덕의 의무로 논의할 수 있다. 두말할 것도 없이 정언명법은 정직하지 못한 삶은 인정하지 않으며, 성실한 삶을 살라고 명령한다. 그러나 누구에게나 항상 '완전한 진실'을 이야기한다는 것이 정직성의 준칙에 필연적으로 포함되지 않는다. 아마 불치병에 걸린 사람이나 어린아이들에게는 그들을 속이지는 않았지만 많은 것을 숨기고 이야기하지 않을 수 있다.(XXVII 138f. 448 참조) 하지만 상황이

다의적임과 동시에 여러 가지 의무가 요구되며, 그 요구들이 서로 다른 방향을 가지고 있는 가능성을 배제할 수 없다. 물론 칸트는 이런 가능성을 인정하지 않는다.

상황이 다의적일 가능성은 우선 윤리적인 문제가 아니라 행위론적 문제이다. 물론 이런 가능성은 의미 있는 윤리적 귀결, 즉 의무들 사이에 충돌이 있을 수 있다는 귀결을 포함한다. 칸트는 다의적인 상황의 가능성을 부정했지만 그것은 윤리적으로 중요한 의미를 지닌다.(TL VI 426 참조) 정직성의 의무와 곤궁에 처한 사람을 돕는 구제의 의무가 명백히 모순되는 상황이 있고, 이러한 모순이 우리가 흔히 가정하는 것보다 훨씬 드문 것이라면 이 두 가지 의무에 대해 구체적으로 저울질해야 한다. 이러한 경우에 우리는 더 상위의, 더 형식적인 원칙들을 찾아서 그것들에서 저울질하는 판정의 방향을 잡아야 한다. 그러나 이런 상위의 원칙들 또한 도덕적이어야 하며 개인적인 편견이나 동정심에 호소해서는 안 된다. 다른 한편 우리는 우리 자신 또는 친구가 위험에 처해 있다면 거짓을 말할 수도 있으며, 적이나 낯선 사람이 위험에 처해 있을 때는 여전히 정직하게 말할 수도 있을 것이다. 정직성의 명령과 구조의 명령 사이에서 일어나는 갈등에 관해 결정을 내리는 상위의 원칙은 도덕적 원칙으로서 단적으로 옳아야 한다. 그것은 엄밀한 의미에서 보편적으로 타당해야 한다. 그런 측면에서 그것은 보편화의 토대 위에서 정언적 구속력을 지닌 증명된 준칙으로 남을 것이다.

9.3 의지의 자율

우리는 흔히 정언명법을 도덕원리라고 생각하는데, 그것은 오해다. 왜냐하면 칸트는 윤리학의 원리를 이중적 의미에서 고찰하기 때문이다. 칸트는 한편으로는 개념과 모든 윤리적 행위의 최고 척도를 탐구하고, 다른 한편으로는 그 개념과 척도에 따라서 행위하는 데 필요한 최종 근거를 탐구한다. 칸트는 첫 번째 문제에 대해 정언명법으로 대답하고, 두 번째 문제에 대해 의지의 자기입법성, 즉 의지의 자율로 대답한다. 다시 말해, 도덕적으로 행위할 수 있는 조건인 도덕적 주관성(인격성)의 원리는 자기가 세운 원칙들에 따라서 자기 자신을 규정할 수 있는 능력에 있다. 이 두 관점은 서로 연관되어 있다. 정언명법은 개념이며 자율적 의지가 복종하는 법칙이다. 자율은 정언명법의 요구들을 충족시키는 것을 가능하게 한다. 자기입법성의 이념은 루소에게로 소급된다. 루소는 《사회계약론》(I 8)에서 자신이 세운 법칙에 대한 복종이 자유라고 말했다. 루소는 이를 부차적으로 언급했지만, 칸트는 처음으로 그것에서 모든 윤리학의 근본 원리를 발견해내고 근거짓는다.

칸트는 현대 윤리학에서 종종 등한시되고 있는 도덕적 의지의 기본적 구조에 관한 물음에 대해 두 책에서 답변했다. 먼저 《실천이성비판》에서 그는 비윤리적 의지(ein nichtsittliche Wille)에서 발생하는 모든 준칙을 배제하고, 그것들의 보편적 원리를 타인에 의한 규정(타율)이라고 한다.(§§2~3) 그리고 나서 그는 남아 있는 공간에서 긍정적 내용, 즉 자율에 대해 언급한다.(§§4~8) 이 2단계 논변은 좁은 의미에서 초월적이다. 이것은 도덕성을 가능하게 하는 선험적 조건을 탐구하기 때문이다. 반면에 절대선과 정언명법에서 전제된 숙고들과 이성 사실의 이론(9.4 참조)은 실천이성비판의 필수적 구성요소지만, 엄밀한 의미에서 초월적 특성을 지니지 않는다.

칸트의 논변은 욕구능력(Begehrungsvermögen)의 질료와 형식의 개념을 토대로 진행된다. 쾌감을 주기 때문에 욕구 되는 대상, 상태, 활동이 욕망능력의 질료에 해당한다. 여기서 욕망과 쾌감은 감성적인 영역, 예컨대 먹는 것, 마시는 것, 성생활, 휴식 등에만 관련되는 것이 아니다. 지적 활동, 창조적 활동 또는 사회적 활동에서 생기는 정신적 기쁨 또한 욕망과 쾌감에 관계된다. 그러므로 칸트 이전의 윤리학과 밀의 공리주의에서 중요하게 취급된 저급한(감성적) 기쁨과 고급인(정신적) 기쁨 사이의 구분은 윤리학을 근거짓는 데 중요치 않은 것이다.(*KpV* §3, Anm. I) 왜냐하면 두 경우 모두 우리가 상응하는 행위에서 기대하는 유쾌함에 의해 규정되기 때문이다. 유쾌함을 기대하고 불쾌함(고통, 공포)을 기피하여 수행되는 모든 행위는 밖에서의 의지, 감관에서 비롯되는 의지에서 생겨날 뿐 (실천적) 이성의 의지에서 생겨나지 않는다. 이런 행위는 언제나 경험적이기 때문이다. 우리가 무엇을 욕망하는지, 예컨대 먹고 마시는 것, 건강, 재산, 학문적 활동, 예술적 활동 또는 스포츠 활동 등 우리가 욕망하는 것의 성취가 쾌와 결합하는지 불쾌와 결합하는지는 오로지 경험에서만 알 수 있다. 이에 상응하는 경험들은 기껏해야 일반적으로 타당하고, 결코 보편적으로 타당하지 않다. 그러므로 질료적인 규정근거들은 엄밀한 보편성을 요구하는 실천적 법칙을 줄 수 없다.

모든 질료적 규정근거들에 공통적인 원리는 자기이익, 즉 자기애 또는 자기행복에 있다. 칸트는 모든 유한한(결핍된) 이성적 존재는 필연적으로 행복을 갈구한다고 분명히 말하고 있다. 왜냐하면 그런 존재는 본성적으로 결핍된 존재이기 때문에 자신의 전체 현존재의 만족이라는 의미에서의 행복은 원천적으로 유한한 이성적 존재가 소유하고 있는 것이 아니다. 오히려 그것은 유한한 이성적 존재라면 누구도 면제받을 수 없는 과제다.(*KpV* §3, Anm. II)

행복의 의미에 대한 칸트의 통찰은 행복이 윤리적 행위의 원리로서 끊임없이 주장되는 이유를 이해할 수 있게 한다. 그러나 칸트는——행복에 대한 자신의 규정이 전제하는 바인——행복의 원리에 윤리성을 제한하는 이론이 왜 틀렸는지 그 이유를 정확히 말해준다. 윤리성은 무제약적이고 엄밀하게 보편적으로 타당하지만, 자신의 모든 현존재의 만족으로서 행복은 주체의 (개인적·사회적·유적) 구성, 즉 주체의 경향, 본능, 욕구, 주체의 관심, 동경 대상, 희망, 자연적 세계와 사회적 세계가 제공하는 가능성 등에 의존하기 때문에 간단히 말해 행복은 그 내용에 따라서 다양하게 경험적으로 제약되므로 보편적 법칙이 될 수 없고 윤리성의 규정근거를 제공할 수 없다.

행복을 인간행위의 원리로서 근거짓는 철학적 시도들 중에서 가장 중요한 것 하나가 아리스토텔레스의 《니코마코스 윤리학》이다. 칸트의 비판이 이런 종류의 시도를 직접적인 대상으로 하는지는 의문이다. 아리스토텔레스는 행복을 주관적 만족으로 이해하지 않고, 그 이상의 어떤 다른 목적이 생각될 수 없는 절대적 최고의 목적으로 이해한다. 그래서 아리스토텔레스의 행복은 칸트 역시 요청이론의 틀 속에서 인정한 것(12.1 참조)처럼 최고선의 의미를 가진다. 그러나 칸트는 최고선의 개념을 의지윤리학(Willensethik)의 틀 속에서 생각한 반면, 아리스토텔레스는 목적윤리학(Strebensethik)의 틀 속에서 최고선을 파악했다.

칸트는 정신적 관심조차 도덕적 특성을 갖지 않는 질료적 규정근거로 생각하므로 가능한 규정근거들의 모든 영역이 망라되지 않았기 때문에 우리는 윤리성을 위한 자리가 더는 남아 있지 않은가 하는 문제를 고찰해야 할 것이다. 칸트는 두 번째 단계에서 모든 질료를 제거하고 나면 오로지 형식, 즉 준칙의 형식만이 남게 된다는 것을 보여준다. 이제 윤리적 의지를 규정하는 유일한 근거는 준칙의 입법적 형식에 있다.(KpV §4)

입법적 형식을 통해서만 규정되는 의지는 어떤 성질을 가져야 하는가? 법칙의 순수한 형식은 가능한 대상이 아니므로 현상과 인과성 원리에 종속되지 않는다. 법칙의 순수한 형식은 모든 현상과 인과원리를 초월하는 능력에 대응한다. 칸트는《순수이성비판》에서 모든 인과성에서의 독립성을 초월적 자유라고 규정한 바 있다. 그래서 도덕성은 엄밀한 의미, 즉 초월적 의미의 자유에서 그 원천을 가진다. 모든 자연에서의 독립성이라는, 제1비판에서 형성된 초월적 자유의 개념은 윤리학에서 실천적(도덕적) 자유, 즉 자기규정성으로서 등장한다. 모든 인과성과 이질 규정에서 자유로운 의지는 스스로 자기 자신의 법칙을 준다. 그러므로 모든 도덕법의 원리는 의지의 자율, 자기입법성에 있다. 자율은 소극적으로는 질료적 규정근거들에서의 독립성이고, 적극적으로는 자기규정 또는 자기입법이다.(KpV §8)

자유를 토대로 행위를 근거짓는다 할 때 이로써 실천적 합리성과 책임성은 새로이 명확해지고 근본적인 의미를 얻는다. 최종 단계에서 본능과 열정, 동정과 혐오라는 감정의 힘 또는 지배적인 습관에 의해 규정되는 사람 또한 미리 내세운 목적을 위해 항상 최선의 수단을 찾는 사람은 단적으로 이성적으로 행위하지 않는다. 타율적 의지가 아니라 자율적 의지에서 발생하는 생활원칙들에 따르는 사람만이 가장 엄밀한 의미에서, 즉 도덕적 의미에서 책임이 있다. 자신의 감성적 본성이나 역사적·사회적 전통도 버릴 수 없는 존재에 대해 도덕성이 주장된다. 인간은 언제나 결핍된 존재, 역사적 존재 그리고 사회적 존재로 남는다. 그렇기 때문에 인간에게 도덕성은 원칙적으로 명법적 의미를 가진다. 다시 말해, 도덕성은 정언적 요구지만 어느 누구도 언제나 그것을 따른다고 확실히 보장할 수 없다. 자율이라는 의미에서 도덕성은 자신의 욕구와 사회적 의존성을 자인하고, 심지어 그것을 긍정하지만, 그럼에도 그것을 삶의 최종적인 규정근거로 인정하지는 않는다. 자율은 인간이 단순한 욕구존재나 사회적 존재 이상이라는 것을 의미하며, 인간은 그것을 넘어서서 자신의 본래적 자아, 즉 순수한 실천이성으로 구성된 도덕적 존재로서 자신을 발견하는 것을 함축한다. 이것은 칸트가 선동적으로 주장하는 바다.

인간이 욕구존재나 사회적 존재를 넘어선다는 것은 나머지 모든 것을 제거한다는 뜻이 아니다. 유한한 이성적 존재의 자율적 행위는 개인적·사회적·경제적·정치적 본성의 모든 제약에서의 독립으로 표현되지 않는다. 왜냐하면 인간은 원래 그러한 다양한 제약들을 배제할 수 없기 때문이다. 실존철학자들은 만일 자유로워지기를 원한다면 무에서 시작하지 않으면 안 된다고 주장하지만, 여기서는 칸트의 자유 원리가 오해되고 있다. 칸트의 자유 원리는 마치 '순수한' 도덕성은 원칙적으로 금욕, 비전통성, 비역사성을 지향하고 기성의 생활양식들을 비판하거나 사회와 정치에서 후퇴하는 쪽을 지향하는 것처럼 사람들에게 공허한 합리성을 위해 생명력과 감수성, 사회적 소양을 제거할 것을 요구하지 않는다.

칸트의 자율 이념과 도덕성 일반의 이념이 지나친 도덕화와 모든 움직임에 대한 도덕성 검사로 이끈다고 생각하는 것 또한 잘못이다. 반대로 준칙윤리학은 도덕성의 원리가 특별한 행위는 물론 행위의 규칙에도 직접 관계되지 않고 증명된 성숙한 삶의 원칙에 관계된다는 이점을 가지고 있다. 하지만 이 원칙들의 증명은 기술적이고 실용적인 숙고들에만 맡기지는 않는다는 데에 바로 준칙윤리학의 의의가 있다. 결국 자율의 원리를 기초로 하는 경우, 도덕적 행위를 하기 위해 어떠한 자연적 경향도 가져서는 안 된다는 견해는 옳지 않다. "나는 친구들을 위해 기꺼이 봉사했다. 그렇지만 유감스럽게도 나는 경향성을 가지고 행위한다. 그래서 내가 덕으로 충만하지 못하다는 것이 종종 나를 화나게 한다"는 실러(Schiller)의 유명한 말은 "의무에 따르는 경향(예컨대 선행을 향한 경향)이…… 도덕적 준칙들의 작용을 훨씬 경감"할 수 있다(*KpV* V 118)는 칸트의 믿음을 주목하지 않았다. 자신의 친구만 도와주고 다른 사람들의 어려운 처지에는 무관심한 경우가 아니라면 친구를 도와주는 사람은 타율적으로 사는 것이 아니다. 자연적 경향이나 사회적 통념이 그렇게 하라고 요구하지 않는 경우에도 구제, 정직성 등의 준칙을 견지하는 사람은 자율적으로 행위하는 것이다.

칸트는 자율의 원리로 철학적 윤리학을 새로운 토대 위에 세운다.(*KpV* V 40 참조) 윤리성의 근거는 행복을 희구하는 자기애(루소)에 있지 않고, 도덕감(허치슨, 샤프츠버리, 흄)에도 있지 않다. 우리는 의무와 연관 지어서 자신의 완전성을 증진하기 위해 자비심과 도덕감을 길러야 하지만(*TL* VI 386 이하 참조), 그것들은 단지 주체의 사실적이고도 우연적인 상태를 나타낼 뿐이다. 그것들은 엄밀하게 보편타당하지 않다. 루소와 도덕감을 주장하는 철학자들은 고상한 경험론에 사로잡혀 있다. 윤리성은 결코 물리적 감정을 바탕으로 하지 않는다.(그럼에도 칸트는 사람들이 종종 생각하는 것처럼 에피쿠로스를 도덕적으로 "그렇게 저급한 생각을 품은" 사람으로 여기지 않는다.(*KpV* V 156)) 사물의 완전성(스토아주의자, 볼프) 또는 신의 의지(크루지우스, 신학적 도덕론자들)조차 도덕적 의무를 궁극적으로 정당화할 수 없다. 칸트에게는 신이 절대적 힘으로 준칙을 명령하기 때문에 준칙이 이성적인 것이 아니라, 거꾸로 준칙과 신 자신이 이성적이기 때문에 신이 준칙을 명령하는 것이다. 경험적으로 볼 때는 때때로 전도될 수도 있지만, 체계적인 관점에서 보면 도덕성은 믿음에서 나오는 것이 아니라 믿음에 선행한다.

9.4 이성의 사실

절대선의 이념과 정언명법, 자율의 원리라는 세 가지 이론적 요소가 칸트의 철학적 윤리학을 구성하는 필수적 요소들이다. 하지만 이것들만으로는 철학적 윤리학을 완성하기에 충분치 않다. 이것들에 공통된 탐구의 대상, 즉 윤리성이 현실적으로 존재한다는 것을 증명하지 못하면 칸트는 윤리적 회의주의 극복이라는 목표를 달성하지 못할 것이다. 윤리학이 궁극적으로 개인적·집단적·시대적 또는 유적인 미망에 근거한 것이 아니라 실제로 현존하는 것, 즉 '사실(ein 'Faktum')'로 증명될 때 비로소 윤리적 회의주의가 논박될 수 있다.

칸트는 윤리적인 것의 현실성에 대한 문제가 핵심적으로 중요한 것임에도 아주 부수적인 것으로 파악했다. 이 문제의 실질적 의미와 실제적인 취급에 대한 오해로 말미암아 이성의 사실이라는 칸트의 답변이 오늘날까지 확실히 해결되지 못한 문제를 던진다는 비난을 받게 된다. 칸트는 실천적인 영역에서만 이성의 사실을 발견하며, 이론적인 영역에서는 그것을 말하지 않는다. 이론이성은 언제나 가능한 경험에 제한된 데 반해서, 순수이성은 행위의 영역에서 그리고 오직 여기서만 나타난다. "(순수한 실천)이성의 사실"이라는 구절로서 칸트는 도덕성이 실제로 존재한다는 사실을 지적하고자 한다. 이성의 사실에 관한 이론은 칸트의 윤리학이 세속적인 것과는 거리가 있는 추상적 당위의 이론이 아니라 실천이성의 자기반성이며 도덕적인 차원에서 실천이성의 완결임을 증명해야 한다. 이성의 사실에서는 칸트 윤리학, 아니 모든 윤리학의 역설적 상황이 엿보인다. 이성의 사실에서는 도덕적 의식(또는 도덕적 담화 등)에 이미 언제나 주어져 있는 것, 즉 사실, 있음(ein Ist)이 반성된다. 그럼에도 이 반성은 마땅히 도덕원리, 당위의 근거와 척도로서의 역할을 해야 한다.

이처럼 역설적인 겉모습은 우리가 이성의 사실이 갖는 고유성에 주목하자마자 완화된다. 이성의 사실은 경험적 소여가 아니다. 그것은 실천적인 것에서의 이성의 사태(Tatsache), 더욱이 원칙적으로 당위적 성격을 갖는 것이 아니라 단지 유한한 이성적 존재의 경우에만 당위적 성격을 갖는 사태다.

칸트가 이성 사실로써 설명하는 것은 도덕성의 법칙, 도덕법 자체가 아니라 도덕법의 의식이다.(*KpV* §7, V 31) 칸트는 도덕법에 대한 의식을 사실, 현실적인 것으로 간주하며 허구적인 것, 단지 상상한 것으로 간주하지 않는다. 그 때문에 그는 사실에 관해서 이야기하고 있다. 문제가 되는 것은 도덕적 의식, 무제약적 의무에 대한 의식이 있다는 이론의 여지가 없는 사태다. 이성은 무제약적 의무를 의식함으로써 "근원적으로 입법하는 것으로(sic volo, sic jubeo, 욕망하는 대로 명령한다)" 알려진다.(같은 곳)

윤리성의 가능성에 대해 끊임없이 새롭게 일어나는 의심, 이를테면 일상의 의심, 개별과학적 의심, 철학적·원리적 의심이 존재하기 때문에 윤리성의 객관적 실재성이 이성의 사실에 의해 증명되고 모든 회의가 거부되어야 한다. 칸트에 따르면 이성의 사실은 윤리학이 단지 소극적으로 도덕의 원칙적인 파괴로서만 가능한 것이 아니라, 적극적으로 규범적 도덕이론으로 가능하다는 것을 증명한다. 도덕적 의식이 순전히 자기기만이 아닐 때에만 규범적 윤리학들은 세상과 동떨어져 예리한 사상적 구조라는 성격을 잃고 인간의 근본 상황을 이해하는 데 기여할 것이다.

칸트는 이성의 사실을 부정할 수 없는 것으로 여긴다. 이것을 증명하기 위해서 그는 사람들이 자기 행위의 합법성에 관해 내린 판단을 분석하기만 하면 된다고 말한다. 따라서 이성의 사실은 특정한 판단에서, 더욱이 경합하는 경향과 독립해서, 궁극적으로 자기행복과 독립해서, 윤리적으로 옳은 행위를 표명하는 판단에서 증명되어야 한다. 칸트는 6장에 대한 주석에서 하나의 예를 제시한다. 칸트는 즉각적인 사형의 위협을 받으며 정직한 사람에게 불리한 거짓증언을 강요받은 사람이 아직도 삶에 대해 매우 큰 애착이 있음에도 이러한 경향을 극복하고 거짓증언을 거부하는 일이 가능하다고 생각하는지를 묻는다. 이 물음에 대한 대답은 의심할 것 없이 '그렇다'이다. 정직한 사람에 반대되는 의식적인 거짓증언이 특수한 상황을 감안하면 이해될 수 있지만, 자기애를 우선적으로 생각한다는 것을 고려하기 때문에 의식하면서 거짓을 행할 것이라고 기대할 수 있을 때조차 우리는 거짓증언을 도덕적으로 부당한 것으로 판정한다. 이러한 판정을 이해하기 위해서 우리는 칸트에 따라서 도덕법의 개념 혹은 정언명법의 개념, 즉 여전히 매우 극심한 자기 행복의 위협에서 독립해 타당한 무제약적인 입법의 개념으로 되돌아와서 시작해야 한다. 우리는 실제로 의식적인 거짓증언에 대해 유죄로 판결하기 때문에 칸트는 실천의 영역에서 모든 경험적인 것에서의 독립된 이성, 여기서는 모든 경향에서 독립한 이성, 즉 순수이성을 실제로 증명된 것으로 간주한다. 순수한 실천이성, 즉 덕성은 이제 더는 실생활과 거리가 있는 당위로서 나타나지 않고 우리가 언제나 의식하는 현실성으로 등장한다.

사람들은 경향성들에 모순되는 행위를 요구하는 모든 판단을 신뢰하고 있으므로 칸트는 순수이성을 발견하기 위해서 오래도록 애쓸 필요가 없다고 말한다. 도덕철학자들이 순수이성, 윤리성을 발견해 낸 것으로 여겨서는 안 된다. 칸트는 이성 사실이 오래전부터 모든 인간의 본질 속에 '한몸이 되어' 있다고 말한다.(*KpV* V 105) 그것은 "가장 거칠고 가장 읽기 쉬운 활자로 인간의 영혼 속에 쓰여" 있다.(*Gemeinspruch* VIII 287) 그러나 칸트 이후 도덕비판의 이유 때문에 또한 아마 우리 세기의 비인간성에 대한 경험 때문에 많은 사람은 남김없이 의심을 거두지 못할 것이다.

순수한 실천이성은 의지의 자유에서 성립하므로 이성의 사실에 관한 주장은 칸트의 자유론에서 세 번째 단계에 속한다. (1) 제1비판의 이율배반 장에서 칸트는 초월적 자유의 개념이 사고될 수 있음을 분명히 한다. (2) 제2비판의 자유원리는 초월적 자유가 적극적으로 보았을 때 도덕적 자유를 내포하고 있는 소극적 개념이라는 것을 보여준다. (3) 이성의 사실은 초월적이며 도덕적인 자유가 현실적으로 있다는 것을 증명한다. 칸트의 자유에 관한 사고에서 이 이상의 요소들은 법철학, 역사철학과 종교철학 및 《판단력비판》에 나온다. 자유는 칸트의 전 철학을 규정하는 지도개념이다.

이성 사실에 대한 칸트의 숙고들은 내용적 의미 외에 방법적 의미를 가진다. 칸트의 숙고들은 적절한 철학적 윤리학은 방법적으로 복합적인 과제를 표현한다는 사실을 간접적으로 주목케 한다. 첫 번째 방법적 단계에서, 즉 구성적 개념분석 단계에서 윤리성의 적절한 개념을 형성하고 나서 칸트를 따라 그 개념을 제한 없는 선이라고 생각하는 것이 중요하다. 두 번째 단계에서는 제한 없는 선의 개념이 유한한 이성존재의 상황에 적용되어야 한다. 이런 일은 정언명법의 개념에서 생긴다. 세 번째, 초월 환원적 단계는 윤리적 주관성의 원리로서 의지의 자유에 이른다. 끝으로 네 번째, 넓은 의미에서 귀납 해석학적 단계는 지금까지의 논변 과정이 현실을 다룬 것이며 허구를 다룬 것이 아니라는 것을 증명해준다. 우리는 살인 위협 아래에서도 진실한 증언을 하도록 의무 지어져 있다는 확신 같은 도덕현상을 인간의 생활세계에서 이끌어낼 수 있다(넓은 의미에서 '귀납적 측면'). 더욱이 도덕적 현상은 '개념화'되어야 하며, '경향과 반대로 의무' 혹은 '무제약적인 의무 의식'으로 해석되어야 한다(넓은 의미에서 '해석학적' 측면).

칸트 윤리학 가운데에서 상대적으로 적은 부분만이 엄밀한 의미에서 초월적이라는 것, 더 나아가 윤리학의 유일하게 참된 방법에 대해 오래전부터 있던 비생산적인(무익한) 파벌적 논쟁("언어분석이냐 해석학이냐", "추월철학이냐 변증법이냐" 등등)에 대립해 윤리성의 철학적 정초는 하나의 방법만을 통해서는 해결될 수 없는 다층의 과제를 표현한다는 것이 방법적 복합성에서 나오는 결론이다.

전통적인 윤리학을 비판하는 오늘날 가장 중요한 논변들에 속하는 것으로 영국의 도덕철학자 무어(G. E. Moore)로 소급되는 자연주의적 거짓추론(der naturalistische Fehlschluß)이 있다.(《윤리학의 원리》(1903)) 그는 칸트도 비판했다.(Ilting) 자연주의적 거짓추론이라는 논변으로 무어는 모든 자연주의적 윤리학과 형이상학적 윤리학을 배척하는 대신 윤리적 직관주의라는 자신의 관점을 내세운다. 그에 따르면 '좋다(gut)'는 단적으로 단순하므로 정의될 수 없는 대상이다. 정확하게 말하면, 소위 거짓추론은 '좋다'를 자연적 혹은 형이상학적 성질을 통해서 정의하는 데 있는 것이 아니라 오히려 다른 종류의 것——한편으로는 '좋다'와 다른 한편으로는 성질들——을 동일시하는 데 있다. 따라서 동일화 오류/거짓추론에 대해 말하는 것이 더 나을 것이다. 이런 오류를 실제로 범했는지는 자연주의적 거짓추론에 대한 언급이 명시하고 있는 것처럼 순수하게 논리적으로 결정될 수 있는 것이 아니라 윤리적인 문제에 대한 논의를 통해서만 결정될 수 있다. 이 점을 무어가 처음으로 일목요연하게 보여주었다. 칸트의 윤리학에 적용해보면 소위 거짓추론은 이성의 사실과 관련되어 있지 않고 오히려 윤리적 선에 대한 기본적인 정의와 관련되어 있다. 《도덕형이상학 원론》은 '윤리적으로 선함'이라는 개념을 '제한 없이 선함'이라고 규정함으로써 시작한다. 그러나 칸트 윤리학에서는 선의 종류가 정의되는 것이 아니라 윤리적 선의 특유한 차이가 정의된다. 그런 측면에서 칸트의 관점은 무어와 모순되지 않는다.

만일 사람들이 이성의 사실에서 논리적 오류를 범했다고 칸트를 비난하고자 한다면 자연주의적 거짓추론을 범했다고 하기보다는 흄에 소급되는 존재-당위 거짓추론을 범했다고 하는 것이 적절할 것 같다.(《인간본성론》(1739~1740) 1권 1부 1절) 자연주의적 거짓추론에 따르면(흄에 따르면) 단순한 존재진술(사실진술) 또는 기술적 문장에서 당위진술 혹은 규정적 문장이 도출될 수 없다. 칸트가 이성의 사실에 관해 이야기하기 때문에 사람들은 그가 이런 거짓추론(존재-당위 거짓추론)을 범하고 있다고 생각할 수 있다. 그렇지만 더 자세히 고찰해 보면 칸트의 윤리학은 오히려 사람들이 존재-당위 문제를 어떻게 해결할 수 있는지 그것에 대한 차별화된 제안을 하고 있다. 첫째, 칸트는 이론이성의 영역과 실천이성의 영역을 구분한다. 이론이성은 존재하는 것을 탐구한다. 즉 우리가 해야 하는 것에 관계한다. 다시 말해 기술적 명법, 실용적 명법 그리고 정언적 명법, 즉 자유의 법칙들에 관계한다. 둘째, 칸트는 실천이성 안에서도 경험적으로 제약된 이성과 순수한 이성을 구분하고 윤리적 선을 순수이성의 개념에서 정의한다. 그래서 윤리적 선은 원칙적으로 비도덕적인 경험에서 도출될 수 없는 것으로 여겨진다. 셋째, 이성의 사실은 경험적으로 관찰 가능한 행동들에서 실제로 보이는 것이 아니라 행위에 대한 도덕적 판단에서 실증된다. 넷째, 칸트는 이성의 사실에서 당위진술을 이끌어낸다. 논증 과정을 논리적으로 살펴보면 정언명법은 이성의 사실에서 도출되는 것이 아니라 무제한적 선의 개념에서 도출되며, 유한한 이성존재의 상황과 관련되어 있다.

이미 《순수이성비판》에서 칸트는 "윤리적 법칙들과 관련해" "경험은 (슬프게도!) 가상의 어머니"이기 때문에 "내가 행해야 하는 것에 대한 법칙을 행해진 것에서 얻거나 그것을 통해서 제한하려는 것"은 "가장 배척되어야" 할 일이라고 주장한다.(*KrV* B 375) 그렇기 때문에 존재의 영역(자연)을 버리고, 행위의 탐구, 사회과학적 항목들과 인간학적 항목들에서도 공리주의와 달리 윤리성을 경험적 개념이 아니라 경험과 독립적인 개념, 즉 선험적인 개념에서 정의하는 것이 필수적이다.

현대 윤리학 논의의 주요 과제들 가운데 하나는 아마도 칸트를 비판적으로 고려함으로써 해결될 수 있을 것이다. 제한 없는 선으로서의 윤리성 이념을 창조적으로 형성하고 윤리성의 이중적 원리, 즉 정언명법과 자율을 논의의 실마리로 삼는 사람은 자연주의의 문제, 존재와 당위의 문제를 극복할 기회를 가질 것이다.

10. 법철학과 국가철학

칸트는 자신의 법철학(Rechtsphilosophie)과 국가철학(staatsphilosophie)을 이론이성비판이나 실천이성비판과 같은 비중을 두고 숙고하지는 않았다. 근대 정치사상에서 칸트는 그 이전의 홉스, 로크, 루소와 몽테스키외, 그 이후의 헤겔, 마르크스, 밀만큼 중요한 역할을 하지는 못했다. 칸트의 철학을 해석함에 있어서조차 정치철학은 종종 뒤로 밀려난다. 칸트의 '법론'을 두고 그가 노쇠한 데서 비롯되었다고 한 쇼펜하우어의 악평 이후(《의지와 표상으로서의 세계》 4권 §62), 《도덕형이상학》의 1부는 거의 철학적 성질을 갖지 않는 작품으로 취급되어왔다. 델보스(Delbos, 559 이하)에 따르면 칸트의 다른 저작들이 갖는 넓이, 명확성, 면밀성이 '법론'에서는 결여되어 있다고 한다. '법론'에는 비판적·초월적 정초가 결여되어 있으며, 거기에서 칸트는 여전히 형이상학적 자연법에 사로잡혀 있다는 견해를 가진 해석가들도 있다.(코헨, 1910, 381 이하 ; 서로이, 리터) 또 다른 해석가들은 칸트를 유산계급의 이론가라고 비판하거나 독일 내에 친정부적 사상을 조장했다고 비난한다.

칸트의 법철학에 대해서는 부정적 평가가 널리 퍼져 있다. 그렇지만 이것은 칸트에 대한 올바른 평가가 되지 못한다. 칸트의 정치철학에는 철학적 논증도 아니고 정치적 논증도 아니어서 많은 비판을 받아 마땅한 선입견들이 섞여 있다. 이런 선입견들은 이를테면 국가를 근거짓는 데 있어 소유권 보장의 과잉, 남성의 우위설정, 비자립적 근로자의 차별 혹은 거세의 옹호 등이다. 또한 혼인법과 가족법에 관한 취급, 실질적 저항권(혁명권)의 거부 또는 사형의 옹호도 생각해볼 문제일 것이다. 그러나 칸트의 방법론적 고찰에 따르면, 이 문제와 관련하여 주장되는 최소한의 부분조차 개념을 규정하고 원리를 정초하는 차원에 기초하고 있다. 법과 도덕의 경우도 철학에서와 마찬가지로 개념의 규정과 원리의 정초가 중요하다.(RL 서문 §A 참조) 그렇기 때문에 방법적으로 보아 문제성 있는 요소들을 배제하고 철학적인 주요 관심거리, 즉 법과 국가를 선험적 개념들에서 정초하는 일에 관심을 집중한다면 칸트는 정치사상의 고전적 대가로 생각될 충분한 이유를 갖춘 중요한 법사상가며 국가사상가임이 입증될 것이다.

프랑스 혁명이 발발하기 수년 전, 그 당시 모범적인 법전인《보편 프로이센 국가법》(1794)이 편찬되기 수년 전, 슈타인(Stein)과 하르덴베르크(Hardenberg)의 프로이센 종교개혁이 있기 한 세대 전에 이미 칸트는 지배권력을 원칙적으로 제한함으로써 법치국가를 정초하려고 했다. 국제연맹이 결성되기 100년도 더 이전에 칸트는 민족 간 연합의 철학적 원리를 구상했다. 그는 미국 독립운동과 프랑스 혁명에 감격했다. 이것은 그런 공감이 개인적으로 위험할 수도 있는 시대에 있었던 일이다. 프랑스인 몽테스키외(1689~1755)와 스코틀랜드인 애덤 스미스(1723~1790) 외에 칸트는 18세기 자유 정치학(eine Politik der Freiheit)의 탁월한 이론가였다.

칸트는 자신의 법철학과 국가철학을 여러 소저작에서 표현한다. 열거하자면 〈세계 시민적 관점에서 본 보편사의 이념〉(1784), 〈이론적으로 옳지만 실천을 위해서는 쓸모가 없다는 통설에 관해〉(1793), II. 국가법(홉스에 반대하여), III. 시민권(모제스 멘델스존에 반대하여) 그리고 〈영구평화론〉(1795). 그는 법철학과 국가철학의 기본사상을 이미 《순수이성비판》에서 정형적으로 표현하고 있다. 《순수이성비판》 초판에는 다음과 같은 구절이 발견된다. "각자의 자유가 타인의 자유와 공존할 수 있게 하는 법칙에 따른 인간의 최대 자유는…… 적어도 헌법을 처음 제정할 때뿐만 아니라 모든 법률의 바탕이 되어야 하는 필연적인 이념이다."(A 316/B 373) 칸트의 법철학과 국가철학에 대한 포괄적이고 체계적인 탐구는 《도덕형이상학》 1부 '법론의 형이상학적 기초'에서 볼 수 있다. 이 글은 어려운 문제들을 수사적 세련됨 없이 지나치게 제시하고 있기 때문에, 이념사적 배경이 완전히 차단되어 있기 때문에 독자의 분석적 사고작업을 요구하며 매우 이해하기 힘들다. 이 글을 텍스트로 다루어보려는 사람, 칸트의 "법론을 위한 예비작업"(XXIII 207~370)을 고려하는 사람은 칸트 사상의 내적 강제력에 상당히 접근할 수 있을 것이다. 칸트는 지배권력을 제한하는 일들을 정초하고, 근대적 인권 이념을 위한 최고의 척도를 제시하며, 사적 권리와 공적 권리의 철학적 특징, 이를테면 소유권과 그것에 대한 보호기구이자 중재기구로서의 국가와 형벌의 철학적 특징들을 발전시킨다.

법사상과 국가사상에서 칸트는 계몽주의 전통에 서 있었다. 이 분야에서 계몽주의의 전통은 그로티우스(Grotius)와 홉스(Hobbes), 푸펜도르프(Pufendorf), 로크(Locke), 토마지우스(Thomasius)와 볼프(Wolff)를 거쳐 흄과 루소에 이른다. 그러나 칸트는 이론이성비판과 실천이성비판에서처럼 단순히 계몽주의의 단순한 방법적 요소들을 통합하고 나서 내용적 요소들을 통합하려고 하지 않는다. 오히려 그는 핵심을 지적함으로써 계몽주의의 제반 요소들에 대한 태도를 취한다.

칸트는 선행자들의 사상에 포함된 이성적 요소들을 여과해내고, 그렇게 함으로써 선험적 인식이라는 자신의 근본 철학이념을 따를 뿐만 아니라 경험독립적 입법성으로써 실천이성비판에 따른다. 칸트는 법과 국가를 순수한 (법적) 실천이성의 원리들에서 근거짓는다. 그의 정치철학은 이성법이라는 의미의 자연법에 속한다.

무엇보다 그로티우스와 홉스, 루소는 그에게 내용적으로 큰 영향을 미쳤다. 반면에 종류가 다른 논변들의 혼합, 가령 성서적 논변과 이성적 논변의 혼합, 경험적 논변과 역사적 논변의 혼합은 로크와 홉스이 주장한 법철학의 경험적 특성과 마찬가지로 거부되었다. 칸트는 소유권, 국가 그리고 형법의 기본 제도를 포함하는 법은 자기 자신과 세계에 대한 인간의 경험에서 도출될 수 없다고 말한다. 왜냐하면 경험은 가변적이고, 게다가 논쟁의 여지가 매우 많기 때문이다. 또한 법의 정초(적용이 아니라)에서도 경험은 "가상의 모태"다.

10.1 법의 이성개념

칸트의 법철학의 가장 중요한 방법적 규정들은 체계적인 근본 저작인《도덕형이상학》1부 '법론의 형이상학적 기초'라는 제목에 이미 포함되어 있다.

칸트에게《도덕형이상학》은《실천이성비판》에 뒤이은 체계다.(RL VI 205)《도덕형이상학》의 부분으로서 칸트의 법철학은 더는 실천적 이성비판이 아니다. 그렇지만 그것은 실질적으로는 실천이성비판의 통찰들을 전제하고 있다. 칸트의 법철학은 전 비판적·독단적 철학이 아니며, 법의 이성개념을 전제하고, 모든 실정입법에 대해 최고의 규범적·비판적 척도의 의미를 갖는 비판철학이다. 이성적 근거들에서 실정법을 도출하려는 지나친 이성주의와는 반대로, 칸트는 철학이 기초적인 개념규정과 원리규정이라는 작은 부분에 제한된다는 사실을 알고 있다. 경험독립적 학문으로서 법철학이 입법자나 법관 혹은 법학자를 대체할 수 없다. 다른 측면에서, 이들은 철학자들에 의존하고 있다. 즉 헌법과 법률은 선험적 원리들의 정초에 의존해서 이성적이거나 정당한 것으로 입증된다.

법의 근본 개념은 선험적으로 타당하지만(RL §§A~E) 법의 적용, 특히 사법에서는 가령 인간은 손상될 수 있는 신체와 생명을 가지고 있다는 것, 우리가 소유권증서를 만들 수 있는 대상이 공간 중에 있다는 것, 남자 또는 여자와 아이들이 있다는 것 등 가장 보편적인 경험적 요소들이 논증된다. 경험적 요소들은 법을 근거짓는 기능을 떠맡고 있지는 않다. 그것들은 법의 적용범위만을 특수화한다.

그러나 이런 사실, 즉 일반적인 경험적 요소들 없이는 철학적 법론이 부화하지 않는다는 것이 칸트에게서 충분히 분명하게 설명되어 있지 않다. 그러나 그는 법의 개념이 "순수한 개념이면서도 실천 위에서 설정된 개념"(RL VI 205)이라는 것을 안다. 그렇기 때문에 철학은 완전한 법체계를 기획할 수 없다. 덕론과 자연과학의 철학의 경우에서처럼 칸트는 오로지 법론의 "형이상학적 기초들"에 대해서만 언급한다.

수학과 달리 철학은 개념규정에서 시작할 수 없다. 철학은 실상 (Sache)부터 전개해야 한다. 법의 실상(die Sache des Rechts)은 두 가지 관점을 가진다. 한편으로 덕론의 경우와 마찬가지로 이성개념(도덕적 개념, RL §B)을 문제 삼는다. 다른 한편으로 이 이성개념은 덕론에서와 달리 내적 태도(심정)에 관계되는 것이 아니라 공동생활에서의 외적인 자유에 관계한다.

첫 번째 관점은 규범적이고 선험적인 본성을 가진다. 두 번째 관점은 더 넓은 의미에서 기술적이면서도 단순히 경험적이지 않은 본성을 가진다. 다시 말해 근본적인 법개념은 경험적 요소 없이 발생한다. 그러나 사법은 그렇지 않다. 법개념은 규범적 요소와 기술적 요소의 결합에서만 발생하므로 칸트는 윤리성을 오로지 규범적 숙고들에서만 도출하려고 하는 규범주의적 오류를 피하고 있으며, 마찬가지로 윤리성을 기술적 개념들로 정의하려고 하는 자연주의적 오류도 피하고 있다.

칸트 해석에서와 마찬가지로 실상에서조차 통상 법과 도덕 사이의 공통점과 동시에 차이점이 비로소 법에 대한 적절한 이해를 허락한다는 사실이 간과된다. 철학적 무정부주의와 달리, 사람 중에서 법적 관계가 지배하며 무법성이 지배하지 않는다는 것은 비이성의 기호가 아니다. 엄격한 법실증주의나 정치적 결정주의와는 반대로 법적 관계는 임의로 형성되어서는 안 된다. 법적 관계는 "진리가 아니라 절대자가 법을 만든다"는 홉스의 말에 따라 절대군주의 의사에서 자유가 부여되는 것이 아니라, 포기될 수 없는 합법성의 토대로서 초실증적 법 원칙들에 결합해 있다. 다른 한편 그것에 준거해서 법과 국가가 시민의 도덕성(덕)을 촉진하는 것이 마땅한 의도적이고 전체적인 도덕화는 거부되어야 한다.

법개념에서 기술적이면서도 경험적이지 않은 요소는 적용조건을 포함한다. 그것의 해결책이 곧 법이라고 하는 과제다. 칸트는 법은 마땅히 인격들의 공동생활을 모든 경험에 앞서서 가능하게 해야 한다고 말한다. 여기서 '인격(Person)'이란 인간학적 개념이 아니라 법적 개념이다. 그것은 자기 스스로 행동의 창조자이며, 이런 의미에서 자유로운 모든 책임능력 있는 주체를 나타낸다. 법은 임의의 어떤 다른 사람의 강제적 의지에서 독립해 행위하는 외적 자유에 관계하며, 내적인 본능, 욕구와 열정에서의 독립성인 내적인 자유 혹은 도덕적 자유에 관계하지 않는다.

외적 자유의 공동생활을 모든 변천하는 경험에 앞서서 가능하게 하는 과제로써 칸트는 적용문제의 결정적 요소를 부각하고, 모든 부수적 문제에 대한 논의를 하찮은 일로 만들어버린다. 홉스에 연결되는 열렬한 논쟁, 즉 인간은 왜 서로에게 영향을 미치는가, 이 영향은 호의적인 본성을 띠는가 적대적인 본성을 띠는가, 가능한 공격성의 근거들은 어디에 있는가—이 모든 인간학적인 또한 부분적으로 역사철학적인 문제를 칸트는 법의 정초에서 배제한다. 왜 자유로운 주체들이 서로에게 영향을 미치는가—라는 문제조차 예를 들면 주체들은 제한된 영역으로 인해 공통된 생활공간을 공유하기에 하찮은 문제다.

법에서는 사회적 조망에서 외적인 자유가 문제이므로 내적인 것, 즉 욕구와 관심의 모든 관점은 그것들(욕구와 관심)이 행동을 지배하고 외적인 자유로 표현될 수 있을 때에만 법적인 문제로 등장한다. 칸트에게 법공동체는 궁핍한 사람들의 유대공동체(Solidargemeinschaft)가 아니라 책임능력 있는 주체들의 자유공동체다. 볼프와 멘델스존 그리고《보편 프러시아 국법》의 중요한 개정자인 슈바레츠(C.G. Svarez)와는 반대로 인류의 의무들(선행)은 법의 과제영역에 속하지 않는다. 모든 관련자의 복지를 촉진하라는 공리주의적 명령을 단지 도덕원리로 간주할 뿐 아니라 법질서의 구성적 '목적'으로 삼는 국가들은 법의 근본 과제에 모순된다. 이를테면 "최고의 지배형태는 살기에 가장 안락한(행복, Eudämonia) 국가가 아니라 시민에게 권리가 최대한으로 보장되는 국가다."(XXIII 257) 행복의 원리 위에서 건립된 국가는 다양한 행복의 표상들로써 시민을 어린아이나 미성년자(미성숙한 사람)처럼 취급한다. 그 결과 "군주는 자신의 개념에 따라서 국민을 행복하게 하려고 하므로 결국 전제군주가 된다. 반면 국민은 자기 행복에 대한 인간의 보편적인 주장을 하는 것이 허락되기를 바라므로 결국 폭도가 된다."(Gemeinspruch VIII 302)

오늘날 지배적인 국가관계와는 반대로 칸트에게는 사회복지국가가 정치적 정의라는 지위를 갖지 않는다. 그렇기 때문에 사회복지국가는 어디에서도 법치국가의 짐을 진 것으로 설명되어서는 안 된다. 국가가 행복의 조성을 위해서 자유의 보장을 포기하든가 단지 완화하기만 해도 곧 그 국가는 부정의하게 된다. 시민의 행복에 기여하는 법은 기껏해야 "내부적으로 또한 외부의 적에 대하여…… 법적 상태 (rechtlichen Zustand)를…… 보호하려는" 합법적인 수단에 불과하다.(*Gemeinspruch* VIII 297) 사회국가의 유대공동체를 옹호하는 칸트의 그 이상의 논변에 대해 "자선을 단순한 의무 혹은 약간의 친절로" 표상하기 때문에 우리는 함께 사는 사람들을 무시하지 않을 의무로부터 연역할 수 있다.(*TL* VI 448f.) 그렇지만 이것은 덕 의무에 관한 문제일 뿐 법 의무에 관한 문제가 아니다.

결국 그 행위의 바탕에 깔린 심정은 계산되지 않고, 자유로운 행위만 계산된다는 것이 법의 적용조건들에 속한다. 모든 계약, 예를 들어 물품과 교환은 교역상대자들이 자유로이 속임 없이 행위하는 한 정당하다. 그렇지 않을 경우 그들은 시민의 존경을 상실하고, 사업상대자를 잃을 것이며, 형벌에 처해질 것이기 때문에 그들은 속이지 않는지, 아니면 도덕적 이유 때문에 정직한지 등 칸트는 법과 덕의 구분에 대한 명백한 의식에서 심정문제는 법적 의미를 갖지 않는다고 본다. 칸트가 여기서 그것을 명확하게 말하지 않아도 그의 법개념은 모든 심정법과 심정심문을 배제한다.

법은 외적으로 자유로운 주체들의 공동생활(칸트는 자의(Willkür)에 대해서도 이야기한다)을 가능케 하는 과제를 가진다. 그런데 공동생활은 여러 가지 다른 양상으로 나타난다. 예를 들어 한 집단(주인들)이 다른 집단(노예들)을 지배하는 양상을 띨 수도 있다. 법의 과제에 대한 이와 같은 해법은 특권과 차별을 더욱 심화시키기 때문에 우리는 그것을 정의롭지 못한 것으로 여긴다. 반면 칸트의 도덕적 논변 외의 논변에서 지배와 종속의 관계는 과제의 해법을 의미하지 않는다. 왜냐하면 피지배자에게는 외적인 자유가 인정되지 않기 때문이다. 칸트는 주체들이 자신의 외적인 자유를 지키면서도 공동생활을 영위할 수 있는 조건들을 캐묻는다. 칸트는 이성개념에 따라서(이로써 규범적인 도덕적 요소들이 논증된다) 외적으로 자유로운 주체들의 공동체가 가능한, 경험독립적이면서 순수히 이성적인 조건들을 더 정밀하게 캐묻는다. 엄밀하게 보편적으로 타당하며 모순 없이는 반박될 수 없는 조건들은 경험독립적이다. 그러나 사회적 맥락에서 무제한적 자유에 대한 가정은 모순으로 귀착될 것이다. 왜냐하면 무제한적 자유는 종속 관계를 인정함으로써 외적 자유의 파괴를 허용하기 때문이다. 타인의 강제적 자의에서의 독립성이라는 의미에서 공동체 내에서의 외적인 자유는 그것이 다른 모든 사람의 외적 자유와 엄격하게 보편적으로 일치한다는 조건들에 의해 제한될 때만 모순 없이 가능하다. 따라서 이성적인 법개념에 따르면, 법은 "자유의 보편적인 법칙에 따라서 한 사람의 자의가 타인들의 자의와 함께 결합할 수 있는 조건들의 총체"다.(RL §B) 여기서 칸트가 언급하고 있는 자유의 법칙은 이성적인 법 관계가 경험적 조건들('자연의 법칙들')이 아니라 순수한 실천이성에 의존한다는 사실을 주목하게 한다.(RL VI 221 참조)

인간처럼 자신의 행위에 책임을 질 능력이 있는 주체들의 공동생활이 강한 어조로 이성적이려면 법의 특성을 받아들이지 않으면 안 된다. 법은 인간사회에 존재하는 우연적인 제도가 아니며, 더욱이 임의적인 제도는 결코 아니다. 법은 필연적이다. 물론 이것이 모든 실증적인 법 규정이 인정되거나 심지어 요구되기까지 한다는 뜻은 아니다. 반대로 칸트의 법개념에는 모든 실정법의 합법성을 평가하는 척도가 숨어 있다. 엄밀하게 보편적인 법칙들에 따라 한 개인의 자유를 다른 모든 사람의 자유와 조화시킬 수 있는 그런 법 규정들만이 이성적 혹은 단적으로 합법적이다. 이러한 척도는 윤리학(덕론)의 영역에서 정언명법에 대응하는 법론 영역에서의 독특한 부분이다. 그것은 정언명법이 자기입법적 준칙들로써 개인적 의지에 의무 지우는 것과 마찬가지로 외적 자유의 공동체에 보편적인 합법성의 의무를 지운다.

칸트는 자신의 법개념으로 이미 언급했던 것처럼 엄밀한 법실증주의를 비판할 뿐 아니라, 단지 개인적 심정에만 무제한적 이성성(도덕성)의 의무를 지우는 도덕의 사유화도 비판한다. 다른 한편으로 칸트는 어떠한 방식으로도 법을 도덕화하는 것을 거부한다. 왜냐하면 인간의 공동생활 이성으로서, 윤리적 법 혹은 정치적 정의로서 법은 내용에서나 동기에서나 행위하는 주체의 개인적 윤리성의 이성과 결합할 수 없다. 논리적으로 덕론에서 전개된 개인적 도덕의 특수한 의무 중에 첫 번째 집단, 즉 자기 완성성에 대한 의무는 어떤 경우에도 법적 의무에 속하지 않는다. 그렇기 때문에 칸트는 예를 들어 자살을 도덕적으로 허용되지 않는 것으로 간주하지만, 자기 생명의 보존을 법적 의무로 삼으려는 그 당시 법률가들의 시도를 비판한다. 두 번째 집단, 즉 타인에 대한 의무들의 경우에서조차 자선의 의무, 감사의 의무, 동정의 의무는 순수한 덕적 의무들이다. 예컨대 계약위반, 도둑질 혹은 살인처럼 선험적인 외적 자유의 공존을 불가능하게 하는 그런 사회적 구속성들만이 법적 의무에 속한다. 더욱이 이 영역에서는 우리에게 법적 구속성들을 자유로이 인정하도록 의무 지어진 것이 아니다. 우리는 그것들을 그 어떤 규정근거들, 즉 형벌에 대한 두려움 때문에 충족시킬 것이다.

개인적 윤리성과 정치적 윤리성, 도덕(덕)과 법 사이의 근본적인 차이 때문에 칸트는 법을 개인적 윤리성의 원리, 즉 내적 자유 혹은 의지의 자율에서 도출하지 않고 순수한 실천이성과 보편적 법칙성의 규준에서 이끌어낸다.

칸트에 따르면 법의 이성개념과 강제할 권리는 직접적으로 연관되어 있다.(RL §§D~E) 칸트는 강제권에서 어떤 이성에 반하는 힘을 보지 않으며, 실정법 질서의 윤리적인 비합법적인 월권을 보지도 않는다. 오히려 그는 그 안에서 모든 법의 불가결하고 선험적으로 타당한 요소를 본다. 이는 처음엔 역설적으로 들릴지 모르겠으나 강제권 없이는 자유의 공동생활이라는 의무를 진 법질서는 생각할 수 없다.

토마지우스(《자연법과 보편법의 기초》 4판 1718) 이래 법철학에서는 법과 강제권의 결합이 매우 자명했다. 그러나 칸트에게서 비로소 그 관계가 증명됨으로써 오늘날에도 제기되는 법과 국가의 근본 문제의 이론적 해결이 이뤄진다. 법의 강제권을 통해서 자유가 침해되는 것은 누구도 기꺼이 받아들이지 않는다. 바로 이러한 이유 때문에 법의 지배력 포기를 요구하고, 그로써 법의 모든 강제 성격의 포기를 요구하는 새로운 사회주의 유토피아가 끊임없이 구상된다. 칸트는 이러한 생각을 결정적으로 거부하며, 더욱이 순수히 이성적인 논증들로써 거부한다. 부수적 가정 없이 강제권은 외적 자유의 공동생활을 가능케 하는 법의 과제로부터 직접적으로 귀결된다.

법은 한 개인의 자유가 다른 모든 사람의 자유와 조화될 수 있게 하는 조건들의 총체이므로 보편적인 법칙에 따라서 타인의 자유와 결합할 수 있는 모든 행위는 법적으로 허용된다. 이러한 법적 권리에 대한 어떠한 침해도 법적으로 허락되지 않는다(불법적이다). 내게 법률적으로 허용된 행위들을 방해하는 어떤 사람도 내게는 부당하다(unrecht). 그렇기 때문에 불법적인 권리침해를 방해하는 강제는 적법한 행위의 자유를 가능하게 하는 것으로 그 자체가 적법하다.(헤겔, 《법철학》 93 참조) 법의 강제적 성격을 원칙적으로 정당화했다고 해서 칸트가 모든 종류와 모든 범위의 강제력(Zwang)에 대해서 문을 열어 놓은 것은 아니다. 강제력은 그것이 불법을 막는 한도 내에서만 합법적이다. 그것을 넘어서는 모든 강제력은 그 자체가 불법이다.

강제권뿐만 아니라—이것을 보충해서—인권 이념도 법의 이성 개념에 직접적으로 포함된다. 인권은 그 개념상 개인적 관계들, 정치적 상황들 그리고 역사적 조건들에 독립적으로 인간으로서 각자 인간들에게 귀속되는 권리다. 모든 타인의 자유와 결합할 수 있는 행위가 법적으로 허용되기 때문에 "각 사람들에게는 그들의 인간성으로 인해" 보편적 법칙에 따라서 모든 타인의 자유와 공존할 수 있는 정도의 자유가 마땅히 돌아간다.(RL VI 237) 다른 모든 사람의 자유와 조화될 수 있는 자유는 유일한 인권이다. 또한 그것은 모든 인권의 유일한 척도라고도 할 수 있다. 루소(《사회계약론(Le contrat social)》 I 1 장)가 말한 것처럼 자유는 획득되는 것이 아니다. 자유는 모든 법적 행위 이전에 인간에게 속해 있는 것이며, 그것은 (생물학적 의미에서가 아니라 법적인 의미에서) 인간에게 본유적(angeboren)이다. 그렇지만 무제한적 자유가 본유적인 것이 아니라 다른 모든 사람의 동일한 자유와 보편적인 법칙들에 따라서 조화될 수 있는 외적 자유만이 본유적이라고 칸트는 정확하게 말한다.

공동생활의 이성원리를 바탕으로 세워진 칸트의 철학적 법론은 사법과 공법이라는 두 가지 주요 영역으로 나뉜다. 여기서 칸트는 홉스나 루소와 달리 공법에 앞서서 먼저 사법을 논의함으로써 자연법이 갖는 법률적 힘을 증대시킨다.

10.2 사법 : 소유권의 정초

소유권이론의 역사나 칸트 연구에서도 이 철학자의 소유권이론은 크게 주목받지 못했다. 그리고 우리가 이론적 부분으로 향하는 이런 대목에서 칸트는 종종 가령 강자가 가진 적나라한 권리의 대변자(쇼펜하우어), 소유권에서 모든 도덕적 토대를 박탈하고 루소 이후, 더욱이 로크 이후 극단적인 자유주의자로 되돌아간 대표적인 사람이라고 신랄하게 비판된다.(Vlachos, 391 이하) 그렇지만 칸트의 소유권이론은 여전히 숙고해볼 가치가 있는 논변들을 포함하고 있다.

소유권은 오늘날까지 그 개념과 정당화가 정치학과 그것의 철학적 반성이라는 근본 문제를 제기하는 제도다. 우리는 자신의 신체와 유사하게 소유권에 대해서도 자유로이 처분할 수 있다. 소유권은 자신의 신체를 자연적 한계를 넘어서 어느 정도까지 확장함과 동시에 모든 타인에게 그들의 가처분공간의 한계, 즉 자유 한계를 표시해준다. 그래서 사적 소유권은 힘을 의미하며, 더욱이 이중적 의미에서 힘을 의미한다. 나의 소유권은 내게 속하는 사물들에 대한 힘을 직접적으로 포함하고, 그 물건을 갖고 싶었으나 갖고 있지 못한 사람에 대한 힘을 간접적으로 포함한다.

소유권은 타인의 자유를 제한하고 권력의 근거가 되기 때문에 끊임없이 비판되고 있으며, 철학적 공산주의에 의해서 가장 근본적으로 비판되고 있다. 엄밀한 의미에서 공산주의는 개념상 사회주의와 구분된다. 왜냐하면 공산주의는 개인적 소유권을 인정하지 않으며, 오로지 공동의 소유권만을 인정하기 때문이다. 권리(Recht)와 자유의 이름으로 모든 개인적 소유권의 부정이 행해진다. 칸트는 이러한 관점이 권리와 자유를 보장한다는 그들의 확언에 대해 원칙적인 의미에서 권리에 반하며 자유에 적대적이라는 것을 보여준다. 프루동(Proudhon)은 공산주의의 테제를 다음과 같이 정식화한다. 즉 소유권은 절도이다.(《소유권이란 무엇인가?(Qu'est-ce que la propiété?)》(1840)) 이에 반해 칸트에 따르면 소유권은 단순히 법적으로 정당화되는 것이 아니므로 결코 정도의 문제가 아니다. 오히려 극성은 이성 필연적인 제도, 즉 선험적으로 타당한 자유질서로서의 모든 법질서에 없어서는 안 될 구성성분이다. 물론 칸트는 자유의지로 어떤 종류의 소유권을 포기할 가능성을 배제하지 않는다. 그는 수도원에서의 생활이나 키부츠에서의 생활을 반이성적인 것으로 설명하지 않는다. 칸트에 따르면 어떤 종류의 것이든 소유권에 대한 법률적 금령, 즉 그것에 대한 강요된 '포기'만이 이성에 모순된다.

칸트는 소유권 제도를 경험적, 인간학적 혹은 역사적 근거들로 근거짓지 않고, 순수이성적 근거들로 근거짓는다. 소유권이라는 법적으로 필연적인 것은 인간이라는 유(類)가 어떤 동물학적 속성을 갖고 있거나 인류가 악으로 향하는 역사적 과정에 근거해서 발전하기 때문은 아니다. 마찬가지로 운 좋은 경험과 교육으로 인해 사람들이 언젠가 다시 더 잘살 수 있게 된다면 소유권은 쓸데없는 것이 된다. 칸트에 따르면 소유권은 사회적 조망에서 외적 자유의 본성에 대한 이성적 숙고 외에 다른 어떤 것에서 도출될 필요가 없다.

소유권의 정당화보다 소유권개념의 규정이 선행한다.(RL §1, §§ 4~5 참조) 소유권의 개념규정에서 물리적 점유와는 달리 법적 점유는 경험적 취득(Beziehung)관계가 아닌 선험적인 순수한 취득을 의미한다는 것을 보여주기 때문에 우리는 그것을 "형이상학 구명"으로 취급할 수 있다. 칸트는 "외적인 나의 것과 너의 것"에 대해서(von außeren Mein und Dein) 말하고, 본유적 자유, 내적인 나의 것과 너의 것은 확장과 외화 영역에서 원칙적으로 배제된다고 말한다. 이와 더불어 신체나 생명도 그것에서 배제된다. 칸트는 놀랍게도 법론에서는 신체와 생명에 대한 자유의 근본적 의미를 특별히 명시하지 않음으로써 "개인주의적 점유의 편견"을 지니고 있다는 인상을 준다.

칸트는 관계 범주들, 즉 실체, 인과성, 상호성에 따라서 세 가지 영역을 외적인 나의 것과 너의 것으로 헤아린다. 즉 (1) 나의 밖에 있는 물체적 사물들(한 부분의 토지 혹은 물품) (2) 약정된 성과(계약) (3) 나와 관계있는 타인의 상태.(RL §4) 물권법(§§11~17)과 계약법(§§18~21)에 따르면 혼인권, 친권, 가장권(Hausherrenrecht), 즉 "물건적 방식에 기초한 인격적 방식"(§§22~30)도 마찬가지로 사법에 속한다. 칸트는 결혼상대자, 아이들과 시비를 '점유(Besitz)'로 여기지 않는다. 우리는 물체적 사물들에 대해서만 자유로이 처분할 수 있다. 어떤 사람도 "자기 자신에 대한 소유자가 아니다. 하물며 다른 사람에 대한 소유자가 아님은 말할 것도 없다."(§17) 그러나 그것들은 "소유"(Habe, §4)에 속한다. 달아난 결혼 상대자는 다른 사람에 의해 언제나 "사물과 마찬가지로(gleich als eine Sache)" 다시 소유될(zurückgeholt) 것이다.(§25)

사물, 성과, 상태 이 세 종류의 외적인 무엇을 나의 동의 없이 다른 사람이 사용함으로써 나의 합법적인(즉 법의 이성개념과 조화되는) 행위의 자유(Handlungsfreiheit)가 손상될 때, 법적으로 나의 것(meum iuris)이라고 주장할 수 있다. 어떤 이가 내 소유인 대상을 내게서 빼앗아 갈 때 나의 행위의 자유를 침해받는다. 그러나 나의 행위의 자유는 어떤 이가 나의 (물리적인) 부재중에 내 소유의 대상을 사용하는 곳에서도 침해받는다. 그렇기 때문에 법적인 소유권은 물리적(경험적) 소지(Innehaben)에 제한되지 않는다. 법적인 소유는 내가 자리 잡고 있거나 내가 서 있는 토지, 내가 지니고 있는 대상들에만 미치는 것이 아니다. 그것은 내가 버리거나 내버려둔 사물들과 내가 포기한 토지에도 관계된다. 이 사물들이 실제로 내게 속한다고 전제한다면 물리적인 소지(das physische Innehaben)는 소유권과 일치하지 않으므로 칸트는 예지적 점유(ein intelligibler Besitz, 이성소유)의 개념을 도입한다.(RL 1)

예지적 점유에 관한 언급은 처음에는 철학적 왜곡 혹은 적어도 사실과 거리가 먼 추상으로 보인다. 실제로 이 개념은 법적 의미에서 소유권의 구성적 표징을 주목케 한다. 법적 소유는 공간-시간적으로 현재하기에 경험적으로 지각될 수 있는 내 소유에서뿐만 아니라 비경험적 취득(Beziehung), 즉 사고상의 예지적 취득에서도 성립한다. 내가 타고 있지만 훔친 자전거는 나의 소유가 아니며, 내가 포기한 나의 자전거가 주인 없는 것이 되지는 않는다. 철저한 공산주의자는 개인적 소유를 원칙적으로 불법이라고 하거나—조금 완곡하게 표현해서—개인적 소유는 어떤 이가 손에 쥐고 있거나 몸에 지니고 있는 사물들에 제한되어야 하기 때문에 경험적 소유물에 제한되어야 한다고 주장한다. "내가 의지하는 각 대상을 가능한 한 나 혹은 너의 것으로 간주하고 취급하는 것"은 "실천이성의 선험적 전제"다.(RL §2, 이 것은 Ludwig Brandt에 따르면(218 이하) §6 뒤에 위치해야 한다.)

칸트는 실용적으로 논증하지 않는다. 그는 경험적 소지에 제한된 소유는 기껏해야 어떤 원초적 욕구들의 직접적 만족을 허락할 뿐이며, 장기적으로 확실한 만족을 위태롭게 하고, 자연을 더욱더 무용하게 하고, 그 결과 인간의 소질들을 위축시킨다고 주장한다. 한편으로 그는 선험적 주장을 제시하고, 다른 한편으로 이 주장은 "법 일반의 순수한 개념들에서" 도출되지 않는다는 것을 보여준다.(RL §2)

그것을 나의 목적에 소용되게 할 힘은 내가 물리적으로 가지고 있는 모든 것이 자의(Willkür, 외적 자유)의 대상들에 속한다. 목표와 목적이 어디 있느냐는 물음과 모든 인간학적 그리고 역사-사회적 관계들과는 독립적으로 외적 자유는 그것이 그 어떤 대상들(사물들, 성과들 혹은 상태들)을 사용할 수 없는 경우에는 실현될 수 없다. 그러나 철저한 공산주의자가 요구하는 것을 가정한다면 물리적으로 보아 자유에 봉사하게 될 수 있으나, 법률적으로 보아서는 누구에 의해서도 개인적으로 사용될 수 없는 그런 대상들이 있을 것이다. 그렇다면 자유는 자기 자신을 삭감하는 것이다. 왜냐하면 자유를 위해 사용될 수 있는 대상들은 개인적 사용의 모든 가능성을 박탈당하기 때문이다.

정확히 말하면—칸트의 두 번째 단계—자유의 자기삭감(die Selbstbeschneidung)은 자유의 완전한 폐기, 즉 "외적 자유의 자기 자신과의 모순"에서 성립한다.(RL §2) 왜냐하면 칸트는 정반대 관점을 가능한 한 이성 원칙으로 논의하기 때문이다. 그러나 순수한 실천이성은 "형식적 법칙 외에 다른 어떤 법칙도" 알지 못한다. 따라서 그것은 대상들을 합법적 혹은 불법적인 것으로 구분할 수 없다. 그것은 모든 것을 금지하거나 아니면 전적으로 인정한다. 그러나 절대적인 금령은 외적인 자유, 스스로 선택한 목적 추구를 중단시킨다. 그러므로 칸트에 따르면 제한 없이 모든 대상을 가능한 소유권 항목(mögliche Eigentumstitel)으로 인정해야 한다.

소유권의 원칙적인 정당화에 대해서 구체적인 소유권 요구가 어떻게 발생하느냐는 물음이 제기된다. 어떻게 단순히 경험적인 점유 획득(Besitznahme)에서 예지적이기도 한 소유, 즉 법 관계가 발생하느냐는 물음이 이 물음과 결합해 있다. 칸트는 소유의 경험적 획득, 법적 전유(die rechtliche Zueignung) 그리고 양자 사이를 매개하는 취득(Beziehung)이라는 세 계기를 구분한다.

오늘날 소유권은 매매, 증여 혹은 상속 등 다양한 형식의 계약들을 통해서 발생한다. 그러나 계약에 의해서 획득된 소유권 요구 대상들은 이미 그것을 타인에게 팔거나, 증여하거나 상속시킨 어떤 이에게 속해 있었다는 것을 전제한다. 그러므로 계약은 (소유권의) 파생적인 형식이며, 근원적인 획득은 계약에 의존해서는 안 된다.

근대에 가장 영향력이 있던 책 중의 하나인《전쟁과 평화의 법에 관해(Di jure belli ac pacis)》(1625, II권 2~3장)에서 네덜란드의 철학자 휘호 그로티우스는 토지와 토지에서 나는 산물들에 대한 만인의 근원적인 소유에서 (논의를) 시작했다. 그로티우스는 공유물의 계약적 양도라는 의미의 근원적 획득을 통해서 개인적 소유가 발생한다고 말한다. 그로티우스에 반대한 로크는 욕구의 만족을 위해서 대상을 지배하는 수단인 노동을 통해서 소유권을 획득한다는 주장을 제시한다.(《지배에 관한 제2논의(The Second Treatise of Government)》(1689) V장) 토지에서 식량을 획득하는 농민이 로크의 노동이론의 모범이다.

칸트는 그로티우스나 푸펜도르프에 반대해 일차적 소유권은 계약에 의한 매도를 통해서 생기는 것이 아니라 근원적인 획득을 통해서만 발생한다는 점에서 로크와 공감한다. 그렇지만 획득은 노동을 통해서 발생한다는 로크의 생각을 유지될 수 있는 것으로 보지 않는다. 노동은 무에서 대상을 창조하는 것이 아니므로 노동은 그것에 대해

합법적으로 노동하려 할 때 이미 나에게 속해 있어야 하는 재료(물질)를 전제한다. 노동은 근원적인 권리원천(Rechtstitel, 權源)을 근거짓지 못한다. 노동은 근원적인 점취(Besitznahme, 점유획득)에 대한 외적인 표징(das äußere Zeichen) 외에 다른 것이 아니다. 이 표징은 덜 수고스러운 다른 많은 표징으로 대체될 수 있다.(RL §15)

그로티우스처럼 칸트는 땅과 그 위에 있는 사물들을 근원적으로 공유한다는 생각에서 출발한다.(§6) 이러한 출발점을 경험적으로 이해해 인류 역사의 초기 단계로 생각해서는 안 되며 사고를 통한 구성으로 이해해야 한다. 그것은 모든 사법의 물질적 기초가 법적 행위에서 비롯된다는 사실을 생각나게 한다. 물질적 기초는 인간에게 미리 주어져 있다. 그것은 인간에게 선사된 것이다. 그와 동시에 칸트는 주인 없는 땅이라는 생각을 비판한다. 땅은 누구의 것도 아닌 것(res nullius)이 아니라 모든 사람의 것(res omnium)이다. 최초의 땅 소유자는 누구의 것도 아닌 땅을 우연히 발견한 것이 아니라 모든 사람의 공동소유물을 발견한 것이다. 따라서 그는 법 밖에 있는 대상에 관계하는 것이 아니라 모든 공동소유자의 공동체와 관계한다.

토지와 그것의 수확물을 사용할 권리도 토지에 대한 공동소유자와 마찬가지로 근원적이다. 공유의 틀 속에서 토지를 사용하는 한 개인의 권리는 다른 모든 사람의 동일한 권리와 충돌하므로 권리들은 서로에 대해서 지양된다. (근원적 공동 점유(Gemeinbesitz)에 각 개인의 사적 소유가 될 수 있는 법칙이 이미 포함되어 있지 않다면 그렇다.) 그런데 공동 소유가 어떻게 사적 소유로 이행될 수 있을까?

그래서 칸트는 공동소유물의 특정 부분에 대한 근원적인 점취(Besitznahme)는 단지 일면적인 것, 즉 점유(Bemächtigung, Okkupation)로 생각될 수 있다고 한다. 이런 진술은 강자의 권리(Faustrecht, 무단정치)를 지지하는 칸트의 정당강령으로 해석되었다. 그렇지만 이러한 해석은 오해에 근거하고 있다. 왜냐하면 점유에서는 먼저 대상의 압류(Wegnahmen)가 다뤄지는 것이 아니라 아직 어느 개인에게도 속하지 않은 대상의 근원적 선점(Aneignung)이 다뤄진다. 둘째, 점유에서는 힘(Gewalt)이 고려되는 것이 아니라 시간적 순서가 고려된다. 왜냐하면 "모든 인간은 근원적으로 (자의적인 모든 법적 행위에 앞서서) 토지를 합법적으로 소유하고 있다. 다시 말해 모든 인간은 그들이 자연 혹은 우연(의지 없이)을 정립한 곳에 있을 권리를 가진다."(RL §13) 이러한 점유(Besitz)는 다름 아닌 공간적으로 제한된 토지에 대한 모든 인간의 전체점유(Gesamtbesitz)일 뿐이다. 우리가 처해 있는 땅이 나에게 식량을 공급해줄 수 있는 기름진 땅인가 혹은 나의 자기보존을 곤란하게 할, 아니 심지어 불가능하게 할 황무지인가 하는 것은 칸트의 논증에서는 의미가 없다. 생존의지가 아니라 법의 의지가 소유의 항목(Eigentumstitel)을 제공한다.

국가가 정비되기 이전의 근원적인 소유관계는 단지 잠정적인 의미만을 가진다. 권리 원천의 궁극적 타당성과 확실성(Sicherheit)은 힘을 통해서 잠정적인 소유관계를 보장하는 집합적인 일반적(공동) 의지를 통해서 비로소 점유를 획득한다. 다른 한편으로 모든 법적 보장은 이미 소유관계를 전제한다. 그렇기 때문에 소유권은 공통적이고 주권적인 의지를 통해서 보호되며, 결정되거나 규정되지 않는다.(RL §9) 칸트가 정초한 자연법은 이미 국가가 있기 이전에──비록 잠정적이기는 하지만──영향력을 행사한다. 이로써 홉스식 리바이어던의 힘이 사라진다. 물건에 대한 소유권, 계약, 부부, 가족 그리고 가족 공동체는 국가 이전에 타당한 법적 제도들(Rechtsinstitutionen)이다.

10.3 공법:법치국가의 정초

소유권은 국가에 앞서서 주어진 권리체제(Rechtsinstitution, 법제도)
다. 그렇지만 국가가 최종적으로 소유권 주장을 규정하며, 여러 가지
소유권 침해에서 소유권 주장을 보호하고, 불법적으로 획득한 것을
반환하도록 강제하며, 소유권자가 힘들여서 자기 재산을 보호하는
수고를 하지 않아도 되게 한다. 칸트에 따르면 자유를 위해 소유권이
이성적으로 필연적이듯이 소유권을 위해 국가가 이성적으로 필연적
이기 때문에 국가 역시 이성 필연적인 제도다. 국가는 일차질서의 제
도들, 즉 사물에 대한 소유권, 부부관계와 가족관계 같은 계약체
(Vertragswesen)에 봉사하는 이차질서의 제도다. 홉스를 계승해 법적
안전보장이 국가의 이성적 근거로 생각된다. 인간 상호 간의 법적 관
계가 단순한 자연법을 통해서 규정될 수 있다는 홉스 비판자인 쿰버
란트(Cumberland, 《자연법(De legibus naturae)》(1672))의 견해는 칸트에
따르면 유지될 수 없다.

칸트가 근거지었던 사법 제도들만이 행위의 자유에 대한 절대적
인 전체인 것은 아니다. 신체와 생명이 기본적인 조건이다. 또한 행위
의 자유를 보장하기 위해서는 국가도 빼놓을 수 없다. 그럼에도 칸트
는 사법으로만 국가를 발전시켰기 때문에 그의 철학은 유산계급의
이익을 반영하며 초보적인 경쟁자본주의에 객관성, 아니 합리성의 본
질은 감추어두고 외양만을 주었다는 비난을 받지 않을 수 없었다. 그
렇지만 이러한 비난은 부분적으로만 정당화된다. 사법이 물적 소유

권뿐만 아니라 부부관계와 가족관계도 다루고 있다는 사실을 제외하면 칸트는 개인적 자유권, 특히 신체와 생명의 고귀성(Integrität)을 특별히 부각하지는 않았다. 그러나 그 이유는 칸트가 이성법으로서의 자연법 안에 이런 권리들을 위한 자리를 인정하지 않았다는 데 있는 것이 아니다. 오히려 이런 권리들은 보편적인 법규범(Rechtsgesetz)에 이미 포함되어 있었다. 소유권 주장과 달리 신체와 생명은 획득권 권리가 아니라 타고난 권리들이다. 신체와 생명이 갖는 이런 근본적인 의미가 그것들을 사법의 구성요소로 만들지 못하게 한다. 그렇지만 물론 그것들을 특히 사법에 대해서 분명히 부각하지 못하게 하지는 않는다. 신체와 생명을 "강제력의 지양"(§44)이라는 표어를 바탕으로 단지 간접적으로만 그리고 뒤에 가서 언급했다는 것은 칸트 법론의 약점이다.

칸트는 정치철학의 가장 중요한 논변방식 중의 하나이며 소위 계약론이라고 알려진 사고모형에 따라 국가를 근거짓는다. 근대에 계약론은 그로티우스와 홉스, 푸펜도르프, 로크, 루소 같은 영향력 있는 철학자들에 의해서 대변되었다. 흄은 "계약은 국가 정초의 역사적 사건을 말한다"(Essays II 12)는 잘못된 전제 하에서 계약론을 비판했다. 현대에 와서 계약론은 무엇보다도 존 롤스(《A Theory of Justice》 (1972))를 통해서 하나의 새로운 의미를 얻는다. 계약론은 국가적 관계가 없는 상태, 즉 자연상태에서 살고 있는 자유로운 개인들에서 출발한다. 계약론은 자연상태가 이런 상태에 속해 있는 모든 사람에게 견디기 어려운 것이며 상호적인 자유의 제한, 계약에 의해서만 이런 상태가 극복될 수 있다는 것을 보여준다. 그렇기 때문에 계약론은 자유로운 개인들 사이의 근원적인 계약에서 적법한 국가가 탄생하게 한다.

칸트는 선행자들의 통찰들을 되새기고 그것들을 서로 결합하며 훨씬 분명하게 만들었다. 그는 홉스에게서 국가의 필연성에 대한 이성적 근거로서 자연상태의 개념을 계승했으며, 로크에게서는 양도할 수 없는 인권 사상을, 몽테스키외에게서는 권력분립의 이념(RL §45)을 이어받았다. 그리고 루소에게서는 오로지 일반의지(volonté générale)만이 모든 실정입법의 최상의 규범적·비판적 원리를 제시한다는 테제를 이어받는다. 경험적·인간학적 근거들과 순수하게 이성적인 논변들을 구분함으로써 칸트는 훨씬 더 명확해진다. 이런 척도에 비추어 볼 때 사회계약은 순수한 실천이성의 경험독립적인 선험적 이념이다. 그것은 다름 아니라 법치국가의 이념이다. 따라서 사회계약은 자연과 인류의 역사에 대한 경험적인 근거들을 가정해서는 추론(도출)될 수 없다. 그렇지만 사회계약은 그것들에 적용될 수는 없다.(RL VI 217 참조) 그것은 국가의 기원, 국가가 어떻게 존재하는가를 설명하는 것이 아니라 규칙과 표준(Regel und Rechtschnur), 국가는 어떠해야 하는가를 설명한다.(Refl. 7734, 7740, 7956 참조) 사회계약은 일종의 류틀리 비밀동맹이나 북아메리카에 상륙한 청교도들의 협정 같은 역사적 사건을 의미하는 것이 아니다. 오히려 그것은 모든 공적인 법률들의 적법성에 대한 최종적 기초다. 즉 그런 법률들이 정당한가 아닌가를 밝혀내는 최고의 척도다.

마찬가지로 자연상태도 순수한 이성의 이념이다. 그것은 국가적 관계가 전혀 없는 상태에서 공동생활에 대해 순수하게 이성적인 구성을 표현한다. 다시 말하면 문자 그대로 지배체제(국가)의 부재를 의미하는 무정부상태를 표현한다. 자연상태에서는 만인의 무제약적이며 원시적인 자유가 지배한다. 각 사람은 그 자신에게만 이익이 되든지 아니면 그와 공존하는 타인에게도 이익이 되든지, 모든 사람에게 유익한 것이든 아니면 누구에게도 유익하지 않은 것이든 간에 그에게 옳다고 여겨지고 좋게 생각되는 것을 할 수 있다.(RL §44) 자연상태에서는 타인의 침해나 그들의 무력에 대해 안전이 보장되지 않는 것과 마찬가지로, 누구도 타인의 권리를 침해하지 않고 자제할 의무가 없다. 자연상태에서는 무법성(Rechtlosigkeit)이 지배한다. 그러나 부정의 (Ungerechtigkeit)가 지배하는 것은 아니다.(RL §44) 함께 살고 있는 자유로운 존재들은 한편으로는 선천적이며, 다른 한편으로는 법적으로 획득된 권리를 갖고 있다. 그러나 이 모든 권리는 권리의 보장에 결함이 있다. 설사 모든 구성원이 법을 사랑하고 있다고 하더라도 양자의 권리가 서로 다툴 때는 동등한 권리주장이 충돌하며, 이런 투쟁을 법적인 구속력을 갖고 해결할 수 있는 권위 있는 심판관이 없다. 누구도 자신의 권리를 법적인 수단에 기초해 유지할 수 없으므로 이 모든 권리의 법적 성격은 중지된다(aufheben). 그런 권리들은 이제 더는 타인의 자의와 상관없이 주장될 수 있는 것이 아니다. 권리는 그 개념상 개인적인 자의를 보편적인 법칙들에 따라 조화시키는 과제를 갖고 있기는 하지만, (자연상태에서) 권리의 인정은 호의와 선호에 달려 있다. 자신의 주장들, 예컨대 신체와 생명의 불가침성에 관한 주장, 재산에 관한 주장, 계약의 유지에 관한 주장 등을 유지하려는 사람은 무력에 의해서만 자신의 권리를 획득할 수 있다. 이것은 다른 모든 사람에 대해서도 마찬가지로 타당하다. 그러므로 누구도 무력 앞에서는 안전하지 않다. 이미 홉스(《리바이어던》 13장)가 천재적인 명석한 두뇌로 내다보았던 것처럼 자연상태에서는 만인에 대한 만인의

(잠재적) 투쟁이 지배한다.

법은 자유로운 존재들에 의해 이성적으로 명해진 관계형식이지만, 자연상태는 법으로서의 법, 즉 강제권을 지니는 주장으로서의 법을 폐기해버리기 때문에 그것을 극복하는 것은 이성적으로 필연적이다. 자연상태는 개별적 의지들의 지배에서 성립한다. 따라서 자연상태의 극복은 전혀 개별적이지 않은 의식, 일반의지의 지배에서 성립한다. 이것이 바로 루소의 일반의지다. 칸트는 공적인 법치상태에 대해 말한다. 이런 상태는 어떤 국가에서나 가능한 것이 아니고 공화국, 다시 말해 법치국가와 입헌국가에서 성립하는 것이다. 이런 국가에서는 아리스토텔레스(《정치학》Ⅲ 11)에서와 유사하게 그리고 전제국가와는 반대로 인간들의 선택의지가 아니라 (정당한) 법률이 힘을 가진다.(RL Ⅵ 355)

법치상태는 전쟁을 평화로 대체한다. 홉스에 따르면 인간은 죽음에 대한 공포와 행복에 대한 욕구 때문에 평화를 추구한다.(《리바이어던》13장) 칸트에게 이것은 엄밀하게 이성적인 정초에서는 차지할 자리가 없는 실용적 동기들이다. 국가의 건강성은 행복에 있지 않고 법과 외적인 자유의 이성적인 공동체에 있다. 공적인 법치상태에서 비로소 정당(Recht)과 부당(Unrecht)에 대한 결정이 선택의지가 아니라 법에 의해서 내려진다는 논변만이 타당한 것으로 생각한다. 더는 피가 끓지 않기 때문이 아니라 평화가 유익한 결과를 가져오기 때문에 이성은 그것을 규정한다. 그것이 이성에 의해서 규정되는 까닭은 이런 조건 아래서만 이성에 의해 명령된 법이 현실적이기 때문이다.

법치국가는 두 가지 성질에 의해서 (다른 국가체제와) 구별된다. 첫째, 법에 관한 결정은 사적인 개인들에게 맡겨진 것이 아니라, 공적인 힘에 맡겨진다. 법치국가는 공적 지위(Staatscharakter)를 가진다. 둘째, 여기서 문제는 선호하는 국가(beliebige Staat)가 아니라 갈등 극복의 정치적 질서다. 이것은——순수한 실천이성을 위한 칸트의 척도에 따르면——엄밀히 보편적인 법칙을 통해서 규정된다. 보편화의 원리를 충족시키는 정치적 질서는 일반의지 혹은 공동의지에 의해 정립된다. 이러한 이유로 칸트는 법의 이성적 정초에서 사회계약이라는 전통적 개념을 재음미하며, 법은 "근원적인 계약"에서 발생하는 질서(Gemeinspruch VIII 295)라고 말한다. 근원적 계약 대신에 칸트는 국민의 일반적(통일된) 의지에 대해서도 이야기한다.(같은 곳, RL §46) 물론 우리는 통일된 국민의지를 계약과 마찬가지로 경험적 크기로 간주해서는 안 된다. 그러한 이해는 철학적으로 잘못일 뿐만 아니라 정치적으로도 위험하다. 왜냐하면 그것은 로베스피에르나 당통을 모범으로 하는 공포정치에 대문을 열어주기 때문이다.(Gemeinspruch VIII 302 참조) 칸트는 프랑스 혁명의 원리들을 환영했지만, 자코뱅당의 공포정치를 신랄하게 비판했다. 국민의 통일된 의지, 지배자와 피지배자의 일치(Fak. VII 90 이하)는 다름 아닌 "영원한 규범"(같은 곳), 정의의 규준 혹은 "모든 공적인 법적 제도 일반을 평가하는 이성원리"(Gemeinspruch VIII 302)다.

이러한 이성원리에 따라서 국가는 모든 구성원의 공동의지가 국가의 기본 질서를 구성하는 식으로, "성숙한 이성을 가진 국민이 국가의 기본 질서를 스스로 규정하는"(Fak. VII 91 ; RL VI 327 참고) 식으로 국가 기본 질서를 형성하도록 요구받는다. 근대적으로 표현하면, 모든 법률이 따르는 원칙들은 보편적 동의능력의 원리에 종속한다. 물론 일반의지와의 일치는 무엇보다도 경험적 · 사실적 논의를 통해서 보장될 수 없다. 왜냐하면 모든 구체적인 합의 과정에는 자기 이익에 관한 자기기만, 사실에 관한 오류, 성급한 판단이나 감정적 장애 같은 요소들에 의해, 구조적인 선입견, 이데올로기적 구속성이나 숨겨진 힘에 의해, 마지막으로 거짓과 기만에 의해 왜곡될 위험이 있기 때문이다.

칸트는 계약 또는 통일된 국민의지의 규범적 · 비판적 기능에 대해 몇 가지 "시식물(Kostprobe)"을 제공했다. 그는 의사의 자유와 학문예술의 자유를 요구했으며(VIII 37 이하), 귀족적 특권(RL VI 329), 노예제(농노제, 노예제도 ; Refl. 7886), 전체적 통치(Gemeinspruch VIII 290 이하)를 비난했으며, 국가적 차원에서 제정된 불변적인 교회 교의도 비난했다.(XXIII 133) 일반적으로 성별이나 혈통, 신앙에 따른 모든 법적인 특혜와 불이익은 이성원리로 이해되는 사회계약에 의해서 비판될 수 있다. 그래서 일반의지의 이념은 국가 이전의 원천을 갖지만, 국가의 공법을 통해서 비로소 보증되는 측면에서는 인권의 원리이며 규준임이 증명된다.

비록 칸트는 통일된 국민의지에 주권을 인정했지만, 모든 시민에게 투표권과 적극적 시민권을 인정하지는 않았다. 프랑스 혁명의 세 가지 이상과 연계해 칸트는 법치국가의 세 가지 원리를 공식화했다. 자유, 평등 그리고—프랑스 혁명의 이상인 형제애(Brüderlichkeit, 박애)가 완화된 형태인—시민적 자립이 그것이다. 이러한 완화(프랑스 혁명의 3대 이상 가운데 하나인 박애를 이처럼 약화시킨 것)는 그리스의 폴리스에서와 유사하게 칸트의 법치국가에서도 시민의 대부분이 동등한 권리를 가지고 있지 않다는 불쾌한 귀결을 가진다. 다시 말해 "상인이나 수공업자에게 있어서 도제, 고용인, 미성년자, 모든 가정주부 그리고 자신의 사업에 따라서가 아니라 (국가의 명령 외에) 다른 사람의 명령에 따라 자신의 존재(생계와 보호)를 유지하게 되어 있는 사람들 일반이 시민적 인격성을 결여하고 있으며, 그들의 존재는 곧 (실체에 부속해 있는) 속성일 뿐이다."(RL §46)

칸트는 권리 중에서 능동적 국가시민권(Staatsbürgerschaft)을 수동적 국가시민권으로 구분하고, 미성숙인에게는 후자의 권리만을 인정한다. 그렇지만 그가 경제적 지위(도제, 고용자)나 성별(가정주부), 즉 사법적 혹은 생물학적 소여성들에게서 공적·법적 차별 그리고 단순히 수동적 국가시민권을 도출해냈는지는 확실치 않다. 오히려 여기서 칸트는 그 당시의 선입견들을 고수하고 있는 것으로 보인다. 우리가 능동적 국가 시민권을 법적 능력(Rechtsfähigkeit), 즉 책임능력(Zurechnungsfähigkeit)과 결합하고, 사법적 관계에서 법적 예속(경제적·감성적 예속 등이 아닌)이 생기는 경우에 이 관계를 변화시키기는 해도 공적·법적 예속으로 강화시키지 않는다고 하는 것이 더 옳을 것이다.

칸트는 온통 부당한(법률적이나 정당하지 않은) 지배, 즉 전제정치에 관해서 이야기한다. 프랑스 혁명과 관련지어 보면 그 시대에 정치적으로 현실적인 문제는 "전적으로 부당한 지배에 대항해 현실적인 저항권, 정부 전복과 혁명에 대한 권리가 있는가?" 하는 것이다. 보뎅(Bodin, 1530~1596)에서부터 요한 알투시우스(Althusius, 1557~1638), 그로티우스, 로크, 푸펜도르프를 거쳐 멘델스존에 이르기까지 근대의 대부분 국가이론가들은 긍정적으로 답한다. 미국 독립선언(1776)과 프랑스 혁명(1789)에 대한 최초의 인권해석은 저항권을 인권으로 간주한다. 프랑스 혁명의 비판자인 에드문트 부르케와 '매우 신중한'

아헨발(Achenwall, *Gemeinspruch* VIII 301)조차 극도로 궁핍한 상황에서는 저항권을 인정한다. 반면 사변적 문제에서는 '혁명가'인 사람이 정치적인 문제에서는 모든 변혁에 가장 엄격한 반대자임이 증명되기도 한다. 칸트는 국민을 말 못하는 수동성에 속박시키지 않는다. 칸트는 상실될 수 없는 인권의 방패로서 공적 비판의 권리, "문필의 자유"(*Gemeinspruch* VIII 304 참고)를 지지한다. 문필의 자유에 의해서 지배자는 정의의 이름으로 개혁을 추진하게 된다. 칸트는 또한 "소극적 저항"을 인정한다. 소극적 저항은 국가행정의 편이를 위해 국회의 국민 대표자들에 대해 정부가 제기한 요구들을 거절할 수 있는 권리를 국민에게 허락한다. 그러나 "참기 어렵다고 거론되는 최고권력의 오용"에 대해서조차 우리는 반항해서는 안 된다.(*RL* VI 320 이하) 칸트는 친정부적이고, 더욱이 프랑스 혁명에 대한 그 자신의 열광과 모순적인가?

칸트가 그런 태도를 보인 이유는 초기의 칸트 논의(F. Gentz, A. W. Rehberg ; Henrich, 1967 참조) 이래 최근까지 확실하지 않지만, 그것들은 실용주의적인 성격이 아니라 원리적인 성격을 가진다. 가령 지혜(Klugheit)는 능동적 저항을 금지하지 않는다. 또한 경험은 우리에게 혁명적 변화로부터 종종 부당한 관계들이 충분히 발생하므로 소극적 저항과 개혁의 길이 일상적으로 더 낫다는 것을 가르쳐주기도 한다. 그러나 칸트는 원리의 반성 틀에서 지혜와 경험에 대한 호소를 인정치 않는다.

홉스와 명백히 반대 관점에서 칸트는 국민에게 '상실될 수 없는 권리'를 인정한다. 이 권리가 손상되었을 경우 국가원수는 시민에게 불법을 행한다. 그러나 이 권리는 《통설에 관해(Gemeinspruch)》(VIII 303 이하)에 따르면 궁핍할 경우 사람들이 힘으로 서로 강탈할 수 있는 강제권(Zwangsrecht)의 의미를 갖지 않는다. '법론'에 따르면 법적 저항권은 모든 합법적 헌법(Verfassung)을 "무효화"할 것이다. 왜냐하면 최상의 입법인 헌법은 "자신 속에 최상의 규정이 아니라는 규정"을 포함하고 있으며, 이것은 그 자체로 모순이기 때문이다.(RL VI 320) 우리가 국민과 주권자(군주) 사이의 투쟁에서 도대체 누가 심판관이어야 하느냐는 물음을 제기하자마자, 모순은 명백히 드러난다.(같은 곳) 칸트는 저항권 때문에 각 시민은 자신의 권리를 확증 지을 수 있는 공적 효력에 관한 주장을 견지한다고 말한다. 그러나 동등한 권리를 가진 개인의 권리확신 상태는 자연상태 외에 다른 것이 아니다. 이것은 공적 법의 상태라는 이성적으로 명령된 상태에 모순된다.

　이러한 논증에 대해 여러 가지 의문이 제기된다. 뵐너(Wöllner)의 종교칙령(3.3 참조)의 경우에서처럼 정부가 "문필의 자유"를 거부하거나 국민의회의 "소극적 저항"을 무시할 경우 국민에게 아직 어떠한 반대 가능성이 남아 있는지 묻는 것은 정치적·실용적이다. 둘째로 더욱 원리적인 것은 칸트 자신의 실증적인 것에 선행하는 자연법(이성법)의 이념 속에 어떤 조건 아래서도 혁명권의 부정과 결합할 수 없는 혁명적 잠재성(ein revolutionäres Potential)이 숨어 있다. 법제도적으로 보장된 저항권 및 혁명권이라는 사상은 자기 모순적인 것 같다.

　그러나 칸트의 규범적·비판적인 법치상태의 원리에 따르면 그러한 권리는 군더더기다. 왜냐하면 저항을 유발하는 그런 정치적 상태, 즉 상실될 수 없는 인권의 손상은 이성법의 선험적 규정들에 대한 명백한 위반으로서 완전히 비합법적이기 때문이다. 칸트에게 국가는 이차질서의 법 제도이므로 국가는 자기목적을 갖지 않고 오히려 그것이 보장해야 하는 일차질서의 법 제도들에 소급되어 결합한다. 국가가 일차질서의 법 제도들을 현저하게 손상한 경우 사람들은 국가를 "신성불가침의 것"이라고 주장할 수 없으며, 모든 저항을 원천적으로 (vonrherein) 금지할 수 없다. 이러한 반대 논변은 제3의 방법적 문제를 제기한다. 저항권에 대한 칸트의 비타협적 거부는 선험적·비판적 이성 이념, 즉 근원적 계약과 경험적이고 실증적 요소, 즉 역사적으로 주어진 법질서와 국가권력과의 허용되지 않는 동등화에 의해 명맥을 유지한다. 모든 국가의 비판적 원리로서 원초적 계약(Urvertrag)에 적합한 것, 취소할 수 없는 타당성은 모든 역사적 현실성에서 거절된다.

공법의 이성원리는 국가의 헌법에만 타당한 것이 아니다. 또한 국가 사이에 어떤 법적 관계도 없을 경우 국가들은 '강자의 권리'가 지배적인 전쟁 경향을 보이는 자연상태에서 살고 있다. 법질서와 평화질서를 위한 국제적 자연상태는 하나의 범세계적 국가공동체가 "근원적 사회계약의 이념에 따른 국가공동체(Völkerbund)"에 의해 정비된 시점에서 비로소 폐기된다.(RL §54) 따라서 **영구평화를 위한**(Zum ewigen Frieden) 칸트의 철학적 기획은 계약작업(Vertragswerk)의 형태를 띤다. 계약작업은 이성에 의해 요구되는 강제성 없는 국가공동체의 원리와 적법성의 기초를 전개한다.

국가공동체는 한계 없는 전체주의로 진행될 뿐인 하나의 세계국가의 형태를 가정해서는 안 된다. 국가공동체는 각 국가의 내부문제(내정문제)에 간섭하는 것을 허용하는 주권적 힘을 갖지 않는다. 국가공동체는 내적인 것(내정문제)에 있어서 공화국(법치국가)적으로 형성된(Frieden VIII 345) 자유로운 국가론의 연방이어야 한다.(같은 책 349) 국가공동체는 외부에서의 침입에 대해 국가들을 보호함으로써 최고의 정치적 선, 즉 모든 국가 사이에 참된 평화를 확립하고, 마침내 "지금까지 예외 없이 모든 국가가 주요 목적으로서 그것에 대비해 내부조직을 정비해온 절명적인 전쟁에 종말을 고하는 과제로 제한되어 있다."(RL §62 종결) 이러한 국가공동체는 법원리의 방법적 의미를 가진다. 그것은 "지상의 모든 민족의 평화적인, (비록 아직은 우호적이지는 않지만) 전체적 공동체의 이성 이념"(RL §62)을 가진다. 1차 세계대전 이후 칸트의 이념은 국가공동체 결성과 국제연맹 선구자들에게 대부 역할을 해왔다.

10.4 국가적 형벌

칸트의 국가 형벌 이론은 그의 법철학 가운데 오늘날의 논의에서도 인정되고 있는 부분 중의 하나다. 그러나 칸트의 법철학에 대한 사람들의 관심은 일차적으로 부정적인 사례로서 보는 것이었다. 계몽주의 시대 이래 인본주의적 사상을 가진 철학자들은 지나치게 잔인한 전통적인 형법체계를 인간적인 것으로 만들려고 노력해왔다. 체형과 사형을 폐지하려는 노력과 관련해서 성범죄는 거세형으로, 살인은 사형으로 처벌하라는 칸트의 요구는 마치 '암흑의 중세'로 복귀하는 것 같은 인상을 준다. 교도가 형벌의 적합한 목적으로 간주하던 때, 기껏해야 범죄를 저지하는 것 정도만이 논의의 가치가 있는 것으로 여겨지던 때 그리고 응보는 원초적인 보복충동이라고 생각되던 때에 응보권을 결정적으로 옹호한 칸트의 주장은 '칸트와의 결별'이라는 것 말고 다른 반응을 기대하기 어려웠다.

칸트는 응보론을 내세워 국가 형벌은 사회를 위해 유용할 때, 즉 가능한 법법자들에게 범죄행위를 하지 못하게 경고하는 역할을 할 때만 정당화될 수 있다고 하는 18세기 지배적 형벌이론을 비판한다. 형벌을 정당화하는 일차적인 근거는 오로지 정의에 대한 고려에 있다. 정의는 순수 실천이성의 개념으로 정의되어야 하므로 유용성에 관한 모든 고려와 무관하게 다뤄질 수 있다. 칸트에게서 형법이 정언명법의 지위를 갖는 것은 "처벌이 있어야 한다고 정언적으로 주장했기"(Forschner, Brandt 386 중에서) 때문이 아니라 정의는 무제한적으로 타당한 요구이므로 "모든 처벌 그 자체……"에는 "우선 정의가 있지" 않으면 안 되기 때문이다.(*KpV* V, 37) 위협설은 사회를 위한 한낱 수단으로 인간을 격하시키고, 불가침의 인간 존엄성을 인간에게서 박탈하므로 부당하다. 칸트는 이와 같은 논변으로 전세를 역전시키고, 적어도 수년 동안 공리주의의 위협설을 퇴조케 하는 데 성공했다. 오늘날에도 칸트의 처벌이론이 단순히 구시대적인 것으로 보이지만은 않는다. 만일 칸트의 주장을 엄격히 원리적인 반성에 집중시키고, 모든 구체적인 지적들(거세형, 사형 등에 대한)을 방법적으로 원리 수준에 못 미치는 것으로 간주한다면 말이다. 물론 이러한 구체적인 지적들은 내용적으로는 비판받아야 한다.

넓은 의미에서 칸트의 처벌이론은 여기서는 단지 지적될 수 있는 한 요소로 시작한다. 다시 말해, (1) 윤리적 법칙의 위반은 처벌되어 마땅한 도덕과 법에 똑같은 정도로 타당한 실천이성의 이념(*KpV* V 37)으로 시작한다. 여기서 (2) 법과 분석적으로 결합해 있는 국가의 성립이론에 이미 타당성을 가지는 저항할 권리(저항권)와 (3) 타고난 권리와 합법적으로 획득된 권리의 보호를 위해 필요한 공적인 법 상태의 정비가 덧붙여진다. 이 세 요소, 즉 보편적 처벌 가능성, 강제권, 권리보장을 모두 총괄하면 "왜 국가는 일반적으로 처벌해야 하는가?"라는 처벌이론의 첫 번째 물음에 대한 대답이 된다. 국가법에 전개된 좁은 의미의 처벌권(RL 일반적 주석, E I)은 첫째 처벌권의 개념을 해명하고, 둘째 누구를 처벌해야 하는지를 해명하고, 셋째 처벌의 종류와 정도를 어떤 원리에 따라서 확정해야 하는지를 설명한다.

형벌의 개념 칸트의 개념 규정은 문제의 본질적인 요소 다섯 가지를 주목할 만큼 간단명료하게 포함하고 있다. 처벌권은 (1) 권한(Befugnis)이라는 의미에서 권리(das Recht)이며, (2) 공권력의 일부, 즉 집행력에 속하는 권한이므로 처벌권에서도 권력분립이 고려된다. (a) 입법(입법부)의 토대 위에서 (b) 재판부가 처벌을 인정하는 반면, 처벌권의 수행은 집행력의 권한범위에서 성립한다. 처벌권은 피해자나 분개한 이웃에게 속하는 것이 아니며, 확산된 공적집단(diffusen Öffentlichkeit, '사회')에 귀속하는 것도 아니며, 법적으로 자격이 인정된 힘에 속하기 때문에 이러한 힘은 임의로 행사되는 것이 아니라 법정의 판결을 척도로 해서만 행사되는 것이며, 법정은 오로지 타당한 입법에 준거해서만 행위할 것이기 때문에 형벌은 사람들이 때때로 비난하듯이 사회적 보복 충동이 아니다.

(3) 처벌권은 '피복종자들(Unterwürfigen)', 다시 말해 법에 복종하는 이들에게 적용될 수 있다. 칸트는 이러한 맥락에서 "국가의 최고 우두머리"는 처벌될 수 없다고 주장한다. 우리는 다만 그의 지배를 회피할 수 있다.(같은 곳) 여기서 칸트가 부당하게 국가법적 인격을 자연적 인격과 동일시하고 있는 것같이 보인다. 실제로 명령권의 양도

는 자연적 인간들에게는 시간적으로 제한된 위탁(위임)으로 이해될 수 있다. 그것은 처벌해야 할 일이 있을 때 자연적 인격들에게 박탈된 것이다. 그리고 위임권자는 누구나 법의 지배를 받고 있다.

(4) 처벌권은 "범법행위에 대해" 모든 사람에게 영향력을 가진다. 그러므로 그것은 조세(납세)나 검역조치와 구분된다. 그것은 법률위반에 대해서 그리고 법률위반 행위에 따라서 정해진다. 더 정확히 말하면, 칸트는 구체적인 법률위반과 범법행위에 대해서 절대 이야기하지 않으며, 가장 엄격한 형식, 즉 "공적 범죄(öffentlichen Verbrechen)"에 대해서 이야기한다. 칸트는 처벌권을 위해(처벌권 때문에) 응보 원리를 옹호했는데, 대상 측면에서 보면 "사적 범죄(Privatverbrechen)"와 구분하여 단순히 개별적 인간이 아니라 공동체를 위태롭게 하는 범죄만이 처벌권에 해당한다.(같은 곳) 이런 척도는 사용하기가 쉽지 않다(이것은 척도로 사용하기 쉽지 않다).

칸트는 이성적으로 명령된 법치상태를 위험에 빠뜨리는 가장 무거운 범법행위들에 대해서만 보복을 요구한다. 게다가 주관적인 측면에서 고찰하면, 법률위반을 의식하고 있는 의도적 행위들이 범죄의 개념에 속하며, 무의식적 위반은 "단순한 과실"이라고 한다.(*RL* VI 224)

(5) 범법자에 대해 명령권자는 "고통", 즉 악을 가할 권리를 가진다. 물론 모든 악이 처벌의 성격을 갖지는 않는다. 자연재해와 달리 법적 처벌을 가하는 것은 자유의지에서 비롯된 의식적 행위다. 고통스러운 치과 치료와 달리 법률적 처리의 대상자는 자유의지에 따라 복종하는 것이 아니다. 범법자에게는 고통이 수반된다.

칸트적 정의의 이런 측면은 범법자의 교도와 사회 재편입(Wiedereingliederung)을 목적으로 삼는 오늘날 대표적 표준법(Maßnahmerecht)에도 들어맞는다. 법률적으로 명령되었으며 긴급상황에서 강제되는 사회적 치료는 문자 그대로 자유의 박탈이며, 그것은 강제적인 박탈이라는 측면에서는 악이다. 재사회화를 도입함으로써 처벌이라는 법적 장치(Rechtsinstitut, 법적 수단, 제도)가 폐기되기보다 오히려 처벌실행(Strafvollzug)이라는 과제영역이 확장된다.

처벌원리로서의 일반적 응보 칸트는 "누가 처벌되어야 하는가?"라는 처벌이론의 물음에 대해 처벌의 개념을 명시적으로 도입하지 않고 일차적이고 보편적인 의미에서 또는 넓은 의미에서 '응보(Vergeltung)'라는 개념으로 대답한다. 범법자만이 처벌될 것이고 오로지 범법행위를 했기 때문에 처벌된다는 의미에서 형벌은 보복이다. 집단적 처벌과 일벌백계식 처벌의 실행에 대해 그리고 국시, 즉 공공의 복지라는 미명 아래에서 행해지는 제재에 반대하는 칸트의 요구는 중요하다. 무엇보다 처벌받는 사람은 "사람들이 이 처벌에서 그 자신 또는 이웃들을 위해 어떤 이득을 얻을 수 있을지 생각하기에 앞서서, 처벌될 수 있는" 상태에 있어야 한다.(RL VI 331) 무고한 사람에 대한 처벌은 어떤 경우에도 분명히 정의롭지 못한 것이므로 보복의 일반적 개념은 다른 어떤 관점에 비해서도 절대적으로 우위를 차지한다. 어떤 사람이 무엇을 범했다는 전제 아래에서만 그 밖의 사항들을 보충적으로 숙고할 수 있다. 칸트는 저지, 교도, 사회 재편입이라는 관점들을 형벌에서 완전히 배제하지 않는다. 그러나 이런 것들은 처벌에 대한 논의 이후에 이차적으로 논의될 문제다.

처벌원리로서의 특수한 응보 한 범죄가 어떤 종류의 처벌과 어느 정도

의 처벌을 받아야 마땅한가 하는 처벌이론의 마지막 근본 물음에 대해
칸트는 제 이의, 특수한 혹은 좁은 응보 개념으로 대답한다. 응보의 특
수한 이해에 따르면——칸트는 재응보(Wiedervergeltung)에 대해서도 언
급한다——죄과는 형벌의 규정을 위한 필요조건일 뿐만 아니라 충분
조건이기도 하다. 특수한 재응보는 명백히 모순적인 결과들로 이끄
는 것 같으며, 칸트는 그것에 대해 가장 많은 비판을 제기하고 있다.
사람들은 소유권 침해에는 재산형을, 신체적 손상에는 체형을 그리
고 살인에는 사형을 가하자고 대답할 수 있다. 그렇지만 우리는 첫째
로 손목 절단 같은 체형을 비인간적이고 야만적인 것으로 생각하고
있으며, 둘째로 많은 범죄의 경우 문자 그대로의 재응보('눈에는 눈')
는 생각할 수 없다.

　이성적 이해에 따르면 재보복은 형식적 원리일 뿐 질료적 원리가
아니다. 칸트 자신이 몇 군데에서 비판받아 마땅한 질료적(문자적) 이
해로 대신하고 있기는 하다. 다른 한편으로 그는 "(정의의 저울 지침 상
태에서) 다른 쪽보다 한쪽으로 기울지 않는" 형식적인 "동등의 원리
(Princip der Gleichheit)"(RL VI 332)를 통해서 재보복권을 해명한다. 천칭
의 지침은 오른쪽과 왼쪽 사이의 무게균형을 가리키며, 천칭의 지침
은 천칭의 양쪽 접시에 무엇이 놓여 있는가, 사람들은 물건과 분동을
어떻게 발견하는가, 사람들은 그것들을 어떻게 표준화하는가 등에 의
존하지 않는다. 이에 따라서 좁은 의미의 응보는 어떻게 사람들이 범
죄(행위)의 종류와 무게를 측정하며, 그에 상응하는 처벌을 발견할 수
있느냐는 물음에 의존해 있지 않다. 응보는 실제상황과 관련해 처벌
이 너무 약하게 내려져서는 안 되고 너무 엄격하게 내려져서도 안 된
다는 것만을 요구한다. 사실 우리가 경고를 이유로 그 행위(범죄행위)

에 처벌을 요구한다면, 그것은 처벌의 정의와 충돌한다. 정의로운 판단은 재판관의 주관적 의지나 사회의 이익계산에 의거하는 것이 아니라 범죄의 경중에 의거한다. 여기서 철학자의 법적·실천적 이성은 더도 덜도 아니고(바로) "처벌의 정의라는 이러한 정언명법"(RL VI 336)의 정초에 이른다. 칸트가 구체적인 지적들에서 스스로 거의 주의하지 않은 것이 있다. 철학자는 처벌행위와 처벌척도 사이의 정당한 관계를 복구하는 노력과 필요를 입법자나 재판관에게서 박탈할 수 없다.

4장

나는 무엇을 희망해도 좋은가?

역사철학과 종교철학

(1) 나는 무엇을 알 수 있는가? (2) 나는 무엇을 해야 하는가? 칸트는 이 두 물음에 대답한 다음 "나는 무엇을 희망해도 좋은가?"(*KrV* B 832 이하 참고)라는 세 번째 근본 물음을 던진다. 희망(die Hoffnung)은 아직 있지 않은 것에 관계한다. 세 번째 근본 물음은 인간 삶의 미래와 역사 그리고 의미부여의 차원을 열어준다. 이 세 번째 물음은 '초월적 감성론'과는 무관하다. '초월적 감성론'에서 다룬 시간은 직관형식이므로 오로지 기하학(순수 기하학과 경험적 기하학)의 토대 위에서만 시간에 대한 규명이 이뤄지고, 실천의 역사적 차원은 무시된다. 그러나 미래에 대한 물음은 윤리적 당위에 대한 물음에서 진행된다. 이두 물음이 합쳐져서 비로소 인간행위의 영역에 경계선이 그어진다. 칸트의 실천철학은 미래의 차원을 지니고 있으며, 이 점에서 칸트의 실천철학은 아리스토텔레스의 윤리학 및 정치철학과 다르고, 피히테, 셀링, 헤겔에서 나타나는 역사적 사고의 선구가 된다.

세 번째 물음에서 우리는 마땅히 행해져야 하는 것이 언젠가 현실적인 것이 될 수 있을지를 묻는다. 여기서 칸트는 실천적 관점에서 자연('현실')과 도덕('당위')을 매개하는 과제를 설정한다. 칸트는 《판단력비판》에서 인식론적 관점에서 자연과 도덕을 매개하는 문제를 다룬다.(13.1 참조)

인간의 실천은 두 가지 근본적인 측면을 가지고 있기 때문에 실천적 매개과제를 다루는 "인간은 무엇을 희망해도 좋은가?"라는 물음역시 두 부분으로 나뉜다. 역사철학은 외적 자유, 즉 법에 대한 희망을 탐구하고 종교철학은 내적 자유, 즉 도덕성 또는 덕에 대한 희망을 탐구한다. 그러므로 역사철학과 종교철학은 일반적으로 오늘날과 같은 경쟁적인 의미 모형을 포함하기보다는 오히려 상호보완적인 의미 모형을 포함하고 있다.

칸트 철학의 체계에서 두 가지 하위 물음들이 차지하는 위치는 다음과 같은 중요한 함축을 포함한다. 즉 역사철학과 종교철학은 이론철학에 이어지는 것이 아니라 일차적으로 실천철학의 연속이다. 따라서 역사철학과 종교철학은 인식의 영역을 확장시키지 않는다. 역사철학과 종교철학에서 탐구되는 대상들은 객관적 실재성이 아니라 실천적 실재성(eine praktische Realität)을 가진다.

11. 법의 진보로서 역사

칸트는 자연적 경험비판 및 윤리적 경험비판과 비견될 수 있을 만큼 체계적으로 역사적 경험을 비판하지 않았다. 셸링, 헤겔, 마르크스 등과 달리 칸트는 객관적 인식이나 도덕적 행위에 허용한 것과 같은 정도의 커다란 의미를 역사철학에 부여하지 않았다. 비록 역사철학에 대한 칸트의 논의들이 여러 저작에 산재해 있으며 오히려 대중적인 성격을 띠고 있을지라도, 역사철학에 관한 칸트의 저술들은 일종의 역사적 이성비판을 포함하고 있다. 역사철학에 관한 칸트의 주요 저작들은 다음과 같다. 《세계 시민적 관점에서 본 보편사의 이념》 (1784), 《추측해본 인류 역사의 시초》(1786), 《학부논쟁(Streit der Fakultäten)》(1798) 등이다. 《학부논쟁》의 제2절은 '철학부와 법학부 사이의 논쟁'을 탐구하며, "인간 종은 나은 종으로 끊임없이 진보하는 가?"(*Fak.* VII 79)라는 물음을 다룬다.

과학론(Wissenschaftlehre)에 매혹된 신칸트주의는 칸트의 역사철학에서 역사과학의 방법론 그리고 일반적으로 말해서 정신과학과 문화과학의 방법론을 찾았다. 특히 하인리히 리케르트(Heinrich Rickert, 1863~1936)는 역사과학의 과제와 방법론, 기본 개념들을 연구했다. 자연과학에 비해 정신과학을 부각시키고 정신과학의 고유한 학문성을 상세히 규정하는 것은 실제로 의미 있는 일이다. 하지만 이러한 작업은 직접 칸트를 토대로 하지 않았다. 이것은 칸트의 사고에서 생길 수 있는 어떤 균열들을 막을 수 있지만, 칸트 스스로 역사철학에서 역사과학의 방법론을 발전시키지는 않았다. 칸트는 의미의 역사적 이해 혹은 해석학을 정신과학의 '방법'으로 확립하지 않았다. 오히려 그는 역사를 과학론적 관점에서뿐만 아니라 실천이성의 대상으로서 고찰할 가능성을 지적했다.

칸트는 각양각색의 풍부한 사건들로서의 역사를 연구하지 않는다. 각양각색의 사건들로 이뤄진 역사에 대한 연구는 "순전히 경험적으로 기록되는 엄밀한 역사"(*Idee* VIII 30)가 맡을 일이다. 그는 실천이성을 부여받은 존재로서 인간과 관계되는 한도 내에서 역사를 논의했다. 이 점에서 칸트는 초월적 이성비판과 연속성을 유지하면서, 역사의 과정이 이성적이고 의미 있는 것으로 나타나는 경험독립적인 조건들에 대해 묻는다. 실천철학은 경험적 역사과학에서는 대답할 수 없는 역사의 의미에 대한 물음을 제기한다.

칸트는 역사가 참담한 모습으로 나타난다는 것을 부정하지 않는다. 왜냐하면 "개별적 지혜"가 많이 발견됨에도 "결국 모든 것은 대부분 어리석음과 유치한 자만심으로, 때로는 유치한 악의와 파괴욕으로 짜여 있다"(*Idee* Ⅷ 18)는 것을 발견하기 때문이다. 무엇보다 역사는 모든 선한 것을 파괴하는 대신 "악과 도덕의 타락"(*Fak.* Ⅶ 86)을 유도하는 전쟁의 연속으로 나타난다. 칸트는 비록 역사가 그런 모든 결함으로 인해 의미 없는 것으로 보이고, 심지어는 불합리한 것으로 보일지 모르지만, 그럼에도 역사 속에서, 다시 말해서 개인이나 집단의 역사가 아니라 전 인류의 역사, 즉 세계사 속에서 여전히 의미를 발견할 수 있는지 묻는다. 이어서 칸트는 세계사의 최초의 시작과 최후의 목표, 즉 최종 목적을 찾는다. (인류의 역사뿐만 아니라 개인의 역사도 각기 개별적 의미를 가져야 한다는 것은 칸트에게는 역사철학이 아니라 종교철학에 속하는 것이다.) 칸트는 역사의 시작과 목표가 객관적으로 알려지는 것도 아니고 단순히 상상되는 것도 아니라고 한다. 역사의 시초는 구성적으로 추측될 수 있을 뿐이며, 목표는 실천적 이념으로서만 기획될 수 있다.

인류 역사의 맨 처음 시작에 대해선 원칙적으로 어떠한 역사적 증거도 없다. 칸트는 '순수한 유람여행'을 감행한다는 의식에서 성서적 창조사(〈창세기〉 2~6)를 실마리로 "인간 본성에 내재하는 근원적 소질에서 처음으로 자유가 발전하는 역사"를 구성한다.(*Anfang* Ⅷ 109)

인류 역사의 시초는 낙원이었다. 철학적으로 보면, 낙원에서 인간은 오로지 본능에 따라서만 살기 때문에 고통 없이 존재하며, 그런 측면, 즉 무지 속에서 천진난만하게 살고 있다. 인간은 아직 자신의 자유와 이성을 스스로 의식하지 못하고 있다. 그래서 낙원은 자유 없는 행복을 의미한다. 인간은 자유로운 선택을 처음으로 시도함으로써 "자신의 삶의 방식을 스스로 선택하고 자기 자신 속에서 다른 동물들과 같지 않은 유일한 동물로 자신을 분류하는 능력"(*Anfang* VIII 112)을 발견한다. 본능에서 해방됨으로써 인간은 자신을 올바른 선택으로 유도할 수 있는 교양 있는 이성을 소유하지는 못했지만, 인간이 다가갈 수 있는 곳에 끝없는 욕구의 대상들이 펼쳐진다. 따라서 인간이 "자연의 보호를 받는 상태에서 자유의 상태"(*Anfang* VIII 115)로 발전한 것은 '윤리적 측면에서는' 타락(원죄적 타락)이다. 그래서 "전혀 알려진 바 없는 많은 생명의 재앙들"이 타락에 대한 처벌로서 뒤따른다. "그러므로 자연의 역사는 선에서 시작한다. 왜냐하면 그것은 신의 작품이기 때문이다. 반면 자유의 역사는 악에서 시작한다. 왜냐하면 그것은 인간의 작품이기 때문이다."(같은 곳)

칸트는 이처럼 낙원과 원죄적 타락을 해석함으로써 루소에서 발견되는 몇 가지 모순된 주장을 조화시키는 데 성공했다. 칸트는 문화와 자연 사이에 불가피한 투쟁이 있으며, 자연에서 문화로의 이행이 타락이라고 한 점에서 루소의 논의가 옳았음을 인정한다. 그러나 칸트는 인간의 다양한 소질과 힘을 발전시키고 문화를 가능케 하기 위해서는 타락이 필연적이라고 말한다. 그러므로 루소가 자연으로 돌아가라고 요구한 것은 옳지 않았다. 하지만 루소가 《에밀》과 《사회계약론》에서 문화로 가는 인간의 지난한 길, 인간으로 그리고 시민으로 교육되는 지난한 길을 다루고 있을 때는 옳았다.

최초의 시작, 즉 낙원과 원죄적 타락 이후부터 진행되는 인간의 발전이 인류의 역사이다. 인류의 역사는 야만적인 자연상태에서 마침내 완결된 자유의 상태로 이행되었을 때 의미 있는 것이 된다. 칸트는 헤겔의 역사철학에 앞서서 이미 자유의 진보로서 역사를 이야기한다. 역사는 외적으로 자유로운 인간들이 상호공존하는 방향으로 진보하므로 역사 속에서 인간의 모든 힘과 소질이 발전할 수 있다. 외적 자유의 공존은 법치국가(법에 의해 지배되는 국가)에서 실현된다. 법치국가는 인간들 사이에서 벌어지는 전제정치와 야만적 행위에 종지부를 찍는다. 역사의 의미는 법치국가의 건립과 국가들 상호 간의 법제화된 공존에 있다. 다시 말해, 국가공동체의 틀 속에서 마침내 범세계적 평화공동체가 결성될 때까지 전 인류에게 끊임없이 법의 진보가 이뤄지는 데 역사의 의미가 있다.

더 좋은 것, 더 고귀한 것, 더 완전한 것을 향한 인류의 발전, 간단히 말해서, 진보는 자연과학과 기술의 빛나는 성과에 의지할 수 있었던 유럽 계몽주의의 기본적 이념이었다. 지리상의 발견과 수학적 및 자연과학적 발견의 시대, 새로운 관측도구와 측정도구, 새로운 기술적인 방법과 장치들이 발견된 시대에(여기서는 바스쿠 다가마, 콜럼버스 그리고 쿡, 갈릴레이, 케플러, 뉴턴과 생물학자 린네만을 염두에 둔다) 계몽주의는 인간 이성의 힘이 무한하고, 생활 환경이 끊임없이 진보하고, 더욱이 인간과 인간사회가 도덕적으로 발전할 것이라고 점쳤다. 칸트는 진보에 대한 계몽주의의 지나친 희망을 몽상으로 취급했다. 칸트는 구원의 역사, 지상에서 모든 관심과 욕망의 궁극적 충족의 역사로 이해하는 것을 배척했다. 역사에서의 진보는 도덕성을 완성하는 방향으로 나아가지 않으며, 직접적으로 예술과 학문, 기술의 발전을 향해 나아가지도 않는다. 칸트는 오늘날까지도 명맥을 유지하고 있는 낙관주의, 다시 말해 잘못된 정치적 제도들과 종교적 미신 등이 폐지되고 나면 자연적인 우호본능이 되살아나고, 그리하여 그것이 형제애적 조화와 사랑 속에 성립하는 갈등 없는 유대공동체를 인류에게 선사한다고 믿는 소박한 계몽주의자들의 낙관주의를 배척한다. 칸트는 진보를 정치적 정의, 즉 국내 및 국제적 영역에서 강제권을 포함하는 법적 관계에 제한한다. 역사에서는 외적인 사건이 문제이므로 역사의 궁극적 의미가 결코 '내적인' 진보, 즉 도덕적 감정의 발전에 있을 수는 없다. 역사에서 진보는 외적인 것, 즉 순수 실천이성의 척도에 준거해 이룬 법의 확립에서만 기대될 수 있다. 법치국가의 건설과 범세계적 평화공동체 속에서 법치국가들의 공존은 인류 최고의 과제, 인류의 최종 목적이다.

역사의 흐름에는 세 가지 가능성이 있을 수 있다. (1) 더 나은 것을 향해 끊임없이 진보할 가능성 (2) 인류가 마침내 스스로 자기 자신을 소멸시킬 때까지 악한 것을 향해 끊임없이 퇴보할 가능성 (3) 모든 것이 항상 동일한 상태로 머물러 있을 가능성이다.(Fak. VII 81 이하) 경험이나 이론이성은 이 세 가지 가능성 사이에서 어떤 결정을 내릴 능력이 없다. 진보의 역사와 마찬가지로 퇴보의 역사 또는 영원한 답보 상태의 역사를 이론적으로나 경험적으로, 아니면 사변적으로 증명할 수 없다. 역사에 대해서는 선험적인 실천적 지식의 가능성만이 남는다. 법의 진보는 이론적 필연성이 아니라 실천적 필연성을 가진다. 그것은 법적·실천적 이성의 규제적 이념이다. 역사를 법의 진보로 해석하는 것은 역사가 무의미하다는 사상을 방지한다. 그러한 해석은 이성적 원리에 따른 공동생활이라는 인간의 과제를 이뤄질 가능성이 전혀 없는 것이 아니라는 믿음, 이성이 법적·실천적 실재성에 대해 전혀 무기력하지 않다는 믿음, 즉 이성적 믿음의 근거를 제공한다.

칸트는 법의 진보를 본능이나 약정된 계약에 의해 수행하는 것이 아니라 인간의 자연적 본성을 통해 이뤄지는 것으로 본다. (여기서 '본성(자연)'은 칸트 이전 철학에서 이야기한 섭리 또는 헤겔이 역사철학에서 '세계정신'이라고 한 것에 해당한다.) 칸트는 피조물의 모든 자연적 소실이 언젠가 완전하고 합목적적으로 발전되도록 규정되어 있다는 목적론적 사고에서 출발한다.(*Idee* 제1명제) 이성의 사용을 노리는 인간의 특별한 자연적 소질은 개인이 아니라 전체로서의 유(Gattung) 속에서 거듭되는 세대의 연속에서 완전한 발전에 도달한다.(*Idee* 제2명제) 인류의 이러한 자연적 의도는 인간 본성 자체를 통해 성취된다. 역사의 의미, 즉 법의 진보는 말하자면 우리의 배후에서, 우리의 협력을 통해 발생하지만 우리의 계획 없이 발생한다.

홉스는 인간의 모든 행위의 원동력은 이기주의에 근거하고 있다고 한다. 반면 쿰버란트, 푸펜도르프, 로크 등은 인간 행위의 원동력을 이루는 바탕을 사교성이라고 한다. 칸트는 이 두 주장을 모두 옳은 것으로 여긴다. 다만 각각의 주장을 절대화하는 것만을 잘못이라고 한다. 헤겔이 '이성의 간지(List der Vernunft)'를 언급하기에 앞서 칸트는 적대성을 이야기한다. 자연은 인간의 모든 소질을 성공적으로 발전시키기 위해 인간의 적대성을 이용한다. 칸트는 이 적대성을 인간의 "비사교적 사교성(ungesellige Geselligkeit)"으로 이해한다. 그것은 "사회 속으로 들어가려는 인간의 성향인데, 이 성향은 사회를 분리하려고 끊임없이 위협하는 시종일관한 대립과 결합해 있다."(*Idee* 제4명제) 인간은 사회화를 통해 자신의 자연적 소질을 발전시킬 수 있으므로 사회화를 지향하는 경향을 가지고 있지만, 그와 마찬가지로 인간 자신의 고유한 의사에 따라서, 즉 이웃의 저항에 맞서서 모든 것을 자기 방식대로 정하려 하므로 인간은 자신을 고립화하는 강한 성향이 있다. 칸트는 이러한 저항을 통해 인간의 모든 힘을 바라본다. 인간의 이러한 힘은 다른 때는 위축되어 있다가 문화와 예술이 전개될 때 생기를 띠게 된다.

칸트는 우리를 세계 시민적 상태로 몰아넣는 동력으로서 계속적인 전쟁으로 인한 궁핍과 "전쟁과 함께 존재할 수 없는"(Frieden VIII 368) "상혼"을 이야기한다. 이것은 1차 세계대전 이후 국가공동체인 국제연맹이 창립되고, 2차 세계대전 이후 국제연합이 창립된 경우에도 타당할 것이다. 그러나 범세계적 평화공동체를 건립하려는 두 번의 시도를 통해 우리는 인류의 기억력이 단기적이고, 궁핍의 경험이 아주 쉽게 잊힌다는 것, 따라서 각 세대는 스스로 자신들의 경험을 만들어야 한다는 사실을 발견한다. 더욱이 전쟁은 어떤 사람들에게는 경제적 이익을 창출할 기회가 된다. 결국 범세계적 평화공동체라는 목적을 실현하기 위해 먼저 전쟁을 인간적으로 만들고, 전쟁을 줄이며, 마침내 침략전쟁을 완전히 없애버려야 한다고 칸트가 요구한 것은 당연하다. 그러나 사람들은 언제나 전쟁이 완전히 없어지는 날을 생각할 수 있었지만, 인간 본성에 내재하는 "비사교성"을 고려해볼 때, 전쟁이 완전히 사라질 수 있을지는 의심스러운 일이다. 칸트에게조차 역사의 궁극 목적을 실현하기 위해 비사교적 사교성이 제공하는 보증은 영구 평화의 미래를 예견할 정도로 확실하지는 않다.(같은 곳) 경험에 비추어볼 때, 역사는 모든 진보의 확실성에 대해 지나치게 강력한 반례를 보여준다.(Rel. VI 19 이하) 그럼에도 칸트는 역사의 진보에 관해 낙관적 태도를 취한다. 그는 이성적 법체계를 확립하려는 인간의 기본적 관심을 프랑스 혁명에서 '세계적인 개방성의 열광'이라는 시대사적 사건을 통해 입증된 것으로 본다. 물론 이런 열광에 위험이 전혀 따르지 않는 것은 아니다.(Fak. VII 85~87) 칸트는 프랑스의 역사학자이자 사회학자인 알렉시스 드 토크빌(Alexis de

Toqueville, 1805~1859)보다 앞서서 "프랑스 혁명 이후 최근 우리는 민족들이 여러 면에서 저항하고 있음에도 합법적 국가 형태를 찾으려고 노력하고 있으며, 이러한 추구에 의해 역사에 의미를 부여하는 시대에 살고 있다"고 주장했다. 물론 법의 진보 여부에 대한 책임은 인간 본성에 내재하는 적대성에 있지 않고, 정의를 추구하는 노력과 해방을 위한 사건들에 있는 것 같다. 그리고 이러한 노력이 집단 이기주의나 국가 이기주의보다 훨씬 강력하냐는 물음에 대해 낙관적인 답변을 지향하는 칸트의 경향은 모든 의구심을 떨쳐버리지 못한다.

12. 실천이성의 종교

칸트는 도덕철학과의 연속성 속에서 종교철학을 전개하는데, 이것은 계몽주의의 기본적 확신과 일치한다. 형이상학적 우주신학이 제거된 이후 신의 개념은 윤리학에 속하게 되었으며, "종교는 (주관적으로 보아) 신적인 사명으로서 우리의 모든 의무에 대한 인식이다."(Rel. VI 153) 칸트는 《순수이성비판》에서 이미 단순히 교의적인 신앙과 도덕적 신앙을 대립시켰다.(B 855 이하) 칸트는 모든 사변적 신 존재 증명을 비판하고, 도덕성의 개념을 바탕으로 한 신에 대한 철학적 인식을 모색했다. 이러한 "도덕신학"(B 842) 또는 "윤리신학"(KU 86)은 필연적으로 특별한 종류의 믿음을 만든다. 신은 더는 지식의 대상, 객관적 인식의 대상이 아니라 희망의 대상이다. 물론 공상적인 희망이 아닌 철학적으로 근거짓는 희망의 대상이다. 그래서 칸트가 말했듯이, 신은 순수한 실천이성의 요청이다.

바이셰델(Wilhelm Weischedel)은 칸트의 철학적 신학에서 보편 타당성에 관한 주장을 부정한다. 그에 따르면, 칸트의 철학적 신학은 스스로 도덕적 실존을 결단하는 사람에게만 명증적이다. 신의 확실성은 도덕적 감정(moralische Gesinnung)에 그 원천을 두고 있지 않다.(《철학자들의 신(Der Gott der Philosophen)》(1979) I 212 이하) 실제로 순수한 실천이성의 요청으로서 신에 대한 칸트의 생각은 도덕성을 향한 결단을 전제하지 않는다. 그 주장은 실제로 도덕적으로 행위하든 도덕적으로 행위하지 않든 간에 도덕적 능력이 있는(moralfähig) 모든 존재에게 타당하다. 그런데 (유한한) 이성적 존재로서 인간은 실제로는 도덕적 능력이 있다.

칸트는 《실천이성비판》의 '변증론'에서(《판단력비판》의 '방법론'도 참조) 그리고 《순수한 이성의 한계 내에서 종교》에서 실천이성의 종교를 더욱 상세히 다루었다. 그의 실천이성의 종교는 최고선과 악의 개념을 주축으로 한다. 이 두 개념은 현대철학에서는 제 역할을 하지 못한다. 이런 상황이 칸트를 이해하기 어렵게 하는 요인이 되고 있지만, 그렇다고 그것이 칸트의 종교철학을 쉽게 배제할 수 있는 이유는 못 된다. 또한 그것은 오늘날 윤리학의 몇 가지 중요한 문제를 충분히 의식하고 있는지를 시험해볼 기회가 될 수도 있다.

12.1 영혼의 불멸성과 신의 존재

칸트의 윤리학에서 종교의 역할을 깊이 생각하는 사람은 자율의 윤리적 원리를 인정하고 신에 대한 믿음을 배척하거나, 아니면 신에 대한 믿음을 견지함으로써 자율의 윤리학을 거부하는 경향을 보인다. 칸트는 "자율이냐 신에 대한 믿음이냐" 하는 선택지가 잘못이라는 것을 보여준다. 이런 선택지는 종교가 도덕의 기초를 이룬다거나, 아니면 종교는 도덕에 쓸모없는 것이고 심지어 유해하기까지 하다는 잘못된 전제에 의존하고 있다. 칸트는 도덕이 스스로 자기 자신을 무제약적 법칙에 구속하는 자유로운 존재의 개념에 근거하고 있다고 말한다. 도덕적이기 위해 신에 대한 믿음이 필연적이지는 않다. 더욱이 오로지 피안에서 보상받고 처벌받는 정의를 기대함으로써 도덕법칙과 일치되게 행위하는 사람은 처음부터 자율이 없다. 도덕적 행위는 도덕법에 대한 존경 외에 다른 동기를 인정하지 않는다. 그럼에도 도덕은 "불가피하게 종교"(Rel. VI 6)를 향해 나아간다. 종교는 습관적인 생각과는 정반대로 도덕의 토대가 아니라 도덕의 결과다. 실천이성은 최종 목적, 구체적으로 말하면 자율적 행위의 의미에 대해 묻는다. 실천이성은 자율적 행위의 의미를 최고선으로 이해하고 신의 현존재와 영혼의 불멸성을 최고선의 필연적인 전제로 여긴다. 칸트는 그 당시 '계몽된' 많은 사람과 달리 신의 현존재뿐만 아니라 인격의 불멸성이라는 '위안을 주는 희망'을 고수한다.

칸트는 최고선의 필연적 전제들을 순수 실천이성의 요청들이라고 부른다. 실천이성의 요청은 최고선을 가능한 것으로 생각하고, 실천이성의 의미 요구를 충족될 수 있는 것으로 생각하기 위해 우리가 필연적으로 가정해야 하는 대상들로 생각한다. 칸트는 요청들을 진리라고 주장한다. 요청들을 인정하는 것은 자유에 관한 문제가 아니다. 요청들은 (도덕적) 명법이 아니라 통찰로서 의미를 가진다. 마찬가지로 칸트에게 불멸하는 영혼과 신은 이론적 관점에서 존재하는 것이 아니라 실천적 관점에서 존재한다. 불멸하는 영혼과 신의 존재는 가능한 직관을 통해 증명되지 않고 도덕법의 현실성에 의해 증명된다. 인간은 도덕법에 복종하기 때문에 이성은 인간으로 하여금 영혼의 불멸성과 신의 존재를 믿도록 강요한다. 그렇기에 실용적인 의미에서 요청들을 유용한 허구로 여기는 것은 잘못일 것이다. 칸트에게 불멸성과 신은 현실적인 대상들이다. 다만 그것들은 경험적 세계의 대상들이 아니라 도덕적 세계의 대상들이다.

그리스인들은 윤리학을 행복(유다이모니아, eudaimonias), 즉 삶 전체에 대한 인간 자신의 만족과 연관 지어서 파악했고, 선하고 올바른 삶을 통해 참된 행복을 얻는다고 가정했다. 칸트는 그동안 흔히 간과되었던 행복을 윤리학의 필연적 요소로서 고수한다. 하지만 칸트는 도덕의 원천을 행복에서 찾지 않는다. 최상선은 행복이 아니라 도덕성으로서의 덕이다. 더 나아가 도덕성과 행복은 일치하지 않는다. 도덕적 인간은 행복할 가치가 있으나, 실제로 반드시 행복하지는 않다. 결국 행복이 행복할 가치와 필연적으로 비례해 존재하는 것이 아니므로 덕은 최상선을 의미할 뿐 완전한 선, 즉 최고선까지 의미하지는 않는다.

최고선은 행복과 도덕성(행복할 가치)이 일치하는 데서 성립한다. 덕이 있는 사람은 자신의 덕에 따라서 보상받는다. 칸트는 사람들이 기대하는 것처럼 덕 없는 사람을 처벌하게 하지는 않는다. 최고선은 처벌의 정의에 근거하지 않는다. 최고선은 두려움의 대상이 아니라 희망의 대상일 뿐이다. 물론 최고선에 대해서는 어떤 주장도 성립하지 않는다. 덕에 비례하는 행복은 제기될 수도 없다. 그렇지 않으면 도덕성은 행복의 수단으로 전락할 것이며, 궁극적 규정근거에서 행복을 배제하는 도덕성의 본질에 모순될 것이다. 칸트는 최고선의 최상의 조건을 완결된 덕, 즉 심성(Gesinnung)이 도덕법에 완전히 적응하는 것에서 찾는다. 이러한 적응은 "신성성(Heiligkeit)이다. 다시 말해, 감각세계의 이성적 존재는 그가 현존하는 어떤 시점에서도 이룰 수 없는 완전성이다. 하지만 그것은 실천적으로 필연적인 것으로 요구되므로 우리는 무한한 것으로 나아가는 전진(ins Unendliche gehenden Progressus) 속에서만 그것을⋯⋯ 만날 수 있다. ⋯⋯그러나 이러한 무한한 전진은 무한자로 계속되는 실존(ins Unendliche fortdauernden Exzistenz)과 그와 같은 이성적 존재의 인격성(사람들은 그것을 영혼의 불멸성이라 부른다)을 전제할 때에만 가능하다."(*KpV* V 122)

이러한 논변 과정이 미래의 삶에 대한 전통적인 생각을 변화시켰다는 점은 주목할 만하다. 플라톤과 기독교인들에게 의무와 경향성 사이의 싸움은 오로지 현세에서만 일어나고, 피안에 있는 사자(死者)들은 더는 악으로의 유혹을 지각하지 못한다. 이에 반해 칸트는 무한한 것에 향하는 현세에서의 도덕적 정진을 요구한다. 브로드(C. D. Broad, 140)는 이 논변이 도덕적 완전성을 가능한 것으로 인정하고, 무한한 과정을 다 마칠 수는 없기에 불가능한 것으로 인정하므로 모순적이라고 주장한다. 실제로 칸트의 논변에는 논리적인 모순은 거의 없다. 왜냐하면 쾨르너(1955, 166)가 지적했듯이 최종 고리를 가져야 한다는 가정 없이도 무한한 계열을 완전한 것으로 취급할 수 있기 때문이다. 그러한 가정은 현대 수학과도 일치한다. 그 대신에 무한으로 이어지는 도덕화 과정은 그것이 본래 목적하는 바를 성취할 수 있는지는 여전히 별개의 문제이다. 왜냐하면 구조적으로 인간은 도덕성과의 필연적 일치로 이해된 신성성에 대해 조금도 자세히 알지 못하기 때문이다. 유한한 이성적 존재인 인간은 언제나 유혹에 빠질 수 있는 상황에 처해 있다. 신성성은 도덕화 과정이 더는 필요 없는 순수한 지성적 존재에게만 가능하다.

두 번째 요청인 신의 존재는 네 가지 전제에 의존한다. 최고선의 이념에 따라서 첫째, 도덕적 인간은 행복해질 가치가 있다. 둘째, 도덕성은 그에 비례하는 행복을 보증하지 않는다. 셋째, 적절한 행복을 할당하는 힘에 대한 희망만이 이러한 곤경에서 우리를 구제할 수 있다. 넷째, 도덕성에 따라 적절하게 덕을 할당하는 힘은 (a) 행복에 관해서 절대 기만당하지 않기 위해 모든 것을 알고 있으며, (b) 적절한 행복을 언제나 할당할 수 있기 위해 전능하며, (c) 전혀 미혹됨 없이 행복의 할당을 추구하기 위해 신성한 존재의 경우에서만 찾을 수 있다. 오직 신만이 그러한 힘을 지니고 있다. "그러므로 도덕은 불가피하게 종교로 인도된다. 도덕은 종교를 통해 강력한 도덕적 입법자의 이념을 인간 밖으로 확장한다. 그렇기 때문에 도덕적 입법자의 의지 속에 있는 (세계 창조의) 최종 목적은 인간의 최종 목적일 수 있으며 동시에 인간의 최종 목적이어야 하는 것이다."(*Rel.* VI 6) 최고선의 문제에서 시작하는 이러한 '신 존재 증명' 방법은 역사적으로 칸트가 처음으로 시도한 것 같다.(Albrecht, §17 참조) 이러한 증명방식은 칸트의 독창적인 업적이다.

칸트는 요청이론에 의해 피안에 대한 기대 속에서 현세의 구체적인 과제들을 생략해도 되는 것처럼 믿는 몽상적 종말론을 비판한다. 왜냐하면 칸트는 자신이 근본적으로 희망해도 좋은 최고선과 자신의 행위를 통해 실현해야 하는 실천적 선을 구분하기 때문이다. 더욱이 피안에서의 행복은 실제로 행한 도덕적 실천에 비례해서만 할당되기 때문이다.

12.2 근본 악

종교는 순수 실천이성의 요청을 넘어서 뻗쳐 있다. 종교는 신의 존재와 불멸하는 영혼만을 언급하지 않는다. 기독교의 경우 원죄, 예수 그리스도, 교회 등에 대해서도 언급한다. 칸트는 이러한 표상들을 순수 철학적으로, 다시 말해 계시에 호소하지 않고 근거짓는 것이 가능하다고 말한다. 칸트는 도덕의 원리에 우리 자신을 제한하는 것이 아니라 경험을 도덕적으로 고찰한다고 가정한다. 종교에 관한 저술에서 칸트가 의존하고 있는 경험은 "인간의 본성(Natur), 즉 일부는 선한 소질과 일부는 악한 소질이 실려 있는 본성"(Rel. VI 11)이다.

칸트는 하나의 참된 종교만이 있으며, 그것은 이성에 모순될 수 없다는 계몽주의의 기본적 이념을 고수한다. 왜냐하면 "이성에게 무모하게 선전포고를 하는 종교는 결국에는 이성에게 굴복하지 않을 수 없을 것"(Rel. VI 10)이기 때문이다. 다른 한편으로 칸트는 종교적 교의들이 "초자연적으로 영감을 받은 사람들에 의해"(Fak. VII 6) 생겨났으며, 계시를 통해 제일 먼저 알려지고 이성을 통해서는 추후적으로 검증된다는 것을 배제하지 않는다. 사실 참된 종교에는 역사적 계시가 필요치 않다. 그래서 계시를 믿지 않고 눈에 보이는 교회의 신조(Credo)를 나누어 가지지 않더라도 사람들은 종교적 인간일 수 있다. 하지만 역사적으로 볼 때 참된 종교는 계시와 더불어 시작될 수 있다. 따라서 순수한 철학적 종교이론은 칸트의 저작 제목에 나타나 있듯이 "순수한 이성의 한계 내에서" 유지되며, 모든 종교가 "(계몽 없이) 순수한 이성에서" 유래한다고 주장한다.(Fak. VII 6)

철학은 기독교적 계시의 진리주장에 대해 처음부터 이의를 제기할 수 없으므로 칸트는 철학적 신학과 성서적 신학의 가능한 통일에서 시작한다.(Rel. VI 12 이하) 칸트는 계시와 순수한 이성의 일치라는 가정에 인도될 때, 철학적으로뿐만 아니라 신학적으로도 깊은 인상을 주는 성서적 역사의 새로운 해석에 도달한다. 새로운 해석에 적당한 해석학적 준칙은 성서의 기본 명제들을 도덕적 명제들로 이해하라고 요구한다. 이 도덕적 명제들은 한편으로 선한 소질들과 다른 한편으로는 악한 소질들을 갖추고 있는 인간 본성에 관계된다. 그렇게 함으로써 기독교적 종교는 궁극적으로 자연적 종교임과 동시에 계시된 종교가 된다. "인간이 순전히 자신의 이성만을 사용하며…… 자연히 도달할 수 있고, 또 그래야 하는"(Rel. VI 155) 종교가 된다.

종교 저작 1부의 내용은 저 유명한 〈선의 원리와 악의 원리의 동거에 대해 : 또는 인간 본성 속의 근본 악에 대해〉이다. 이렇게 주장함으로써 칸트는 원죄의 이론을 끄집어낸다. 악은 단지 이런저런 개인들에게서 발견되는 것이 아니라 전체 유 속에서 발견되는 것이며, 모든 개별적인 행위들에 선행한다. 그럼에도 악은 생물학적 소질에서 생기는 것이라기보다는 인간의 자유에서 비롯된다.

인간은 자연본성(Natur)을 지니고 있을 뿐만 아니라—이것이 제2의 하위 주장인데—근본적으로 악하기도 하다. 이로써 칸트가 의미하는 바는 인간이 철두철미하게 악하다는 것이 아니고, 뿌리에서 볼 때 악하다는 것이다. 칸트에 따르면 인간은 그 자체로 볼 때 도덕과 관계없는 순전히 자연적인 경향들을 갖는 것이 아니다. 이 점은 다양한 경험들이 보여주기 때문에 증명조차 필요 없다. 또한 인간은 자연적 경향들을 행위의 최종적 규정근거로 삼으려는 근본적인 성향을 갖고 있다. 비록 도덕법칙을 인식하고 있을지라도 인간은 이런 성향으로 인해서 자신을 도덕법칙에 대립시킨다. 도덕법칙에 대한 이런 반항은 단순한 허약함과 불순성 이상을 의미한다. 그것은 악성, 즉 악한 준칙을 인정하는 성향이다. 칸트에 따르면, 다른 한편 그것은 악마적인 악의, 즉 악(das Böse) 그 자체를 동인으로 삼는 악의에 관한 것이다. 악성은 타고난 것이므로 사람들은 그것을 극복하기 위해 단순히 윤리의 교화, 즉 본성상 훈련되지 않은 경향들을 훈련하는 것만으로 충분치 않다. 타고난 악성을 극복하기 위해서는 심성의 혁명이 필요하다.

칸트는 근본 악에 대한 이론을 윤리학에 우연히 첨가한 것이 아니다. 그것은 유한한 이성존재로서 인간에 대한 이론과 밀접하게 결합해 있다. 본성상 순수한 실천이성이 아닌 존재의 자유는 숙명적으로 악을 행할 수 있는 능력뿐만 아니라 실재적으로 악을 행하는 것도 포함한다.

악의 인정, 부당한(죄없이 받는) 고난의 인정은 일차적으로 종교적 문제다. 전능하기 때문에 어떤 고난도 저지할 수 있으며, 전선하기 때문에 모든 고난을 저지해야 하는 존재인 신은 왜 고난을, 심지어 무고한 자와 정당한 자의 고난조차 허용했는가? 이 물음에 대답하는 독창적인 시도 중의 하나가 욥의 이야기다. 철학에서는 누구보다 먼저 라이프니츠가 세계 속의 악(일반적으로, 목적에 배치되는 것)에 관한 신의 정당화라는 변신론의 기치 아래 악의 기원에 대한 문제를 제기한다. 칸트는 주목할 만한 독창적인 해결책을 던져준다. 그것은 자유의 철학과 희망의 원리 위에 속박된 종교철학에서 비롯한다. 칸트는 변신론의 물음에 대해 어떠한 답변도 거부한다. 변신론의 물음은 악의 문제를 충분히 면밀하게 파악하려 하지 않는다. 개별적으로 그는 자연-생물학적 견해를 배척한다. 가령 에피쿠로스주의자, 스토아주의자 그리고 현대에 이르기까지 그들의 추종자들이 그런 견해를 대표해왔다. 더 나아가 그는 세네카에서부터 루소를 거쳐(*Rel.* VI 20 참조) 마르크스주의자들에 이르기까지 모든 선량한 도덕주의자들과 더불어 인간은 자연적으로 선한 존재인데, 단지 사회적 상태로 인해 악하고 나빠졌다고 믿는 소박한 낙관주의를 반박한다. 근본 악에 관한 칸트의 이론은 그 당시의 이상주의적 사상에 분명하게 반대하는 관점이었다. 그러나 칸트는 마찬가지로 인간이 악으로 전적으로 타락한다고 주장하는 영웅적 염세주의도 거부한다. 이 세 견해는 모두 자유 속에 악의 원천이 있으며, 악을 극복할 가능성이 자유와 더불어 주어져 있다는 칸트의 논지와 모순된다.

인간 속에 내재된, 한편으로는 선하고 또 한편으로는 악한 원리로 인해서—종교 관련 저작 2부의 제목처럼—〈인간의 지배에 관한 선의 원리와 악의 원리의 투쟁〉이 생긴다. 여기서 칸트는 "철학적 그리스도론"을 전개한다. 인간에게 악에 대해 선이 승리하는 투쟁에서는 인격화된 선의 이념이 완전한 모범이다. "신의 아들"인 그리스도는 "도덕적 완전성을 구비한 인간"(이성적 세계존재 일반)(*Rel.* VI 60)이며 모든 인간에게서 악의 원리를 완전히 뿌리 뽑지는 못했지만 그 힘을 꺾은 순수한 도덕성의 실례를 보여준다.

3부 〈악의 원리에 대한 선의 원리의 승리와 지상에서 신의 왕국의 건설에 관해〉는 인간에게 윤리적 자연상태를 떠나라고 요구한다. "법률적" 자연상태에서 만인에 대한 만인의 투쟁이 지배하는 것처럼 윤리적 자연상태는 "모든 인간 속에 내재하는 선의 원리를 악이 끊임없이 공격하는 상태"(*Rel.* VI 97)이다. 도덕법칙이 모든 강제로부터 자유롭다고 인정되는 공동체에 의해 윤리적 자연상태는 극복된다. 윤리적 입법은 도덕성, 즉 내적인 것을 촉진해야 하므로 그것은 윤리적 자연상태의 폐기를 위해 노력하는 법률적 입법자의 과제나 권한일 수 없다. 이러한 이유로 윤리적 입법자는 법률적 공동체 속에 있는 입법자가 아니다. 그는 국민의 보편적 의지가 아니다. 다른 한편 윤리적 법칙들은 정부의 단호한 명령이어서는 안 된다. 왜냐하면 그렇지 않으면 윤리적 법칙들은 강제성 없는 덕의 법칙(Tugendgesetze)이 아니라 강제성 있는 법의 법칙(Rechtsgesetze)일 것이기 때문이다. 따라서 칸트에 따르면 윤리적 입법자는 "모든 참된 의무들이…… 동시에 그의 명령으로 표상되어야 하는" 그런 사람이다. 그러한 입법자는 '도덕적 세계지배자'로서 이해되는 신이다. 그러므로 윤리적 공동체는 "신의 명령 아래 놓인 국민, 즉 신의 국민이면서, 더욱이 덕의 법칙에 따르는 신의 국민으로서만 생각될 수 있다."(*Rel.* VI 99)

순수한 덕은 내적인 무엇이며, 가능한 경험의 대상이 아니므로 덕의 법칙을 통해서만 규정되는 공동체 역사의 경험 속에서 발견되지 않는다. 신의 왕국은 보이지 않는 교회(eine unsichtbare Kirche), "선한 의지를 가진 사람들" 모두의 공동체이다. 칸트에 따르면 기독교적 신조를 신봉하는 동일한 단일체들이 그런 공동체로 여겨진다. 보이지 않는 교회는 신의 국민으로서 수적으로 하나이기 때문에 보편적이다. 그것은 덕의 법칙에 따르는 공동체로서 완전한 순수성과 도덕적 순결성을 통해 규정되므로 신성하다. 또한 그것은 제도, 즉 도덕적 입법이 불변적이므로 사도의 가르침과 같다.

보이지 않는 교회로서 신의 왕국은 원칙적으로 역사적 국가와 "지상 구세주의 왕국"(XXIII 112)에서 실현될 수 없다. 모든 신정(그리스어

도판 7 칸트 추모비(쾨니히스베르크 소재)

로 신의 지배, 순수하게 종교적으로 세워진 국가권력)과 여러 방면으로 신
정을 세속화하려는 시도와 반대로 신의 왕국은 정치적으로 정의의
진보를 통해 실현될 수 있는 정치적 제국이 아니다. 이 말은 신의 왕
국이 신화나 암호 외에 다른 것일 수 없다는 것을 의미하지는 않는
다. 칸트에게 신의 왕국은 윤리적 왕국이며, 범세계적 법공동체의 영
구평화가 인류의 법적 궁극 목적을 의미하는 것과 마찬가지로 도덕
적 궁극 목적을 형성한다.

　덕의 법칙에 따른 공동체가 비록 보이지 않는 교회를 의미할지라
도 칸트는 모든 보이는 조직을 배척하지 않는다. 그는 보이는 교회에

교육적 과제를 마련해준다. 신의 왕국의 도덕적 이념을 감성적으로 현시하는 데 보이는 교회의 정당성이 있다. 그렇지만 칸트는 감성적 현시를 사태 자체로 간주하는 것을 경고한다. 순수하게 도덕적인 입법이 모든 참된 종교의 제1근거를 형성한다. 그것을 통해 "신의 의지가 근원적으로 우리의 마음속에 기록된다."(Rel. VI 104) 칸트에 따르면 논리적으로 신의 왕국에 대한 접근은 보이는 교회의 찬란함을 통해 알려지는 것이 아니라 순수한 교회신앙이 점차 순수한 이성신앙과 도덕적 종교믿음으로 변천됨을 통해 알려진다. 왜냐하면 "순수한 도덕적 입법"은 "모든 참된 종교 일반의 불가결한 조건일 뿐만 아니라 참된 종교 자체를 본래적으로 형성하는 것이다."(같은 곳)

4부, 〈선한 원리의 지배 아래 봉사와 거짓봉사에 관해 혹은 종교와 승려제도에 관해(Vom Dienst und Afterdienst unter der Herrschaft des guten Prinzips, oder Von Religion und Pfaffentum)〉에서 칸트는 마지막으로―루소와 비슷하게(《사회계약론》 IV 8)―모든 은총 획득(율법과 계율을 통한 숭배)의 종교에 대비해 선한 품행의 도덕적 종교를 부각한다. 도덕적 심성에서 벗어나서 신의 은총을 기대하는, 종교적으로 기회주의적인 모든 의도는 자율의 원리에 배치되기 때문에 도덕적으로 배척되어야 한다.

5장

철학적 미학과
유기체의 철학

13. 판단력비판

13.1 이중의 과제 : 사태 분석과 체계기능

아리스토텔레스 이래 목적(그리스어로 tele) 지향적인 사고, 다시 말해서 목적론적 사고가 서양 세계 전체를 지배해왔다. 하지만 근대에 들어와서는 목적론적 사고가 인과적('기계론적') 사고에 자리를 내주게 되었다. 베이컨은 목적론적 사고를 아무것도 분만하지 않는 자궁을 가진 "성처녀"라고 조롱했다. 칸트 시대에는 오래전부터 세계를 원인과 결과의 관계로 보는 인과적 사고가 큰 성과를 거두고 있었다. 예컨대 홉스와 프랑스 계몽사상가들의 철학, 갈릴레이와 뉴턴의 물리학 그리고 생물학에서 그 성과들을 볼 수 있다. 의사이자 철학자인 라 메트리(J. O. de la Mettrie)는 《인간 기계》(1748)라는 도전적인 작품을 씀으로써 기계론의 급진적인 옹호자 가운데 한 사람으로 기억된다. 이러한 시대적 상황에서도 칸트는 자신의 철학에서 목적론에 중요한 자리를 마련했다. 그러므로 칸트가 철학과 과학에서 목적 지향적인 모든 사고를 추방하는 반아리스토텔레스 전통에 서 있다고 믿는 것은 잘못이다.

칸트 철학의 목적론적 요소는 사고방식의 혁명에도 칸트가 전통적인 철학에서 완전히 벗어나지 못했음을 입증하는 것으로서 비판 이전기의 잔재라고 하는 주장 역시 옳지 않다. 그와 반대로 목적 개념에서의 사고 역시 칸트의 초월적 이성비판에서 없어서는 안 되는 부분을 이루고 있다. 칸트는 한편으로 목적론적 판단의 순전히 주관적 성격을 강조한다. 하지만 다른 한편으로 목적론적 판단은 칸트의 모든 주요 저작들에서 발견된다. 목적론적 판단은 《순수이성비판》에서는 규제적 이념으로서 절대적으로 완전한 인식이라는 이성의 목적을 떠맡고 있다. 또한 《실천이성비판》에서는 행복할 가치와 행복의 통일이라는 목적론적 이념이 요청 이론의 바탕이 된다. 법철학과 역사철학에서 칸트는 영원한 평화를 역사의 궁극적 목적('의미')으로 보고 있다. 하지만 칸트 철학에서 목적론적 사고는 《판단력비판》에서 최고 정점에 도달한다.

칸트의 제3비판, 즉 《판단력비판》은 이성비판 전체와 다방면으로 결합해 있다. 칸트에게서 철학은 두 가지 주요 부분, 즉 이론철학과 실천철학(법철학, 역사철학, 종교철학을 포함해)으로 나뉜다. 이론철학은 순수이성의 자연 개념을 통한 입법을 탐구하고, 실천철학은 순수이성의 자유 개념을 통한 입법을 해명한다. 이성은 법과 도덕의 영역에서만 스스로 법칙을 제정한다. 그러나 자연과 자유, 감성적(현상적) 세계와 도덕적(예지적) 세계, 이 두 세계는 분리된 채로 서로 병렬적으로 존재해서는 안 된다. 왜냐하면 자유에는 감성계에서 자신을 현시하는 과제가 주어져 있기 때문이다. 자연적 세계와 도덕적 세계 사이의 균열을 극복하기 위해서 양자 사이를 매개해야 한다. 칸트는 그 매개를 (반성적) 판단력에서 발견했다.(역사와 종교의 매개 과제에 대해서는 11~12장 참조) 칸트는 판단력을 지성과 이성 사이의 매개자로 파악한다. 그래서 칸트는 제3비판에서 선험적으로 타당한 판단력의 조건들을 탐구하는 것이다.

《판단력비판》은 난해한 작품이다. 이 작품은 현대의 칸트 논의에서 오랫동안 주목을 받지 못했다. 제3비판이 주목받지 못하는 더 큰 이유는 그 주요한 주장들이 현대에 들어와서는 의미를 상실했기 때문이다. 자연과학에서 목적론적 사고가 거의 사라졌듯이, 철학에서 미학에 대한 논의도 거의 사라졌다.

《판단력비판》의 내적인 난점들은 이 작품이 다층적인 구조를 띠고 있는 데서 비롯된다. 제3비판은 체계 과제뿐만 아니라 사태 과제(Sachaufgabe)도 가지고 있으며, 이 두 과제가 서로 얽혀 있다. 한편으로 우리는 제3비판에서 분화된 것을 통일한다는 독일관념론의 핵심적인 동인을 발견한다. 자연과 자유, 감성과 자발성, 인식과 행위라는 따로 떨어져 있는('소외된') 영역들을 화해시켜야 한다. 제3비판의 두 서론에서 개략적으로 묘사되어 있고 나중에 자세한 논변으로 제시되어 있듯이, 제3비판은 체계를 마무리하는 성격을 가진다. 다른 한편으로 체계적 연관은 지성이나 이성과 마찬가지로 입법하는 선험적 실행(eine gesetzgebende Leistung a prioi)을 가져오는 주관의 고유한 능력 덕분이다. 따라서 경험과 독립적으로 판단력이 행하는 기능에 대한 초월적 탐구는 새로운 문제 영역을 비판적으로 근거짓는다. 체계적인 문제들은 이 새로운 문제 영역에 접근하는 것을 한층 어렵게 만들었다.

더욱더 어려운 문제는 이론철학과 실천철학 사이를 연결하는 것인데, 이 일을 담당하는 능력은 가장 뚜렷하게 구분되는 두 가지 근본 형식을 취한다. 즉 미감적 판단력(ästhetische Urteilskraft)과 좁은 의미의 목적론적 판단력(teleologische Urteilskraft)이 그것이다. 제3비판은 자연과 도덕의 결합과 통일에 의해서 이성비판을 완결시키는 체계적 기능을 충족시키는 것으로 만족하지 않는다. 또한 제3비판은 한편으로는 아름다움의 세계(Welt des Schönnen)와 숭고함의 세계(Welt des Erhabenen), 기술의 세계와 천재의 세계 그리고 다른 한편으로는 유기체의 세계와 모든 자연의 체계적 통일 세계와 같이 두 개의 분리된 영역에 초월적 기초를 제공하는 일을 한다.

칸트는 판단력의 기본 개념을 "특수한 것을 보편적인 것에 포함된 것으로 사고하는 능력"(*KU* V 179)으로 정의한다. 판단력은 규정적 판단력과 반성적 판단력이라는 두 가지 형식이 있다. '규정적 판단력'은 특수한 것을 주어진 보편적인 것 아래, 즉 규칙이나 원칙 또는 법칙 아래 포섭시킨다. '반성적 판단력'은 주어진 특수한 것에서 보편적인 것을 발견한다. 이제 칸트는 순수한 반성적 판단력이 감성에서 주어지는 무엇을 주관적 자발성을 매개로 하여 경험과 독립적으로 타당한 보편적인 규정 아래로 어떻게 가져가는지를 탐구한다. 칸트는 판단력으로써 감성과 자발성이라는 근본적으로 상이한 두 요소의 결합을 초월적 비판의 대상으로 삼는다. 이러한 이유에서 미감적 판단력과 목적론적 판단력에 대한 비판은 그 자체 이상의 가르침을 준다. 이런 비판은 미의 조건들과 유기체의 조건들을 드러낼 뿐만 아니라 자연과 도덕 사이의 결합 가능성도 밝혀준다. 칸트에게서 문제를 분석하는 것과 체계적 연관성을 확립하는 것은 두 가지 별개의 이론적 관심이 아니다. 그것들은 서로 얽혀 있는 것임이 입증된다.

반성적 판단력의 특수한 실행, 자연과 자유를 매개하는 반성적 판단력의 과제를 의미하는 개념은 합목적성(Zweckmäßigkeit)이다. 무엇이 합목적적이라고 할 때 사람들은 언제나 어떤 현상을 전체로서 이야기하고 그 전체에 목적을 상정한다. 현상들은 경험적으로 규정될 수 있지만(현상들이 주어진 특수한 것을 형성한다) 현상들의 바탕에 합목적적인 전체를 상정하는 것은 경험에서 비롯되지 않는다. 합목적적 전체성은 판단력이 고유한 자발성을 통해 발견해내는, 경험적으로 주어지지 않은 보편적이다. 따라서 합목적성의 판단에서 감성적 소여, 즉 자연과 자발적 정립, 자유가 근원적으로 통일된다.

근원적 통일은 다양한 형식을 취할 수 있다. 칸트는 '형식적'과 '질료적', '주관적'과 '객관적'이라는 두 쌍의 반성 개념을 가지고 통틀어 네 가지 형식들을 구분한다. 이 가운데 두 가지는 상세히 논의되지 않는다.

칸트는 수학자가 기하학적 도형에서 목적을 바탕에 깔지 않고도 하나의 연관을 발견해내는 상황을 객관적이지만 순전히 형식적인 합목적성이라고 한다. 이러한 합목적성은 기하학적 도형 자체에서 성립하는 것이 아니라 수학적 사고에서 성립한다. 따라서 순수하게 지성적이다. 칸트는 그것을 객관적이고 질료적인 합목적성에 정반대되는 것으로서만 설명한다.(KU §62) 칸트는 인간 행위의 질료적이면서 주관적인 합목적성에 대해서도 그것이 윤리학에서 취급되는 것 이상의 문제를 제기하지 않으므로 자세히 논의하지 않는다.

이제 남은 것은 (1) 미감적 판단력에서 형식적(실제로 존재하는 사물에 관계하지 않는)이고 주관적인 합목적성 (2) 유기체와 그것의 존재방식에 대한 객관적(주관의 감정이나 희망과 독립적인)이며 질료적인(실제로 존재하는 사물들에 관계하는) 합목적성, 즉 생명의 합목적성이다. 칸트는 이 두 합목적성을 《판단력비판》 1부와 2부에서 각각 논의한다.

더 나아가 칸트는 1판 서론(KU V 181 이하)에서 형식적 합목적성의 원리를 판단력의 초월적 원리로서 다룬다. 칸트는 이 원리에 의해 자연의 보편적인 합목적성이라는 사상에 이성비판적 전기를 마련해준다. 자연의 보편적 합목적성이라는 사상적 전통은 아리스토텔레스, 토마스 아퀴나스 그리고 근대에 이르기까지 광범위하게 영향을 미쳤다. 이런 전통은 유기체적 생명체뿐만 아니라 자연 전체를 합목적적인 것으로 보는 한 여전히 타당하다. 그러나 자연 자체를 합목적적이라고 믿는 한 그런 전통은 타당하지 않다. 첫째, 칸트가 보편적으로 타당하게 여기는 형식적 합목적성은 합규칙성일 뿐이다. 합규칙성은 모든 탐구자가 끊임없이 많은 자연 과정의 다양성 속에서 경험적 법칙과 그것을 포괄하는 이론의 형식에서 공통성을 탐구할 때, 그들이 자연에서 발견하기를 기대하는 것이다. 둘째, 합규칙성으로 축소된 의미에서 합목적성은 객관적 근거가 아니라 주관적이면서도 초월적인 근거만을 가진다. 자연의 보편적 합목적성은 자연을 혼돈상태보다는 구조 지어진 것으로 발견하기를 바라는 판단력에 의해서 기획된 선험적 기대 지평(Erwartungshorizont) 외에 다른 것이 아니다. 그러한 기대는 경험에서 비롯되는 것이 아니다. 오히려 그것은 모든 자연적 경험의 선험적이고 주관적인 전제들을 형성한다. 그것은 경험이 인과원리에 의해서만 인도될 수 있든 아니면 합목적성의 객관적 표상들에 의해서도 인도를 받아야 하든 상관이 없다.

우리는 자연 속에서 합규칙성들과 체계적 연관들을 찾을 수 있을 것으로 기대할 권리가 있다. (그래서 초월적 연역에 대한 칸트의 매우 간결한 묘사가 이뤄졌다.) 왜냐하면 우리는 이러한 전제들 아래에서만 자연에 대한 객관적인 인식을 탐구할 수 있기 때문이다. 자연의 형식적 합목적성은 언제나 자연에 대한 모든 탐구에서 처음부터 인정되는, 즉 선험적으로 인정되는 기대 지평이다. 이러한 기대 지평은 순수한 반성적 판단력에 그 원천이 있으며, 방법적 원리들로 표현된다. 자연과학자들은 이러한 방법적 원리들의 인도를 받는다. 예컨대 "자연은 가장 짧은 길을 취한다", "경험적 법칙들 속에 포함되는 자연의 커다란 다양성은 소수의 원리 아래에서 통일된다"(*KU* V 182) 등이 방법적 원리들이다.

13.2 미학의 비판적 정초

아름다움

제3비판의 1부 '미감적 판단력비판'에서 칸트는 미감적 판단력의 타당성을 고찰한다. 미감적 판단은 대상들에 대해서 그것들이 아름답다거나 숭고하다는 주장을 담고 있다. 노예처럼 유행에 복종하는 사람이 아니라 아름다움에 대해 독자적인 판단을 내릴 능력이 있는 사람은 훌륭한 취미를 지니고 있다고 하겠다. 아름다움에 대한 미감적 판단은 취미판단(Geschmacksurteil)이라고 한다.(감성의 원리에 대한 학문으로서 초월적 감성론에 대해서는 5장 참조)

취미에 관해서는 싸우지 마라는 격언이 있다. 이것은 취미가 순수하게 주관적임을 의미한다.(*KU* §56 참조) 칸트는《순수이성비판》2판에서도 여전히 바움가르텐에 맞서서 이러한 견해를 받아들이고 있다.(B 35 이하, 주석) 하지만 칸트는 나중에 취미판단에서조차 선험적 조건을 발견하고 놀라게 된다. 이 선험적 조건은 단순히 보편성이 아니라 경험과 독립적으로 타당한 보편성의 가장 엄밀한 형식이다. 물론 이로써 취미판단이 선험적·종합적이라고 주장하지는 않는다. 취미판단은 선험적 계기를 통해서 비로소 가능하게 되었지만, 그것은 자연에서 경험할 수 있는 풍경이나 예술작품에 대한 구체적인 판단으로서 존재한다.

"짐작건대 아름다움에 대한 감수성이 거의 없으며, 더욱이 중요한 예술작품들을 볼 기회를 전혀 갖지 못한"(쇼펜하우어, 《의지와 표상으로서의 세계》 부록) 한 철학자가 이론철학과 실천철학에 대한 놀라운 통찰들에 이어 미적 선험성을 발견하고, 미학을 새롭게 정초함으로써 미학도 새로운 전기를 맞이하게 된다. 이러한 발견은 학문적 인식과 도덕적 실천과 관련해 미학이 독립적인 학문이고 독자적인 법칙들을 가지고 있다는 사실의 근거를 마련해준다. 칸트와 현대 사이에 200년의 시간적 간격이 있음에도 오늘날까지도 미학과 예술은 자율성을 널리 보존하고 있다.

'미감적 판단력비판', 즉 초월적 의도에서 본 취미비판과 예술비판은 미적 선험성을 발견함으로써 비롯된다. 그것은 이차적인 비판을 나타낸다. 그것은 미감적 판단을 고찰하는 것이 아니라 미학의 영역에서 비판적 판단의 정당성을 고찰한다. 여기서 칸트가 주장하는 선험적인 것은 제1비판과 제2비판에서의 선험적인 것들과 종류가 다르다. 왜냐하면 대상에 대한 미적 태도, 즉 자연 속의 아름다움, 예술작품의 아름다움 그리고 숭고함에 대한 미적 태도는 이론적 태도나 실천적 태도와 다르기 때문이다. 세계에 대한 미적 관계는 그 자체로 특유한 합리성의 형식을 띠고 있다. 이것은 결코 객관적 인식이나 도덕성 또는 이 양자로 환원될 수 없다.

또한 칸트는 미학을 비판적으로 분석함에 탁월한 논리적 일관성을 유지하면서 미적 현상을 신중하고 면밀하게 검토한다. 칸트는 선험적 요소에 의해서 미학의 영역에서도 결합에 관한 주장을 제기할 가능성을 정당화한다.(KU §38 참조) 선험적으로 미적인 것은 인식의 원리나 행위의 원리와 일치하지 않으므로 미감적 물음들은 논증이나 증명 또는 도덕적 참여를 통해서는 적절히 결정될 수 없다. 그렇지만 결정을 내리는 것은 개인적인 애호나 주관적 선택의지가 아니다. 칸트는 미감적 판단이 특정한 종류의 긴장을 내포하고 있다고 거듭 주장한다. 칸트는 미감적 판단은 증명될 수는 없지만 누구나 이해할 수 있고 누구에게나 구속력을 가진다고 주장한다. 칸트는 학문적 진술이나 도덕적 진술과 구분해 미적 판단에 대해서는 객관적 보편성을 인정하지 않고 주관적 보편성만을 인정한다. 칸트에 따르면, 미적 경험의 주관적 자아-감정(Ich-Gefühl) 속에는 세계와 생명 일반에 대한 보편적 감정이 포함되어 있다. 결국 미학의 문제는 어떻게 주관성이 보편성 및 필연성에 관한 주장과 결합할 수 있느냐는 물음이 된다.

칸트가 미적인 것을 주관적 보편성이라고 규정하기 때문에 헤겔의 영향을 받은 가다머는 "미학을 주관화"했다고 칸트를 비난한다. 칸트는 "미학의 자율적 토대를 정립해 미학을 개념의 척도에서 해방"시킴으로써 더는 "예술의 영역에서 진리에 대한 물음"(56)을 제기하지 않는다. 그러나 가다머는 칸트의 "주관적 보편성"의 주관적 측면을 "사견"으로 몰아가고, 주관적 보편성 속에 포함된 객관적 측면을 과소평가한다. 특히 만일 우리가 예술, 전승, 정신과학에서 가다머의 견해에 따라 진리를 주장할 경우, 이런 주장은 수학적 자연과학에서의 진리 주장과 분명하게 구분될 것이 틀림없다. 그렇지 않으면 예술과 정신과학은 단지 저급한 종류의 인식이 될 것이다. 예술과 정신과학이 자연과학의 누이동생으로, 심지어 자연과학의 불법적인 자매로 전락하지 않게 하기 위해서 우리는 예술과 정신과학의 고유성을 인정하고 이론적 인식의 진리와 비유적인 의미에서 예술과 정신과학의 진리를 언급해야 한다. 칸트의 주관적 보편성 개념은 이러한 계획을 위한 기초를 제공할 수 있다. 그 개념은 예술 및 정신과학의 진리와 이론적 인식의 진리 모두에 공통적인 것(보편성)은 물론 특수한 것(수학적 객관성 및 과학적 객관성과 구분되는 주관성) 모두에 주목하게 된다. 그래서 칸트의 미감적 판단력비판은 바로 가다머(38)가 피하고자 하는 위험, 즉 "자연과학의 방법론을 토대로 하여 정신과학이 자신을 규정하는" 위험을 피하고 있다.

계몽주의 철학자들은 미감적 판단력의 본질에 대해 격렬한 논쟁을 벌였다. 이들의 주장은 크게 세 가지 주요 관점으로 구분되는데, 이것들은 모두 미감적 판단을 이미 알려진 다른 현상들로 소급하려고 시도하는 데 그 공통점이 있다. 칸트는 미감적 경향을 이론적 인식이나 실천적 인식의 전 단계나 퇴보 또는 부가물로 평가절하하는 대신에, 아름다움의 법칙들이 갖는 고유성을 주장한다. 미적인 것은 실재에 접근하는 한 가지 고유한 방식이다. 칸트는 취미판단을 인식의 (저급한) 한 형식으로 간주하는 바움가르텐(A. G. Baumgarten)의 이성주의 미학을 거부하고, 관찰 질료의 풍부함을 보여주는 버크(E. Burke)의 감각주의 미학 또한 비판한다. 버크는 취미판단을 단순한 감정으로 환원한다. 끝으로 칸트는 미적 판단이 단순한 습관이나 동의에서 발생한다고 주장하는 경험주의 미학을 거부한다. 경험주의 미학은 규약과 유행에 대해 우월성과 특별한 자유를 주장할 수 있는 어떤 것이라는 취미의 본성을 부정한다. 칸트에 따르면, 미적 판단에서 대상들은 규칙에 근거해서, 즉 보편성에 준해서 평가되며, 과학적 개념 또는 도덕적 원칙에 따라서 평가되지 않는다.

미감적 판단력은 주관적이지만 반성적이기 때문에 그것에서는 미리 보편적인 것이 결정되지 않는다. 예술작품을 감성적으로 인지되는 객관적 진리의 담지자로 보는 모든 작품 미학에 맞서 칸트는 미감적 만족(Wohlgefallen)은 사물의 완전성, 즉 객관적으로 현전하는 내적 합목적성에서 비롯되지 않는다고 주장한다. 외양 또는 형식에서 대상 그 자체가 아름다운 것이 아니다. '아름답다'는 객관적인 술어라기보다는 상대적 술어이다. 더욱이 미감적 관계는 주관에서 출발한다. 그것은 창조적인 작업, 즉 주관 속에 대상을 미감적으로 표상하는 것에서 말미암는다.

주관적 보편성이라는 생각으로 칸트는 규칙 미학에서 방향전환을 이룬다. 규칙 미학은 아름다운 그림이나 희곡작품, 음악작품에 대해 고정된 규칙들을 규정한다. '고전적'이라고 불리는 영예를 안은 그러한 규칙들은 미적 창조성에 불필요한 제한을 가한다. 칸트에서는 규칙 미학을 대신하여 천재 미학이 등장한다. 천재 미학에 따르면, "아름다운 예술은 천재의 예술이다."(*KU* §46) 예술은 천재, 즉 모범을 만들어내는 독창성을 지닌 자연의 총아 덕분에 이전에 발견하지 못한 규칙들을 얻는다. 그리하여 칸트는 훌륭한 취미 덕분에 아름다운 대상들을 평가할 수 있는 관객이 예술에 대해 가지는 관계를 탐구하는 데 그치지 않는다. 그뿐만 아니라 칸트는 예술가들도 고찰한다. 그러므로 칸트는 "오로지 '관객'의 관점에서만 예술과 아름다움에 대해 사고했다"(《도덕의 계보》 3권 6절)고 한 니체의 비판은 적합하지 않다.

예술에 대한 칸트의 낭만주의적 견해는 미학의 자율성 못지않게 천재 미학에서도 발견된다. 칸트가 천재 개념을 예술가에게만 제한을 둔 것은 확고한 기반을 얻지 못한다. 반대로 19세기에 천재 개념은 그 힘이 무의식적인 것에서 흘러나오는 창조성과 결합해 보편적 가치와 경험으로 확장되고, 참된 신격화를 얻게 된다. 이제 천재는 시대의 '영웅'이 된다.

칸트는 《순수이성비판》을 통해 이미 친숙해진 '용어'인 성질, 분량, 관계, 양상 등을 길잡이로 "아름다움의 분석론"에 착수한다. 칸트는 이 용어들에 힘입어 아름다움에 대한 네 가지 규정을 얻는다. 성질과 관련해 아름다움은 이해관계 없는, 즉 자유로운 만족이다(추함의 경우는 불만족이다). 유쾌한 것이나 좋은 것에 대한 객관적 개념이나 감각과 관계없이 대상이 그 자체로 만족스러울 때 우리는 그런 대상들을 아름다운 것으로 여긴다.(KU §§2~5) 하지만 이러한 사고에서 니체가 가정한 것처럼(앞에 인용한 대목) 가장 특유하고 강렬한 개인적 체험, 호기심, 경이감, 황홀감 등이 예술작품을 감상할 때 아무런 역할도 할 수 없다는 귀결이 나오지 않는다. 그러나 순수한 취미판단, 즉 작품이 아름다운지에 대한 물음은 문제 대상의 존재에 관한 관심을 전혀 포함하지 않는다. 구속력을 가지려면 취미판단은 완전히 중립적이어야 한다. 반면에 소유와 사용을 기준으로 삼아 판단하는 사람에게 대상은 더는 그 자체로 중요한 것이 아니라 어떤 욕구를 위해서 중요한 것이다. 그런 사람의 판단은 이해관계에 얽매여 있기 때문에 더는 순수하게 미적이지 않다.

아름다움은 이해관계 없이 만족을 주기 때문에 칸트는 미적 판단을 예술적 현시뿐만 아니라 자연의 아름다움, 심지어 순전히 장식적인 것에까지 적용한다. 그런데 예술적 아름다움보다는 자연의 아름다움이 우위에 있다. 왜냐하면 자연의 아름다움만이 인간으로 하여금 현실 속에서 자기 자신을 부지불식간에 발견하게 하기 때문이다. 반면 독일관념론에서는 칸트가 그렇게 열광적으로 묘사한 자연의 아름다움에 관한 관심을 뒤로 밀치고 예술작품 속에서 인간의 자기발견이라는 것이 최상위로 부각된다. 예를 들어, 헤겔은 인간으로 하여금 자기 자신이 무엇인지를 깨닫게 하는 데 예술의 본질이 있다고 말한다.(《미학 강의》 라손 판 57) 예술 속에서 인간이 인간과 만나고, 인간 정신이 인간 정신과 만난다.

어떤 것을 아름다운 것 또는 추한 것으로 평가할 때 우리는 객관적인 개념들을 사용하지 않지만, 그런 평가는 분량에 관해서 보면 여전히 보편적으로 타당할 수 있다. 취미판단은 언제나 주관적인 만족감에 의존하지만, 다른 사람들도 그 판단에 따를 것을 기대한다.(KU §8) 이러한 기대가 가능한 이유는 모든 개인적인 관심과 별개로 상상력(Phantasie)과 지성이라는 두 가지 인식능력의 자유로운 놀이가 미적 판단의 바탕에 깔려 있다는 데 있다. 이 두 인식능력이 조화를 이루자마자 특별한 종류의 쾌감(Lust)이 생긴다. 이러한 쾌감은 모든 관심이 배제된 상태에서 생기는 것이므로 감성적 욕구의 만족에서 성립하지 않으며, 도덕법에 대해 순수하게 이성적인 존경에서 성립하지도 않는다. 왜냐하면 모든 미적 판단은 감성계에 주어진 어떤 것에 관계하기 때문이다. 아름다운 대상으로 말미암아 유발되는 만족은 개념적으로 감성적 쾌감과 이성적 쾌감 사이에 놓여 있다. 사이(Zwischen)라는 중간적 위치는 자연과 자유, 감성과 순수한 (실천)이성을 위해 미적인 것이 매개작용을 한다는 것을 보여준다.

미적 경험에서 상상력은 혼자 작용하는 것이 아니라 지성과 더불어 작용하기 때문에 미적 경험은 순전히 사적인 상상에서 성립하는 것이 아니라 다른 사람들에게 전달할 수 있고 통제된 사고 속에서 성립한다. 또한 미적 경험은 극단적인 주관주의와 회의주의와 달리 의

사소통의 차원도 가진다. 다른 한편으로, 예술작품은 지성만이 아니라 상상력도 활성화하기 때문에 우리는 원칙적으로 예술작품을 완전히 이해할 수 없다. 예술작품을 해석하려는 모든 진지한 시도가 보여주고 있듯이, 어떤 문학작품이나 음악작품 또는 회화작품도 특정한 개념을 통해서 완전히 파악될 수 없으며, 어떤 언어로도 완전히 이해될 수 없다.(*KU* §49)

관계의 측면에서 보면, 미감적 판단에서 문제가 되는 것은 합목적성의 형식이다. 전체가 아직 광범위하게 미치는 목적을 갖지 않아도 모든 개별적인 것이 "합목적적으로" 전체와 조화를 이룰 때, 그 무엇을 아름답다고 한다. 목적 없는 합목적성(eine zweckfreie Zweckmäßigkeit), 즉 어떤 가치와 목적이 없는 내적 합목적성이 아름다운 것이다.

끝으로 양상의 측면에서 보면, 취미판단은 공통감각(Gemeinsinn)이 있다는 전제 하에서 만들어질 수 있다. 공통감각은 보편적인 평가를 가능하게 하며, 성질에 대한 감정 속에서 자신을 표현한다. "아무런 개념도 없이 필연적인 만족의 대상으로 인식되는 것은 아름답다." (*KU* §22) 칸트는 루소의 가르침에 따라서 취미의 세련화에서 그에 상응한 도덕적 감정의 고양이 이뤄진다고 추론하지 않는다. 문명화가 곧 도덕화를 의미하지 않는다. 공통감각의 개발은 단지 미적 의의만 지닐 뿐 윤리적 의의는 지니지 않는다.

숭고함

칸트가 탐구한 두 번째 미적 현상은 그 뿌리를 고대에 두고 있으며, 계몽주의 철학에서 특별한 의미를 얻는다. 그 의미는 헤르더, 실러, 셸링에게까지 보존되었지만, 헤겔이 역사화시킴으로써 상실하기 시작했다. 그 현상은 바로 숭고함이다. 아마 이 현상은 오늘날 우리의 생활세계에서도 완전히 사라지지는 않았다. 그러나 관념론 이후에 형이상학과 종교에 대한 비판이 이뤄지고, 사회 문화적 상황이 변화됨으로써 숭고함이라는 미적 현상은 철학적 논의는 물론 문학 비평에서도 주목할 만한 역할을 하지 못하고 있다.

그리스어로 숭고(hypsos)는 '파토스적으로 격앙된 영혼의 고양'을 의미한다. 그것은 열정적으로 내뱉는 시적 창작을 통해서 유발되어 공포와 동정의 감정에 대한 카타르시스로 완결되는 인간의 자기상승(Selbststeigerung)을 의미한다. 계몽주의 철학에서 숭고는 미보다 높은 단계를 형성하며, 위대함 또는 탁월함을 의미한다. 그리고 나중에 가서 숭고는 아름다움과 명백하게 대비된다. 칸트에 따르면, "둘 다 그 자체로 만족을 준다"(KU §23)는 말은 아름다움과 숭고 모두에서 타당하다. 그러나 칸트는 아름다움과 숭고의 "현저한 차이" 역시 지적한다. "자연의 아름다움은 대상의 형식에 관계하는 것이고, 대상의 형식은 한계설정에서 성립한다. 반면에 숭고는 대상 혹은 대상을 기연으로 해서 무한성이 표상되는 한 형식 없는 대상에서 발견될 수 있다." 숭고한 것에 대한 만족은 "유희가 아니라 상상력의 작업 속에서 보이는 진지함이다". 숭고한 것에 대한 만족은 적극적 쾌감을 야기하지 않고, 오히려 칸트가 소극적 쾌감이라고 부른 "경탄 혹은 존경"을 야기한다.(같은 곳)

자연의 어떤 대상들이나 사건들은 숭고하지 않다. 이런 대상들은 숭고의 기분을 유발하는 동인이다. 경이로운 크기와 가공할 힘을 지닌 자연은 우리 안에 특별한 자기경험을 유발한다. 다시 말해 자연은 초감각적 능력, 순수한 자립적 이성을 갖고 있다는 느낌을 불러일으킨다.

칸트는 숭고의 두 가지 형식을 구분한다. 수학적 숭고는 자연을 절대적으로 (모든 척도를 넘어서) 거대한 것으로 현상하고(*KU* V 248), 감성계와 관련해 자연을 "초감성적 기체(Substrat)"(V 255)로 경험하도록 한다. 초감성적 기체란 보편적이며, 신적이고, 전체다. 그에 반해 역학적 숭고의 경우, 자유는 가공할 힘으로 나타난다. 이런 힘은 인간에 대한 지배력을 갖고 있지 않다.(V 260) "폐허를 남기고 지나가는 태풍, 파도가 치솟는 끊임없는 대양…… 이런 것들은 우리의 저항하는 능력을 그러한 것들이 지니는 위력과 비교해서 보잘것없이 작은 것으로 만든다. 그러나 우리가 안전한 곳에 있으면 그 광경이 두려우면 두려울수록 더욱 우리의 마음을 끌 뿐이다. 그리고 우리는 이러한 대상들을 거리낌없이 숭고하다고 부르는데, 그 이유는 그 대상들이 정신의 강도를 일상적인 정도 이상으로 높여주고 우리 안에 전혀 다른 저항하는 능력이 솟아나게 하며, 이런 저항력이 우리에게 자연의 외관상의 절대력에 대항할 수 있는 용기를 불러일으켜 주기 때문이다."(*KU* V 261) 인간은 여기서 외적인 자연을 능가하는 것으로 자신을 경험한다. 인간은 자신이 전능한 자연과 비교될 수 있는, 심지어 자연을 능가하는 윤리적 존재라고 느낀다.

13.3 비판적 목적론

보편적 목적론과 보편적 기계론 사이

칸트에게 합목적성은 단순히 모든 자연인식의 초월적 원리와 모든 미감적 판단의 토대만이 아니다. 객관적 합목적성으로서 그것은 자연대상을 인식할 때 특별한 역할을 한다. 물론 자연의 모든 대상에 관해 이런 역할을 하는 것이 아니고, 자연의 대상 일부에 대해서만 그런 역할을 한다. 그래서 칸트는 생명체도 오로지 원인진술을 통해 완전히 파악될 수 있다고 본 보편적 기계론을 배척하는 것처럼 마찬가지로 전 자연이 합목적적으로 조직화해 있다고 하는 아리스토텔레스주의의 보편적 목적론도 배척한다. 칸트는 목적론적 진술들이 필요하다는 것을 인정한다. 그런데 그 정확한 장소는 아리스토텔레스에게서 목적론적 사고의 모범이 되었던 영역, 즉 유기체의 영역이다. 객관적 합목적성은──구성적 의미가 아니라 규제적 의미에서──물리학보다 생물학을 우위에 두는 탐구원리다. 물리학에서는 목적론적 가정들이 자리를 확보하지 못하는 반면, 생명체를 탐구하는 데는 기계론적 고찰방식으로는 충분하지 않다. 그런 고찰방식으로는 유기적 과정들이 어떻게 진행되는지는 인지할 수 있지만 그것들이 어떤 목적을 갖고 진행되는지는 알지 못한다. 칸트는 미적인 것에 대한 이론으로 이미 낭만주의의 개척자였던 것처럼 유기체의 철학으로도 낭만주의의 개척자가 된다.

생물학에 특수한 합목적성 개념, 이 개념의 적법한 사용방식 그리고 인과적 사고에 대한 이 개념의 관계를 탐구하는 것이 비판철학의 과제다. 칸트는 《판단력비판》 2부에서 이 과제를 다룬다. 거기서 칸트는 자연인식에 관한 자신의 이론을 현저하게 확장시킨다. 따라서 칸트의 경험이론을 《순수이성비판》과 《자연과학의 형이상학적 원리들》에서만 찾는 것은 잘못이다.

제1절 '목적론적 판단력의 분석론'에서 칸트는 유기체에 특유한 합목적성 개념을 전개한다. 제2절 '변증론'에서 그는 생명체의 영역에

서 목적론적 진술들과 인과적 진술들의 상대적 보완을 고찰하고, 생물학의 탐구논리에 공헌한다. 3부 '방법론'에 따르면 목적론적 체계로서 자연의 최종 목적은(KU V §83) "세계의 현존, 즉 창조의 궁극 목적"(§84)으로 표현된다. 세계의 구조는 "자연의 기술"에 목표를 정해주는 '이념들에 따른 인과성'이 야기됨으로써 생긴다. 그 세계 속에서 자연은 이성의 수단으로서 도덕적 최종 형태를 향해 간다. 그래서 '목적론적 판단력비판'은 유기체와 생물학에 대한 비판적 철학 이상을 포함하고 있다. 또한 그것은 《판단력비판》의 두 서론에서 묘사되고 있는 판단력의 체계과제를 수용하고 있으며 자연과 자유, 이론철학과 실천철학을 매개한다. 창조라는 세계의 이념에서 자유와 행복은 도덕적 문화범위 안에서 일치한다.

생물학에서 목적론은 오래전부터 부담이 컸던 개념이었다. 그 개념은 대부분 완전히 거부되거나 아니면 기껏해야 상당히 제한적으로만 인정된다. 사람들은 이를테면 목적론적 숙고로 인해서, 자연과학적으로 고찰하면 다름 아닌 가상에 대한 설명일 뿐인 초재적 설명들(transzendente Erklärungen)이 자연과학적 인식의 맥락으로 유입되는 것을 겁낸다. 체계론적 사고형식이나 사이버네틱적 사고형식과 함께, 특히 발생학으로 인해 유기체적 과정들도 물리과학적으로 설명될 수 있음이 오래전에 증명되었다. 따라서 생물학에서 목적론적 요소에 대한 요구는 무용한 것으로 나타난다. 다른 한편 생물학자들과 의학자들은 유기체들이 서로 그물처럼 얽힌 무수한 규칙 과정의 작용조직을 보여주고 있으며, 그 규칙 과정들이 부분적으로는 물리학적 법칙들과 화학적 법칙들에 의해서 인과적으로 설명될 수 있지만, 전체 조직에서는 합목적적인 것으로 주장될 수 있다는 사실을 인정한다. 부분들과 과정들은 예를 들어 자기보존과 체계의 재생산에 봉사하며, 생물학자 피텐드리히(C. S. Pittendrigh)는 "목적률(Teleonomie)"이라는 표현을 만들어냈다. 이 대용어에 의해서 목적봉사성(Zweckdienlichkeit)의 유래에 대한 초재적 가정들을 언급하지 않고도 생물학적 사태들은 목적에 봉사하는 것 혹은 목적 지향적인 것으로 순수하게 기술적으로 표현될 수 있다. 유기체를 연구할 때 목적론적 또는 목적률적 개념들을 사용하면 어려운 인식론적 문제와 과학론적 문제를 남긴다. 칸트는 그것에 대해 충분히 답변하지 않았다. 그러나 그의 이성비판적 성향은 목적론에 대한 소박한 실재론적 표상보다 더 많은 결과를 약속한다.

칸트에 따르면 목적론 문제는 최소한 세 가지 작은 문제로 구분된다. (1) 유기체에 대한 특수한 합목적성 개념, (2) 인과적 진술과 목적론적 진술의 서로 다른 이론적 위상 (3) 인과적 진술과 목적론적 진술의 관계가 그것이다.

유기체의 합목적성

유기체의 과정을 합목적적인 것으로 평가하는 일은 객관적이고 주관적이지 않으며(KU §61), 실재적이고 단순히 지성적이지 않으며(§62), 끝으로 대상에 내재적이고 대상에 외적이지 않다.(§63)

합목적성은 유기체 자체에 속하므로 객관적이다. 목적론적 판단은 대상에 대해서 진술하며—미감적 판단처럼—주관과의 관계에 대해서는 진술하지 않는다. 사실상 합목적성은 가령 유기체적 과정들에 자기보존 같은 자연의 목적을 설정하므로 실재적(real) 또는 질료적이다. 그것은 단지 형식적 혹은 지성적 합목적성을 의미하는 것은 아니다. 이런 합목적성은 수학자가 기하학적 도형들의 연관에서 그것들에 목적을 인정하지 않고도 발견하는 합목적성이다. 끝으로 생물학적 합목적성은 대상의 내적 속성이며, 다른 것에 대한 유용성에 근거하지 않는다. 그것은 사태 자체의 '속성'이며—헤겔《논리학》의 목적론 장에 따르면 이것은 칸트가 보여준 위대한 통찰 가운데 하나다—외적이며 상대적인 합목적성과 구분된다. 내적·상대적 합목적성으로 인해서 한 사태가 인간에게 유효하게 되거나 동물과 식물에 효과가 있게 된다. 목적론적·실재적·내적 합목적성에 대한 진술로서 생물학에서 목적론적 판단은 초재적 설명이 아니다. 초재적 설명은 루이 뒤마(Louis Dumas, 1765~1813)에서 드리쉬(H. Driesch, 1867~1941)에 이르기까지 소위 생기론자들처럼 물질적 효력을 가진 비물질적 요소, 즉 물리화학적으로 분석 불가능한 생명력을 주장한다. 오늘날의 물리학에서처럼 칸트 역시 이런 종류의 가상적 설명(*KU* V 423에서 칸트는 '초물리학'을 언급한다)을 생물학적 합목적성 개념에 의해서 거부한다.

객관적·실재적·내적 합목적성에 대한 목적론적 판단은 어떤 전제 아래서 정당화되는가? 자연 과정은 "그 자체로 원인이면서 결과"(*KU* V 370)이고, 모든 직선적인 인과적 사고가 여기서 한계에 부딪히기 때문에 자연 과정이 순수한 인과적 설명들만으로 충분히 이해될 수 없을 때, 목적론적 판단은 적법하다(legitim). 칸트에 따르면 이것은 유기체의 영역에서 사실이다. 왜냐하면 유기체는 조직된 전체성이며, 그 조직은 외적 원인이 작용한 결과가 아니라 스스로 자기 자신을 조직화하는 것이기 때문이다.

칸트는 자기조직화로 표현되는 원인과 결과의 상호작용을 나무를 예로 들어 해명한다. 생식의 경우, 나무는 같은 종의 다른 나무를 만들어내기 때문에 종으로서 나무는 원인임과 동시에 결과다. 두 번째로 원인과 결과의 상호성은 성장에서 증명된다. 성장의 경우, 나무는 성분들을 받아들여서 "종적으로 고유한 성질로" 가공하고, 개체로서 자기 자신을 산출하고 보존한다. 끝으로 원인과 결과의 상호성은 부상과 기형의 경우 자구(自求)행위에서 보인다.(KU 64) 물론 목적론의 비판자들은 칸트의 실례들을 순수하게 인과적으로 설명하고 생식, 성장, 자구행위 같은 소위 종별적 기능들을 비유기체적 과정들에서도 증명하려고 시도할 것이다. 결국 그들은 칸트가 자기조직화의 개념에서 어떤 의식성(Bewußtheit)도 의미하지 않는 자기(das Selbst)를 더 상세히 설명하지 않았다고 반론을 제기할 수 있다.

칸트는 자기조직화의 개념과 원인, 결과의 상호성 개념으로 순수하게 기계적 과정의 모범인 시계에 비해 유기체를 명백하게 두드러져 보이게 하려고 한다. 시계도 한 부분이 다른 부분 때문에 존재하는 것이므로 조직화한 전체다. 그러나 그 부분들은 다른 부분으로 인해서 존재하는 것은 아니다. 시계의 톱니바퀴는 다른 톱니바퀴를 산출할 수 없으며, 한 시계가 다른 시계를 만들어내거나 스스로 자신을 수리할 능력이 없다.(KU V 374)

칸트 시대 이래 공학의 눈부신 진보로 인해 기계에 비해 유기체의 원리적 우월성에 관한 주장이 진지하게 제기되고 있다. 그러나 사람들이 생식, 성장 그리고 자기복원을 자기조직화의 표징으로 인정하는 한, 오늘날 다른 기계를 제작하거나 수리하는 기계들이 있다고 해도 생식, 성장, 자기복원은 역시 유기체에 특수한 것으로 보인다. 왜냐하면 제작기계는 스스로 생식하는 것이 아니라 다른 기계를 '만들어내는' 것이기 때문이다. 그리고 제작기계가 규칙장치들에 의해서 부분적으로는 자신을 조종하고, 심지어 자신을 복원한다고 하더라도 그 조종요소들이나 프로그램 요소들에 생긴 고장은 '밖에서' 수리된다. 그렇기 때문에 통례적으로 인정되듯이 유기적 존재는 인간의 기술(공학) 산물과 비슷하지 않다. 기술자, 즉 생산물 밖에 있는 이성적 존재가 유기적 존재에 속한다. 유기체의 조직화는 '안에서', 즉 대상들 자체에서 일어난다.

목적론의 규제적 기능

《순수이성비판》에 따르면 자연의 대상들은 측정 가능성, 실체성, 인과성을 통해서 구성된다. 제1비판의 이런 과학 개념은 목적론적 판단력비판과 모순되므로 이런 학문 개념은 물리학에 제한되고 생물학을 위해서는 새로운 목적론적 학문이 기획되는가? 칸트는 여기서 문제를 발견한다. '목적론적 판단력의 변증론'에서 그는 이율배반으로 문제를 첨예화시킨다. 다시 말해 모든 "물질적 사물들의 창조가……단순히 기계적인 법칙들(인과적 설명들)에 따라서 가능하거나 어떤 물질적 사물의 창조는…… 단순히 기계적인 법칙들에 따라 가능하지 않다."(*KU* V 387) 하지만 칸트는 사람들이 초월적 이성비판을 토대로 기계론적 설명과 목적론적 설명의 기본 개념들이 상이한 원천을 갖는다는 사실을 발견하자마자 이율배반이 해소된다고 한다. 인과성은 순수지성개념, 즉 범주이며, 자연의 모든 대상에 대해서 구성적이다. 반면 내적 합목적성은 지성에서 출현하지 않고 목적론적 판단력에서 출현한다. 자연의 대상은 직관과 지성이 공동작업을 통해 완전히 형성되므로 생물학에서도 내적 합목적성은 구성적 의미를 갖지 않고 단지 규제적 의미만을 가진다.(*KU* §§67, 75, 77 등) 과학적 설명은 순수하게 기계론적 본성, 말하자면 물리화학적 본성을 가진다. 생명체의 객관적이며 내적인 합목적성은 경험적으로 관찰될 수 없다. 그것은 반성적 판단력의 도움으로 관찰에 덧붙여 생각된다.(*KU* V 399 참조) 그러나 이런 덧붙여 생각함(Hinzudenken)은 주관적인 착상에 원천을 두지 않는다. 칸트에 따르면 그것은 유기체가 비로소 유기체로 이해되고, 즉 그 안에서 "모든 것이 목적이면서 상호적으로 수단이기도 한" 자연산물로 이해되고, 아무것도 "이유 없이 존재하는 것은 없고, 목적 없이 존재하는 것은 없으며, 또 맹목적인 자연의 메커니즘에 돌릴 수 있는 것은 없다."(*KU* §66)

객관적 합목적성의 이념은 학문의 실천방향을 정하는 데 기여한다. 그것은 생물학자의 인과적 탐구를 위한 발견적 원리이다. 생물학자들은 식물과 동물의 구조와 기능방식을 연구할 때 가능한 한 내적 합목적성으로 많이 거슬러 올라가려고 하고 가능한 한 이유 없고 목적 없는 것으로 간주하지 않는다.(같은 곳)

칸트는 목적론적 진술들은 단지 규제적으로 타당한 것으로만 여기고 구성적으로 타당한 것으로 여기지 않기 때문에 "목적론의 복권"(예컨대 슈페만)은 칸트가 목적론적 사고를 비판적으로 새롭게 정초할 때 생물학에서 목적론적 사고의 의미가 훨씬 과소평가되고 있다는 견해로 기운다. 이를테면 생물학의 대상, 즉 유기체 그 자체 또는 생명 그 자체가 단지 목적론적으로만 이해되면 목적론은 더는 단순히 기계적 원리가 아니다. 의심할 여지 없이 합목적성의 발견적 이념은 인과적 탐구에 날개를 달아줄 수 있다. 그러나 인과적 탐구가 완결되면 생명 있는 유기체는 물리화학적 과정으로 완전히 용해되고 '본질',

즉 스스로 자기를 조직하는 전체성의 성격은 상실하게 될 것이다.

칸트에 대한 이러한 비판은 생기론과 유사한 오류를 범한다. 그런 비판은 합목적성 진술에서는 관찰 가능한 자연사건들이 관찰 불가능한 보편적인 것, 즉 목적으로 평가되는데도 생명체의 합목적성을 경험적으로 확정될 수 있는 것으로 간주한다. 게다가 언젠가 인과적 탐구가 완결될 수 있으며, 그렇게 되면 생명이 물리화학적 과정으로 완전하게 용해된다는 전제하에서만 그 비판은 적절하다. 그러나 칸트에 따르면 인과적 탐구는 그렇게 완결되지 않는다. 왜냐하면 인과적 탐구는 자연의 모든 과정을 사건들의 시간적 계열, 즉 원인의 결과라고 주장하기 때문이다. 그렇지만 스스로 자신을 조직하는 전체로서 유기체는 원인과 결과의 계열을 통해서 규정되는 것이 아니라 원인과 결과의 동시성을 통해서 규정된다. 따라서 "미래에 의도적으로 질서지어진 것이 아닌 풀줄기의 성장 역시 자연법칙들에 따라서 이해할 수 있게 할 것"이라고 희망하는 것을 칸트는 "불합리한 것"으로 여긴다.(*KU* V 400)

칸트는 자연의 일관된 인과적 연관관계를 절단하려고 시도하지 않는다. 반대로 그의 비판적 목적론은 자연의 인과적 연관관계를 보충하고 방향을 설정하는 일을 꾀한다. 목적론적 사고의 필연적이면서도 단지 규제적이기만 한 특성은 모든 자연 과정에 대해 단순히 인과적 설명들을 찾게 하고, 덧붙여서 유기체의 세계에 대해 상위의 평가원리를 요구하게 한다. 이 상위의 평가원리는 객관적이며 실재적이고, 내적인 합목적성의 이념에 부과된 것이다.(*KU* §80) 생물학에서 인과적 사고와 목적론적 사고는 서로 배제하기보다는 서로 보충한다. '목적론적 판단력의 방법론'의 이러한 근본 사상은 오늘날까지 생물학에서 방법에 관한 논의에 대해서 어느 정도 타당성을 가진 것으로 보인다. 이를테면 그것은 오늘날 유기적 과정에 대한 인과적 설명이 예상외로 진보했음에도 현대 생물학이 여전히 자기보존이나 목적률 같은 목적론적 개념을 포기하지 않으려는 이유를 이해시킨다. 생물학적 사태는 이를테면 물리화학적 원인과 결과의 분석에서 두 가지 물음, 즉 계통발생학적 유래에 대한 물음과 생물학적 의미에 대한 물음에 대답할 수 있을 때 비로소 학문적으로 완전히 이해된 것으로 생각한다. 우리는 생명 과정들의 범위 내에서, 이를테면 유기체의 발달과 종의 보존 범위에서 생물학적 사태의 기능을 그 사태의 생물학적 의미라고 한다. 그러므로 생물학적 의미에 대한 물음은 목적론적 물음이다.

《판단력비판》 2부는 이성비판에 대한 기여에서 생물학의 탐구논리로 이행한다. 칸트는 목적론적 사고를 자연탐구의 "길잡이"로서 "확증된" 것으로 보기 때문에 "상술한 판단력의 준칙"을 자연 전체에서 조금이라도 시도하려고 한다.(KU V 398) 그래서 칸트는 세계 전체가 "세계 밖에 존재하는…… 지성적 존재에 의존하고 있으며, 세계 전체가 이 존재에서 기원한다는 것에 대해 상식뿐 아니라 철학자들에게도 타당한 유일한 근거"를 발견한다.(KU V 398) 따라서 목적론적 사고는 목적론 외에 다른 곳에서는 완결되지 않는다.(KU V 399)

우리는 아리스토텔레스나 아퀴나스 같은 철학자들 때문에 목적론적 사고와 신학적 사고의 연관관계를 신뢰하게 되었다. 반면 모든 신 존재 증명을 파괴하는 데 커다란 업적을 세운 비판철학에서도 그러한 사상을 발견한다는 것은 의아한 느낌이 든다. 그러면 칸트는 결국 비판적 사고를 포기하고 다시금 형이상학적 사고의 품 안으로 되돌아갔는가?

이러한 억측은 비판적 신학의 방법적 위치를 간과한 것이다. 객관적이며 내적인 합목적성의 개념은 경험적 일반화도 아니고 순수한 지성개념도 아니다. 그것은 자연탐구를 위해 단지 규제적 의미만을 갖는 반성적 판단력에서 출현한다. 그렇기 때문에 "가장 완전한 목적론"도 세계 전체가 의존하고 있는 이성적 존재의 현존재를 증명할 수 없다.(같은 곳) 칸트는 전통의 형이상학적 신학을 결코 복권하지 않는다. 그는 더할 나위 없이 명백하게 목적론의 신학적 완결에 객관적 지위를 주는 것에 이론(異論)을 제기한다.

6장

칸트 철학의
영향

14. 칸트의 수용, 발전, 비판

14.1 초기 칸트 철학의 전파와 비판

인식론과 형이상학을 고찰하든, 수학과 자연과학의 이론을 고찰하든, 아니면 윤리학, 종교철학 혹은 예술철학을 고찰하든 우리는 어디서나 같은 종류의 현상을 발견한다. 다시 말해서, 칸트는 그 당시까지 한편으로는 서로 무시하고 다른 한편으로는 서로 반목하던 여러 학파에 의해 주도된 근대적 사상의 핵심적인 문제들을 명료성과 반성 수준 면에서 한 단계 끌어 올리고, 공통적인 원리들의 토대 위에서 해결하려고 한다. 이러한 문제들을 다루는 데 있어서 칸트가 새로이 도입한 비판적·초월적 취급법은 다양한 분야에서 철학적 논의의 양상을 변화시켰으며, 현대에 이르기까지 사상적 발전에 큰 영향을 미쳤다. 칸트의 정확한 업적이 무엇인지, 칸트의 명확한 한계가 어디에 있는지, 칸트의 철학이 어떤 방향으로 발전 또는 변형될지 등의 문제들에 대해 칸트의 '계승자들'은 전혀 일치된 의견을 보이지 못하고 있다. 독일관념론에서 시작해보면, 엄격한 칸트주의자는 칸트의 영향사를 본질적인 부분들에서조차 창조적 오해의 역사로 볼 것이고, 그것을 파우스트의 언어로 바꾸어 다음과 같이 표현할 것이다. "칸트의 작품이 반영 되었지만 그 자신이 정신의 주인이다."

1770년 교수 취임 논문에 비판적 초월철학의 몇 가지 기본적 사고가 이미 포함되어 있었지만, 비판적 초월철학의 영향사는 제1비판이 출간된 이후에 비로소 시작된다. 그 이전에는 헤르츠(M. Herz)만이 1771년 발표한 〈사변적 세계지에서의 고찰들(Betrachtungen aus der spekulativen Weltweisheit)〉에서 칸트의 1770년 교수 취임 논문의 의의를 인식하고 있었다. 칸트가 주목받기 시작한 것은 1781년부터였다. 이 때부터 그는 빠른 속도로 알려지기 시작했다. 맨 처음 독일에서, 곧 이어 이웃 나라들에서 새로운 사고방식을 지지하는 이들이 수없이 늘어갔다. 그들 가운데는 이성비판을 충분히 이해하지는 못하지만 열성적으로 선전하는 사람들도 있었다. 쉬츠(C.G. Schütz)와 후펠란트 (G. Hufeland)를 편집자로 해서 1785년에 설립된 〈예나 일반 문예일보 (Jenaer Allgemeine Literaturzeitung)〉는 칸트주의의 집합 장소가 되었다. 칸트는 이 신문을 통해 헤르더의 〈인류 역사의 철학을 위한 이념 (Ideen zur Philosophie der Geschichte der Menschheit)〉(1785)을 비평했다. 《순수이성비판》1판이 나오고 나서 몇 년이 채 안 되어 《순수이성비판》의 난해함을 완화할 목적으로 쓰인 중요한 해설서들이 출간되었다. 이러한 사실은 칸트가 얼마나 빠른 속도로 철학적 논의의 전면에 부각되었는지를 잘 보여주고 있다. 슈미트(K. Chr. E. Schmid)는 칸트 철학을 널리 보급하기 위해 《칸트 철학을 더 쉽게 사용할 수 있는 사전이 포함된 순수이성비판 강의 개요(Critik der reinen Vernunft im Grundrisse zu Vorlesungen nebst Wörterbuch zum leichtern Gebrauch der Kantischen Philosophie)》(1786)라는 긴 제목의 책을 발간했다. 슐츠(Joh. Schultz)는 《칸트 교수의 순수이성비판에 대한 해설(Erläuterungen über des Herrn Professor Kant Critik der reinen Vernunft)》(1784)을 써서 칸트를 선전하고 더 깊이 이해하게 하는 데 기여했다. 라인홀트(Karl Leonhard Reinhold)가 도이치 메르쿠어(Deutscher Merkur)에서 출간한 《칸트 철학에 대한 서한들(Briefe über die Kantische Philosophie)》(1786~1787)은 특히나 중요한 책이다. 이 책은 라인홀트에게 보낸 편지에서 칸트도 매우 칭찬했다.(*Briefe* 297/177) 그 후에 베크(J. S. Beck)의 《칸트 교수의 추천으로 칸트 교수의 비판적인 저술들에서 뽑아낸 설명적 발췌문들(Erläuternder Auszug aus den kritischen Schriften des Herrn Prof. Kant, auf Anrathen desselben)》(1793~1796)과 멜린(G. S. A. Mellin)의 《비판철학 백과사전(Encyklopädische Wörterbuch der kritischen Philosophie)》(1797~1804) 전6권이 출판되었다.

칸트는 인정받은 것만큼 비판도 빠르게 제기되었다. 베를린의 저술가이자 출판업자인 니콜라이(Friedrich Nicolai)는 풍자적으로 칸트 철학을 논박했다. 그리고 엥겔(J. J. Engel), 페더(J. G. H. Feder), 가르베(Chr. Garve), 마이너스(Chr. Meiners), 멘델스존(M. Mendelssohn), 플라트너(E. Platner) 같은 영향력 있는 계몽주의 철학자들이 "사고방식의 혁명"에 대해 강력한 반론을 제기했다. 이들 가운데는 1781년 이전에 칸트와 친교관계가 있었던 이들도 있었다. 가르베는 지독한 혹평을 했다.(3.2 참조) 멘델스존은 《아침 시간 혹은 신의 현존재에 대해(Morgenstunden oder über das Daseyn Gottes)》(1785)에서 슐츠의 표현대로 "모든 것을 분쇄하는 칸트"에 맞서서 존재론적 신 존재 증명을 방어했다. 에버하르트(August Eberhard, 1738~1809)는 칸트적 사고에 맞서기 위해 《철학잡지(Philosophisches Magazin)》(1789~1792)를 창간했다. 칸트는 에버하르트의 공격에 대해 《모든 새로운 순수이성비판이 과거의 순수이성비판으로 말미암아 불필요하게 되었다는 발견에 대해(über eine Entdeckung, nach der alle neue Kritik der reinen Vernunft durch eine ältere entbehrlich gemacht werden soll)》(1790)로 답했다.

도판 8 칸트(되블러의 1781년 그림을 토대로 J. L. 라브가 1860년경 그린 강판화)

  이러한 갈등은 라이프니츠-볼프적 강단 형이상학이 퇴각하고 있
다는 신호였다. 이성주의적 계몽주의에 공공연하게 반대한 하만
(Johann Georg Hamman)의 비판이 철학적으로 더 의의가 있었다. 하만
은 칸트가 감성과 지성/이성이라는 두 줄기로 인식능력을 분리한 것
을 배척하고 '언어의 발생학적 우위성'을 주장한다.(《이성의 순수성에
대한 메타비판(Metakritik über den Purismum der Vernunft)》(1784)) 헤르더
(Johann Gottfried Herder)는 비판 이전 시기에 칸트의 강의에도 출석했
지만(2.3 참조), 하만의 비판을 따라간다. 그는 언어 속에서 언어에 의
해서 비로소 이성이 성장하며, 감성과 지성/이성을 분리하는 사고는
추상적인 성격을 드러낸다고 한다.(《지성과 경험, 이성과 언어, 순수이성

비판에 대한 메타비판(Verstand und Erfahrung, Vernunft und Sprache. Eine Metakritik zur Kritik der reinen Vernunft)》(1799))

그러므로 당시 칸트의 비판적 초월철학은 논쟁의 소지가 전혀 없는 것은 아니었다. 그러나 철학자들의 비판 그리고 그 당시 정치적 집단과 교회 집단의 강력한 저항에도 비판적 사고는 대부분의 독일 대학에 입성하는 데 성공했다. 교회 집단의 칸트에 대한 저항은 예수회 신부 슈타틀러(B. Stattler)의 두 권짜리 저작 《반칸트(Anti-Kant)》에 언급되어 있다. 칸트의 비판적 사고는 북부와 중부의 신교 지역에서 시작해 남부의 가톨릭 지역과 오스트리아에 있는 대부분 대학에 침투되었다. 위에서 언급한 슈미트, 슐츠, 라인홀트, 베크, 멜린 외에 할레의 티프트룬크(J. H. Tieftrunk), 베를린의 키제베터(J. G. K. C. Kiesewetter), 마그데부르크의 하이덴라이히(K. H. Heydenreich), 다른 사상적 영역에 있었던 괴팅겐의 부터벡(F. Bouterwek), 크룩(W. T. Krug, 처음에는 비텐베르크에 살았다) 그리고 칸트 《논리학(Logik)》의 편집자인 도르파트의 예쉬(G. B. Jäsche) 등도 칸트 신봉자였다. 그 당시 철학적 논의에서 칸트의 사고가 얼마나 두드러진 역할을 했는지는 칸트 신봉자들뿐만 아니라 칸트 비판자들도 입증해준다.

14.2 독일관념론

칸트주의자들이 강단에서 칸트의 이론을 알리고 있는 동안 독일의 작가들과 철학자들 가운데 선봉에 선 이들이 칸트를 수용하기 시작했다. 이들은 칸트의 이론을 창조적으로 논의함으로써 "칸트를 극복"하는 방향으로 나아간다. 칸트의 수용은 처음에는 열정에 의해 이뤄졌는데, 그 열정은 《순수이성비판》뿐 아니라 칸트 윤리학에서 불붙었다. 장 폴(Jean Paul)은 친구에게 다음과 같은 편지를 썼다. "천국에 가려거든 칸트의 《도덕형이상학의 기초》와 《실천이성비판》이 두 권의 책을 사라. 칸트는 세계의 빛인 동시에 빛나는 태양계다."(13.7. 1788) 같은 시기를 보낸 튀빙겐 교구에서 셸링과 헤겔에게 영감을 불어넣어준 위대한 횔덜린은 칸트를 "우리 민족의 모세"(Brief v. 1.1. 1799)라고 했다. 실러는 칸트의 자유철학과 '미적 판단력비판'에 강한 영향을 받았다. 그의 서한문인 〈인간의 미적 교육에 대해(Über die ästhetische Erziehung des Menschen)〉(1795)에서 그 영향이 엿보인다. 하지만 실러는 칸트를 뛰어넘으려고 했고, 특히 "아름다운 영혼"이라는 이상을 도입함으로써 의무와 경향(Neigung)의 이분법을 지양하고자 했다. 철학에 관심을 가지고 있었을 때 괴테는 칸트를 근대 철학자들 가운데 가장 탁월한 인물로 평가하고, 《판단력비판》을 추천했다고 한다.(〈에커만과의 대화(Gespräche mit Eckermann)〉(1827) 11.4.) 하인리히 클라이스트(Heinrich Kleist)는 《프리드리히 폰 홈부르크 왕자(Prinz Friedrich von Homburg)》(1810, 출판은 1821년)에서 칸트 법철학의 기본 사상을 극적으로 묘사했다.

그러나 칸트에 관한 논의 가운데서도 가장 성과가 있었던 것은 후기 저작들을 주제로 삼은 것이 아니라 비판철학의 첫 번째 주요 저작, 특히 현상과 물자체의 대립에 관련된 것이었다. 야코비(Friedrich Heinrich Jacobi, 1743~1829)에 따르면, 우리는 물자체를 긍정적으로 수용하지 않고는 이성비판으로 들어갈 수 없지만, 물자체를 수용하고서는 이성비판에 머물러 있을 수 있다. 라인홀트는 여전히 칸트의 난점들을 '요소철학(Elementarphilosophie)'을 통해 해결하려 했다. 하만과 헤르더가 이미 그렇게 했듯이, 라인홀트는 인식 줄기의 이원성, 즉 감성과 지성의 이원성을 문제 삼았다. 그러나 그는 감성과 지성의 통일을 언어에서 찾지 않고 표상하는 의식에서 찾았다. 라인홀트는 이에 대해서 《인간의 표상능력에 대한 새로운 이론(Neue Theorie des menschlichen Vorstellungsvermögens)》(1789)에서 논의한 바 있다. 그러나 솔로몬 마이몬(Solomon Maimon, *Versuch über die Transcendentalphilosophie*···(1790))과 회의론자 슐체(G. E.Schulze, *Aenesidemus*···(1792))는 라인홀트의 해법에 반대했다.

칸트에 대한 비판과 개선이라는 새로운 풍토에서 칸트를 옹호하지도 배척하지도 않았고, 오히려 논리적으로 궁극적인 귀결을 찾아내려고 애씀으로써 칸트의 이론을 완성하고자 한 첫 번째 인물은 요한 고트리프 피히테(Johann Gottlieb Fichte, 1762~1814)다. 특히 피히테는 처음에 문자 뒤에 숨어 있는 칸트 철학의 정신을 발견할 뿐이라고 즐겨 주장했지만, 실제로는 그 이상의 일을 해냈다. 우리가 독일관념론이라고 부르는 일련의 사변적 이론들은 칸트가 생존하던 시기에 피히테에서 시작되었다. 독일관념론은 칸트의 제1비판에 코페르니쿠스적 전회, 제2비판의 자유 원리, 제3비판의 체계적 관심 등과 연관되어 있다. 독일관념론은 칸트의 이러한 주장에 궁극적 정초에 대한 요구(이것은 오히려 데카르트-스피노자적 요구다)를 결합한다. 그런데 이러한 요구는 비판적 초월철학을 상당히 변형시켰고, 심지어 칸트 철학에 대한 빈번한 오해를 야기하기도 했다. 피히테(1762~1814), 셸링(Friedrich Wilhelm Joseph Schelling, 1775~1854), 헤겔(Georg Wilhelm Friedrich Hegel, 1770~1831)의 사변적 관념론은 칸트가 다양한 형식으로 제시한 대립명제들과 영역 구분을 극복하고 지식의 모든 영역, 즉 자연과 정신, 이론과 실천을 공통적인 한 뿌리에서 전개하려고 시도했다.

피히테는 첫 번째 저작인 《모든 계시 비판의 시도(Versuch einer Kritik aller Offenbarung)》(1793)로 칸트의 인정을 받았으며, 하룻밤 사이에 청년 철학자로서 유명해졌다. 그러나 칸트는 피히테의 근본철학, 즉 지식학(Wissenschaftslehre)에 대해서는 자신의 철학과 거리가 있음을 공개적으로 설명했다.(1799) 이어서 피히테는 같은 해 9월 20일, 셸링에게 다음과 같은 내용의 편지를 쓴다. "칸트 철학은 우리가 그것을 받아들이는 것과 같은 방식으로 받아들이지 않는다면 전적으로 무의미하다." 독일관념론의 발전은 칸트에 대해 평가절하했지만, 다른 철학에 새로운 목소리를 도입했다. 독일관념론의 철학은 다른 견해들은 "전적이고 근본적으로 전도된 것"이라고 성급하게 간주한다.(피히테, *F. Nicolais Lebes*……, 9장) 셸링 역시 칸트가 '철학의 서광'을 보여주었다는 것만 인정하고 칸트가 철학적으로 달성한 것들은 인정하지 않았다. 셸링은 피히테 그리고 좀 늦게 등장한 헤겔과 경쟁적으로 철학의 완성을 시도했다.

피히테에서 시작해 관념론자들은 칸트가 이론철학에서 초월적 통각과 실천철학에서 도덕성을 실제로 근거짓지 못했다고 비난했다. 피히테는 기본적 전제들을 검토해 비판을 강화하고, 이론적 지식과 실천적 지식의 연관성을 공통의 원리에서 이해하려고 함으로써 지식 일반의 최고의 통일점을 추구했다. 지식학을 끊임없이 새롭게 기획함으로써 칸트가 그어놓은 비판적 사고의 한계를 뛰어넘는다. 그는 인간의 인식과 윤리적 행위의 선험적인 심층구조에 대한 초월적 해명을 유일한 원리에서 '강제적인' 도출로 변형시켰다. 피히테는 무한배진을 피하기 위해 현전하는 **사실**(eine vorfindliche Tatsache)에 호소하지 않았다. 피히테의 철학을 떠받치고 있는 통일 원리는 '자아'의 자유로운 **사행**(die freie Tathandlung des 'Ich')이다. 그는 초월적 생산성을 궁극적 근거라고 주장했다. 피히테는 칸트가 실천이성에 제한시킨 자발적 자기입법(자율)을 보편적 원리의 지위로 올려놓았다.

셸링은 피히테의 사상에서는 자연이 너무 간단하게 취급되고 있다고 보고, 자연을 철학적으로 근거짓는 일을 자신의 철학적 목표로 삼았다. 셸링은 독창적인 초기 저작들에서 무한히 활동하는 자연을 정신과 같은 지위로 승격시켰다. 그는 정신과 자연이 동일한 원천에서 발전한다고 주장했다. 이미 초기 철학에 나타나 있고 후기 철학에서 명백히 드러나는 것처럼 초창기 낭만주의 철학자인 셸링은 칸트에게서는 체계적으로 다뤄진 바가 없는 무의식적인 것(das Bewußtlose)에 폭넓은 이론적 관심을 기울였다.

칸트는 학문적 인식의 경험적 관점과 무제약자를 사고하려는 이성의 욕구 사이를 규제적 이념의 이론으로써 조심스럽게 매개하려고 했다. 사변적 관념론에서는 이러한 신중함이 포기된 것 같다. 사변적 관념론은 변증론을 새롭게 평가함으로써 이러한 변화를 위한 방법적 토대를 마련했다. 칸트는 변증론을 '가상의 논리학'으로 취급했지만, 피히테, 셸링 그리고 특히 헤겔은 변증론을 사변적 변증법으로 이해함으로써 변증론이 긍정적이고 구성적인 의미를 얻게 되었다. 독일관념론의 기본적 학설에 따르면, 총체성 개념과 더불어 절대자에 관한 사고는 자동적으로 그리고 필연적으로 해소될 수 없는 모순(이율배반) 때문에 그 자체에서 필연적으로 귀결되는 것이 아니다. 지성의 반성적 사고는 절대자를 거부하지만, 사변적 변증법은 절대자를 거부하지 않는다. 사변적 변증법 덕분에 자연신학이 복권되었다. 그래서 역사적으로 칸트가 시도한 철학적 신학으로의 전환은 오랫동안 받아들여지지 않았다. 칸트가 사변적 신학을 파괴했음에도 피히테, 셸링, 헤겔은 사변신학을 한층 높은 단계로 올려놓으려고 했다. 그러나 후에 포이어바흐, 마르크스, 니체 등은 신을 '근거짓는 것'을 도덕신학에서 인정하지 않았다.

많은 공통점이 있었음에도 독일관념론은 완전히 통일된 방향을 지니지 못했다. 헤겔은 초기 작품인 《신앙과 지식(Glauben und Wissen)》(1802/03)에서 칸트의 관점을 배척했음은 물론, 피히테의 철학과 모든 반성철학 일반 역시 배척했다. 그 대신 정신의 철학(eine Philosophie des Geistes)이 반성철학의 자리를 차지했다. 정신의 철학이 따르는 근본명제, 즉 "우주의 숨겨진 본질은 인식의 용기에 저항할 힘을 가지고 있지 않다"는 명제는 더는 비판철학적인 것이 아니었다.(베를린 대학 취임 강연, 1818년 10월 22일) 헤겔은 절대정신의 사상을 역사성의 사상과 결합했다. 역사적 제약성을 철학에 수용하려고 한 헤겔의 시도는 19세기 유럽 사상에서 역사의 중요성을 증대시키는 데 공헌했다. 헤겔에 앞서 셸링 또한 비슷한 시도를 했다. 셸링과 헤겔 덕분에 역사적 차원이 당시 유럽 사상에서 중심적 지위를 얻게 되었다.

칸트는 범주들을 그것들의 내적인 규정성에서 도출하지 않았다. 하지만 헤겔은 《논리학》에서 칸트의 범주 이상을 포함하는 사고의 기초적 규정들을 '개념의 운동'을 통해 정당화되는 체계적인 전체로서 제시한다. 모든 개념은 논리적인 것의 자기운동을 통해 자신의 반대 부분으로 자연히 흘러가고, 개념과 그것의 반정립은 종합에서 사변적으로 지양된다. 헤겔은 칸트의 도덕성의 철학에 대해서도 비판적이다. 그는 칸트의 도덕성의 철학을 실천적·정치적 삶이 제거된 추상적인 당위라고 하여 배척한다. 헤겔은 사람들이 실존하는 역사적 관계들로부터 실천이성의 분리를 소외된 삶의 표현으로 간주했다.

헤겔은 고전 철학을 완결하라는 모든 관념론자의 요구를 가장 영향력 있는 방식으로 실현했다. 그래서 헤겔학파는 '칸트에서 헤겔로의 발전'이라는 철학사적 상투어를 유포했다. 그들의 관점에서 보면 이 발전은 내적·객관적·논리적인 필연성에 따른 것이며, 그 발전 과정에서 칸트는 단초에 불과했다. 이 단초가 피히테와 셸링에 의해 전개되고, 헤겔에 의해서 완결되었다. 칸트는 헤겔의 한낱 전 단계로 전락하고, 헤겔은 스스로 관념론의 왕좌에 오른다. 헤겔이 죽고 나자 곧바로 관념론이 붕괴할 것이라는 말이 나돌기 시작했다. 이때에 슈트라우스(David Friedrich Strauss)와 포이어바흐(Ludwig Feuerbach) 그리고 특히 마르크스(Karl Marx) 등과 같이 관념론을 반대하는 이들이 등장해 창조적인 철학적 자극을 주었다. 그러나 이들에게도 헤겔은 여전히 준거가 되는 중요한 인물로 남아 있었다. 그들은 본질적으로 헤겔의 칸트 비판을 수용했고, 헤겔이 비판적 초월철학을 서양철학의 역사에서 혁명적인 단계로 평가한 것도 받아들였다. 이제 유물론적 사변은 더는 칸트 이전처럼 물질과 물질의 법칙에 직접 관계하지 않는다. 유물론적 사변은 인간학적 문제 설정에 의해 인도되었고, 칸트가 주관에서 출발한 것에 대해 찬사를 보낸다.

다른 한편 우리는 피히테, 셸링, 헤겔과 같은 시대를 살았으나 관념론의 주류 밖에 서 있었으며, 그들의 독자성에도 칸트와 직접적으로 관련된 철학자들이 있었다는 것을 잊어서는 안 된다. 프리스(Jakob Friedrich Fries, 1773~1843)는 《새로운 이성비판(Neue Kritik der Vernunft)》

(1807)이라는 그의 주요 철학 저술의 제목에서 보이듯이 자신이 칸트에게 의존하고 있음을 밝혔다. 그러나 프리스는 초월적 비판 대신에 내적 경험에 대한 경험심리적 탐구를 도입했다. 영향력 있는 교육자이자 심리학자인 헤르바르트(Johann Friedrich Herbart, 1776~1841)는 피히테의 문하에서 공부했지만 사변적 관념론을 반대했다. 그는 볼프와 라이프니츠로 되돌아가서 비판적 초월철학을 실재론적으로 전환하려고 했다. 철학적으로 더욱 의미 있는 인물로 쇼펜하우어(Arthur Schopenhauer, 1788~1860)를 거론하지 않을 수 없다. 쇼펜하우어의 철학이 '결과에서는' 분명히 칸트와 구별되지만, 그 과정을 보면 칸트의 저작들을 끊임없이 연구함으로써 형성되었다. 쇼펜하우어는 "27세 이후 줄곧 칸트의 이론은 나의 연구와 사고의 주요한 대상이었다"고 말했다.(로젠크란츠와 슈베르트에게. 1837년 8월 24일) 특히 쇼펜하우어의 근본 사상인《의지와 표상으로서의 세계(Welt als Wille und Vorstellung)》(1818)에서는 칸트가 '코페르니쿠스적 전회'에서 수행한 인식론적 실재론에서의 방향전환, 이론이성과 실천이성의 구분, 실천이성의 우위성이 바탕에 깔려 있었다. 끝으로 피히테의 아들 임마누엘 헤르만(Immanuel Hermann, 1796~1879)처럼 헤겔의 반대 집단에 속하기 때문에 칸트를 더 긍정적인 관점으로 본 후기 관념론자들도 기억할 필요가 있다.

14.3 독일 밖에서의 칸트

비판적 초월철학은 별다른 저항 없이 주변의 유럽 국가들에서 다소 느리지만 자연스럽게 관심을 끌었으며, 나중에는 관념론적 사상과 결부되어 주목을 받았다.

독일어권의 발트 해 연안제국에서 온 수많은 신부, 나아가 리투아
니아인들, 레트인들, 폴란드인들, 러시아인들도 칸트의 강의에 참석
하기 위해 찾아왔으므로 초기에 동유럽에서 칸트가 수용된 것은 특
이한 경우였다. 후에 도스토옙스키와 톨스토이 같은 뛰어난 인물들
이 자신들도 칸트와 같은 견해를 가지고 있다고 생각했다는 사실에
서 우리는 칸트가 계속해서 존경받고 있었음을 알 수 있다. 네덜란드
에서는 반 헤머르트(P. van Hemert)가 칸트 철학의 개요를 네 권의 책
으로 펴냈다.(1796~1798) 1798년, 그는 다른 이들과 함께 〈비판철학을
위한 잡지(Magazin für kritische Philosophie)〉를 창간하고 칸트 철학을 장
려하기 위해 '비판학회(Kritische Gesellschaft)'를 설립했다. 덴마크에서
는 시인인 옌스 바게센(Jens Baggesen)을 중심으로 칸트 애호가들의 모
임이 결성되었다. 스웨덴에는 보에티우스(D. Boëtius, 1751~1800)를 통
해 칸트의 사상적 유산이 전해졌다. 이탈리아에서는 소아베(F. Soave,
1803)가 처음으로 칸트 연구서를 썼다. 부사드(J. M. Bussard)는 스위스
의 칸트 추종자로서 프라이부르크에서 살았다.

칸트 저작들 가운데에서 《영구평화론(Zum Ewigen Frieden)》(1795)
이 처음으로 프랑스어로 번역되었다. 3년 후 파리에 소재를 둔 국립
연구소가 칸트를 주제로 한 특별 콜로키엄을 개최하였다. 이 콜로키
엄에서 훔볼트(Wilhelm von Humboldt)를 비롯하여 적지 않은 철학자들
이 새로운 칸트 해석을 내놓았다. 이 콜로키엄은 프리드리히 실러
(Friedlich Schiller)가 칸트를 위해서 기획한 것이었다. 프랑스에서 칸트
철학을 소개한 주요 인물들로는 두 권짜리 《칸트의 철학(Philosophie
de Kant)》(1801)을 펴낸 샤를 드 빌레르(Charles de Villers), 《칸트의 형이

상학에 관해(De la métaphysique de Kant)》(1802)를 쓴 앙투안 데스튀트 드 트라시(Antoine Destutt de Tracy), 《칸트에 의해 발견된 비판철학 (Philosophie critique découverte par Kant)》(1802)의 요제프 훼네-브론스키 (Joseph Hoene-Wronski) 등을 꼽을 수 있다. 이 작품들 가운데 어떤 작품도 칸트 철학을 올바로 이해하지 못했으나, 마담 드 스태엘-홀스타인(Madame de Staël-Holstein)의 《독일에 대해(De l'Allgemagne)》(1810) 라는 책이 독일 사상에 상당한 영향을 끼쳤다. 여기서 칸트는 이성주의에 반발하는 감정의 반작용으로, 낭만주의의 시초로서 해석되었다. 1820년, 빅토르 쿠쟁(Victor Cousin)이 칸트 철학에 대해 영향력 있는 강의들을 했다. 이 강의들은 1842년에 책으로 출간되었다. 그 당시 지배적인 사상이었던 실증주의(오귀스트 콩트)에 대한 반대 운동을 샤를 르누비에(Charles Renouvier, 1815~1903)와 라쉬리에(J. Lachelier, 1832~1918)가 시작했으며, 50년 동안 지속했다. 칸트의 비판철학에 대한 반성은 이 운동에서 중요한 역할을 했다. 르누비에는 이론의 영역에서 변증법적 범주론(1854), 실천의 영역에서 윤리적 인격주의(1903)를 발전시켰다. 그의 윤리적 인격주의는 2차 세계대전 이후까지 영향을 미쳤다.(E. 무니에, J. 마리탱) 칸트는 르누비에의 학생이었던 옥타브 해플렝(Octave Hamelin, 1856~1907)에게뿐만 아니라 에밀 메이어슨 (Emile Meyerson, 1859~1933)과 레온 브룬쉬빅(Léon Brunschvicg, 1869~1944) 같은 관념론자들, 르 로이(E. Le Rey), 르 세느(R. Le Senne), 라벨르(L. Lavelle) 등에게도 중요하게 받아들여지고 있었다.

영국에서 칸트가 연구된 상황을 살펴보면, 니츠쉬(Nitzsch, 1796)와 윌리치(A. F. M. Willich, 1798)가 영국에서는 처음으로 칸트에 관한 책을 내놓았는데 거의 주목받지 못했다. 그러나 작가이자 철학자인 콜리지(S. T. Coleridge)를 거치면서 칸트는 셸링과 독일 낭만주의와 더불어 그 당시 지배적인 사조인 경험주의의 반대편에서 영국인의 정신생활에 지속적인 영향을 미치기 시작했다. 강단 철학자들 가운데 해밀턴(W. Hamilton, 1788~1856), 휘웰(W. Whewell, 1794~1866), 그린(T. H. Green, 1836~1883) 등은 칸트의 사상을 추종했다. 반면 그린의 친구 케어드(Edward Caird, 1835~1908)는 헤겔의 영향을 받아서 칸트를 넘어서려고 했다. 그러나 그린의 영향을 받은 브래들리(F. H. Bradley, 1846~1924)에 의해 비로소 칸트의 사상과 헤겔의 사변적 관념론은 1870년경 프랑스에서와 비견될 정도의 철학적 의의를 얻게 되었다. 20세기까지, 즉 무어(G. E. Moore), 러셀(B. Russell), 비트겐슈타인 (Wittgenstein) 등이 등장할 때까지 브래들리는 보산케(Bosanquet, 1848~1923) 같은 다른 관념론자들과 함께 영국 철학 무대를 지배했다. 브래들리의 관념론을 비판한 무어조차 선험적 종합판단의 가능성에 대해 칸트의 견해에 동의했다.

미국에서는 신학과 철학 영역에서 초월주의 운동(R. E. 에머슨 등) 이상으로 실용주의가 중요한 철학적 발전을 맞이했다. 이것은 칸트를 강도 있게 연구한 덕분이었다. 그러나 미국에서는 영국에서와는 달리 칸트와 관념론적 형이상학과의 연관성보다는 칸트의 인식 비판과 형이상학 비판이 주목을 받았다. 퍼스(C. S. Peirce, 1839~1914)는 3년간 매일 두 시간씩 《순수이성비판》에 관한 연구에 투자했다. 그 같은 연구 끝에 퍼스는 '분석론'의 논변을 배척하고 '변증론'을 높이 평가했다. 퍼스는 자신의 의미론을 실용적이라고 특징 지음으로써 실용적 믿음은 "어떤 행위를 위해 수단을 실제로 사용할 때 바탕에 깔린 우연적 믿음"(B 852)이라고 한 칸트의 정의를 상기시켰다.

칸트의 사상이 이탈리아에 소개되었을 때, 이탈리아는 프랑스 사상이 지배하고 있었다. 그것은 프랑스 혁명에 일부 원인이 있었다. 칸트의 사상에 대해 개방적인 태도를 취한 갈루피(Gallupi, 1770~1846) 같은 철학자조차 칸트 사상을 받아들이는 데 망설였다. 이탈리아에서 칸트의 사상이 더 강도 있게 수용되기 시작한 것은 테스타(A. Testa, 1784~1860)와 콜레치(O. Colecchi, 1773~1847), 특히 스파벤타(B. Spaventa, 1817~1883)에 의해서였다. 19세기 말 이후 이탈리아에서 번성한 신칸트주의는 철학과 심리학의 관계를 상세히 밝히려고 노력한다. 그 후 마티유(V. Mathieu)는 칸트《유작》의 관점에서 현대 물리학을 고찰했다.

일본에서는 1860년경 유럽 철학이 처음 도입되자마자 칸트가 연구되기 시작했다. 특히 일본에서는 프랑스에서처럼《영구평화론》번역이 칸트 연구를 주도했다. 중요한 칸트주의자로는 구와키 겐요쿠(桑木嚴翼, 1874~1946), 테이유 아마노(貞祐天野, 1884~1974), 고사카 마사아키(高坂正顯, 1900~1969) 등이 있었다. 그동안 칸트 전집의 일본어판 2종과 수많은 칸트 연구자들의 번역물이 출간되었다. 1970년대 중반 이후 일본 칸트학회가 설립되어 운영되고 있다.

14.4 신칸트주의

독일에서 '관념론의 붕괴'는 단순히 유물론적 사고를 촉진하는 데 그치지 않았다. 그것은 실증적 연구와 그것에 대한 철학적 논의를 고무시키는 계기가 되었다. 과학적 열정과 경험적 열정이라는 새로운 풍토에서 칸트 사상에 대한 반추 작업이 이뤄졌다. 그러한 작업은 관넘론적 사변과 유물론적 사변에 의식적으로 반대함으로써 칸트의 비판적 관점과 그것의 경험과학적 의의를 부각했다. 그렇지만 1870년에서 1920년까지 적어도 반세기 동안 강단 철학을 지배해온 신칸트주의(Neukantianismus)는 칸트를 단순히 맹목적으로 답습하려고 하지 않았다. 신칸트주의를 대표하는 철학자들은 일반적으로 "칸트를 이해한다는 것은 그를 넘어서는 것이다"(빈델반트)라는 확신을 하고 있었다. 신칸트주의는 인식론으로서의 철학과 모든 과학의 토대로서 철학을 중심에 두었다. 철학은 먼저 수학적 자연과학들의 토대이고, 그다음으로는 문화과학(인문학)을 위한 토대이며, 카시러에서는 결국 비과학적 세계에서도 토대가 되었다.

에두아르트 첼러(Eduard Zeller)는 이미 하이델베르크 대학에서 한 강의 〈인식론의 의미와 과제에 대해〉(1862년 출간)에서 인식론으로 돌아갈 것, 정확히 말하면 칸트에게 돌아갈 것을 요구했다. 쿠노 피셔(Kuno Fischer)는 1860년에 그의 기념비적인 저작인 《칸트의 생애와 그의 이론의 기초(Kants Leben und die Grundlagen seiner Lehre)》를 출간했다. 청년 오토 리프만(Otto Liebmann)은 실용주의적 저술인 《칸트와 그의 계승자들(Kant und die Epegonen)》(1865)에서 분명한 어조로 "칸트로 되돌아가라"고 외쳤다. 그는 피히테, 셸링, 헤겔에서 헤르바르트와 프리스를 거쳐 쇼펜하우어에 이르기까지 칸트 이후의 모든 철학자를 배척했다. 랑게(Friedrich Albert Lange)의 《유물론의 역사(Geschichte des Materialismus)》(1866)와 리일(Alios Riehl)의 《철학적 비판주의(Der philosophie Kritizismus)》(1876~1887, 전3권)도 이에 못지않게 중요한 저술들이다. 그 당시에 가장 명망이 높았던 독일의 자연과학자 헬름홀츠(Hermann von Helmholtz) 역시 칸트 옹호자로서 꼽지 않을 수 없는 인물이다.

우리는 신칸트주의자들 가운데서 독창적인 철학자들을 놀라우리 만큼 많이 발견할 수 있다. 뿐만 아니라 이들 가운데서 중요한 철학 사가들이 많이 배출되었다. 이들의 문헌학적 · 전기적 · 주석적 연구는 칸트와 독일철학을 새롭게 이해할 수 있는 토대를 마련해주었다. 여기서는 그 가운데서도 두 권으로 된 한스 파이힝거(Hans Vaihinger)의 《칸트의 순수이성비판에 관한 주석(Commentar zu Kants Kritik der reinen Vernunft)》(1881년과 1892년)만 언급하기로 한다. 이 책은 초월적 감성 론만을 대상으로 주석을 붙인 것이다. 또한 파이힝거는 칸트의 사망 100주년을 맞이한 1904년에 '칸트학회(Kant-Gesellschaft)'를 창설하기 도 했다. 〈칸트 연구(Kant-Studien)〉지는 그보다 앞선 1897년부터 발 간되었다.

반관념론적 충동 때문에 칸트를 재발견하려고 할 때 신칸트주의 자들은 칸트의 주요 의도 가운데 하나, 즉 실천이성의 토대에서 새로 운 형이상학을 비판적으로 근거짓고자 하는 의도는 뒷전으로 밀어놓 았다. 신칸트주의에서는 《순수이성비판》, 특히 '분석론'으로 칸트를 이해하며, '변증론'의 "더 사변적인" 관점들은 인식론과 과학론 (Wissenschaftstheorie)의 문제들로 대체된다. 과학이 선험적 기호를 가 지고 있다는 것과 객관적 경험 가능성의 조건들이 과학적 사실로 입 증될 수 있다는 것. 헤르만 코헨(Hermann Cohen, 1842~1918)에서 비롯 된 신칸트주의의 이러한 주장은 확실히 칸트의 이성비판과 모순되지 않는다. 그러나 칸트는 지성이 선험적 개념들을 객관적으로 타당한 것으로 여기는 권리에 대한 물음을 형이상학적 관심에서 제기하지 않 았으며, 이 물음에 대한 대답에서 그는 현존하는 학문을 정당화하는 데 한정하지도 않았다.

마르부르크의 랑게의 학생이자 나이 어린 동료였던 헤르만 코헨은 세 편의 작품에서 칸트의 세 비판서를 연구하고, 그에 상응해 세 부분으로 나누어 칸트 사상을 독자적으로 구축하려고 했다. 코헨은 칸트가 주장한 인식 줄기의 이원성과 물자체에 대한 사상을 거부했다. 코헨의 학생인 나토르프(Paul Natorp, 1854~1924)는 플라톤 연구와 자연과학, 심리학, 교육학을 비판적 관점에서 근거짓고 이러한 업적 덕분에 유명해졌다. '마르부르크 학파'의 마지막 위대한 인물인 에른스트 카시러(Ernst Cassirer, 1874~1945)는 물리학, 즉 상대성이론과 양자이론의 재발견을 논의했을 뿐만 아니라 철학사 분야에서 업적을 남기고 상대적 선험성의 개념을 발전시켰으며 칸트의 '정태적' 이성 비판을 상징적 형식들의 철학으로 확장시켰다. 상징적 형식들의 철학은 신화적 사고, 일상적 언어 그리고 학문적 영역에서 세계를 구성하는 상이한 방식을 분석한다.

신칸트주의의 두 번째 학파인 하이델베르크 학파 또는 남서부독일 학파(바덴 학파)에 속하는 철학자들로는 위대한 철학사가 빈델반트(1848~1915)를 비롯해 범주론과 판단론을 발전시킨 에밀 라스크(Emil Lask, 1875~1915), 바우흐(B. Bauch), 코헨(J. Cohen) 그리고 누구보다 하인리히 리케르트(Heinrich Rickert, 1863~1936) 등을 꼽을 수 있다. 빈델반트와 그의 스승인 로체(H. Lotze)의 사상을 따른 리케르트는 문화과학(정신과학)과 자연과학의 방법론적 차이를 분명히 밝히고, 가치의 구성적 의미에 주목했다. 칸트 철학에서는 그에 상응하는 것이 없었던 리케르트의 가치이론은 그 후 많은 발전을 거듭했다. 가치이론은 신칸트주의가 내놓은 가장 영향력 있는 이론적 성과 가운데 하나로 평가되고 있다.

빌헬름 딜타이(1833~1911)는 좁은 의미에서 보면 신칸트주의자에 속하지 않지만, 칸트의 영향을 지대하게 입은 철학자였다. 왜냐하면 그는 칸트가 《순수이성비판》으로 수학적 자연과학을 위해 시도한 것과 유사한 일을 "역사적 이성비판"으로 정신과학을 위해서 시도했기 때문이다. 철학자이자 사회학자인 게오르크 지멜(Georg Simmel, 1858~1918) 역시 칸트의 영향을 받았다.

리케르트가 인식론 위에서 방법론은 근거짓는 데 반해 막스 베버(Max Weber, 1864~1920)는 인식론에서 방법론을 분리해 사회과학을 위한 자율적 방법론을 만들어냈다. 사회과학적 방법론에서는 사실에 대한 객관적 진술과 한낱 주관적인 가치판단 사이를 구분하는 것이 결정적으로 중요하다. 인식의 영역과 가치의 영역을 구분하는 신칸트주의의 작업은 이로써 완결된다. 그것은 칸트의 이론이성과 실천이성의 구분을 계승한 것 같지만, 베버와 더불어 가치의 영역, 즉 법과 도덕에서 강조된 이성의 개념을 포기했다.

칸트의 영향은 결코 철학의 세계와 학문의 세계에 제한되어 있지 않았다. 1830년, 프랑스 6월 혁명 이후 그리고 1848년 혁명에서 독일의 자유주의자들과 민주주의자들은 한결같이 칸트의 권위에 호소했다. 1875년 '고타 프로그램(Gothaer Programm)' 이후 사회민주주의자들 사이에서 자신들의 철학적 기초에 대한 논쟁이 벌어졌다. 이 논쟁은 "칸트냐 헤겔이냐" 또는 "칸트냐 마르크스냐"라는 슬로건 아래에서 벌어졌으며, 철학 쪽에서는 코헨, 아들러(M. Adler), 포어랜더(K. Vorländer) 등을 비롯해 중요한 신칸트주의자들이 토론에 참가했다. 칸트의 사상이 문화적으로 얼마나 넓은 영역에 영향을 미쳤는가는

'마이센 의정서(Meißner Formel)'가 보여준다. 1913년, 독일 청년운동은 마이센 의정서를 통해 자신들의 자기이해를 공포했다. "자유 독일의 청년은 자신의 규정에 따라서, 자신의 책임으로, 내면적인 진실성에서 자기의 삶을 이뤄가기를 바란다"는 내용의 성명은 분명히 칸트 윤리학의 정신을 계승한 것이었다.

14.5 현상학, 실존주의 그리고 또 다른 조류들

독일 사상의 발전, 그보다 조금 뒤에 프랑스 사상의 발전 그리고 가장 최근에는 미국 사상의 발전에서 현상학이 결정적인 역할을 했다. 현대의 많은 학자는 세기가 바뀌어 20세기로 접어들자 곧 현상학이 비생산적인 신칸트주의에서 탈출할 것으로 여겼다. 그렇지만 어떤 철학자나 당시의 어떤 철학적 사조도 칸트와 신칸트주의만큼 현상학의 대표적인 철학자들에게 영향을 미친 것은 없었다.

현상학의 핵심 인물인 후설(Edmund Husserl, 1858~1938)은 스승 브렌타노(F. Brentano)의 영향으로 칸트에 대해 감정적인 반감을 품었지만, 나토르프의 영향으로 나중에는 현상학을 초월철학이라고 부르고(《이념들(Ideen)》 I 1913), "칸트 철학의 가장 심오한 의미를 밝히는 ……시도"로 여겼으며(〈칸트와 초월철학의 이념〉(1924), *Husserliana* VII 287), 현상학을 데카르트에서 시작해 칸트로 이어지는 발전의 세 번째이며 완성적인 단계로 간주했다.(《현상학과 유럽 학문의 위기》(1936)) 후설은 칸트를 가장 탁월한 초월철학자로 평가했지만, 자연과학이 이룬 인식적 업적에 지나치게 사로잡혀 있다고 비난했다. 그렇기에 그는 모든 학문적 인식을 위한 학문 이전의 경험세계의 구성적 역할로 이행한다. 이것은 카시러를 상기시킨다. 그래서 후설은 자신이 칸트에 비해 더 깊이 있고 더 폭넓게 비판적·초월적 반성을 시도했다고 믿는다. 실제로 후설은 생활세계 개념, 시간의 현상학과 문화생활(Kulturleben)의 현상학 또는 상호주관성의 분석으로 새로운 사고의 영역을 열어놓았다. 다른 한편 후설에게는 의심할 여지 없는 명증에서 근본적이고 궁극적으로 근거짓고자 하는 확고한 열정(Pathos)이 있었다. 그러한 열정은 칸트적이라기보다는 데카르트적 또는 관념론적이었다.

현상학자인 막스 셸러(Max Scheler, 1874~1928)와 니콜라이 하르트만(Nicolai Hartmann, 1882~1950)은 후설과 달리 처음부터 칸트의 영향을 받았다. 그들은 후설처럼 단순히 모든 경험(이론적 경험과 실천적 경험)의 형식적 조건들뿐만 아니라 내용적인 본질 진술도 선험적인 것으로 보았다. 그들은 이러한 전제 아래서 칸트의 윤리학을 한낱 형식적이라고 비판하고 그 대안으로 "질료적 가치윤리학"을 내세웠다.

신칸트주의에서는 칸트가 의도적으로 반형이상학적으로 해석되었다. 그러므로 2차 세계대전 후 관념론과 신칸트주의를 똑같이 비판하고 나선 두 독창적인 사상가 야스퍼스(Karl Jaspers, 1883~1969)와 하이데거(Martin Heidegger, 1889~1976)가 형이상학의 지원을 받은 것은 놀랍지 않다.

이 두 사람은 형이상학을 새롭게 하려고 시도했으며, 두 사람 모두 매우 다른 방식으로 칸트와 관계되어 있었다. 칸트는 실천이성으로 형이상학을 근거짓고 야스퍼스의 실존철학은 이를 새로운 형태로 반복했다. 이와 대조적으로 하이데거는 칸트의 실천철학을 주시하지 않았으며, 마르부르크 시대 이래《순수이성비판》에서 형이상학의 참된 재발견을 이루었다. 초월자(Tranzendenz)로 넘어감(Überschritt)과 그 기호의 해독은 물론 인간 실존의 한계초월(Grenzüberschreitung)의 부득이함에 대한 야스퍼스의 말도 그 바탕에는 칸트적 동기가 깔려 있다. 하이데거는 초월적 자아 속에서 궁극적으로 근거짓는다는 후설의 이념에 의식적으로 반대해 감성과 지성의 두 인식 줄기에 대한 칸트의 이론을 받아들이고, 수용적 감성을 인식의 토대로서 중요시했다. 그래서 하이데거는 《순수이성비판》의 '감성론'을 '분석론'의 우위에 두었다. 하이데거는 이미 피히테가 그리했듯이 초월적 상상력을 두 가지 인식 줄기 뒤에 감추어진 통일성이라고 주장했다. 아마 야스퍼스 외에는 하이데거가 훌륭한 형태이면서도 자기 나름의 방식으로 독일어적인 칸트 해석을 제시한 마지막 사람일 것이다. 하이데거는 존재론으로서의 철학을 현상학적으로 재발견하는 독특한 사고에 의해 칸트의 이론철학을 새롭게 조명했다. 하이데거는 비판적 초월적 사고가 후퇴된 후기 철학에서도 계속 칸트와 씨름했다.

게오르크 루카치(Georg Lukács)의 마르크스주의적 칸트 해석은 야스퍼스나 하이데거의 칸트 해석과 마찬가지로 칸트의 인식론과 과학론에 대한 한낱 주해의 수준을 넘어서 있다. 그는 칸트 철학을 독일 관념론과의 연관 속에서 프롤레타리아의 봉기를 사변적으로 선취한 것으로 여겼다. 루카치에 따르면, 시민적 사고로 이행하는 "독특한 이행점"인 전통 독일 철학 안에 이미 계급사회의 모든 문제가 분명하게 나타나 있으나, "순전히 사변적으로만 의식"되어 있었다.(《사물화와 프롤레타리아의 의식》(1923) 133 이하)

19세기 가톨릭 사상은 이성주의 철학 및 신학에 맞서서 중세의 철학, 특히 토미즘 철학의 재정립을 꾀했다. 메르시에(D. J. Mercier,

1851~1926)와 마레샬(J. Maréchal, 1879~1944) 이래 이른바 신스콜라주의는 칸트의 초월철학과 독일관념론, 특히 헤겔에 상당한 주의를 기울였다.(K. 라너, J.B. 로츠, C. 닌크 등 참조) 이로써 가톨릭 철학과 신학은 이성비판과 자유의 철학을 흡수하고 토마스 아퀴나스의 인식 형이상학과 실천철학에 지나치게 밀착되는 상태에 종지부를 찍는다.

카를 포퍼(Karl Popper, 1902~1994)의 비판적 합리주의 역시 칸트 사상의 덕을 입었다. 포퍼의 철학은 칸트의 철학적 귀결이나 방법과 연관되어 있다기보다는 가상과 오류를 제거한다는 비판의 기본적 이념과 연관성이 있다. 그러나 포퍼는 이러한 의도를 칸트의 경우처럼 근본 철학, 즉 형이상학에 적용하지 않았고, 오히려 모든 과학에 적용했으며, 정치학에도 적용했다. 그렇게 한 후에는 자연과학조차 원리적으로 오류 가능한 것으로 여겼다. 과학자 집단은 그들 스스로 진리에 대해 전혀 확신하고 있지 못해도 진리를 탐한다. 이제 비판주의는 이성비판을 향한 시도가 부재한 가운데 사변적으로 다소 천박한 오류주의의 형태로 현대 과학론의 기본 요소가 되었다.

14.6 2차 세계대전 이후

금세기에 칸트를 진정으로 이해하기 위해 노력하는 철학자들이 무수히 많이 등장했다. 그러나 과거의 칸트 연구자 중에서 모범적이라고 할 만한 인물은 그리 많지 않다. 열거하자면, 독일어권에서 분트(M. Wundt), 하임죄트(H. Heimsoeth), 에빙하우스(E. Ebbinghaus), 레만(G. Lehmann), 라이히(H. Reich) 등과 그 밖에 2차 세계대전 이후 마르틴(G. Martin), 카울바흐(F. Kaulbach), 푼케(G. Funke), 바그너(H.

Wagner) 등을 꼽을 수 있고, 영어권의 스미스(N.K. Smith)와 패튼(H. J. Paton), 그 후 월쉬(W. H. Walsh), 베크(L. W. Beck) 등을 꼽을 수 있다. 프랑스어권의 델보스(V. Delbos)와 블레스카우어(H. J. de Vleeschauwer), 그 후 코제브(A. Kojève), 뷔여맹(J. Vuillemin), 필로넨코(A. Philonenko) 등을 꼽을 수 있다. 또 발전사적 칸트 연구 분야에서는 토넬리(G. Tonelli)가 표준을 제시했다.

현대 분석철학에서는 체계적 동기에서 비롯된 칸트 논의를 볼 수 있다. 스트로슨(P. F. Strawson)은 《개체들(Individuals)》(1959)에서 기술 형이상학(deskriptive Metaphysik)을 전개했다. 기술형이상학은 우리의 일상적인 사고와 언어의 바탕에 깔린 범주들을 발견하는 것을 목표로 삼았다. 스트로슨은 행동주의와 회의주의에 맞서서 세계 속에 있는 개별 사물들의 시간-공간적 구조에 대한 선험적 개념도식(ein apriorisches Begriffsschema)을 주장했다. 스트로슨의 《감각의 한계(The Bounds of Sense)》(1966)에는 《순수이성비판》에 대한 시론'이라는 부제가 붙었다. 그러나 이 작품은 칸트의 초월적 관념론을 분석하고 재구성하는 수준을 넘어서 있다. 이 작품에서 스트로슨은 초월철학을 여러 가지 가능성에서 모색했다. 스트로슨이 기획한 초월철학은 분석적 논변방식을 이용하여 모든 경험의 기본적 구조를 밝혀내는 것이었다.

스트로슨은 분석철학 안에서 초월철학의 르네상스를 불러왔다. 이러한 르네상스는 《순수이성비판》의 '감성론', '분석론', '변증론'의 주요 부분에 대한 풍부하고 예리한 해석(예를 들어 조너선 베넷의 해석)을 불러왔으며, 초월적 논변의 구조와 가능성에 대한 체계적인 고찰들을 불러일으켰다. 피히테, 셸링, 헤겔과 비교해 칸트의 사변적 주장들은 훨씬 온건하다. 그렇지만 칸트의 사변적 주장도 분석철학자들에게는 다소 과장된 것으로 보였다. 그래서 칸트에 대한 반론들은 초월적 논변에서 이해될 수 있는 것이 무엇인지 완전히 명확하지 않다는 지적으로 시작한다. 콰인(Quine)은 분석적 진술과 종합적 진술의 차이가 유지될 수 없다고 주장했다. 쾨르너(S. Körner)는 초월적 연역이 원칙적으로 불가능하다고 주장했다. 가장 근본적인 칸트 비판은 로티(R. Rorty)의 주장에 담겨 있다. 로티는 비트겐슈타인의 《논리철학 논구(Tractatus)》에서 《철학적 탐구(Philosophischen Untersuchungen)》로 그리고 초기 러셀(B. Russell)에서 셀라스(W. Sellars)와 데이비슨(D. Davidson)으로 이어지는 분석철학의 발전을 점진적인 탈초월화(eine fortschreitende Detranszendentalisierung) 외에 다른 것이 아니라고 주장했다. 세계와 그것의 경험을 위해 필요 충분한 비경험적 조건들을 찾으려는 초기의 추구는 점진적으로 더 온건한 프로그램에, 결국 경험과 독립해 있는 구성적 요소들을 완전히 제거하는 프로그램에 자리를 양보한다. 물론 선험적 진리에 대한 회의주의는 전혀 새로운 것이 아니었다. 니체는 분석철학에 못지않게 모든 의도된 선험적 진리를 열렬히 배척하고, 인간 사고의 유한성을 근본적으로 드러냈다. 니체는 인간은 희롱당하고 있으며, 그러한 사실을 알고 있지만 희롱당하지 않을 힘을 가지고 있지 않다고 주장했다. 다른 한편 칸트에 대한 분석철학적 비판에 대한 반론도 없지 않았다. 예를 들어 힌티카(J. Hintikka)는 언어놀이 이론의 수단과 일차논리의 수단을 결합해 초월적 논변을 재구성하려고 시도했다. 더욱이 칸트에 대해 그렇게 중요한 반대자들이 있다는 사실은 역설적으로 칸트가 오늘날에도 얼마나 높이 평가되고 있는지를 보여준다.

분석철학이 독일에서 논의되고 있는 사상들을 파악하기 시작하면서 분석철학 사상이 독일에서도 널리 읽히게 되었다. 칸트에 대한 논의에도 일부 이유가 있지만 칸트를 비판하고 언어로 전회한 것이 매개가 되어 오랜 시간 동안 서로 병행하고 대립하면서 흘러온 철학 함의의 두 전통이 수렴하기 시작했다. 다시 말해, 영어권에서 지배적인 경험분석적 사고와 해석학 및 초월철학 사이의 수렴이 이뤄지기 시작했다. 이러한 매개에 대한 분명한 관심 그리고 검증 가능성에 대한 포퍼의 회의주의를 극복하려는 시도가 아펠(K.-O. Apel) 철학의 바탕을 이루고 있다. 아펠은 퍼스(Peirce)적 정신에서의 의미 비판 그리고 후기 비트겐슈타인적인 의미에서 언어철학에 도달하기 위해서 칸트를 변형시키려고 했다. 그는 (과학적) 논변의 객관적 타당성의 최종 근거를 초월적 자기의식에서 찾지 않고, '초월적 언어놀이'와의 관련 속에서 찾았다. 유아론적인 '나는 생각한다'가 아니라 의사소통공동체(Kommunikationsgemeinschaft)가 최고의 통일점으로 생각되었다. 의사소통공동체는 사회과학들의 초월적 전제와 윤리학의 최고 원리를 구성하는 것이다.

오늘날은 이론철학뿐만 아니라 실천철학의 영역에서도 칸트에 대한 체계적인 연구가 이루어지고 있다. 그러나 칸트의 윤리학과 법철학의 복권은 이성비판적 사고보다는 윤리학과 법철학의 이론적 내용에서 비롯된 바가 더욱 크다. 이 말은 정언명법과 같은 의미에서 도덕의 최고 규준이라고 하는 보편화의 원리(헤어, 싱어), 칸트의 자율 개념에 의존하는 롤스(John Rawls)의 정의론, '에어랑겐 학파'(P. 로렌츠, O. 슈베머 등)의 구성주의 윤리학 그리고 하버마스의 담론윤리학(Diskursethik) 등에서 타당하다. 그러나 이런 말은 크링스(H. Krings)를 중심으로 이뤄지는 작업들에서는 타당하지 않다. 또한 하이예크(F. A. Heyek)의 정치철학에서도 칸트 철학적 특징을 볼 수 있다. 콜버그(L. K. Kohlberg)는 피아제(J. Piaget)와 연속성 속에서 도덕적 의식의 최고 단계를 칸트의 자율 개념과 보편화 개념의 관점에서 정의했다.

지금까지 칸트 철학의 영향사에 대해 단편적으로 지적한 것들은 칸트의 남다른 중요성을 그냥 제시하는 정도다. 이 철학자가 발전적으로 개선되었든, 창조적으로 재구성되었든, 아니면 오해되고 있든 어떤 경우에도 칸트 이후 철학의 역사는 본질적인 부분에서 칸트 사상의 영향사다. 다시 말해 칸트 이후의 철학은 칸트 철학의 수용과 발전, 변형, 비판, 재수용 과정이다. 비판적 초월철학은 쉽게 사라지지 않으며 오늘날까지도 그 규모를 가늠할 수 없는 사상적 잠재력을 포함하고 있는 것으로 보인다.

칸트 연보

1724	4월 22일, 쾨니히스베르크에서 태어남.
1730~32	교외 거주자 병원학교에서 수업.
1732~40	경건주의 학교인 프리드릭스 콜레기움에서 수학.
1737	모친 사망.
1740~46	쾨니히스베르크 대학에서 철학, 수학, 자연과학, 신학 등 공부.
1746	부친 사망. 《활력의 올바른 측정에 관한 사상들》을 철학부에 제출.(1749년 출판)
1747~54	쾨니히스베르크 근처의 세 가정에서 가정교사 일을 함.
1755	《보편적인 자연사와 천체 이론》 발표, 석사학위 논문으로 〈불에 관해〉를 쾨니히스베르크 대학에 제출. 〈형이상학적 인식의 제1원리에 관한 새로운 해명〉이라는 논문으로 교수 자격을 획득함.
1756	리스본의 지진에 관해 세 편의 논문을 씀. 〈물리적 단자론〉과 〈바람에 대한 이론의 해명에 관한 새로운 주석〉. 논리학과 형이상학 교수 자리를 얻기 위해 노력했으나 실패함. 1758년에도 같은 시도를 했으나 결과는 같았음.
1762	〈삼단논변의 네 가지 증명된 형식의 잘못된 구분〉 발표. 헤르더가 칸트의 강의를 수강함.(1764년까지) 《신의 존재 증명을 위해 유일하게 가능한 증명근거》(1763).
1763	〈부정량 개념을 철학에 도입하는 시도〉.
1764	시학 교수직을 제안받았으나 거절함. 《아름다움과 숭고함의 감정에 대한 고찰》, 《자연신학과 도덕의 원칙들의 판명성에 관한 연구》(1762년에 탈고했으나 1764년에 출판됨).
1766	궁정도서관의 부사서직을 얻음. 〈형이상학의 꿈으로 해명된 시령자의 꿈〉.
1769	에어랑겐 대학의 교수 초빙 제안 거절.
1770	예나 대학의 교수 초빙 제안 거절. 쾨니히스베르크 대학의 논리학과 형이상학 교수직을 얻고 취임논문으로 〈감성계와 지성계의 형식과 원리들에 관해〉를 씀.
1781	《순수이성비판》.

1783	《학으로 등장할 수 있는 미래의 모든 형이상학에 대한 프롤레고메나》 발표. 집을 매입함.
1784	《세계시민적 관점에서 본 보편사의 이념》과 〈'계몽이란 무엇인가?'라는 물음에 대한 답변〉.
1785	《도덕형이상학 정초》.
1786	《자연과학의 형이상학적 기초원리》과 《추측해본 인류 역사의 시초》 발표함. 여름 학기 동안 쾨니히스베르크 대학의 총장직을 맡음. 베를린 학술원 회원에 위촉됨.
1787	《순수이성비판》 2판 출간.
1788	《실천이성비판》 출간. 여름 학기 동안 두 번째로 쾨니히스베르크 대학 총장직을 맡음.
1790	《판단력비판》.
1793	《순수한 이성의 한계 내에서의 종교》를 출간하고 《이론적으로는 옳지만 실천을 위해서는 쓸모가 없다는 통설에 대해》를 발표함.
1794	상트페테르부르크 학술원 회원에 위촉됨. 프로이센 검열 당국과 마찰을 빚음.
1795	《영구평화론》.
1796	7월에 마지막 강의를 함.
1797	《도덕형이상학》.
1798	시에나 학술원 회원에 위촉됨. 《학부논쟁》과 《실용적 관점에서의 인간학》을 발표함.
1803	10월, 처음으로 중병에 걸림.
1804	2월 12일 사망. 2월 28일 묘지에 묻힘.

참고문헌

1. 전집

Gesammelte Schriften, begonnen v. der Königlich Preußischen Akademie der Wissenschaften (*Akademieausgabe*, abgekürzt als:Akad. Ausg., oder als AA), 1. Abtlg. (Bd. I~IX):Werke:2. Abtlg. (Bd. X~XIII):Briefwechsel3. Abtlg. (Bd. XIV~XXIII):Nachalß, Berlin 1900~19554. Abtlg. (Bd. XXIV ~XXIX):Vorlesungen, Berlin 1966ff.5. Abtlg. (Bd. XXXff.):Kant-Index, noch nicht erschienen.

Werke, Akademie Textausgabe, Bd. I~IX, Berlin 1968;Anmerkungen, 2Bde., Berlin/New York 1977.

Sämtliche Werke, hrsg. v. *K. Vorländer* zus. mit O. Buek u.a., 10Bde., Leipzig 1904~1914.

Werke, hrsg. v. *E. Cassirer* zus. mit H. Cohen u.a., 11Bde., Berlin 1912~1922.

Werke in sechs Bänden, hrsg. v. *W. Weischedel*, Wiesbaden 1956~1964 (Nachdruck:Darmstadt 1963~1964seitenidentische Paperbackausgabe in 12 Bänden:Frankfurt/M. 1968Register:Frankfurt/M. o. J.).

Studienausgaben in der Philosophischen Bibliothek Meiner(Hamburg), Einzelausgaben auch bei Reclam (Stuttgart) u. Suhrkamp(Frankfurt/M.).

Politische Schriften, hrsg. v. *O. H. v. d. Gablentz*, Köln/Opladen 1965.

Schöndörffer, O.(Hrsg.):Immanuel Kant. Briefwechsel:Auswahl und Anmerkungen von *Otto Schöndörffer*, mit einer Einführung von *Rudolf Malter* und *Joachim Kopper*, und einem Nachtrag, Hamburg:Meiner ²1972.

2. 사전류

Adickes, E.:German Kantian Bibliography, 2 Bde., Boston/New York :B. Franklin 1895~1896(Neudruck:Würzburg o. J.).

Eisler, R.:Kant-Lexikon. Nachschlagewerk zu Kants sämtlichen Schriften, Briefen und handschriftlichem Nachalß, Berlin 1930, Nachdruck :Hildesheim 1961(Paperback 1972).

Hinske, N., Weischedel, W. :Kant-Seitenkonkordanz, Darmstadt 1970.

Die *Kant-Studien* führen(durch R. Malter) seit Bd. 60(1969) eine fortlaufende Bibliographie von Arbeiten über Kant(von 1952 an nachgeholt).

Lehmann, K. H., Horst, H.:Dissertationen zur Kantischen Philosophie, in :Kant-Studien 51 (1959/60) S. 228~257.

Martin, G.:Sachindex zu Kants Kritik der reinen Vernunft, Berlin 1967.

Mellin, G. S. A.:Encyklopädisches Wörterbuch der kritischen Philosophie, 6 Bde., 1797~1804, Nachdruck:Aalen 1970~1971.

Ratke, H.:Systematisches Handlexikon zu Kants Kritik der reinen Vernunft, Leipzig 1929, Hamburg ²1965.

Roser, A., Mohrs, Th.:Kant-Konkordanz in zehn Bänden, Hildesheim/Zürich/New York 1992~1995.

Schmid, C. C. E.:Wörterbuch zum leichtern Gebrauch der Kantischen Schriften, ⁴1798, neu hrsg. v. N. Hinske, Darmstadt ²1980.

3. 칸트 연구서

1) 일반 총서

Akten des Vierten Internationalen Kant-Kongresses 1974. Teil I :Kant-Studien, Sonderheft, Symposien;Teil II:Sektionsvorträge, 2 Bde., ;Teil III:Vorträge, Berlin/New York :de Gruyter 1974~1975.

Akten des 5. Internationalen Kant-Kongresses Mainz 4.~8. April 1981. Hg. von Gerhard Funke. Teil I, 1 :Sektionen I~VII ;Teil I, 2 :Sektionen VIII bis XIV;Teil II :Vorträge, Bonn :Bouvier 1981~1982.

Beck, L. W.:Studies in the Philosophy of Kant, New York :Bobbs-Merill 1965.

___(Hrsg.) :Kant Studies Today, La Salle, Ill. :Open Court 1969.

Böhme, H. & G. : Das andere der Vernunft. Zur Entwicklung von Rationalitätsstrukturen am Beispiel Kants, Frankfurt/M. 1983.

Boutroux, E. : La Philosophie de Kant, Paris : Presses Universitaires de France 1926.

Broad, C. D. : Kant. An Introduction, Cambridge u.a. : University Press 1978.

Delekat, F. : Immanuel Kant. Historisch-kritische Interpretation der Hauptschriften, Heidelberg ³1969.

Fischer, K. : Immanuel Kant und seine Lehre, 2 Bde., Heidelberg ⁶1928(Nachdruck von Bd. 2:1957).

Förster, E. (Hrsg.) : Kant's Transcendental Deductions, The Three "Critiques" and the "Opus Pestumum", Stanford, CA : Stanford University Press 1989.

Gerhard, V., Kaulbach, F. : Kant(=Erträge der Forschung, Bd. 105), Darmstadt 1979.

Goetschel, W. : Kant als Schriftsteller, Wien 1990.

Gram, M. S. (Hrsg.) : Kant. Disputed Questions, Chicago : Quadran Books 1967.

Grondin, J. : Kant e le problème de la philosophie. L'a priori, Paris : J. Vrin 1989.

_____ : Emmanuel Kant. Avant/après, Paris : Criterion 1991.

Guyer, P. (Hrsg.) : The Cambridge Companion to Kant, Cambridge etc. : Cambridge University Press 1992.

Heimsoeth, H. : Studien zur Philosophie Immanuel Kants, Bd. 1 : Bonn ²1971, Bd. 2 : Bonn 1970.

Hinske, N. : Kant als Herausforderung an die Gegenwart, Freiburg/München 1980.

Jaspers, K. : Kant, in : Die großen Philosophen, Bd. 1, München/Zürich 1981, S. 397~616 ; auch als : Kant. Leben, Werk, Wirkung, München/Zürich ²1983.

Kaulbach, F. : Immanuel Kant, Berlin 1969.

Kojève, A. : Kant, Paris : Gallimard 1973.

Körner, S. : Kant, Hardmondsworth : Penguin 1955(dt. Kant, Göttingen 1967).

Laberge, P., Duchesneau, F., Morrisey, B. E. (Hrsg.) : Proceedings of the Ottawa Congresson Kant in the Anglo-American and Continental Traditions Held October 10~14, 1974, Ottawa : The University of Ottawa Press 1976.

Marcucci, S. (Hrsg.) : Studi Kantiani, Pisa : Giardini Editori e Stampatori 1988ff.

Neiman, S. : The Unity of Reason. Oxford : University Press 1994.

Philonenko, A. : L'oeuvre de Kant, La philosophie critique, 2 Bde., Paris : J. Vrin 1969.

Prauss, G. (Hrsg.) : Kant. Zur Deutung seiner Theorie von Erkennen und Handeln, Köln 1973.

Proceedings of the IVth International Colloquium in Biel—Actes du IVᵉ Colloque

International de Bienne-Akten des IV. Internationalen Kolloquiums in Biel, in : Dialectica 35, H. 1~2(1981).

Probst, P. : Kant. Bestirnter Himmel und moralisches Gesetz. Zum geschichtlichen Hintergrund einer These Immanuel Kants, Würzburg 1994.

Robinson, H.(Hrsg.) : Proceedings of the Eighth International Kant Congress, Memphis 1995, 2 Bde., Milwaukee : Marquette University Press 1995.

Scruton, R. : Kant, Oxford:Oxford University Press 1982.

Walker, R. : Kant. The Arguments of the Philosophers, London : Routledge & Kegan Paul 1978.

____ (Hrsg.) : Kant on Pure Reason, Oxford : Oxford University Press 1982.

Wood, A. W.(Hrsg.) : Self and Nature in Kant's Philosophy, Ithaca, N. Y. : Cornell University Press 1980.

Wolff, R. P.(Hrsg.):Kant. A Collection of Critical Essays, London/Melbourne:Macmillan 1968.

2), 3) 생애와 철학적 발전

Adickes, E. : Kants Opus postumum, Berlin 1920 ; Nachdruck : Vaduz 1978.

Beck. L. W. : Early German Philosophy. Kant and his predecessors, Cambridge, Mass. : Belknap 1969.

Böttiger, K. W.(Hrsg.) : K. A. Böttiger, Literarische Zustände und Zeitgenossen, 2 Bde., in einem, Frankfurt/M. 1972(Orig. Leipzig 1838).

Cassirer, E. : Kants Leben und Lehre, Darmstadt 1977(Orig. Berlin ²1921).

Groß. F.(Hrsg.) : Immanuel Kant. Sein Leben in Darstellungen von Zeitgenossen. Die Biographien von L. E. Borowski, R. B. Jachmann und A. Ch. Wasianski, Darmstadt 1968(Orig. Berlin 1912).

Gulyga, A. : Immanuel Kant, Frankfurt/M. 1981(russ. Moskau 1977).

Heine, H. : Zur Geschichte der Religion und Philosophie in Deutschland, in : ders., Beiträge zur deutschen Ideologie, Frankfurt/M. u. a. 1971, S. 1~111.

Heimsoeth, H., Henrich, D. und *Tonelli, G.*(Hrsg.) : Studien zu Kants philosophischer Entwicklung, Hildesheim 1967.

Hinske, N. : Kants Weg zur Transzendentalphilosophie. Der dreißigjährige Kant Stuttgart u. a. 1970.

Kreimendahl, L. : Kant. Der Durchbruch von 1769, Köln 1990.

Laberge, P. : La Théologie kantienne précritique, Ottawa : Editions de l'Université 1973.

Mathieu, V.:La filosofia transcendentale e l'Opus postumum di Kant, Turin 1958.

Ritzel, W.:Immanuel Kant. Zur Person, Bonn 1975.

Schilpp, P. A.:Kant's Precritical Ethics, Evanston, Ⅲ./Chicago:Garland 1938.

Schmucker, J.:Die Ursprünge der Ethik Kants in seinen vorkritischen Schriften und Reflexionen, Meisenheim a. Gl. 1961.

___:Die Ontotheologie des vorkritischen Kant, Berlin/New York 1980.

Schultz, U.:Immanuel Kant in Selbstzeugnissen und Bilddokumenten, Reinbeck 1965.

Stark, W.:Nachforschungen zu Briefen und Handschriften Immanuel Kants, Berlin 1993.

Stavenhagen, K.:Kant und Königsberg, Göttingen 1949.

Tonelli, G.:Kant dall'estetica metafisica all'estetica psicoempirica. Studi sulla genesi del criticismo, 1754~1771, e sulle sue fonti, in:Memorie dell'Accademia delle Scienze di Torino, Turin, Bd. Ⅲ. 2, 1955, S. 77~420.

___:Elementi metodologici e metafisici in Kant dal 1745 al 1768, Turin:Edizione di Filosofia 1959.

Verneaux, R.:Le Vocabulaire de Kant, Bd. Ⅰ:Doctrines et Méthodes, Paris 1967:Bd. Ⅱ:Lez Pouvoirs de l'esprit, Paris:Presses Universitaires de France 1973.

Vorländer, K.:Immanuel Kant. Der Mann und das Werk, Hamburg ^{3}1990(Orig. 2 Bde., Leipzig 1924).

4) 순수이성비판론

Allison, H. E.:Kant's Transcendental Idealism. An Interpretation and Defense, New Haven, Conn.:Yale University Press 1983.

Ameriks, K.:Kant's Theory of Mind. An Analysis of the Paralogisms of Pure Reason, Oxford:Clarendon Press 1982.

Baumgartner, H. M.:Kants Kritik der reinen Vernunft. Anleitung zur Lektüre, Freiburg/München 1985, ^{2}1988.

Beck, L. W.(Hrsg.):Kant's Theory of Knowledge, Dorgdrecht u. a.:Reidel 1974.

Bennett, J.:Kant's Analytic, London/New York:Cambridge University Press 1966.

Bird. G.:Kant's Theory of Knowledge. An Outline of one central Argument in the Critique of Pure Reason, New York/London:Routledge & Kegan Paul 1962, ^{2}1965.

Brittan, Jr., G. G.:Kant's Theory of Science, Princeton:University Press 1978.

Cassirer, H. W.:Kant's First Critique, An Appraisal of the Permanent Significance of

Kant's "Critique of Pure Reason", London 1968.

Clavel, M.:Critique de Kant, Paris:Flammarion 1988.

Cohen, H.:Kants Theorie der Erfahrung, Berlin [4]1924([1]1871).

Cramer, K.:Nicht-reine synthetische Urteile a priori. Ein Problem der Transzendental-phiosophie Immanuel Kants, Heidelberg 1985.

Daval, R.:La métaphysique de Kant, Paris:Presses Universitaires de France 1951.

Forum für Philosophie Bad Homburg(Hrsg.):Kants transzendentale Deduktion und die Möglichkeit von Transzendentalphilosophie, Frankfurt/M. 1988.

Gram, M. S.:Kant, Ontology and the A Priori, Evanston, Ill.:Northwestern University Press 1968.

Guyer, P.:Kant and the Claims of Knowledge, Cambridge etc.:Cambridge University Press 1987.

Heidegger, M.:Kant und das Problem der Metaphysik, Frankfurt/M. [4]1973([1]1929).

____:Kants These über das Sein, Frankfurt/M. 1963.

____:Phänomenologische Interpretation von Kants Kritik der reinen Vernunft, hrsg. v. I. Görland, Frankfurt/M. 1977.

Hintikka, J.:Knowledge and the Known, Dordrecht:Reidel 1974.

____:Logic, Language Games and Information, Oxford:Univ. Press 1975.

Holzhey, H.:Kants Erfahrungsbegriff. Quellengeschichtliche und bedeutungsanalytische Untersuchungen. Basel/Stuttgart 1970.

Howell, R.:Kant's Transcendental Deduction. An Analysis of Main Themes in His Critical Philosophy, Dordrecht/Boston/London 1992.

Kaulbach, F.:Philosophie als Wissenschaft. Eine Anleitung zum Studium. Kants Kritik der reinen Vernunft in Vorlesungen, Hildesheim 1981.

Kitcher, P.:Kant's Transcendental Psychology, Oxford:University Press 1990.

Kopper, J., Malter, R.(Hrsg.):Materialien zu Kants "Kritik der reinen Vernunft", Frankfurt/M. 1975.

Kopper, J., Marx, W.(Hrsg.):200 Jahre Kritik der reinen Vernunft, Hildesheim 1981.

Lachièze-Rey, P.:L'idéalisme kantien, Paris:J. Vrim [2]1950. Lauener, H.:Hume und Kant, Eine systematische Gegenüberstellung einiger Hauptstücke ihrer Lehren, Bern/München 1969.

Macann, C. E.:Kant and the Foundations of Metaphysics. An Interpretative Transformation of Kant's Critical Philosophy, Heidelberg 1981.

Malherbe, M.:Kant ou Hume. Ou la raison et le sensible, Paris:J. Vrin 1980.

Marquard, O.:Skeptische Methode im Blick auf Kant, Freiburg/München 1958, ²1978.

Martin, G.:Immanuel Kant. Ontologie und Wissenschaftstheorie, Berlin ²1968.

Marty, F.:La naissance de la métaphysique chez Kant. Une étude sur la notion kantienne d'analogie, Paris:Beauchesne 1980.

Meyer, M.:Science et métaphysique chez Kant；Paris:Presses Universitaires de France 1988.

Mohr, G.:Das sinnliche Ich. Innerer Sinn und Bewußtsein bei Kant, Würzburg 1991.

Paton, H. J.:Kant's Metaphysic of Experience. A Commentary on the first half of the "Kritik der reinen Vernunft", 2 Bed., London:Humanities Press 1936(⁴1965).

Philonenko, A.:Etudes kantiennes, Paris:J. Vrin 1982.

Prauss, G.:Erscheinung bei Kant. Ein Problem der "Kritik der reinen Vernunft", Berlin 1971.

____:Kant und das Problem der Dinge an sich, Bonn 1974.

Prichard, H. A.:Kant's Theory of Knowledge, Oxford:Clarendon Press 1909.

Riedel, M.:Kritik der reinen Vernunft und Sprache. Zum Kategorienproblem bei Kant, in:Allgenmeine Zeitschrift für Philosophie 7(1982) S. 1~15.

Rohs, P.:Transzendentale Logik, Meisenheim a. Gl. 1976.

Schaper, E., Vossenkuhl, W.(Hrsg.):Reading Kant. New Perspectives on Transcendental Arguments and Critical Philosophy, Oxford/New York:Basil Blackwell 1989.

Scheffer, T.:Kants Kriterium der Wahrheit. Anschauungsformen und Kategorien a priori in der "Kritik der reinen Vernunft", Berlin 1993.

Schwyzer, H.:The Unity of Understanding. A Study in Kantian Problems, Oxford: Clarendon Press 1990.

Sellars, W.:Schence and Metaphysics. Variations on Kantian Themes, London: Routledge & Kegan Paul 1968.

Smith, N. K.:A Commentary to Kant's "Critique of Pure Reason", London:Macmillan 1923, Nachdruck:London:Macmillan 1979.

Stegmüller, W.:Gedanken über eine mögliche retionale Rekonstrucktion von Kants Metaphysik der Erfahrung, in:Ratio 9(1967) S. 1~30；10(1968) S. 1~31.

Strawson, P. F.:The Bounds of Sense. An Essay on Kant's *Critique of Pure Reason*, London:Methuen 1966(dt. Die Grenzen der Sinns. Ein Kommentar zu Kants *Kritik der reinen Vernuft*, Königstein/Ts. 1981).

Tuschling, B.(Hrsg.):Probleme der "Kritik der reinen Vernunft", Kant-Tagung Marburg 1981. Berlin/New York 1984.

Vaihinger, H.:Kommentar zur Kritik der reinen Vernunft, 2 Bde., New York/London 1976(Aalen 1970:Orig. Stuttgart Bd. I:1881, Bd. II:1892).

Verneau, R.:Critique de la raison pure de Kant. Paris:Aubier-Montaigne 1972.

Vuillemin, J.:Physique et métaphysique kantienne, Paris:Presses Universitaires de France 1955.

Walker, R. C. S.:The Coherence Theory of Truth. Realism, Anti-Realism, Idealism, London/New York:Routledge 1989.

Walsh, W. H.:Reason and Experience, Oxford:Clarendon Press 1947.

Wilkerson, T. E.:Kant's Critique of Pure Reason, Oxford:Clarendon Press 1960. Nachdruck 1976.

Wolff, R. P.:Kant's Theory of Mental Activity, Cambridge, Mass.:Harvard University Press 1963, Nachdruck:Gloucester, Mass.:Smith 1973.

5) 초월적 감성론 : 칸트의 수학이론

Beth, E. W.:Über Lockes "allgemeines Dreieck", in:Kant-Studien 48(1956~1957) S. 361~380.

Körner, S.:Zur Kantischen Begründung der Mathematik und der mathematischen Naturwissenschaften, in:Kant-Studien 56(1965) S. 463~473.

Martin, G.:Arithmetik und Kombinatorik bei Kant, Berlin/New York 1972.

Posy, C. J.(Hrsg.):Kant's Philosophy of Mathematics, Modern Essays, Dordrecht:Kluwer 1992.

Rohs, P.:Transzendentale Ästhetik, Meisenheim a. Gl. 1973.

Wolff-Metternich, B. -S. v.:Die Überwindung des mathematischen Erkenntnisideals. Kants Grenzbestimmung von Mathematik und Philosophie, Berlin/New York 1995.

6) 개념의 분석론

Baum, M.:Die transzendentale Deduktion in Kants Kritiken, Köln 1975.

Bierie, P., Horstmann, R. P., Krüger, L.(Hrsg.):Transcendeltal Arguments and Science. Essays in Epistemology, Dordrecht u. a.:Reidel 1979.

Brandt, R.:Die Urteilstrafel. Kritik der reinen Vernunft A 67~76 ; B 92~201. Kant-Forschungen. Bd. 4, Hamburg 1991.

Brouillet, R.:Dieter Henrich et 'The Proof-Structure of Kant's Transcendental Deduction.' Réflexions critiques, in:Dialogue 14(1975) S. 639~648.

Bubner, R.:Selbstbezüglichkeit als Struktur transzendentaler Argument, in:W. Kuhlmann, D. Böhler(Hrsg.), Kommunikation und Reflexion, Frankfurt/M. 1982, S. 304~332.

Bubner, R., Cramer, K., Wiehl, R.(Hrsg.):Zur Zukunft der Transzendentalphilosophie (=neue hefte für philosophie, H. 14), Göttingen 1978.

Carl, W.:Der schweigende Kant. Die Entwürfe zu einer Deduktion der Kategorien vor 1781, Göttingen 1989.

____:Die transzendentale Deduktion der Kategorien in der 1. Auflage der Kritik der reinen Vernunft. Ein Kommentar, Frankfurt/M. 1992.

Henrich, D.:Die Beweisstruktur von Kants transzendentaler Deduktion, in:G. Prauss(Hrsg.), Kant, Köln 1973, S. 90~104.

____:Identität und Objektivität. Eine Untersuchung über Kants transzendentale Deduktion, Heidelberg 1976.

Maier, A.:Kants Qualitätskategorien, Berlin 1930.

Reich, K.:Die Vollständigkeit der Kantischen Urteilstafel, Berlin 1932, [2]1948.

Wagner, H.:Der Argumentationsgang in Kants Deduktion der Kategorien, in:Kant-Studien 71(1980) S. 352~366.

7) 원칙적 분석론 : 칸트의 자연과학 이론

Allison, H. E.:Transcendental Idealism and Descriptive Metaphysics, in:Kant-Studien 60(1969) S. 216~233.

Beck, L. W.:Die Zweite Analogie und das Prinzip der Unbestimmtheit, in:G. Prauss(Hrsg.), Kant, Köln 1973, S. 167~174.

Friedmann, M.:Kant and the Exact Sciences, Cambridge, Mass./London:Harvard University Press 1992.

Gloy, K.:Die Kantische Theorie der Naturwissenschaft. Eine Strukturanalyse ihrer Möglichkeiten, ihres Umfangs und ihrer Grenzen, Berlin/New York 1976.

Heidegger, M.:Die Frage nach dem Ding. Zu Kants Lehre von den transzendentalen Grundsätzen, Tübingen [2]1975([1]1962).

Heidemann, J.:Spontaneität und Zeitlichkeit(=Kantstudien Ergänzungsheft, H. 75), Köln 1975.

Melnick, A.:Kant's Analogies of Experience, Chicago/London:University of Chicago Press 1973.

Philonenko, A.:Kecture du schématisme transcendental, in:J. Kopper, W. Marx, (Hrsg.),

200 Jahre "Kritik der reinen Vernunft", Hildesheim 1981, S. 291~312.

Plaas, P.:Kants Theorie der Naturwissenschaft, Göttingen 1965.

Schäfer, L.:Kants Metaphysik der Natur, Berlin 1966.

Schüßler, I.:Philosophie und Wissenschaftspositivismus. Die mathematischen Grundsätze in Kants Kritik der reinen Vernunft und die Verselbständigung der Wissenschaften, Frankfurt/M. 1979.

Vleeschauwer, H. J. de:La déduction transcendentale dans l'oeuvre de Kant, 3 Bde., Antwerpen/Paris/Den Haag:de Sikkel 1934~1937(kürzere Fassung:L'évolution de la pensée kantienne, Paris:Alcan. 1939 ;engl. The Development of Kantian Thought, London:Routlege & Kegan Paul 1962).

Warnock, J. J.:Concepts and Schematism, in:Analysis 9(1949) S. 77~82.

Walsh, W. H.:Schematism, in:Kant-Studien 49(1957) S. 95~106.

von Weizsäcker, C. F.:Kants "Erste Analogie der Erfahrung" und die Erhaltungssätze der Physik, in:G. Prauss(Hrsg.), Kant, Köln 1973, S. 151~166.

8) 초월적 변증론

Al-Azm, S.:The Origins of Kant's Arguments in the Antinomies, Oxford:Clarendon Press 1972.

Bennett, J.:Kant's Dialectic, London/New York:Cambridge University Press 1974.

Bittner, R.:Über die Bedeutung der Dialektik Immanuel Kants(Diss.), Heidelberg 1970.

Heimsoeth, H.:Transzendentale Dialektik. Ein Kommentar zu Kants Kritik der reinen Vernunft, 4 Teile, Berlin 1966~1971.

Hudson, H.:Kant's Compatibilism, Ithaca:Cornell University Press 1994.

Schmucker, J.:Das Weltproblem in Kant's Kritik der reinen Vernunft, Bonn 1990.

Wolff, M.:Der Begriff des Widerspruchs. Eine Studie zur Dialektik Kants und Hegels, Königstein/Ts. 1981.

9) 윤리학

Acton, H. B.:Kant's Moral Philosophy, London:Macmillan 1970.

Allison, H. E.:Kant's Theory of Freedom, Cambridge etc.:Cambridge University Press 1990.

Alquié, F.:Introduction à la lecture critique de la raison pratique, Paris:Presses Universitaires de France 1966.

____:La morale de Kant, Paris:Presses Universitaires de France 1974.

Aune, B.:Kant's Theory of Morals, Princeton. N. J.:Princeton University Press 1979.

Beck, L. W.:A Commentary on Kant's Critique of Practical Reason, London/Chicago:University of Chicago Press ²1966(de. Kants "Kritik der praktischen Vernunft". Ein Kommentar, München 1974).

Benton, R. J.:Kant's Second Critique and the Problem of Transcendental Arguments, Den Haag:Nijhof 1977.

Bittner, R., Cramer, K.(Hrsg.):Materialien zu Kants "Kritik der praktischen Vernunft", Frankfurt/M. 1975.

Broad, C. D.:Five Types of Ethical Theory, London/New York:Routledge & Kegan Paul ⁹1971(¹1930), Kap. V:Kant.

Carnois, B.:La cohérence de la doctrine kantienne de la liverté, Paris:Seuil 1973.

Coben, H.:Kants Begründung der Ethik nebst ihren Anwendungen auf Recht, Religion und Geschichte, Berlin ²1910(¹1877).

Delbos, V.:La philosophie pratique de Kant. Paris:Presses Universitaires de France ³1969.

Duncan, A. R. C.:Practical Reason and Morality. A Study of Immanuel Kant's *Foundations for the Metaphisics of Morals*, London u. a.:T. Nelson 1957.

Ebbinghaus, J.:Gesemmelte Aufsätze, Vorträge und Reden, Darmstadt 1968, S. 80~96, 140~160.

Forschner, M.:Gesetz und Freiheit. Zum Problem der Autonomie bei I. Kant, München/Salzburg 1974.

Henrich, D.:Die Deduktion des Sittengesetzes, in:Denken im Schatten des Nihilismus, Festschrift W. Weischedel, Darmstadt 1975, S. 55~112.

____:Selbstverhältnisse, Stuttgart 1982, S. 6~56:Ethik der Autonomie.

____:Der Begriff der sittlichen Einsicht und Kants Lehre vom Faktum der Vernunft, in:G. Prauss(Hrsg.), Kant, Köln 1973, S. 223~254.

Hill, Jr., Th. E.:Dignity and Practical Reason, Ithaca:Cornell University Press 1992.

Höffe, O.:Ethik und Politik. Grundmodelle u. -probleme der praktischen Philosophie, Frankfurt/M. ³1987, S. 84~119.

____:Introduction à la philosophie pratique de Kant, Albeuve(Schweiz):Castella 1985, Teil I.

____(Hrsg.):Grundlegung zur Metaphysik der Sitten. Ein kooperativer Kommentar, Frankfurt/M. 1989, ²1993.

Hoerster, N.:Kants kategorischer Imperativ als Test unserer sittlichen Pflichten, in:M.

Riedel(Hrsg.), Rehabilitierung der parktischen Philosophie, Bd. II, Freiburg i. Br. 1974, S. 455~475.

Ilting, K. H.:Der naturalistische Fehlschluß bei Kant, in:M. Riedel(Hrsg.): Rehabilitierung der praktischen Philosophie, Bd. I, Freburg i. Br. 1972, S. 113~130.

Kaulbach, F.:Immanuel Kants "Grundlegung zur Metaphysik der sitten", Darmstadt 1988.

Kemp, J.:Kant's Examples of the Categorical Imperative, in:R.P. Wolff(Hrsg.), Kant, London/Melbourne:Macmillan 1968, S. 246~258.

Korsgaard, Ch. M.:The Sources of Normativity, Cambridge:University Press 1996.

Krüger, G.:Philosophie und Moral in der kantischen Kritik, Tübingen 1931, ²1969.

Moritz, M.:Kants Einteilung der Imperative, Lund/Kopenhagen:Berlingska Boktrykkeriet 1960.

Neue hefte für philosophie, H. 22:Kants Ethik heute, Göttingen 1983.

Nistets, T.:Kants Kategorischer Imperativ als Leitfaden humaner Praxis, Freburg/München 1989.

O'Neill, O.:Acting on Principle:An Essay in Kantian Ethics, New York:Columbia University Press 1975.

_____:Constructions of Reason. Explorations of Kantian Practical Philosophy, Cambridge etc.:Cambridge University Press 1989.

Oelmüller, W.(Hrsg.):Transzendentalphilosophische Normenbegründungen, Paderborn 1978.

Ortwein, B.:Kants problematische Freiheitslehre, Bonn 1983.

Paton, H. J.:The Categorical Imperative. A Study in Kant's Moral Philosophy, London:Hutchinson 1947(Paperback 1971, dt. Der kategorische Imperativ, Berlin 1962).

Patzig, G.:Die logischen Formen praktischer Sätze in Kants Ethik, in:ders. Ethik ohne Metaphysik, Göttingen 1971, S. 101~126.

Prauss, G.:Kant über Freiheit als Autonomie, Frankfurt/M. 1983.

Ross, W. D.:Kant's Ethical Theory. A Commentary on the "Grundlegung zur Metaphysik der Sitten", Oxford:University Press 1954.

Rossvaer, V.:Kant's Moral Philosophy. An Interpretation of the Categorical Imperative, Oslo/Bergen:Universitätsverlag 1979.

Scheler, M.:Der Formalismus in der Ethik und die materiale Wertethik, Bern/München

[5]1966.

Singer, M. G.:Generalisation in Ethics. An Essay in the Logic of Ethics, with the Rudiments of a System of Moral Philosophy, London:Eyre & Spottiswoode 1963(dt. Verallgemeinerung in der Ethik, Frankfurt/M. 1975).

Sullivan, R. J.:Immanuel Kant's Moral Theory, Cambridge etc.:Cambridge University Press 1989.

Vialatoux, J.:La morale de Kant, Paris:Universitaires de France [5]1968.

Willaschek, M.:Praktische Vernunft. Handlungstheorie und Moralbergründung bei Kant, Stuttgart 1992.

Williams, T. C.:The Concept of the Categorical Imperative. A Study of the Place Categorical Imperative in Kant's Ethical Theory, Oxford:University Press 1968.

Wolff, R. P.:The Autonomy of Reason. A Commentary on Kant's 'Groundwork of the Metaphysics of Morals', New York u. a.:Harper & Row 1973.

Yovel, Y.:Kant's Practical Philosophy Reconsidered. Papers Presented at the Seventh Jerusalem Philosophic Encounter, December 1986, Dordrecht/Boston etc.:Kluwer 1989.

10) 법철학과 국가철학

Altmann, A.:Freiheit im Spiegel des rationalen Gesetzes bei Kant, Berlin 1982.

Batscha, Z.(Hrsg.):Materialien zu Kants Rechtsphilosophie, Frankfurt/M. 1976.

Berkemann, J.:Studien über Kants Haltung zum Widerstandsrecht, Karlsruhe 1974.

Brandt, R.(Hrsg.):Rechtsphilosophie der Aufklärung, Berlin/New York 1982.

Burg, P.:Kant und die französische Revolution, Berlin 1974.

Busch, W.:Die Entstehung der kritischen Rechtsphilosophie Kants:1762~1780, Berlin/New York 1979.

Cattaneo, M. A.:Dignità umana e pena nella filosofia di Kant. Mailand:Giuffrè Editore 1981.

Cohen, H.:Kants Begründung der Ethik nebst ihren Anwendungen auf Recht, Religion und Geschichte, Berlin [2]1910([1]1877).

Deggau, H. G.:Die Aporien der Rechtslehre Kants, Stuttgart/Bad Cannstatt 1983.

Delbos, V.:La philosophie pratique de Kant, Paris:Presses Universitaires de France [3]1969, 2. Teil, Kap. VIII.

Ebbinghaus, J.:Gesammelte Aufsätze, Vorträge und Reden, Darmstadt 1968, S. 24~57, 161~193.

Goyard-Fabre, S.:Kant et le problème du droit, Paris:J. Vrin 1975.

Haensel, *W*.:Kants Lehre vom Widerstandstrecht, Berlin 1926.

Henrich, *D*.(Hrsg.):Kant, Gentz, Rehberg. Über Theorie und Praxis, Frankfurt/M. 1967.

Höffe, *O*.:Introduction à la philosophie pratique de Kant, Albeuve(Schweiz):Castella 1985, Teil II.

____:Kategorische Rechtsprinzipien. Ein Kontrapunkt der Moderne, Frankfurt/M. 1990.

____(Hrsg.):Immanuel Kant, Zum ewigen Frieden, Berlin 1995(=Klassiker Auslegen Bd. 1).

Institut international de philosophie politique(Hrsg.):La philosophie politique de Kant(Annales de philosophie politique, 4), Paris:Presses Universitaires de France 1962.

Kaulbach, *F*.:Studien zur späten Rechtsphilosophie Kants und ihrer transzentalen Methode, Würzburg 1982.

Kersting, *W*.:Wohlgeordnete Freiheit. Immanuel Kants Rechts- und Staatsphilosophie, Berlin/New York 1984(erw. Taschenbuchausg.:Frankfurt/M. 1993).

Langer, *C*.:Reform nach Prinzipien. Untersuchungen zur politischen Theorie Immanuel Kants, Stuttgart 1986.

Losurdo, *D*.:Autocensura e Compromesso nel Pensiero Politico di Kant, Napoli: Bibliopolis 1983(dt. Freiheit, Recht und Revolution, Köln 1987).

Maus, *I*.:Zur Aufklärung der Demokratietheorie:Rechts- und demokratietheoretische Überlegungen im Anschluß an Kant, Frankfurt/M. 1992.

Mulholland, *L. A*.:Kant's System of Rights, New York/Oxford:Columbia University Press 1990.

Philonenko, *A*.:Théorie et praxis dans la pensée morale et politique de Kant et Fichte an 1793, Paris:J. Vrin 1976.

Reich, *K*.:Rousseau und Kant, Tübingen 1936.

Ritter, *C*.:Der Rechtsgedanke Kants nach den frühen Quellen, Frankfurt/M. 1971.

Rosen, *A. D*.:Kant's Theory of Justice, Ithaca/London:Cornell University Press 1993.

Saage, *R*.:Eigentum, Staat und Gesellschaft bei Kant, Stuttgart 1973.

Saner, *H*.:Kants Weg vom Krieg zum Frieden. Bd. I:Widerstreit und Einheit. Wege zu Kants politischem Denken, München 1967.

Vlachos, *G*.:La pensée politique de Kant. Métaphysique de l'ordre et dialectique du progrès, Paris:Presses Universitaires de France 1962.

Ward, K.:The Development of Kant's View of Ethics, Oxford:Basil Blackwell 1972.

Williams, H. L.:Kant's Political Philosophy, Oxford:Blackwell ²1985(¹1983).

___(Hrsg.):Essays on Kant's Political Philosophy, Cardiff:University of Wales Press 1992.

11) 역사철학

Castillo, M.:Kant et l'avenir de la culture, Paris:Presses Universitaires de France 1990.

Galston, W. A.:Kant and the Problem of History, Chicago/London:The University of Chicago Press 1975.

Kleingeld, P.:Fortschritt und Vernunft. Zur Geschichtsphilosophie Kants. Würzburg 1995.

Linden, H. van der:Kantian Ethics and Socialism, Indianapolis/Cambridge:Hackett Publishing Company 1988.

Muglioni, J. -M.:La philosophie de l'histoire de Kant, Paris 1993.

Weiand, K.:Kants Geschichtsphilosophie, Köln 1964.

Weil, E.:Problèmes kantiens, Paris:J. Vrin ²1970, S. 109~141:Historie et politique.

Yovel, Y.:Kant and the Philosophy of History, Princeton, N. J.:University Press 1980.

12) 종교철학

Albrecht, M.:Kants Antinomie der praktischen Vernunft, Hildesheim/New York 1978.

Axinn, S.:The Logic of Hope. Extensions of Kant's View of Religion, Amsterdam 1994.

Bohatec, J.:Die Religionsphilosophie Kants in "Die Religion innerhalb der Grenzen der bloßen Vernunft", Hamburg 1938(Nachdruck:Hildesheim 1966).

Bruch, J. -L.:La philosophie religieuse de Kant, Paris:Aubier-Montaigne 1969.

England, T. E.:Kant's Conception of God, London:T. Nelson 1929.

Greene, T. M.:The Historical Context and Religious Significance of Kant's Religion. Introductory Essay to *Religion within the Limits of Reason Alone*, New York 1960.

Guillaume, A. -M.:Mal, mensonge et mauvaise foi. Une lecture de Kant, Namur 1995.

Höffe, O.:Ein Thema wiedergewinnen:Kant über das Böse, in:O. Höffe, A. Pieper(Hrsg.):F. W. J. Schelling, Über das Wesen der menschlichen Freiheit, Berlin 1995, S. 11~34.

Oelmüller, W.:Die unbefriedigte Aufklärung. Beiträge zu einer Theorie der Moderne von Lessing, Kant und Hegel, Frankfurt/M. ²1979.

Picht, G.:Kants Religionsphilosophie, Stuttgart 1985.

Reboul, O.:Kant et le problème du mal, Montréal:Presses Universitaires 1971.

Ricken, F., Marty, F.(Hrsg.):Kant über Religion, Stuttgart/Berlin/Köln 1992.

Schweitzer, A.:Die Religionsphilosophie Kant vor der *Kritik der reinen Vernunft* bis zur *Religion innerhalb der Grenzen der bloßen Vernunft*, Freiburg 1899(Nachdruck:Hildesheim/New York 1974).

Webb, C. C. J.:Kant's Philosophy of Religion, Oxford:Clarendon Press 1926(Nachdruck:New York 1970).

Weil, E.:Problèmes kantiens, Paris:J. Vrin ²1970, S. 143~174.

Wimmer, R.:Kants kritische Religionsphilosophie, Berlin/New York 1990.

Wood, A. W.:Kant's Moral Religion, Ithaca/London:Cornell University Press 1970.

____:Kant's Rational Theology, Ithaca/London:Cornell University Press 1978.

13) 판단력비판

Baeumler, A.:Kritik der Urteilskraft. Ihre Gschichte und ihre Systematik, Halle 1923(Nachdruck als:Das Irrationalitätsproblem in der Ästhetik und Logik des 18. Jahrhunderts bis zur Kritik der Urteilskraft, Darmstadt 1981).

Bartuschat, W.:Zum systematischen Ort von Kants Kritik der Urteilskraft, Frankfurt/M. 1972.

Basch, V.:Essai critique sur l'esthéthique de Kant, Paris:Alcan ²1927.

Cohen, T., Guyer, P.(Hrsg.):Essays in Kant's Aesthetics, Chicago/London:The University of Chicago Press 1982.

Crowther, P.:The Kantian Sublime. From Morality to Art, Oxford:Clarendon Press 1989.

Düsing, K.:Die Teleologie in Kants Weltbegriff, Bonn 1968.

Fricke, C.:Kants Theorie des reinen Geschmackurteils, Berlin/New York 1990.

Gadamer, H. -G.:Wahrheit und Methode, Tübingen ²1965, S. 27~96.

Gibbons, S.:Kant's Theory of Imagination, Oxford:University Press 1994.

Guyer, P.:Kant and the Claims of Taste, Cambridge, Mass/London:Harvard University Press 1979.

____:Kant and the Experience of Freedom, Cambridge:University Press 1993.

Kohler, G.:Geschmacksurteil und ästhetische Erfahrung. Beiträge zur Auslegung von Kants "Kritik der ästhetischen Urteilskraft". Berlin/New York 1980.

Kulenkampff, J.:Kants Logik des ästhetischen Urteils, Frankfurt/M. ²1994.

___(Hrsg.):Materialien zu Kants "Kritik der Urteilskraft", Frankfurt/M. 1974.

Kuypers, K.:Kants Kunsttheorie und die Einheit der Kritik der Urteilskraft, Amsterdam/London:North-Holland Publishing Comp. 1972.

Lebrun, G.:Kant et la fin de la métaphysique. Essai sur la "Critique de la faculté de juger", Paris:A. Colin 1970.

Löw, R.:Philosophie des Lebendigen. Der Begriff des Organischen bei Kant, sein Grund und seine Aktualität, Frankfurt/M. 1980.

Macfarland, J. D.:Kant's Concept of Telelogy, Edinburgh:University Press 1970.

Marc-Wogau, K.:Vier Studien zu Kants Kritik der Urteilskraft, Uppsala/Leipzig:Lundequist 1938.

Schaper, E.:Studies in Kant's Aesthetics, Edinburgh:University Press 1979.

Zammito, J. H.:The Genesis of Kant's Critique of Judgment. Chicago:University of Chicago Press 1992.

Zumbach, C.:The transcendent Science. Kant's Conception of Biological Methodology, Den Haag:M. Nijhoff 1984.

14) 칸트 철학의 영향

Aetas Kantiana, bis 1982:369 Bde., Brüssel:Editions Cultures et Civilisation.

Azouvi, F., Bourel, D.:De Königsberg à Paris. La réception de Kant en France(1788~1804), Paris 1991.

Baumgartner, H. M.(Hrsg.):Prinzip Freiheit. Eine Auseinandersetzung um Chancen und Grenzen transzendentalphilosophischen Denkens, Freiburg/München 1979.

Delbos, V.:De Kant aux postkantiens, Paris:Aubier-Montaigne 1940.

Erdmann, J. E.:Die Entwicklung der deutschen Spekulation seit Kant, 2 Bde., Leipzig 1848~1853(Nachdruck:3 Bde., Stuttgart 1931).

Flach, W., Holzhey, H.(Hrsg.):Erkenntnistheorie und Logik im Neukantianismus, Hildesheim 1980.

Kröner, R.:Von Kant bis Hegel, 2 Bde., Tübibgen 1921~1924, ³1977.

Laberge, P.:Kant dans les traditiions anglo-américaine et continentales, in:Actes du Congrès d'Ottawa sur Kant dans les traditions anglo-américaines et continentales(1974), Ottawa:Editions de l'Université 1976.

Lehmann, G.:Geschichte der nachkantischen Philosophie. Kritizismus und kritisches Motiv in den philosophischen Systemen des 19. und 20. Jahrhunderts, Berlin 1931.

____:Beiträge zur Geschichte und Interpretation der Philosophie Kants, Berlin 1969.

Malter, R., Staffa, E.(Hrsg.):Kant in Königsberg seit 1946. Eine Dokumentation, Wiesbaden 1983.

Marcucci, S.:Kant in Europa, Lucca 1986.

Sauer, W.:Österreichische Philosophie zwischen Aufklärung und Restauration. Beiträge zur Geschichte des Frühkantianismus in der Donaumonarchie, Würzburg/Amsterdam:Rodopi 1982.

Vallois, M.:La formation de l'influence kantienne en France, Paris 1925.

Wellek, R.:Immanuel Kant in England. 1793~1838, Oxford 1931.

Zambelloni, F.:Le origini del kantismo in Italia, Mailand 1971.

392

■ 찾아보기

옮긴이의 말

이 책은 오트프리트 회페(Otfried Höffe)의 *Immanuel Kant*를 번역한 것이다. 1984년에 초판이 나왔고, 1996년에 4판 개정판이 새로 출판되었다. 번역은 개정 4판을 기본으로 삼았다.

회페는 1943년생으로 독일 튀빙겐 대학 교수를 지냈다. 그는 윤리학, 사회철학, 정치철학 등의 분야를 주로 연구했으며 이러한 분야에서 여러 권의 책을 출간했다. 《실천철학 : 아리스토텔레스의 모델》(1971), 《윤리 정치적 논의》(1987) 등과 그 밖에도 다수의 저작과 편저작이 있다.

칸트에 관해서는 더는 설명이 필요 없을 것이다. 우리나라에서도 칸트만큼 많이 연구된 철학자는 드물다. 칸트 철학에 관해서는 무수한 논문이 있고 몇 권의 연구서 및 입문서가 있다. 서점에 가면 칸트 철학을 소개하는 번역서들을 어렵지 않게 찾을 수 있다. 그럼에도 회페의 이 책은 칸트 철학 소개서로서 우리말로 출간할 가치가 충분히 있다. 이 책은 칸트가 제시한 철학의 물음들, 즉 "나는 무엇을 알 수 있는가?", "나는 무엇을 해야 하는가?" 그리고 "나는 무엇을 희망해도 좋은가?"라는 세 가지 물음을 화두로 삼아 칸트 철학 전반을 포괄적으로 조망하면서 세부적으로 설명한다. 회페는 "나는 무엇을 알 수 있는가?"라는 물음 아래에서 《순수이성비판》을 다루고 있고, "나는 무엇을 해야 하는가?"라는 물음 아래에서 《실천이성비판》과 《도덕형이상학》등 도덕철학, 법철학과 국가철학을 다루고 있다. "나는 무엇을 희망해도 좋은가?"라는 물음에서는 역사철학과 종교철학을 설명하고 있다. 그리고《판단력비판》을 별도로 취급하고 있다.

또한 회페는 독일 학자들이 쓴 다른 많은 칸트 입문서들과 달리 분석철학과 영미권 학자들의 칸트 연구서들도 소홀히 하지 않음으로써 균형을 잃지 않고 있다. 한 예로 그는 초월적 논변을 따로 정리했다.

이 책이 출판될 수 있었던 것은 나의 은사이신 강영안 선생님 덕분이다. 이 책을 번역할 것을 권유하셨고, 번역이 마무리되고 책으로 출간되기까지 격려를 아끼지 않으셨다. 미숙한 번역 원고를 읽고 수정과 조언을 해준 김영건 선배님과 김석수 선배님께 감사한다. 또 후배 서동욱 군에게도 많은 관심을 갖고 지켜봐주고 번역 원고를 읽어준 데 대해 고마운 마음을 전한다. 끝으로 이 책의 출간을 기쁜 마음으로 허락해주신 문예출판사 전병석 사장님께 감사의 뜻을 전하고 싶다.

옮긴이 **이상헌**

서강대학교 철학과를 졸업하고 동대학원에서 〈칸트의 철학 개념〉으로 박사학위를 받았다. 현재 세종대학교 교양학부 초빙 교수로 재직하고 있으며, 가톨릭대학교와 동국대학교에서 강의전담 교수를 역임하였다. 저서로는《융합시대의 기술윤리》(생각의나무, 2012),《철학, 과학기술에 말을 걸다》(주니어김영사, 2014),《철학, 과학기술에 다시 말을 걸다》(주니어김영사, 2016)가 있으며, 공저로《자연에서 배우는 청색기술》(김영사),《인문학자, 과학기술을 탐하다》,《기술의 대융합》,《따듯한 기술》(이상 고즈윈),《생명의 위기》(푸른나무),《현대과학의 쟁점》,《대학생을 위한 과학글쓰기》(아카넷) 등이 있다. 역서로는《나노윤리》(공역, 아카넷),《악령이 출몰하는 세상》,《마키아벨리》,《윤리학》(이상 김영사),《E=mc²과 아인슈타인》(바다),《컴퓨터의 아버지 배비지》(이상 바다출판사),《우리는 20세기에서 무엇을 배울 수 있는가》(생각의나무),《생명이란 무엇인가, 그후 50년》(공역, 지호),《서양철학사》(공역, 이제이북스),《탄생에서 죽음까지》(공역, 문예) 등이 있다.

임마누엘 칸트

제1판 1쇄 펴낸날 1997년 5월 25일
제2판 1쇄 펴낸날 2012년 7월 20일
제2판 5쇄 펴낸날 2023년 4월 10일

지은이 오트프리트 회페 | 옮긴이 이상헌
펴낸곳 (주)문예출판사 | 펴낸이 전준배
출판등록 2004. 02. 12. 제 2013-000360호 (1966. 12. 2. 제 1-134호)
주소 04001 서울시 마포구 월드컵북로 21
전화 393-5681 | 팩스 393-5685
홈페이지 www.moonye.com | 블로그 blog.naver.com/imoonye
페이스북 www.facebook.com/moonyepublishing | 이메일 info@moonye.com

ISBN 978-89-310-0311-6 03160

• 잘못 만든 책은 구입하신 서점에서 바꿔드립니다.

문예출판사® 상표등록 제 40-0833187호, 제 41-0200044호